快 递 实 务

主 编 钱廷仙
副主编 丁 娟

北京理工大学出版社
BEIJING INSTITUTE OF TECHNOLOGY PRESS

内 容 简 介

本教材遵循"产教融合、校企合作"的办学理念，从高职院校快递物流专业人才的培养目标出发，着眼于快递物流知识的实际运用，创新运用项目式编写体例，并根据企业用人需求和学生职业能力发展，以及邮政类和物流类新专业目录及其专业简介要求选取内容，凸显价值引领、知识传授和能力培养统一。

教材分为七个项目，包括快递发展认知、快件收寄作业管理、快件分拣作业管理、快件派送作业管理、快件运输作业管理、快递客户服务与管理、快递智能与信息化管理。每个项目分为学习目标、项目全境、学习任务、同步测试、调查研究与学思践悟、技能宝贵等子模块，同时在每个学习任务中又设计了引思明理、任务导入与分析、知识学习、任务实施、视野拓展等栏目，体例新颖、图文并茂。

本教材配套建设了丰富的PPT课件、微课、动画、试题库和习题答案等数字化教学资源，并精选其中具有典型性、实用性的资源以二维码方式标注在教材边白处，供读者即扫即用，以方便师生教与学。本教材可以作为职业院校邮政类、物流类专业的教材，也可以作为电子商务类、经济贸易类等其他财经商贸类专业的教材，还可以作为工商企业培训用书和快递物流从业人员的自学用书。

图书在版编目（C I P）数据

快递实务 / 钱廷仙主编. -- 北京 ：北京理工大学出版社，2024.1
　　ISBN 978-7-5763-3271-1

Ⅰ . ①快… 　Ⅱ . ①钱… 　Ⅲ . ①快递 　Ⅳ . ①F618.1

中国国家版本馆 CIP 数据核字（2024）第 005873 号

责任编辑：王梦春　　　**文案编辑**：邓　洁
责任校对：刘亚男　　　**责任印制**：施胜娟

出版发行 / 北京理工大学出版社有限责任公司
社　　址 / 北京市丰台区四合庄路 6 号
邮　　编 / 100070
电　　话 /（010）68914026（教材售后服务热线）
　　　　　　（010）68944437（课件资源服务热线）
网　　址 / http://www.bitpress.com.cn

版 印 次 / 2024 年 1 月第 1 版第 1 次印刷
印　　刷 / 河北盛世彩捷印刷有限公司
开　　本 / 787 mm×1092 mm　1/16
印　　张 / 17
字　　数 / 460 千字
定　　价 / 82.00 元

前　言

快递业连接千城百业、联系千家万户，既是畅通生产与消费的重要渠道，也是便利生活、促进消费、服务生产的现代化先导性产业，在稳定产业链供应链、服务乡村振兴、助力构建新发展格局、创造更多就业机会等方面发挥了重要作用。目前我国快递业已经成为拉动国民经济增长的重要力量，正向科技密集型、信息密集型、资金密集型全方位转变，并向数字化、综合化、国际化发展，对数字化、智能化、国际化的快递专业人才需求日益增大。为贯彻落实党中央国务院部署要求，实现高质量发展，迫切需要加快快递人才队伍建设。本书编写坚持"思想性、时代性、知识性、技术性、实践性、逻辑性"的统一，以素质为核心、以知识为基础、以能力为本位，实现价值引领、知识传授、能力培养相统一，主要体现以下特色。

1. 落实立德树人的根本任务，寓价值观引导于知识传授和能力培养之中

本书以习近平新时代中国特色社会主义思想为指导，全面落实"教师、教材、教法"改革。在知识学习上，聚焦我国快递业高质量发展和快递强国建设，基于素质、知识和能力三维学习目标，在每个任务中精心选择了"企业创新"或"社会担当"特色案例，融入家国情怀、社会责任、乡村振兴、安全意识、绿色发展等育人功能元素；同时，在每个任务学习前设计了"引思明理"栏目，编排典型内容，将党的二十大精神融入教材。在实践训练上，结合《关于在全党大兴调查研究的工作方案》精神，增设"调查研究与学思践悟"专题训练，同时在任务实施和技能宝贵环节弘扬劳动精神、工匠精神。

2. 对接职业技能新标准，反映快递行业新技术、新工艺、新动态

本书对接人力资源和社会保障部、国家邮政局共同颁布的《快递员国家职业技能标准》《快件处理员国家职业技能标准》和教育部第三批试点的"快递运营职业技能等级证书"等级标准，以及《邮政业术语》（GB/T 10757—2011）、《快递服务》（GB/T 27917.1—2011，GB/T 27917.2—2011，GB/T 27917.3—2011）、《快递电子运单》（YZ/T 0148—2015）等国家标准，紧密结合快递行业物联网、大数据、云计算、人工智能等新兴技术的推广应用，充分遵从学生职业发展与认知规律，注重职业岗位能力培养，有针对性地设计知识学习和技能训练内容，突出对学生分析问题、解决问题的能力培养，以期达到全面提升专业人才培养质量，更好地满足行业用人需求。

3. 探索信息化教学新模式，打造新形态一体化教材

本书坚持"教材服务教学"的定位，深化校企合作、产教融合，结合企业专家的运营管理经验和学校优秀教师的教学和教材编写经验，通过对快递生产项目的教学化改造，实现理论与实践一体化，凸显教材的职业性和实践性。在内容编排上守正创新，以职业活动为学习主线，以企业场景为学习情景，实施项目导向、任务驱动，同时响应党的二十大报告"推进教育数字化"的战略部署，配套开发丰富的数字化教学资源，并依托在线学习平台，增强学生学习的便利性和可视化，满足线上线下混合式教学需求。

本书主编和副主编来自"双高计划"学校江苏经贸职业技术学院，其中主编由专业带头人钱廷仙教授担任，副主编由骨干教师丁娟副研究员担任。参编来自南京益畅供应链有限公司快递工程高级工程师周斌总经理。钱廷仙负责编写大纲、编写体例、编写分工、全书统稿，以及课程思政与二维码链接的内容和项目一、项目二、项目三的编写；丁娟负责资料收集整理、文档编排、插图配置、题库建设，以及项目四、项目五、项目六的编写；周斌负责企业的案例素材提供和项目七的编写。

本书在编写过程中参考了大量的书籍、文献和网络资源，引用了多位学者的研究成果和一些快递物流企业的案例资料，在此表示最诚挚的谢意。

本书既可作为职业教育邮政类专业、物流类专业及其他相关专业的教学用书，又可作为快递、电子商务工作者的培训教材，以及快递行业认知的参考读物。

快递行业涉及面广，发展日新月异，新业态、新名词、新技术不断涌现，加之编者水平及时间有限，书中难免存在疏漏之处。恳请广大读者批评指正，以使本书日臻完善。

编者

2023 年 8 月

《快递实务》教材介绍　　　　　　《快递实务》课程概述

目　　录

项目一　快递发展认知

学习目标

知识目标
- 了解快递与邮政的区别与联系
- 了解我国快递行业发展
- 掌握快递服务网络构成
- 掌握快递的主要业务
- 掌握快递企业主要岗位设置

能力目标
- 能正确收集我国快递市场发展信息
- 能正确分析我国迈向快递强国的机遇与挑战
- 能正确分析我国快递业高质量发展影响因素

素质目标
- 培养快递强国建设有我的家国情怀
- 培养我国快递高质量发展自信
- 培养从事快递工作的职业道德

项目全境

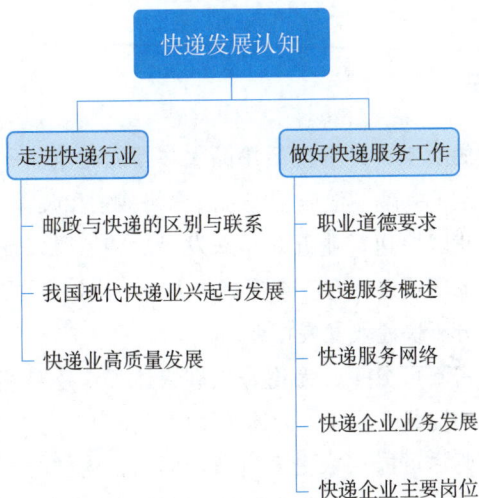

- 快递发展认知
  - 走进快递行业
    - 邮政与快递的区别与联系
    - 我国现代快递业兴起与发展
    - 快递业高质量发展
  - 做好快递服务工作
    - 职业道德要求
    - 快递服务概述
    - 快递服务网络
    - 快递企业业务发展
    - 快递企业主要岗位

任务一　走进快递行业

引思明理

小快递大民生

"家书抵万金，快递暖人心。"2022年，快递行业经历了不平凡的一年，快递行业的民生保障属性更加凸显。即便到了春节，快递从业人员继续在岗服务，落实"春节不打烊"的保障政策。2022年邮政行业寄递业务量完成1 391亿件，同比增长2.7%；行业业务收入完成1.35万亿元，同比增长6.9%。其中，快递业务量完成1 105.8亿件，同比增长2.1%；业务收入完成1.06万亿元，同比增长2.3%。此外，行业中7家快递企业完成上市，另外还有5家品牌企业实现年业务收入超千亿元。

2022年主要寄递企业累计设立海外仓249个，中欧班列全年发运超过4 500个集装箱。在综合立体交通运输体系建设方面，高铁快递、航空快递运能不断增强，一批枢纽型邮件快件分拨中心投入运营，建成各类分拨中心近3 000余个。快递服务能力显著提升，快递业务量连续9年位居世界第一，最高日处理能力超过7亿件，年人均快件量接近80件。

快递员是快递行业的重要构成部分，关于快递员的保障也一直是全行业关注的重点。2022年，为保障快递员的合法权益，国家邮政局推动制定了优先参加工伤保险政策，新增参保57.5万人。同时，持续开展关爱快递员"暖蜂行动"，新建爱心驿站3万余家，协调解决保障房3 500余套。技能培训方面则联合人力资源社会保障部出台职业技能提升工程实施方案，开展技能培训57.7万人次，新增5 244人取得快递工程专业职称。(资料来源：国家邮政局，2023-02-27)

党的二十大报告提出"必须坚持在发展中保障和改善民生，鼓励共同奋斗创造美好生活，不断实现人民对美好生活的向往"。快递业是服务生产、促进消费、畅通经济循环现代化先导性产业。快递服务是稳经济、保民生的需要，在抗疫保供、保通保畅等方面发挥了重要作用，为地方经济发展、就业大计等做出了重要的贡献，在国民经济发展中发挥着不可替代作用。

任务导入与分析

张同学是一名职业院校的学生，日常生活用品大多是通过电商平台购买。在平时收取快件的过程中，他对快递行业产生了兴趣。他非常想通过网络搜索相关资料，了解快递业在我国社会经济发展中的地位与作用，我国快递行业近几年来发展的特点，以及未来几年国家在这方面的发展规划，看看对自己未来的职业选择有没有更好的方向。假如你是张同学，你怎么去收集我国近几年的快递业发展数据，分析快递业发展特点。

快递已经与我们的生活密不可分了，无论是从事快递工作还是实施快递消费，我们都可能需要短时间内了解这个行业的情况。目前，上述的张同学作为一个非专业人士，想要更好地了解快递行业的发展情况，就需要尽可能获取更多有效的信息，这样才不会被海量的信息淹没。因此，正确了解快递行业、分析快递行业在电商购物盛行的今天非常有现实意义。

知识学习

微课：邮政与快递
的区别与联系

一、邮政与快递的区别与联系

（一）邮政服务与快递服务的区别

1. 邮政是属于公共产品

邮政是将寄件人交寄的信函等邮件经过处理和运输，投交收件人，从而沟通寄件人与收件人联系的一种服务。邮政业是国家重要的社会公用事业，是政府向社会提供的"公共产品和公共服务"的重要内容之一。邮政对社会政治、经济、文化的发展具有重要的作用。邮政的地位和作用主要体现在三个方面：一是通政，即受国家委托，承担机要通信、义务兵通信等特殊服务；二是通民，即承担邮政普遍服务，保障公民的基本通信权利；三是通商，即提供包括邮件寄递、储蓄汇兑、速递物流、报刊发行、集邮等邮政服务，满足社会需求。

2. 快递属于私人产品

快递包含了两个方面的含义：一是指快件本身，如"寄快递""取快递"，是指快递企业依法递送的信件、包裹、印刷品等的统称；二是指快递服务，在承诺的时限内快速完成快件的寄递服务。快递是以市场为前提，是市场经济发展的产物，主要为社会有特殊需求和有支付能力的客户提供个性化、限时送达商业服务，属于竞争性的私人产品性质，是商务服务产品。这里提到的快递企业是指在我国境内依法注册的，提供快递服务的企业及其加盟企业、代理企业，一般简称快递企业。

3. 邮政、快递的主要区别

（1）经营范围不同。邮政的普遍服务业务以私人信件、包裹为主；快递服务以商务文件、资料、电商物品为主。

（2）服务对象不同。邮政的普遍服务面向社会全体成员，以提供社会成员之间基本的通信服务为准则；快递服务则主要针对经济贸易领域内的特定客户，以个性化的特殊服务为准则。

（3）服务标准不同。万国邮联对邮政的普遍服务有明确的质量要求，邮政的普遍服务注重服务的标准化和统一性；快递服务更注重满足客户的个性化需求，提供"门对门""手到手"的便捷服务。

（4）传递渠道不同。邮政服务是通过邮局之间的连续投递进行的，国际间的邮政服务通过万国邮联协议进行；而非邮政的国际、国内的快递服务，是通过快递公司自身的跨国或全国的网络，在商业合作伙伴之间进行的。

（5）定价机制不同。邮政普遍服务的定价，遵从万国邮联关于让所有人可以接受的低价原则，制定并执行全国统一的具有公益性质的低价、固定运费标准；而快递企业的服务价格，则是遵从市场规律，按照其服务效率与服务程度不同，以市场供求和竞争关系决定其价格水平。

（6）企业运行规则不同。承担普遍服务义务的邮政企业作为国有单位，虽实行企业化管理，但对于出现政策性亏损时，会由国家财政给以专项补贴，企业经营相对稳定；快递企业只能按照市场经济的规律运行，实行自负盈亏、自我发展、适者生存、优胜劣汰。快递企业时时面临着市场经济的考验，快递员工的收入只能根据企业的效益情况来决定，具有一定的不稳定性。

（7）行业监管体制不同。由于邮政的普遍服务业务属于国家的公用事业；快递服务属于竞争性的市场化业务。所以在行业管理上，政府职能部门对邮政服务与快递服务管理的权限边界不一样。

（8）享受国家政策不同。为保证邮政部门履行好普遍服务的责任，开展普遍服务业务经营，国家给予邮政企业享受各项优惠的政策。如减免税收、邮车通行便利、报关便利、港口机场等设施使用的便利，允许使用"中国邮政"的专用标识，对于经营普遍服务业务产生的政策性亏损国家财政给予专项补贴。快递企业经营由于属竞争性商业服务，同业实行公平竞争原则，必须依法参与市场活动，照章纳税，不享受国家特殊的政策优惠。

（二）邮政服务与快递服务的联系

邮政、快递是交通运输的重要组成部分。邮政、快递服务同属于一个行业领域，生产技术、管理原理相通，服务规范基本相同，从发展历史上看，快递服务是邮政服务分离出来的，大邮政包含了快递服务。邮政普遍服务和快递服务的关系存在互补和竞争。一方面，邮政企业可以通过拓展快递服务来提高运营效率、获得更多收入和维持自身的市场地位。例如，中国邮政在1980年推出了自己的快递品牌"EMS"，该品牌专注于高端快递服务和小件包裹。"EMS"利用邮政的网络和通信资源，提供更快速和可靠的快递服务，一定程度上增强了邮政机构在物流市场的竞争力。此外，邮政企业还可以通过与快递企业合作扩大快递业务的范围和形式。例如，中国邮政与阿里巴巴达成战略合作，进一步拓展电商物流服务，提供高效、便捷的快递服务。另一方面，邮政普遍服务和快递企业也存在一定的竞争关系。快递企业的崛起意味着邮政企业在快递市场中的份额逐渐被侵蚀。快递企业依靠高效、便捷和有竞争力的价格来吸引客户，与传统的邮政服务相比更具优势。这种竞争关系促使邮政企业必须加快改革，提高快递服务的质量和效率，创新服务模式，以便更好地满足客户的需求。

二、我国现代快递业兴起与发展

（一）中国邮政开我国大陆快递业先河

国际快递业兴起于20世纪60年代末的美国，我国内地第一家快递企业成立于1979年。随着改革开放的发展，交通状况的不断改善，信息管理技术的快递提高，中国内地快递业应运而生。我国邮政先后于1980年、1984年开办了国际、国内特快专递业务（EMS）。1978年至1988年，世界快递巨头Fedex、UPS、DHL、TNT等公司，先后与我国对外运输总公司签订合作协议，国际快递公司业务随后进入我国内地市场。1986年颁布的《邮政法》规定："信件和其他具有信件性质的物品的寄递业务由邮政企业专营，但是国务院另有规定的除外。"20世纪80年代中期到90年代中期，中国邮政EMS进入快速发展时期，业务量和业务收入年均增幅分别达到90%和86%，业务覆盖面扩大到国内近2 000个县（市）和全球220个国家及地区，统一的特服专号、邮件跟踪查询网、专业机构相继建立，中国邮政EMS业务蓬勃发展，成为中国邮政的重要业务之一。

（二）民营快递企业风起云涌

随着市场经济进一步发展，邮政企业已经无法满足外贸行业对报关材料、样品等快件传递的需求，民营快递企业因此迅速崛起。1993年到2002年，在我国快递市场巨大潜力的驱使下，国内相继成立不同模式的快递公司。1993年，申通、顺丰分别在浙江和广东成立，但当时的民营企业还无法获得快递营业牌照。之后天天快递、韵达快递、圆通快递以及中通快递又分别在杭州、上海创立。至此，形成快递行业的"三通一达"（即圆通、中通、申通、韵达四家快递公司）格局。2003年，顺丰开辟航运市场，与扬子江快运签下合同，扬子江快运的5架737全货机全部由顺丰租下，其中3架用于承运快件。顺丰成为国内第一家使用全货运专机的民营速递企业。2007年，京东自建物流，电商正式进入快递业。2009年，新《中华人民共和国邮政法》出台，首次明确快递企业的法律地位，民营快递企业开始有快递经营牌照。2009年11月11日，淘宝平台首次推行网销打折活动，当天的销售额达到5 200万元，众多快递企业来不及反应，严重爆仓，耗费几周时间才将所有快件处理完毕。2013 年，阿里巴巴看到了快递行业的商机，投资 3 000 亿元建立菜鸟网络。2015 年 9 月申通、天天快递宣布重大战略重组，两家企业将展开在运营、产品、信息技术、快件最后一千米等领域的资源整合，其目的是加快推进企业的服务水平，提升企业的服务能力。2015 年"双十一"，快递运送速度大有改观，促销后的一周内有超过 94% 的物流订单已经发货，累积 2.4 亿个包裹完成签收。2016 年圆通速递借壳大杨创世，正式登陆 A 股市场。同年，申通快递在深交所上市。2017 年 1 月和 2 月，韵达和顺丰在深圳证券交易所分别登陆资本市场。2017 年 6 月，菜鸟和顺丰的物流数据之争爆发，引起快递企业对数据安全的关注。

（三）从快递大国迈向快递强国

从无到有，从慢到快，我国快递业的发展见证着人民群众消费方式和生活方式的变化。如今，快递服务已成为人民生活的必需品。2014 年我国快递业跨入百亿件时代，当年以快递业务量 140 亿件超越美国首次居于世界首位。随着我国邮政业基础设施不断完善和技术水平不断提高，我国快递业正在实现从快递大国向快递强国的跃升。近年来，为应对激烈的市场竞争，各家快

政策：《邮政强国建设行动纲要》

递企业不断加大技术创新和资金投入力度，研发投入逐年上升。以 2020 年为例，中通投入近 100 亿元用于基础设施、智能化设备和数字管理系统；百世集团总投入 15 亿元升级自动化设备；申通实施了 "ALL-IN-Cloud" 战略，将全部业务系统搬到云上；韵达研发投入 2.96 亿元，发布全国快递企业首个自主研发的 5G 无人机。在产品创新方面，快递企业尝试跨界实现业务突破，竞逐农产品快递、冷链和跨境电商物流等业务蓝海。2020 年 3 月《邮政强国建设行动纲要》提出，到 2035 年基本建成邮政强国。实现网络通达全球化、设施设备智能化、发展方式集约化、服务供给多元化，基本实现行业治理体系和治理能力现代化。邮政业规模体量和发展质量大幅跃升，邮政企业运营规模位居全球邮政前列，快递形成若干家万亿级企业集团，行业收入占国内生产总值的比重与发达国家相当，部分地区和重点领域发展水平达到世界前列。为了贯彻落实党中央、国务院决策部署，进一步满足广大农村群众对更高标准、更多种类寄递服务的需求，充分发挥邮政快递业在服务乡村振兴中的重要作用，2021 年 7 月国务院办公厅发布了《关于加快农村寄递物流体系建设的意见》。同年 12 月，为了帮助快递业准确把握发展规律、牢牢抓住战略机遇、稳妥应对风险挑战，实现行业更高质量、更有效率、更加公平、更可持续、更为安全的发展，国家邮政局发布了《"十四五"快递业发展规划》。

政策：《"十四五"快递业发展规划》

（四）我国快递业发展呈现的特点

1. 快递业营商环境好，快递业务量高速增长

从快递行业产业链看，上游主要包括运输车辆、燃料成品油、包装用品和集装箱；中游主要包括航空快运、公路快运、铁路快运、水路快运；下游直接面对的是终端用户，包括个人用户、企业用户以及电子商务用户等，如图 1-1-1 所示 。近年来，政府颁布了众多支持性政策、网络购物等消费模式逐渐普及、电子商务企业业务规模持续扩大，这些都为我国快递行业业务量继续保持高速增长提供了良好的环境。

随着市场需求的快速提升以及快递行业的高速发展，快递业务量高速增长。2016—2021 年，我国快递业务量迅速增长，保持在 20% 以上的增长速度。2021 年，全国快递业务量累计完成 1 083.0 亿件，较 2020 年增长 29.9%。2022 年全国快递服务企业业务量累计完成 1 105.8 亿件，同比增长 2.1%。我国国家邮政局监测数据显示，截至 2023 年 4 月 6 日，2023 年我国快递业务量达 300 亿件，比 2019 年达到 300 亿件提前了 99 天，比 2022 年提前了 18 天。如图 1-1-2 所示。

图 1-1-1　我国快递行业产业链示意

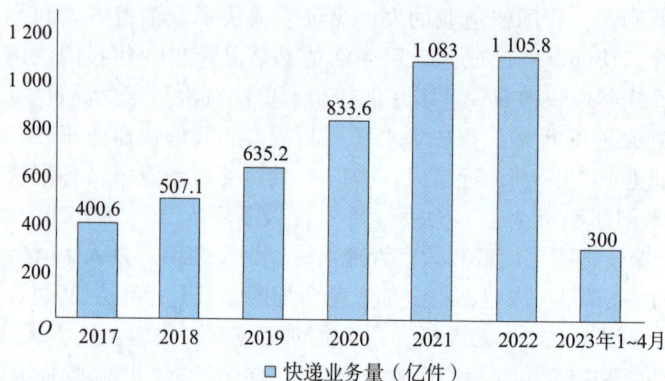

图 1-1-2　2017—2023 年 1~4 月我国快递服务企业业务量情况

2. 国际/港澳台快递量占比小，快递国际化有很大提升空间

2022 年，全国快递服务企业业务量累计完成 1 105.8 亿件，比上年增长 2.1%。分类别看，同城、异地、国际/港澳台快递业务量分别占全部快递业务量的 11.6%、86.6% 和 1.8%，如图 1-1-3 所示。与去年同期相比，同城、异地、国际/港澳台快递业务量的比重分别下降 1.4 个百分点、上升 1.6 个百分点和下降 0.2 个百分点。分地区看，东、中、西部地区快递业务量比重分别为 76.8%、15.7% 和 7.5%。与去年同期相比，东、中、西部地区快递业务量比重分别下降 1.3 个百分点、上升 1.1 个百分点和上升 0.2 个百分点。

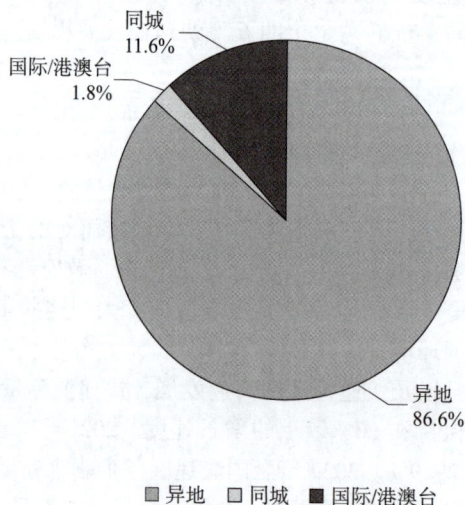

图 1-1-3　2022 年我国快递业务量结构

3. 快递业业务增长与利润增长不同步，竞争激烈

随着我国快递行业的不断发展，加上电商行业的火爆，我国快递业务量不断增加，快递服务企业业务收入也随之不断增加。2016—2021 年，快递业务收入同步提升。2021 年，我国快递业务收入累计完成 10 332.3 亿元，同比增长 17.48%。2022 年，邮政行业业务收入（不包括邮政储蓄银行直接营业收入）累计完成 13 509.6 亿元，同比增长 6.9%；其中，快递业务收入累计完成 10 566.7 亿元，如图 1-1-4 所示，同比增长 2.27%；邮政寄递服务业务收入累计完成 383.6 亿元，同比下降 2.7%。

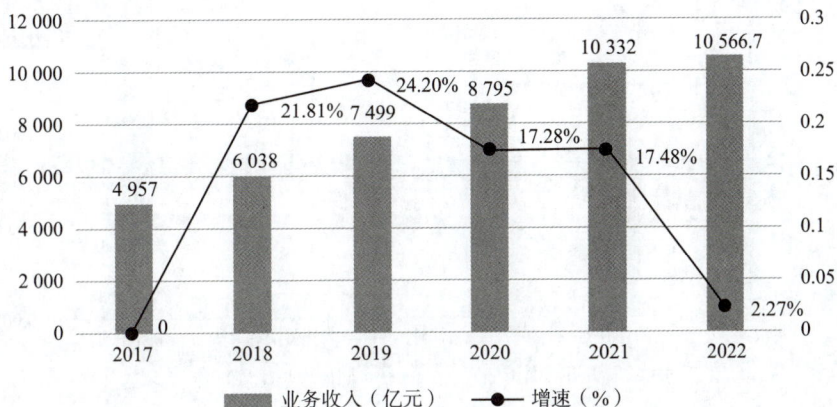

图 1-1-4　2017—2022 年我国快递物流业务收入

通过对不同快递公司对于市场份额的分析可以看出，中通快递公司在市场占据的业务量最高，市场份额达到了 20% 以上，韵达和圆通仅次于中通，这三家快递公司在市场所占据的市场份额已经高达 50% 以上。通过 2022 年快递业务单量分布来看，中通快递公司快递业务单量最多，为 177.97 亿票，同比增长 11.6%；其次是韵达快递公司，快递业务单量为 176.1 亿票，同比下降 4.44%。如图 1-1-5 所示。

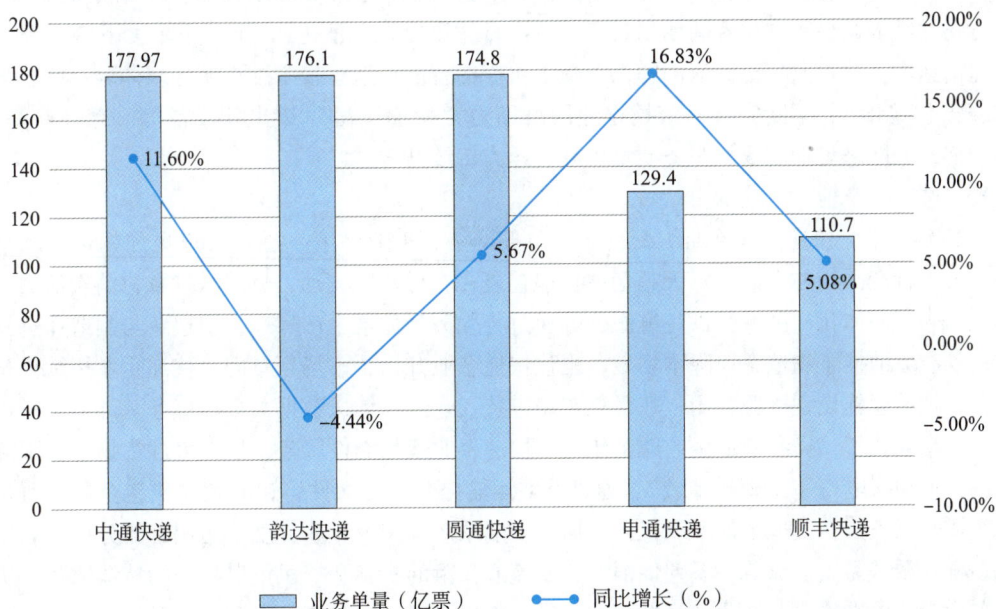

图 1-1-5　2022 年顺丰与"三通一达"快递公司快递业务单量分布情况

通过 2022 年快递利润情况来看，顺丰速运快递公司最大净利润额最多，为 54.5 亿元，同比增长 197.6%；其次是中通快递公司，最大净利润为 46.46 亿元，同比增长 55.23%。如图 1-1-6 所示。

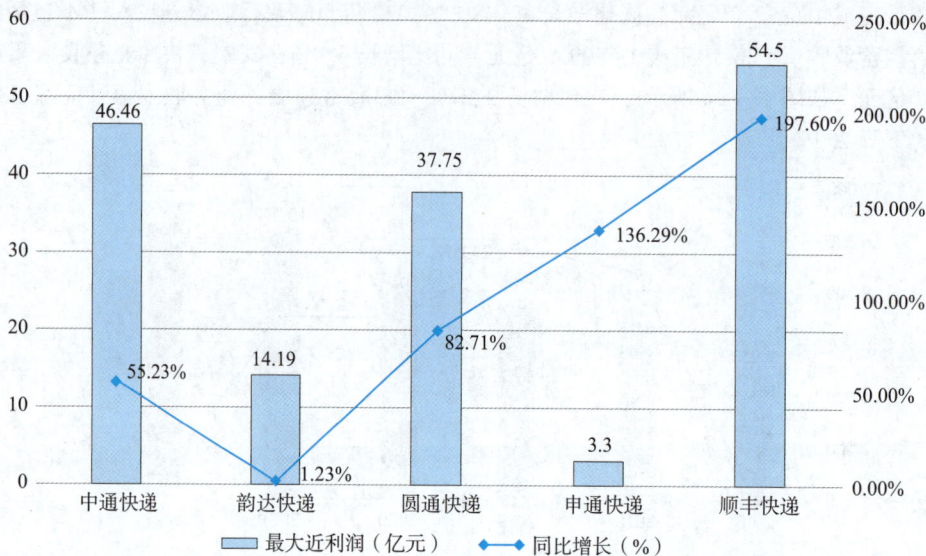

图 1-1-6　2022 年顺丰与"三通一达"快递公司最大利润分布情况

（五）我国快递业未来发展态势

快递业联系千家万户、连通线上线下，既是畅通生产与消费的重要渠道，也是观察经济发展的一扇窗口。在新时代背景下，快递产业作为新经济、新服务、新业态的代表，当前正处于信息化、数字化、智能化、智慧化的战略发展机遇期，备受政策红利支持，党和政府及相关监管部门颁布了诸多政策。进入"十四五"后，我国快递行业企业主动发力新技术、不断拓展新业务，在助力畅通经济微循环中培育新的增长点。从次日达提速为半日达，"上午下单，下午送到"打造快递新速度；从单向配送到双向揽派，覆盖更广的智能快递车带来配送服务新体验；联合多方资源服务电商出海，不断完善的跨境寄递网络助力"快递出海"迈出新步伐等一系列新举措，推动快递服务网络更加顺畅、服务质量更高、运力持续升级。

1. "快递+产业"融合发展

2023 年以来，快递企业不断织密、下沉服务网络，工业品下乡进村渠道更加畅通，越来越多的地方农特产品销往全国，每天超亿件快递包裹在农村地区流动，持续激发乡村消费活力。入厂物流、仓配一体化、区域性供应链服务等通过将服务延伸至生产环节，快递业与制造业进一步融合，既有力助推了制造企业降本增效，也让快递企业开拓了市场新空间。快递企业持续优化进厂服务，推动设施设备资源共用，在优化定制包装、仓配一体、数据共享等服务基础上，通过精准预测、精准补货，提升制造企业履约能力。快递企业聚焦大件服务，扩大大件货物上门服务覆盖范围，推动家电寄递"即送即装"，通过航空运输提升工业大件寄递时效。快递企业开通智能快递车揽收服务，实现揽派效率双提升；加大末端站点调配及开放力度，运用智能分单，满足消费者多样化派送需求。随着一系列促消费、畅流通政策的实施和居民消费信心的持续增强，快递业服务生产、促进消费、畅通经济循环的先导性作用将进一步发挥，在深度进村、提速入厂、阔步出海中不断推动经济高质量发展。

2. 快递业转向注重服务质量竞争

在行业监管层面，国家对快递行业将进一步加强引导和监管，强化保障快递市场健康良性发展和快递小哥合法权益，快递市场低价格的恶性竞争趋势被及时遏制。在市场需求层面，消费市场增速趋缓，但销售渠道和流量更趋多元，随着直播、短视频等新型电商平台近两年快速崛起，大平台和企业客户将更注重消费者服务体验，对快递物流履约时效与服务品质提出更高要求，推动快递企业从"同质低价"竞争转向"品质差异、客群差异"竞争。在行业供给层面，"马太效应"延续，强者恒强，行业集中度进一步提升。但在上游增量需求趋缓、自身成本下行空间有限的背景下，头部快递企业的竞争强度提升，快递企业纷纷积极推动服务分层与产品分类，夯实网络能力，提高末端服务体验，行业竞争逐步从单一价格战走向更注重服务品质、服务的差异化与多元化以及网络的稳定度。

3. 快递运营由市场驱动转向科技赋能

伴随5G、云计算、工业互联网和物联网等科技更多应用于快递物流领域，行业发展质效不断提升。伴随供应链走向柔性化、定制化、数字化，零售全渠道、需求碎片化，快递服务愈加朝自动化、智能化、精准化方向迈进。快递物流为科技创新提供了丰富的应用场景，科技创新使快递运营更加智慧、高效，从而激发更多市场需求。未来的快递业将会越来越注重智能物流技术的应用，例如物流大数据、AI智能量化、机器人配送和无人驾驶等。这些技术将使得快递物流执行配送效率更高，货品运输更加安全可靠，并且能够适应更加快速、精准和个性化的需求。

4. 多渠道销售和服务将成为主要发展方向

快递企业与电子商务企业和社交媒体平台的合作将进一步扩大，实现多渠道销售和服务，这将带来更多、更广泛的市场机遇。除此之外，还可能会推出一系列智能服务、定制化服务和增值服务来提高用户体验，巩固市场地位。随着消费者对品牌和服务质量的要求不断提高，快递企业将不得不注重品牌建设、注重服务质量管理和体验提升，以增强自己的市场竞争力和口碑。随着绿色环保理念逐渐延伸到物流领域，未来快递业也将强化持续性发展战略。从包装材料到末端投递车辆的选择，都会积极倡导节能、节水、减少碳排放等绿色经营理念。以推动全行业技术进步和创新、促进工业升级为目标，是快递企业加速转型、提高竞争力的必然趋势。例如便民配送、众包配送以及基于电商的O2O市场等新模式将会更加普及。随着全球化的步伐加快，跨境销售和物流已经成为很多企业扩大市场和出海的重要途径，因此，快递企业需要在跨境物流领域拥有更多的优势和能力，以满足消费者和市场的需求。

社会担当 1-1

践行使命担当　激发快递行业红色正能量

小快递，联通大市场，关系大民生。作为快递行业主管部门，厦门市邮政管理局持续加强行业党建工作，进一步凝聚思想、汇聚资源、集聚力量，引领快递行业在保流通、惠民生、助发展、强治理等方面积极发挥作用。一是强化领导示范。建立局班子成员挂钩快递企业工作机制，要求定期走访企业，既关心帮助企业发展，也支持指导企业党建工作，探索符合企业实际、具备自身特色的党建之路。二是强化先锋示范。注重挖掘行业先进人物事迹，加强宣传报道，以点带面，辐射带动，营造良好氛围，进一步激励广大党员创先进、争优秀，努力做到"平常时候看得出来、关键时刻站得出来、危机关头豁得出去"。三是强化品牌示范。创建"红色党建绿色邮政"党建品牌，开辟"模范党员故事专栏"，坚持围绕生产经营抓党建，推动厦门快递行业持续高位增长。（资料来源：厦门市邮政管理局，2022-04-16）

三、快递业高质量发展

（一）影响快递业高质量发展因素

1. 市场基础

良好的市场基础是快递业高质量发展的动力，快递业高质量发展又反作用于快递业市场基础，促使其逐步健全与完善，而有序的市场基础与各类经济成分主体的活力为快递业市场价值规律和竞争规律正常发挥奠定社会经济条件。现代快递业的充分发展，国有快递企业和非国有快递企业要适应市场化环境，实现其商业性，通过竞争有序的市场环境和良好的供给体系激发活力，丰富社会服务内涵，促进农村快递体系与末端配送体系的协同升级。

2. 产业基础

快递业高质量发展的前提是快递市场的充分发展，而快递市场充分发展的基础是完善的产业支撑。当快递业发展到高质量阶段又能够反哺其产业基础建设。快递业的人力资源、信息技术、资本等要素市场建设是快递业产业基础的重要组成部分。在市场化条件下，这些要素的充分流动也是产业基础完善的体现。快递业网点、仓储和快递物流各层级的枢纽建设的加强，有利于加快快递新科技成果转化机制，打通快递业发展的产业基础"堵点"，为快递业高质量发展创造良好产业基础。

3. 政府规划

快递业高质量发展不仅需要充分发挥市场在资源配置中的决定性作用，同时要更好发挥有为政府调节控制作用。有效市场的运行离不开政府的正确引导。做好政府规划与监管是管控不良市场竞争的有效手段。2021年12月国家邮政局出台的《"十四五"快递业发展规划》，立足新发展阶段，贯彻新发展理念，构建新发展格局，擘画了快递行业蓝图，对于把握重大机遇、明确目标任务、汇聚各方力量、统筹引领行业发展具有重要意义。

4. 内外融合有序平台

电子商务和网络零售的持续快速发展为快递业发展带来了新动能，快递业高质量发展需要与电商、网络及其他行业平台融合并协同有序发展。在助力良好市场秩序构建的同时，又能满足平台及开放的需求。快递业高质量发展不仅是快递业本身的质优发展，同时也是快递业产业内外融合有序的发展。国家规划的快递业"两进一出"（即"快递进村""快递进厂""快递出海"）工程能够作为快递业更高水平的产业协同突破口，延伸我国快递业的专业化和价值链高端化服务能力。

5. 绿色发展

绿色快递是快递高质量发展的高阶目标，绿色理念、绿色管理、绿色融合、绿色技术是快递业高质量发展与环境保护可持续协同发展的平衡器，快递业高质量发展又决定快递业绿色发展的路径。快递业的高质量发展不是阶段性的，而应是长远的。贯彻绿色发展理念，首先应从快递各环节的绿色创新模式运行开始，纵向贯穿绿色技术研发、供应链与逆向快递物流技术的绿色发展运用，横向深入产业基础设施，培育绿色消费市场与优化绿色监管。我国快递业高质量发展的影响因素可归纳为图1-1-7所示。

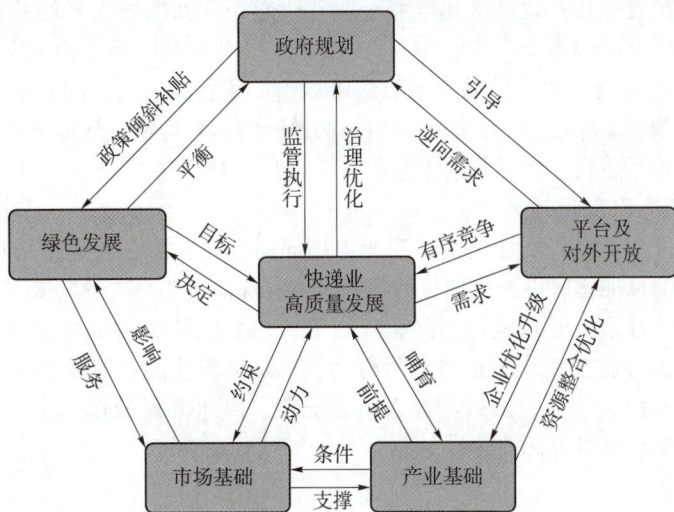

图 1-1-7　我国快递业高质量发展的影响因素示意

（二）推进快递业高质量发展

1. 激发快递市场各主体活力

政府相关职能部门应该加大对快递行业的支持力度，制定相关政策和规定，引导和支持快递企业强化市场主体地位，增强快递企业对市场需求的反应和调整能力，提高企业资源配置效率，为各主体提供发展环境和条件。鼓励竞争与合作并存，促进良性竞争和市场监管。快递企业应积极适应市场需求，注重技术创新、服务升级和业务拓展。拓宽快递业务领域，开发新的服务产品，如冷链配送、智能物流等满足不同消费者和企业的需求。利用物联网、大数据、人工智能等科技手段，提高快递行业的运营效率和服务质量。加强电子运单、快递追踪智能仓储等技术应用，提升用户体验和操作便捷性。

微课：影响快递业
高质量发展因素

2. 构建快递物流网络的产业基础

目前我国正向制造业强国转型，面对新形势，迫切需要在"十四五"时期加快快递业及其上下游供应链体系建设。为增强快递企业的竞争力，需要重点从快递市场基础入手，加强在硬件网络建设和管理全流程上的升级创新，建立强有力、高标准的运输、仓储、配送、人才等产业基础保障体系，进而实现快递业大数据、算法和各环节有效对接，最终构建起快递企业与上下游交通企业，横向纵向信息企业等协同发展机制，全面提升快递业服务质量，为快递业高质量发展提供强大的产业基础。

3. 促进快递产业低碳循环发展

践行新发展理念，推动快递绿色运输、绿色包装，推广使用可回收、可降解的绿色包装材料，减少传统包装材料对环境的影响。利用大数据分析和智能快递系统，实现合理的路径规划和资源调配，引进和推广电动车和其他新能源车辆，减少燃油消耗和尾气排放，提高快递的效率和环境友好性。建立快递包装物品的循环利用体系，鼓励用户将包装材料进行妥善分类和回收。提倡绿色消费观念，鼓励用户选择环保的快递方式和产品。通过绿色政策引导，大力发展人工智能、5G通信、物联网等新兴技术，重点突破绿色快递技术的发展"瓶颈"，不断加强绿色新技术、新产品研发使用，培育快递包装产业的新业态。

4. 加快快递产业融合发展平台的开放

电商平台不仅促进了快递业长远发展，而且加快了快递企业与电商企业的融合，要利用电商平台的数据要素配置优势，通过深化电商企业与快递企业间的数据互联共享平台建设，集成优化快递基础设施，升级快递企业与电商企业的仓配一体化服务，降低快递物流成本。支撑国内国外经济"双循环"发展，加快推动快递与交通运输、商贸流通、国际贸易、供销合作、物流金融等多产业、多领域的深度融合，统筹国内外快递网络体系构建，鼓励快递企业积极参与重构全球快递业供应链体系建设，提升我国快递业国际化竞争力。

5. 优化快递市场政府治理能力

快递业高质量发展不仅需要强化快递产业市场导向，而且需在快递市场运行中规范市场秩序，通过政府治理的标准化、市场化和法治化手段，实现快递业高质量发展。一是规范快递市场主体性质，包括企业性质、经营范围与经营项目等。二是规范快递市场主体进入市场资格，避免行业垄断与不正当竞争行为。三是规范快递市场主体的市场行为，完善寄递相关物品、消费者个人信息安全、快递流程操作、快递业信用管理、快递绿色发展等标准建设。

微课：保持快递业
高质量发展举措

任务实施

第一步：根据项目一任务一的任务导入与分析布置任务，搜索列出"十三五"期间我国快递业发展相关数据，见图1-1-8~图1-1-14，组织和引导学生分组讨论。

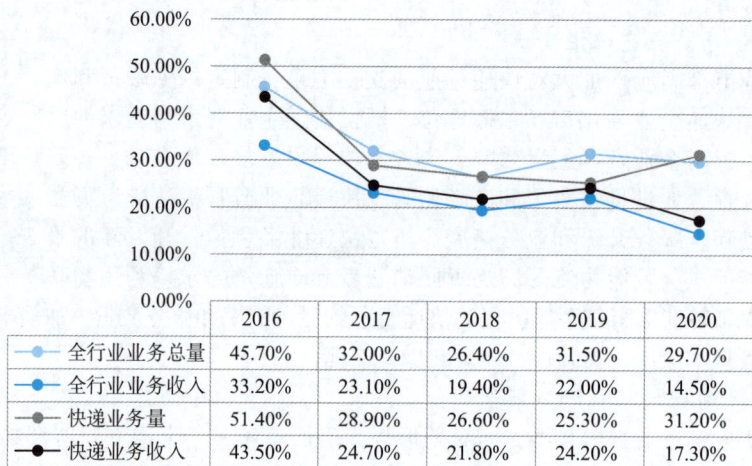

	2016	2017	2018	2019	2020
全行业业务总量	45.70%	32.00%	26.40%	31.50%	29.70%
全行业业务收入	33.20%	23.10%	19.40%	22.00%	14.50%
快递业务量	51.40%	28.90%	26.60%	25.30%	31.20%
快递业务收入	43.50%	24.70%	21.80%	24.20%	17.30%

图1-1-8 "十三五"期间邮政快递业务增长率变化趋势

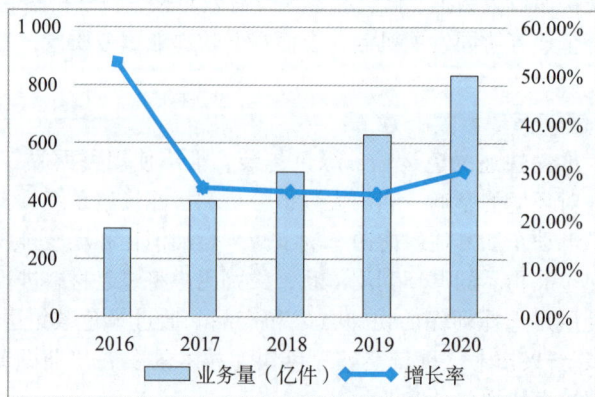

图1-1-9 "十三五"期间快递业务量增长趋势

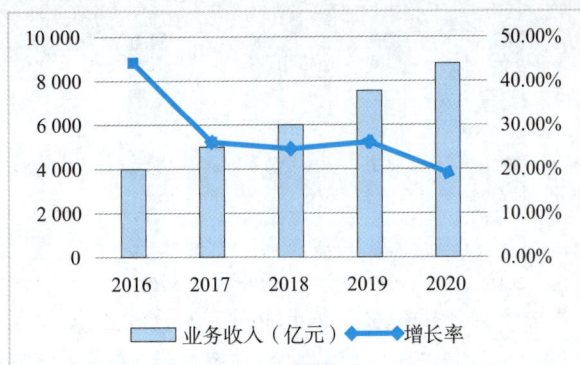

图 1-1-10　"十三五"期间快递业务收入增长趋势

快递业务量（万件）

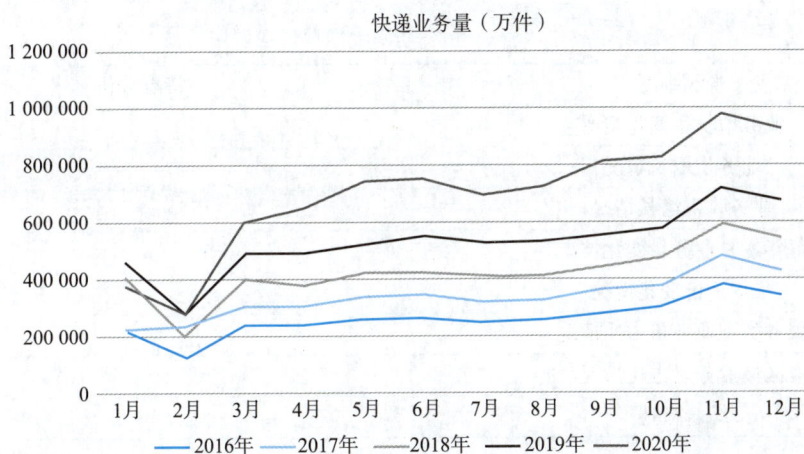

图 1-1-11　"十三五"期间每年逐月快递业务量变化趋势

快递平均运价（元/件）

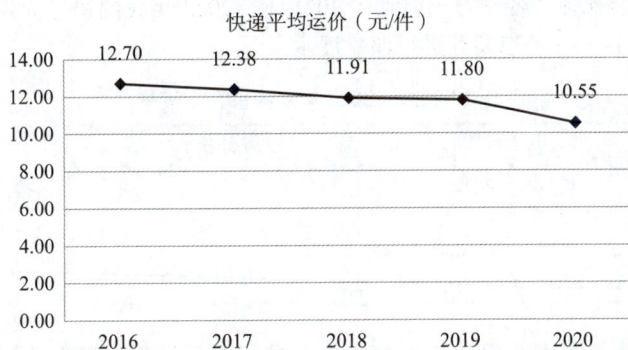

图 1-1-12　"十三五"期间快递平均运价变化情况

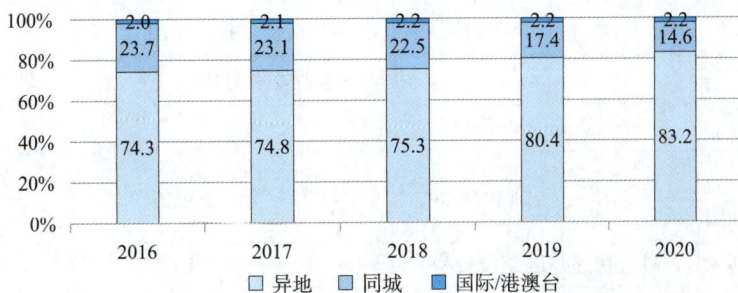

图 1-1-13　"十三五"期间各类型快递业务量占比情况

图 1-1-14 "十三五"期间各区域市场快递业务量占比情况

第二步：各学习小组经充分讨论，完成表 1-1-1 的填写。

表 1-1-1 "十三五"期间我国快递业发展特点

观测维度	特点分析
业务增长率变化情况	
业务量增长情况	
业务收入增长情况	
每年逐月业务量变化情况	
平均运价变化情况	
服务类型业务量占比情况	
区域业务量占比情况	
综合概述	

第三步：引导学生学习我国"十四五"快递业发展规划。

第四步：布置课后作业，各学习小组收集 2021 年、2022 年我国快递业发展资料，分析发展概况与特点，完成表 1-1-2 的填写并进行课堂展示。

表 1-1-2 2021—2022 年我国快递业发展分析

年度	发展分析	
	概况	特点
2021		
2022		

第五步：教师针对各学习小组的任务完成情况进行总结评价，指出分析存在问题并提出改进措施。各学习小组完成表 1-1-3 填写。

表 1-1-3 我国快递业发展分析任务实施评价

任务名称		我国快递业发展分析				
组别		组员				
考核内容		评价标准	参考值	考核得分		
				自评	互评	教师评
素质	1	具有快递强国建设自豪	10			
	2	具有快递高质量发展自信	10			

续表

任务名称		我国快递业发展分析			
知识	1	熟悉我国快递发展现状与前景	20		
	2	熟悉快递高质量发展要求	20		
能力	1	能正确收集快递发展相关资料	20		
	2	能正确分析快递发展的特点	20		
小计			100		
合计＝自评20%＋互评30%＋教师50%				组长签字	

视野拓展

快递业未来新发展

快递业是随着电子商务崛起而迅速发展的行业之一。自从互联网商业模式出现以来，电子商务已成为现代零售业的主要趋势，快递业也随之变得越来越重要和不可或缺。未来的快递业需要应对许多挑战和机遇。

1. 智能技术的应用将加速推广

未来的快递业将会越来越注重智能物流技术的应用，例如物流大数据、AI智能分拣、机器人配送和无人驾驶等。这些技术将使得物流效率更高，货品运输更加安全可靠，并且能够适应更加快速、精准和个性化的需求。

2. 多渠道销售和服务将成为主要发展方向

快递企业与电子商务企业和社交媒体平台的合作将进一步扩大，加大智能服务、定制化服务和增值服务的供给，实现多渠道销售和服务，提高用户体验，巩固市场地位。随着消费者对品牌和服务质量的不断追求，快递企业更加注重品牌建设，注重服务质量管理和体验提升，以增强市场竞争力，赢得更多、更广泛的市场机遇。

3. 绿色低碳的可持续性发展趋势更加凸显

随着绿色环保理念在快递领域的巩固，从包装材料到末端投递车辆的选择，快递企业都会积极倡导节能节水、减碳减排等绿色经营，强化企业持续性发展战略。

4. 快递企业大力推进新动能和新业态建设

以推动全行业技术进步和创新、促进工业升级为目标，是快递企业加速转型、提高竞争力的必然趋势。便民配送、众包配送以及基于电商O2O市场的智慧快递驿站等新模式将会更加普及。

5. 跨境快递将成为一个重要的业务增长点

随着供应链韧性和安全性提高，跨境电商和国际快递配送已经成为很多企业扩大市场和出海的重要途径。在跨境寄递领域快递企业拥有更多的优势和能力，也将迎来更大的发展机遇。(资料来源：快递鸟，2023-05-25)

思考与讨论：我们面对快递业未来新发展要做好哪些准备？

任务二　做好快递服务工作

引思明理

避开挑战，把握"十四五"我国快递业发展机遇

近年来，快递以广泛覆盖的网络、稳步提升的时效、方便惠民的服务，成为人民群众日常生活中不可缺少的组成部分。"十三五"时期我国行业发展取得飞速进步，产业规模持续壮大，企业实力快速增长，科技创新加速赋能，农村网络不断下沉，关联产业相互融合，出海步伐逐渐加快，包装治理成效显现，监管能力切实增强，发展活力有效释放，用户体验明显改善，行业影响力显著提升。特别是面对新型冠状病毒感染，快递小哥成为最美"逆行者"，有效保障了生产生活物资供应，为人民群众生产生活贡献了重要力量。与此同时，我国快递行业仍存在规模效益不平衡、农村服务体系不健全、末端网络不稳固、权益保障不到位、国际服务不完善等问题。当前和今后一个时期，我国快递业仍将处于重要战略机遇期，但机遇和挑战都有新变化。从国际看，世界正面临百年未有之大变局，新一轮科技革命和产业变革持续深化，共建"一带一路"扎实推进，区域全面经济伙伴关系协定生效实施，快递业国际化空间不断拓展；从国内看，我国已转入高质量发展阶段，扩内需、促消费对经济发展的基础性作用进一步增强，电子商务多元化发展，农业现代流通体系加速构建，制造业不断优化升级，快递发展需求持续扩大、使用场景更趋丰富、服务应用高频泛在，为提升快递服务供给能力赋予新动能。（资料来源："十四五"快递业发展规划，2021-12-01）

动画：同频共振推进快递业与制造业深度融合

快递业是现代流通体系的重要组成部分，是促进消费、便利生活、畅通循环、服务生产的现代化先导性产业，在稳定产业链供应链、服务乡村振兴、助力构建新发展格局等方面发挥重要作用。全面落实习近平总书记关于快递业的重要指示批示精神，完整、准确、全面贯彻新发展理念，是实现快递业高质量发展的必由之路。

任务导入与分析

李同学是一名快递物流专业方向的大二学生，对快递行业有基本的认识，但比较零碎、不系统，现在因专业学习需要，要求通过网络资料搜索，运用SWOT模型系统分析某快递企业业务发展面临的机遇与挑战，并提出相应对策。如果你是李同学，你应该怎么完成此项任务。

在当前世界处于百年未有之大变局的背景下，围绕构建以国内大循环为主体、国内国际双循环相互促进的新发展格局，把握产业链供应链变革重塑的新机遇，我国快递企业要做好业务发展决策，牢牢抓住战略机遇、稳妥应对风险挑战，稳中求进、创新驱动、提质扩容，持续推进安全快递、智慧快递、绿色快递建设，实现更高质量、更有效率、更可持续、更为安全的发展。

知识学习

一、职业道德要求

(一) 职业道德概述

1. 道德与职业道德

道德是人类在生产生活中逐步形成的，反过来又用以维持社会秩序、约束人类行为的一种行为规范。它主要依靠社会舆论、人们的价值观、信念、态度、传统和习惯来维持和发挥作用。

职业道德是道德的一个重要组成部分，是在职业领域内产生的用于规范人们职业行为的准则。职业道德体现了某种特定的职业特征和行为规范。就其本质而言，职业道德就是调整职业内部、职业之间、职业与社会之间的各种社会关系的行为准则和道德规范。它既是对从事本行业的人员在职业活动中的思想和行为的具体约束，同时也是行业对社会所应履行的道德责任和义务。职业道德的基本范畴包括职业态度、职业技能、职业纪律、职业良心、职业荣誉、职业作风等若干内容。职业道德的基本内容包括爱岗敬业、诚实守信、办事公道、服务群众以及奉献社会等。

2. 职业道德的特点与作用

(1) 职业道德的特点。各行各业都有自己的职业道德。职业道德特点主要表现在以下几个方面：①特殊性。职业道德的特殊性是指职业道德只适用于特定的职业活动领域，只约束该职业从业人员的职业行为；②强制性。职业道德包含职业纪律，它对于从业人员的工作态度、服务标准、操作规程等都有具体的强制规定；③多样性。职业道德的多样性是指职业道德的内容和表现形式的多样性；④稳定性。职业道德的稳定性是指一个新的职业一经发展和稳定后，相对的职业道德规范也就会确立并稳定下来。

(2) 职业道德的重要作用。职业道德在现代社会道德规范体系中具有十分重要的地位：①职业道德有助于促进社会生产力的发展，提高劳动生产率；②职业道德是社会主义精神文明的重要组成部分，有利于社会稳定；③职业道德有助于调节人们在职业活动中的各种关系；④职业道德有助于提高个人道德修养。

(二) 快递员职业道德要求

1. 快递员职业守则

根据《快递员国家职业技能标准（2019年版)》的规定，快递员职业道德内容主要体现为快递员的职业守则。快递员的职业守则主要包括以下方面的内容：遵纪守法、诚实守信、爱岗敬业、勤奋务实、团结协作、准确快速、保守秘密、确保安全、衣着整洁、文明礼貌、热情服务和奉献社会。这些内容全面概括了快递员在从事快递服务过程中所应履行的基本职责和义务，既体现了快递员应具有的职业道德的特殊性，也体现了服务行业职业道德规范的普遍含义。快递员职业守则的具体要求：

(1) 遵纪守法，诚实守信。"遵纪守法"就是要求快递员严格遵守国家的各项法律法规和企业内部的规章制度。"诚实守信"就是要求快递服务人员重信誉、守信用，提倡公平交易、诚实待客、不欺诈、不作假的行业道德精神。

(2) 爱岗敬业，勤奋务实。"爱岗敬业、勤奋务实"就是要求快递员热爱快递事业，树立责任心和事业心，踏实地勤奋工作。同时努力学习与快递相关的新知识、新技术，刻苦钻研快递业务，为用户提供多元化的高效服务，促进快递行业又好又快地发展。

(3) 团结协作，准确快速。"团结协作"是快递业务工作的特性决定的。快递业务是由一整套的业务流程、由各个环节甚至不同地区的员工分工合作完成的。"准确快速"是因为快递服务最根本的制胜点就反映在一个"快"字上。快递员在工作过程中对时限的承诺，一定要树立高度的责任意识，承诺客户什么时间送达，就要保证按时送达。同时，各个快递环节都应保证准确、无误。

（4）保守秘密，确保安全。"保守秘密"是由快递服务的特殊属性决定的。快递员所负责寄递的快件，很有可能会涉及客户的个人隐私、商业秘密或是国家机密，这就要求快递员不论是对客户所寄递快件的相关信息还是对客户的个人信息，都要保守秘密，绝对不准对外界透露，否则，将侵害客户的权益，严重的还会受到法律的制裁。"确保安全"要求快递员在工作过程中，必须保证快件的安全，将快件完好无损地送到客户手中。另外，也要注意保护好生产工具，还要保护好自身的人身安全。

（5）衣着整洁，文明礼貌。"衣着整洁，文明礼貌"是对服务行业从业者的基本要求。快递员在工作时间要统一着装，并注意保持工装整洁。在向客户提供服务时，要主动、热情、耐心，做到眼勤、口勤、手勤、腿勤，对老、幼、弱、孕客户，应给予更为周到细致的服务和帮助。

（6）热情服务，奉献社会。"热情服务，奉献社会"是职业道德规范的最高要求。为客户提供优质高效的服务，是每一位快递员的神圣职责。快递员要有高度的责任心和使命感，应本着全心全意为人民服务的精神，以饱满的热情投入快递工作中去，以积极进取的心态在工作中追求卓越、奉献社会。

2. 快递员职业守则的特点

（1）体现了职业道德的普遍性。快递员职业守则中的"遵纪守法，诚实守信；爱岗敬业，勤奋务实"等内容，都体现了职业道德规范的普遍性要求。

（2）体现了快递服务职业道德的特殊性。快递员职业道德规范中所规定的"团结协作、准确快速""保守秘密、确保安全""衣着整洁、文明礼貌"等内容，就既体现了作为一般服务业所需具备的职业态度和精神面貌，又体现了快递服务业务所需要具备的特殊职业操守。

二、快递服务概述

（一）快递服务的特点与作用

1. 快递服务的特点

根据《快递服务》国家标准的规定，快递服务是在承诺的时限内快速完成的寄递服务。作为蓬勃发展的新兴产业，快递服务以满足个性化需求为宗旨，依赖社会资本实现网络的地域覆盖，提供快捷的、门到门的、个性化的附加服务。快递服务具有以下特点。

（1）快递服务的本质反映在一个"快"字上，快速是快递服务的灵魂。

（2）快递服务是"门到门""桌到桌""手到手"的便捷服务。

（3）快递服务需要具有完善、高效的服务网络和合理的覆盖网点。

（4）快递服务能够提供业务全程监控和实时查询。

（5）快递服务要求快件须单独封装、具有名址、重量（按照快递行业习惯，本书出现的重量即质量，后文余同）和尺寸限制，并实行差别定价和付费结算方式。

2. 快递服务的作用

（1）经济作用。

①快递服务有利于加快流通、方便消费、推动经济结构调整和经济增长方式转变，能提高整个经济运行速度、质量、效益；②快递服务有利于加速地区间经济的联系和沟通，是促进地区经济发展的"输血管"和"加速器"；③快递服务有利于解决生产企业远离主销市场的空间问题，发挥协调发展的纽带和桥梁作用，是国际贸易和高技术产业供应链的组成部分。

（2）社会作用。

①快递服务具有创造大量就业岗位和吸纳更多人就业的作用，属于劳动密集型服务行业；②快递服务具有促进文化、教育、科技等知识和信息传播的作用；③快递服务具有促进乡村振兴和城镇一体化建设的作用；④快递服务具有稳定和保障社会供应的作用；⑤快递服务具有满足社会特殊群体提供上门运送服务的作用。

（二）快递服务的分类

1. 按寄达范围划分

（1）国内快递。国内快递是从收寄到投递的全过程均发生在中华人民共和国境内的快递业务。国内快递又分为同城快递、省内异地快递、省际快递三类，其中省内异地快递和省际快递可统称为国内异地快递。同城快递是指寄件地和收件地在中华人民共和国境内同一城市的快递业务。国内异地快递业务主要是区域内的业务与区域间的业务。省内异地快递是指寄件地和收件地分别在中华人民共和国境内同一省份、自治区中不同地区的快递业务。省际快递是指寄件地和收件地分别在中华人民共和国境内不同省份、自治区、直辖市的快递业务。

微课：快递服务分类

（2）国际快递。国际快递是指寄件地和收件地分别在中华人民共和国境内和其他国家或地区（中国香港特别行政区、中国澳门特别行政区、中国台湾地区除外）的快递业务，以及其他国家或地区间用户相互寄递但通过中国境内经转的快递业务，包括国际进境快递和国际出境快递。国际进口快递是指收件地在中华人民共和国境内，寄件地在其他国家或地区（中国香港特别行政区、中国澳门特别行政区、中国台湾地区除外）的快递业务。国际出口快递是指寄件地在中华人民共和国境内，收件地在其他国家或地区（中国香港特别行政区、中国澳门特别行政区、中国台湾地区除外）的快递业务。国际快递服务供应商一般要具备足够的航空和地面运输能力、枢纽中心和遍布世界主要国家和城市的投递网络、先进的信息跟踪和控制技术。

（3）港澳台快递。港澳台快递是指寄件地和收件地分别在中华人民共和国境内和中国香港特别行政区、中国澳门特别行政区、中国台湾地区的快递业务。

2. 按照所有制形式划分

（1）国有快递企业。国有快递企业主要是指我国邮政速递（EMS）、民航快递（CAE）、中铁快运（CRE）等国有和国有控股的从事快递服务企业（图1-2-1）。国有快递企业依靠其背景优势和完善的国内网络而在国内快递市场有明显的影响力。

图1-2-1　我国国有快递企业标识

社会担当1-2

邮政快递服务保障显担当

在2022年元旦、春节来临之际，快递行业面临订单激增，业务繁忙和复杂的疫情防控形势。面对挑战，中国邮政集团有限公司响水分公司积极应对，千方百计保障民生需求。由于行业特性，快递物品和工作人员不得不长期暴露在较为封闭的工作场所。为确保人、物、环境的安全，公司全体人员冒疫情、战严寒、保供应，共克时艰，积极落实防护措施，坚持一天两次全面消杀，并不定时对工作人员进行体温检测，一旦出现意外情况将及时启动预案，确保平均每天一万件左右的快递量安全及时送达到客户手中。（资料来源：响水日报，2022-12-30）

（2）民营快递企业。民营快递企业主要是指顺丰速运、京东快递、菜鸟网络、中通快递、申通快递、韵达快递、圆通快递等从事快递服务的民营企业。图1-2-2为顺丰速运、京东快递、申通快递的企业标识。

图1-2-2　顺丰、京东、申通的企业标识

（3）外资快递企业。外资快递企业主要是指联邦快递（FEDEX）、敦豪（DHL）、联合包裹（UPS）等从事快递服务的外资企业。

3. 按照运输方式划分

（1）航空快递。航空快递是指快递企业利用航空运输条件，收取收件人的快件并按照承诺的时间将其送交指定地点或者收件人的速递服务。航空快递主要依托航空公司和机场，为客户提供个性化的航空运输延伸服务。航空快递由于运输速度快，是长距离快递最常用的方式，在国际快递市场方面发挥了主要作用。

（2）公路快递。公路快递是指快递企业利用公路运输条件，收取收件人的快件并按照承诺的时间将其送交指定地点或者收件人的速递服务。公路快递是目前运输量最大的运输方式，国内异地和同城快递主要使用这一方式。

（3）铁路快递。铁路快递是指快递企业利用铁路运输条件，收取收件人的快件并按照承诺的时间将其送交指定地点或者收件人的速递服务。铁路快递通过高铁或普通客运列车行李车快运，运量大，安全准时，适用大件物品和一些航空禁运物品的长距离运输。

三、快递服务网络

快递服务网络是指实现快件收寄、分拣、封发、运输、投递等所依托的实体网络和信息网的总称。快递服务是通过网络实现的，其中快件是通过实体网络传递的，快件信息是通过信息网络传递的。

（一）快件传递网络的构成

快件传递网络是由快递客服中心、收派处理点或营业网点、处理中心和运输线路按照一定的原则和方式组织起来并在调度运营中心的指挥下，按照一定的运行规则传递快件的网络系统。

1. 客服中心

客服中心是快递企业普遍使用的、旨在提高工作效率的应用系统。它主要通过电话、网络系统负责受理客户委托、帮助客户查询快件信息、回答客户有关询问、受理客户投诉等业务工作。

2. 收派处理点或营业网点

收派处理点或营业网点是快递企业收寄和派送快件的基层站点，其功能是集散某个区域的快件，然后再按派送段进行分拣和派送。收派处理点或营业网点担负着直接为客户服务的功能，其设置应依据当地人口密度、居民生活水准、整体经济社会发展水平、交通运输资源状况以及公司发展战略等因素来综合考虑，要本着因地制宜的原则，科学合理地设置。随着快递服务业的快速发展，快递企业收派处理点的硬件设施科技含量日益提高、服务质量和效率得到进一步提升，服务功能也朝着日益多样化、综合化和个性化的方向发展。

3. 处理中心

处理中心是快件传递网络的节点，主要负责快件的分拣、封发、中转任务。快递企业根据自身业务范围及快件流量来设置不同层级的处理中心，并确定其功能。快递企业业务覆盖范围不同，设置快件处理中心的层级数也不同。全国性快递企业通常设置三个层级的快件处理中心，而区域性快递企业通常设置两个层级、同城快递企业通常设置一个层级的快件处理中心。以全国性快递企业为例，第一层级是大区或省际中心，除完成本地区快件的处理任务外，主要承担各大区或省际的快件集散任务，是大型处理和发运中心，一般建于地处全国交通枢纽的城市，如北京、上海、广州等大城市。第二层次是区域或省内中心，除完成本地快件的处理任务外，还要承担大区（省）内快件的集散任务，一般建于省会城市。第三层次是同城或市内中心，主要承担本市快件的集散任务。处理中心的设置方式和位置，对快件的分拣、封发和交运等业务处理和组织形式，以及快件的传递速度和质量起着决定性的作用。随着快递技术发展和快件业务量的增加，快件处理中心的自动化、智能化处理方式越来越普遍。

4. 运输线路

运输线路是指快递运输工具在快件收派处理点、处理中心间以及所在地区车站、机场码头之间，按固定班次及规定路线运输快件的行驶路线。运输线路按所需运输工具可分为航空运输线路、铁路运输线路、公路运输线路和水运线路。运输线路和运输工具是保证快件快速、准确送达客户的物质基础之一，是实现快件由分散（各收寄点）到集中（各处理中心）再到分散（各派送点）的纽带。

5. 调度运营中心

调度运营中心是控制并保证快递网络按照业务流程设计要求有序运行的指挥中心。它需要按照预定业务运营计划和目标实行统一指挥，合理组织、调度和使用全网络的人力、物力和财力资源，纠正快件传递过程中出现的偏差或干扰，确保快递网络迅速、高效的良性运转。

（二）快件传递网络的层次

1. 大区或省际网

大区或省际网主要承担省际的快件传递任务。它连接各大区或省际处理中心（包括国际快件处理中心），通过陆路和航空运输组成一个复合型的高效快递运输干线网络。由于大区或省际网是整个快件传递网的关键环节，又最容易出现堵塞和其他问题，必须建立统一有序的指挥调度系统，及时进行信息反馈，以确保网络的畅通无阻。

2. 区域或省内网

区域或省内网是大区或省际网的延伸，与同城或市内网联系密切，在快件传递网络中起着承上启下的作用。区域或省内网以区域或省内处理中心为依托，通过以汽车、火车运输为主的运输线路与和其有直接关系的上级、同级及下级处理中心相连接构成的。区域或省内网按快件运输的方式，可划分为以公路运输为主的公路网络、以铁路运输为主的铁路网络以及由多种运输方式相结合的联运网络。

3. 同城或市内网

同城或市内网是由同城或市内处理中心与若干个收派处理点组成的，除负责快件的收和派送外，还负责快件的分拣、封发等工作。同城或市内网的设置主要考虑本地的政府发展规划、土地征用政策、基本建设投资成本、经济发展水平、产业布局、运输条件，人口结构与密度、文化传统特点，快件的流向和流量等具体因素。

（三）快递信息传输网络

快递信息传输网络是指在快件传递的过程中，传递快递相关信息的网络。这些信息包括单个快件运单的信息、快件总包的信息、总包路由的信息，以及快件传递过程中每个节点产生的信息等。

1. 快递信息传输网络作用

①实现了对快件、总包等信息的实时传递。②实现了企业快递信息资源最大限度的综合利用与共享。③便于企业运营管理，提高工作效率、规范操作程序，减少人为差错。④便于企业为客户提供更优质的服务，包括为客户提供快件查询。⑤有利于增强企业竞争能力，促进企业可持续发展。

2. 快递信息传输网络构成

快递信息传输网络由物理系统和软件系统两大部分组成：①物理系统主要包括信息采集和处理设备、信息传输线路以及信息交换、控制与存储设备；②软件系统包括操作系统、数据库管理系统和网络管理系统。快递企业复杂繁多的信息必须通过不同层次和级别的网络及硬件设备连接和管理，一般需要量身定做适合自身的信息系统传输网，以辅佐实物传递网的正常运行。快递信息网络的建设是一项庞大而且复杂的系统工程，投资大，技术更新迭代快。

微课：快递服务网络

（四）快递服务环节

快递服务主要包括快件收寄、快件处理、快件运输和快件派送四大环节（图1-2-3）。

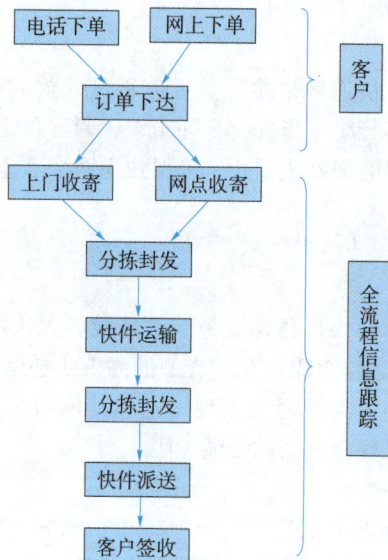

图1-2-3　快递服务环节

1. 快件收寄

快件收寄是快递流程的首要环节，是指快递企业在获得订单后由快递员上门服务，完成从客户处收取快件和收寄信息的过程。快件收寄分为上门收寄和网点收寄两种形式，其任务主要包括验视快件、指导客户填写运单和包装快件、计费称重、快件运回、交件交单等工作。

2. 快件处理

快件处理包括快件分拣、封发两个主要环节，是快件流程中贯通上下环节的枢纽，在整个快件传递过程中发挥着十分重要的作用。这个环节主要是按客户运单填写的地址和收寄信息，将不同流向的快件进行整理、集中，再分拣并封成总包发往目的地。快件的分拣封发是收快件由分散到集中、再由集中到分散的处理过程，它不仅包括组织快件的集中和分散，还涉及控制快件质量、设计快件传递频次、明确快件运输线路和经转关系等工作内容。

3. 快件运输

快件运输是指在统一组织、调度和指挥下，按照运输计划，综合利用各种运输工具，将快件迅速、有效地运达目的地的过程。快件运输主要包括航空运输、公路运输、铁路运输以及少量的水路运输。每种运输方式各具特点，经营方式、运输能力和速度也各不相同。快递企业可根据快件的时效与批量等实际要求，选择合适的运输方式来保证快速、准确地将快件送达客户。

4. 快件派送

快件派送是指快递员按运单信息上门将快件递交收件人并获得签收信息的过程。快件派送是快递服务的最后一个环节，具体工作包括进行快件交接、选择派送路线、核实用户身份确认付款方式、提醒客户签收、整理信息和交款等项工作。快件派送工作不仅是直接保证快件快速、准确、安全地送达客户的最后一环，也是同客户建立与维护良好关系的一个重要机会。

在以上快递服务四大环节中，不仅每个环节存在大量的组织作业运转工作，而且各个环节之间也需要密切配合有效组织，从而保证快件传递的动态过程科学、高效。

四、快递企业业务发展

（一）快递企业主要业务

1. 国内业务

国内业务是指从收寄到投递的全过程均发生在中华人民共和国境内的快递服务。国内快递服务主要包括：收寄、分拣、封发、运输、投递，以及查询、投诉和申诉、赔偿等。

2. 国际及港澳台地区业务

主要包括进境快递服务和出境快递服务，与国内快递业务的主要区别在于，国际及港澳台地区业务在入境和出境过程中，必须办理通关手续，必须了解和掌握通关知识和相关的法律法规及政策要求。

3. 增值业务

主要包括快递企业提供的集中整付、代收货款、返单服务、密码投递、一票多件、保价服务、包装服务等业务。图1-2-4是顺丰速运公司提供保价服务的收费标准。

快运产品	公斤段	保价金额	标准服务费	标准服务费率
顺丰卡航	(0,40 kg]	500元（含）以下	2元/票	6‰
	(40,100 kg]	1000元（含）以下	4元/票	
	(100, +∞)	3000元（含）以下	12元/票	
纯重特配	全公斤段	1000元（含）以下	5元/票	
顺丰干配	[20 kg,+∞)	1000元（含）以下	5元/票	
大票直送	全公斤段	4000元（含）以下	24元/票	
整车直达	全公斤段	6000元（含）以下	30元/票	5‰
区分产品、公斤段：保价金额≤最低收费范围内的保价金额时按最低收费标准收取保费，保价金额＞最低收费范围内的保价金额时，保费=保价金额×标准服务费率				

图1-2-4　顺丰速运产品保价服务收费标准

4. 拓展业务

主要包括：仓储服务、运输设计、进厂配送、供应链金融、信息平台服务等。如为客户设计整车运输、拼车运输方案；提供定制的端到端多式联运服务。

中国邮政速递物流公司的快递业务主要分国内业务、国际业务、增值业务、物流服务等，如

图 1-2-5 所示。

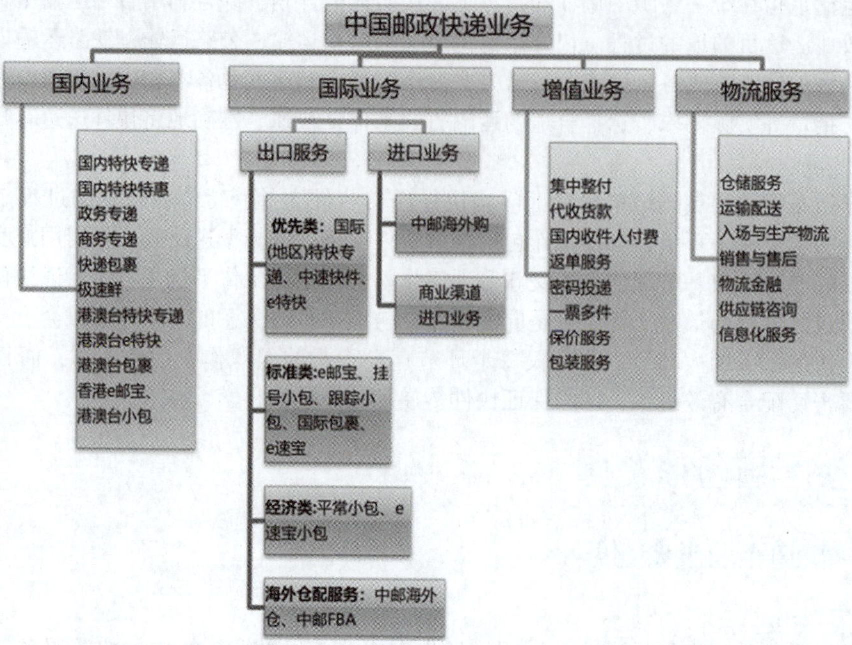

图 1-2-5　中国邮政快递业务构成

（二）快递企业业务发展 SWOT 分析

1. 快递企业业务发展 SWOT 分析法

快递业务发展 SWOT 分析法是指从优势（Strength）、劣势（Weakness）、机会（Opportunity）和威胁（Threats）四个维度（图 1-2-6），来分析快递企业发展业务的可行性。这种方法实际上是快递企业从内部和外部同时进行分析，进而分析出发展新业务的优势和劣势，面临的机会和威胁，为决策提供依据。

图 1-2-6　SWOT 分析法示意

2. 快递企业业务发展 SWOT 分析法应用

SWOT 分析可以分成 OT 分析和 SW 分析两个部分。OT 分析是从外部环境进行分析，也就是快递企业面临的机会和威胁。OT 分析主要的目的是分析快递企业所在的生存环境对业务利好还是利坏的影响。这些环境可能是政策环境，可能是市场环境，或者其他企业环境。SW 分析是从快递企业内部进行分析，也就是快递企业自身的优势和劣势。SW 分析主要的目的是分析在一定的市场环境下（机会或者威胁），快递企业是否具备能力抓住机会或者排除威胁。

使用 SWOT 分析，就是要通过 OT 分析发现外部的机会（或威胁），再通过 SW 分析找出自己的有利因素（或不利因素），两者结合，就可发挥自己的优势，减轻自己的劣势带来的不良后果。这样可以更有效地分析现状，做出更加准确的判断，让决策业务更加准确。

五、快递企业主要岗位

（一）部门设置与职责

尽管不同的快递企业在具体的部门和岗位设置方面有所差异，但大体相同。快递企业一般设置以下部门。

1. 网络管理部

主要负责基层站点、门店的经营信息统计与分析，网点政策的调整，出现异常情况，及时反馈处理等。

2. 市场部

主要负责客户的开发与维护，及时掌握市场动态，适时根据公司目标调整市场政策等。

3. 客服部

主要负责进出港件的查询，对破损、延误、遗失进行责任界定，与客户对接理赔方案等。

4. 运输管理部

主要负责车辆的调度安排，线路的规划整合，驾驶员的管理，车辆维修与保养等。

5. 财务部

主要负责公司的财务制度建设，会计核算，资金管理，预算及成本费用管理，税务管理、财务风险控制等。

6. 人力资源部

主要负责公司的人才招聘、绩效管理、员工培训和发展、薪资和福利等。

7. IT 部

主要负责公司的信息技术系统开发、维护和创新、数据分析和安全管理等。

8. 行政部

主要负责落实领导指示，加强内外协调，起草重要文稿，安排办公会议，做好公务接待和后勤保障等。

（二）基层业务岗位与能力要求

1. 基层业务岗位设置

快递企业基层管理岗位主要涉及收件作业管理、派件作业管理、中转作业管理、安全生产运营管理、网点设备运维管理、路由规划、仓配控制、数据分析、信息系统维护、智能网点运营、作业场地规划设计、营销服务、投诉处理等岗位（群）。

2. 基层业务岗位能力要求

随着智能时代的到来，快递企业基层业务岗位要求工作人员具有运用数字化和网络化手段进行快递网点收寄和派送作业日常监督管理、处理中心运营作业现场管理的能力，主要职业能力具体包括以下几个方面。

（1）具有分析快递企业中常见安全隐患、安全生产运营管理的能力。

（2）具有国际快递收寄和派送作业、国际快递通关业务单证制作和分拣处理作业的能力。

（3）具有快递常见智能设施设备的使用与基础维护保养的能力。

（4）具有使用快递信息系统完成业务数据的整理、分析并制定业务优化方案的能力。

（5）具有快递客户信息查询、投诉处理、客户关系维护、快递产品推介、产品营销初步方案制定的能力。

（6）具有快递智能云仓出入库和在库管理、制定库存控制基本方案的能力。

（7）具有为客户制定个性化快递服务方案的能力。

（8）具有探究学习、终身学习和可持续发展的能力。

任务实施

第一步：根据项目一任务二的任务导入与分析布置任务，组织和引导学生学习 SWOT 分析模型的应用。

第二步：学生分小组讨论我国某快递企业未来发展的机遇与挑战，完成表 1-2-1 的填写，并在课堂展示分享。

表 1-2-1　某快递企业新业务发展 SWOT 分析

优势（S）	
劣势（W）	
机遇（O）	
威胁（T）	
发展建议	

第三步：教师针对各学习小组的任务完成情况进行总结评价，指出分析存在问题并提出改进措施。各学习小组完成表 1-2-2 的填写。

表 1-2-2　某快递企业新业务发展 SWOT 分析任务实施评价

任务名称		某快递企业新业务发展 SWOT 分析				
组别		组员				
考核维度		评价标准	参考值	考核得分		
				自评	互评	教师评
素质	1	具有快递强国建设自豪	10			
	2	具有快递高质量发展自信	10			
知识	1	掌握快递服务网络的构成	20			
	2	掌握快递企业主要业务和岗位	20			
能力	1	能正确使用 SWOT 分析法	20			
	2	能正确分析行业发展	20			
小计			100			
合计＝自评 20%＋互评 30%＋教师 50%				组长签字		

视野拓展

2022 年 7 月，人力资源和社会保障部新修订的《中华人民共和国职业分类大典》，将职业分为 8 个大类，1 639 个职业数，净增了 158 个新职业。新版大典充分适应和反映了近年来经济结构特别是产业结构变化，适应和反映了社会结构特别是人口、就业结构变化，适应和反映了人力资源开发与管理特别是人力资源配置需求，对于经济社会各领域都具有重要价值。

政策：《中华人民共和国职业分类大典》

新版大典涉及快递领域职业共 17 个，工种 15 个，新增了国际快递业务师、快递站点管理师、快递设备运维师等职业工种。国际快递业务师（4-02-07-10）是从事国际寄递服务网络设计搭建、海外仓等节点建设、业务市场开发、国际邮件快件中转清关管理等工作的人员。快递站点管理师（4-02-07-11）是从事快递末端站点生产作业、质量管控、业务开发等工作的人员。快递设备运维师是机电设备维修工职业下新增设的工种。这些职业工种客观反映了近年来快递业快速发展和职业分工细化的实际，进一步完善了行业领域职业分类体系，为行业统计、人才培养评价、人力资源开发与管理等奠定了坚实基础，提供了重要遵循。（资料来源：国家快递职业技能鉴定指导中心，2022-09-30）

思考与讨论：新版《中华人民共和国职业分类大典》新增了国际快递业务师、快递站点管理师、快递设备运维师等职业工种对行业发展有什么意义？

☑ 同步测试

一、单选题

1. 快递服务的根本制胜点是（　　）。
A. 快速准确　　　　B. 热情服务　　　　C. 团结协助　　　　D. 诚实守信

2. 快递服务是快速收寄、分发、运输、投递单独封装、具有名址的信件和包裹等物品，以及其他不需储存的物品，按照承诺时限递送到（　　）并获得签收的寄递服务。
A. 收件人　　　　　　　　　　　B. 指定地点
C. 收件人或指定地点　　　　　　D. 收件人和指定地点

3. 寄件人和收件人在国内同一城市的快递服务称为（　　）。
A. 国际快递　　　　　　　　　　B. 国内（异地）快递
C. 国外快递　　　　　　　　　　D. 同城快递

4. 快递信息网发挥作用的内在原因是快递具有（　　）与（　　）合一的特点。
A. 实物流　资金流　　　　　　　B. 实物流　信息流
C. 资金流　信息流　　　　　　　D. 包裹　信件

5. 职业道德是从业人员在职业活动中应遵循的行为准则，涵盖了（　　）之间的关系。
A. 从业人员与顾客　　　　　　　B. 职工与家属
C. 从业人员与服务对象　　　　　D. 职工与领导

6. 按照快递业务运行顺序，快递流程主要包括四大环节，但不包括（　　）。
A. 快件处理　　　B. 快件运输　　　C. 快件派送　　　D. 快件组装

7. 以下不属于职业道德特点的是（　　）。
A. 特殊性　　　B. 公平性　　　C. 多样性　　　D. 稳定性

8. 职业道德的直接作用不包括（　　）。
A. 有助于提高从业者的收入
B. 有助于促进社会生产力的发展，提高劳动生产率
C. 有助于调节人们在职业活动中的各种关系
D. 有助于提高个人道德修养

9. 快件流程的四个环节之间需要（　　）。
A. 独立运作　各自管理　　　　　B. 相互补充　合理排序
C. 密切配合　有效组织　　　　　D. 动态传递　各自管理

10. 速度最快的快递是（　　）。
A. 航空快递　　　B. 铁路快递　　　C. 铁路快递　　　D. 水路快递

二、多选题

1. 2022 年新修订的《中华人民共和国职业分类大典》，新增邮政快递类职业有（　　）。

A. 邮件快件安检员 　　　　　　　B. 国际快递业务师

C. 快递站点管理师 　　　　　　　D. 快递设备运维师

2. 快递员的职业守则主要包括（　　）等。

A. 遵纪守法，诚实守信 　　　　　B. 爱岗敬业，勤奋务实

C. 团结协作，准确快速 　　　　　D. 保守秘密，确保安全

3. 下列关于邮政在社会经济中的地位和作业说法正确的有（　　）。

A. 邮政要为社会提供普遍服务

B. 社会主义邮政要为党和政府服务，转达政令

C. 邮政是沟通世界各个角落的桥梁

D. 邮政是社会主义市场经济"三流"的重要通道

4. 快件收寄分为（　　）两种形式。

A. 上门揽收 　　　B. 网上揽件 　　　C. 网点收寄 　　　D. 窗口收寄

5. 以下属于快递服务的特点的是（　　）。

A. 提供低价普惠的非竞争性产品 　　B. "门到门""桌到桌"的便捷服务

C. 快件单独封装 　　　　　　　　　D. 实行差别定价和付费结算

6. 快件收寄的任务主要包括（　　）等工作。

A. 验视快件 　　　B. 指导客户填写运单和包装快件

C. 计费称重 　　　D. 快件运回

E. 交件交单

7. 快递服务按网络规模划分（　　）。

A. 国际快递 　　　　　　　　　　　B. 国内异地快递

C. 同城快递 　　　　　　　　　　　D. 港澳台快递

8. 关于快递企业和邮政企业的说法，下列正确的是（　　）。

A. 快递企业不得经营信件寄递业务

B. 邮政企业和快递企业均可以经营信件寄递业务

C. 快递企业可以经营邮政企业专营业务范围以外的信件快递业务

D. 快递企业不得寄递国家机关公文

9. 快递企业主要业务，包括（　　）。

A. 国内业务 　　　　　　　　　　　B. 国际及港澳台地区业务

C. 增值业务 　　　　　　　　　　　D. 拓展业务

10. 以下哪些是影响快递业高质量发展的因素（　　）。

A. 市场基础 　　　B. 产业基础 　　　C. 政府规划 　　　D. 绿色发展

三、判断题

1. 邮政的根本任务是以优质、高效、低耗的邮政服务，保证党政机关的需要。（　　）

2. 快递仅是指快速收寄、运输、投递单独封装的、有地址的快件。（　　）

3. 从我国现代快递的发展看，先有国际快递，后有国内快递。（　　）

4. 快递网络是各快递企业传递各类快件的收派集散点、分拣处理场所及设备、运输线路、派送段道等支撑力量的总称。（　　）

5. 优质高效是快递服务的生命线。（　　）

6. 随着智能时代的到来，快递企业基层业务岗位要求工作人员具有运用数字化和网络化手段进行快递网点收寄和派送作业日常监督管理、处理中心运营作业现场管理的能力。（　　）

7. 快递业务发展 SWOT 分析法，是快递企业从内部和外部同时进行分析，进而分析出发展新业务的优势和劣势，面临的机会和威胁，为决策提供依据。　　　　　　（　　）

8. 快件派送是指快递员按运单信息上门将快件递交收件人并获得签收信息的过程。（　　）

9. 快件保价是快递企业直接向客户做出的承诺。　　　　　　　　　　　　（　　）

10. 快递服务按照运输方式划分主要有航空快递、公路快递、铁路快递。　　（　　）

✓ 调查研究与学思践悟

关于当地快递业与其他产业融合发展的现状调查

1. 总体要求

专业学习不单是学习书本知识，更需要加强包含调查研究在内的实践训练，要在实践中检验学习的效果。大家围绕学习贯彻党的二十大精神"推动现代服务业同先进制造业、现代农业深度融合。"结合本项目学习内容，实地走访当地快递企业，深入一线调查，了解当地快递企业与先进制造业、现代农业深度融合发展实施情况，形成一篇调研报告。

2. 具体要求

（1）准备要足。事先组建调查研究小组（每组 4~5 人），落实好调查对象、地点和时间，拟定好调查提纲和问卷，联系好调查出行的交通工具，牢记调查过程中的安全要求，注意个人仪表仪态和言谈举止。

（2）选题要准。围绕快递业与其他产业融合发展的要求，聚焦当地快递企业发展的政策和举措，从思路、措施、问题、经验、成效等方面着手，发现重点、热点、难点、痛点、关注点等问题，保持调研的方向性、超前性、倾向性和预见性。

（3）内容要实。凡事务求贯彻落实。调查研究材料与内容要真实，要深入当地快递企业实地去问、去看、去听，及时对当地在融合发展实践中创造的好做法进行挖掘总结，提炼出可复制推广的经验成果。

（4）立意要高。快递业融合发展调研工作是为相关部门和快递企业决策提供依据，能针对性地提出分析问题、解决问题的方法措施。

（5）感悟要深。针对快递行业绿色发展，坚持边看、边问、边学、边思，知行合一，真抓实干，在调研中把"构建优质高效的服务业新体系"党的二十大精神学深悟透，提升综合素养和职业能力。

✓ 技能宝贵

从事快递工作的职业规划设计

1. 实训目的

通过设计训练，使学生根据所学知识，分析我国快递业的发展机遇与挑战，熟悉快递服务的内容、岗位设置与任职要求，培养学生职业规划能力和职业学习与素养提升能力。

2. 实训准备

（1）编写拟入职快递公司某学生的模拟场景。

（2）组建 4~5 人的学习小组。

3. 实训要求

（1）根据假设的模拟场景完成一份入职快递公司的职业规划。

（2）学习小组成员间要充分讨论，合作完成，全班展示分享。

4. 实训指导

（1）实训前指导学生做好相关的资料收集工作。

（2）实训中指导学生选择职业规划的编写体例。

5. 实训评价

教师对每个学习小组的实训表现进行综合评价，填写表1-3-1。

表1-3-1　职业规划实训评分表

组别		组员	
考评内容	×××入职××快递公司的职业规划		
考评标准	考评维度	分值	实际得分
	参与实训的精神面貌	15	
	资料收集的适用性	15	
	职业规划编写质量	55	
	分享展示效果	15	
合计		100	

项目二　快件收寄作业管理

☑ **学习目标**

知识目标

- 掌握收寄物品基本流程
- 了解收寄物品的不同方式
- 掌握收寄信息采集要领
- 掌握收寄物品计费方法
- 掌握收寄物品包装方法

能力目标

- 能正确处理收件异常情况
- 能正确计算收寄物品运费
- 能正确验视收寄物品
- 能正确包装收寄物品
- 能正确称重收寄物品

素质目标

- 培养快递服务助力振兴乡村的意识
- 培养快件收寄过程的安全意识
- 培养快件收寄的服务意识

☑ **项目全境**

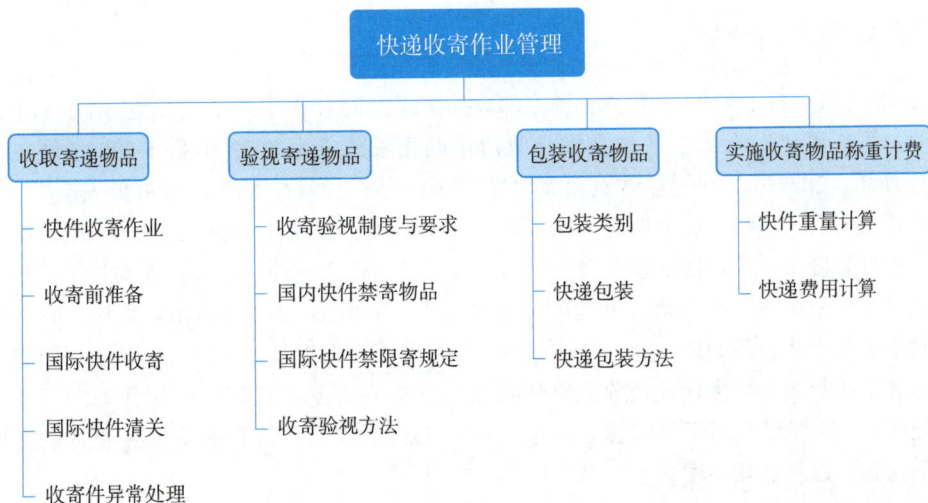

任务一　收取寄递物品

引思明理

快递进村助力乡村振兴

随着"快递进村"工程的深入实施，更多的村庄将被纳入现代化物流网络，更多的乡村将获得新机遇、绽放新活力，农产品上行渠道日益畅通，农产品市场的繁荣活跃、中部地区的潜力释放成为带动行业增长的重要力量。据了解，2022年邮政快递业深入推进"快递进村"工程，累计建成990个县级寄递公共配送中心、27.8万个村级快递服务站点，全国95%的建制村实现快递服务覆盖。累计培育快递服务现代农业年业务量超千万件金牌项目117个、邮政农特产品出村"一市一品"项目822个。不断延伸的快递网络，给乡村生活带来了便利，也激发着农村地区的消费潜力。快递进村给乡村打开了发展新空间。依托快递网络，农村电商发展基础更牢，越来越多的山货、乡货进入城市，在满足消费者差异化、个性化消费需求的同时，也为农民拓展了增收渠道。快递进村还带来了创业就业的新机会。一方面，随着快递末端网点备案制度实施，不少快递小哥返乡开办快递末端网点，给当地带来了新的就业机会；另一方面，随着农村物流"最后一千米"问题逐步得到解决，农村电商发展如火如荼，直播带货、短视频营销等模式的兴起，既为优质农副产品找到了销路，也为更多农村群众提供了创业的舞台、就业的机会。（资料主要来源：人民日报，2022-07-22）

党的二十大报告提出，"统筹乡村基础设施和公共服务布局""拓宽农民增收致富渠道"。快递业作为联系生产端和消费端的一个桥梁，在助力乡村振兴服务现代农业发展方面具有独特的优势。快递进村工程的实施，让土特产走出去、消费品走进来，对满足农民群众生产生活需要、释放农村消费潜力具有重要意义。加快补齐农村基础设施和公共服务短板，扩大农村快递覆盖面，增加消费市场优质供给，就能让群众更好共享经济社会发展成果，为全面推进乡村振兴、加快农业农村现代化汇聚强大力量。

动画：快递进村做出乡村振兴新示范

任务导入与分析

2022年12月1日上午8时10分，国家邮政局快递大数据平台实时监测数据显示，由极兔速递承运的一箱从福建省漳州市平和县发往厦门市的蜜柚，成为2022年第1 000亿件快件，如图2-1-1所示。2022年，快递业认真落实"疫情要防住、经济要稳住、发展要安全"的要求，顶住多重超预期因素影响，加大保通保畅，强化纾困解难，快递业务量比2021年提前7天达到千亿件，充分彰显了行业发展的强大韧性，为畅通循环、促进流通、服务民生作出了积极贡献。

现以某快递公司承接的一箱蜜柚为例，寄件地点是福建省漳州市平和县某村，收件地点是天津市和平区某小区。假如你作为一个快递员，从接收客户的发件要求开始，请在了解快件收寄业务基本要求的基础上，优化设计收取寄递物品（蜜柚）的基本流程。本次任务的主体是快递员，首先要以快递员的身份了解快递业务运行的主要作业规范，接着熟悉快件收寄的主要流程和面临的任务，以及注意事项。

图 2-1-1 2022 年全国快递累计业务量突破 1 000 亿件

知识学习

一、快件收寄作业

（一）快件收寄环节

按照快递业务运行顺序，快件收寄是快递业务流程四大环节的首要环节。所谓快件收寄是指快递员从寄件人处收取快件的全过程，包括对寄件人进行实名认证，对快件进行验视包装、称重计费，填写运单和款项交接等流程。收寄可以分为上门收寄、营业网点收寄、智能快递柜收寄等三种方式。快件收寄是整个快递过程的开始，其工作质量直接决定了后续分拣封发、运输、派送等三大环节的作业质量。

快件收寄任务主要包括：验视快件、指导客户填写运单、包装快件、计费称重、运回快件和交件交单等各项工作。在这过程中快递员会给寄件人一个寄快递的回执单，寄件人或客户可以在快递寄出之后通过快递单上面的单号对快递进行跟踪，实时掌握情况，直到顺利签收为止。如顺丰揽收流程是：收到订单、打电话沟通客户、上门取件、检查物品、尽量当面包装、核查实名认证、打印运单、收取费用、带回网点、接驳交仓。

（二）快件收寄作业流程

微课：收件流程

1. 上门收寄

上门收寄是指快递员接收到寄件人寄件信息后，在约定时间内到达寄件人处按作业规范收取快件，并将快件统一带回快递营业网点，完成快递信息上传、快件及款项交接的全过程。上门收寄以便捷、灵活见长，但上门收寄的工作环节更多，如图 2-1-2 所示，要求也更高，涉及寄件人、快递员、客服员、处理员、财务员等岗位。

（1）收件准备。快递员准备好快件收寄所需要使用的操作设备、物料（用品用具）、单证等。

（2）接收信息。快递员接收客户寄件需求的信息。接收信息路径包括：客户通过信息系统（公司 App、微信、支付宝等）下单、快递企业客服人员通知、客户直接致电。

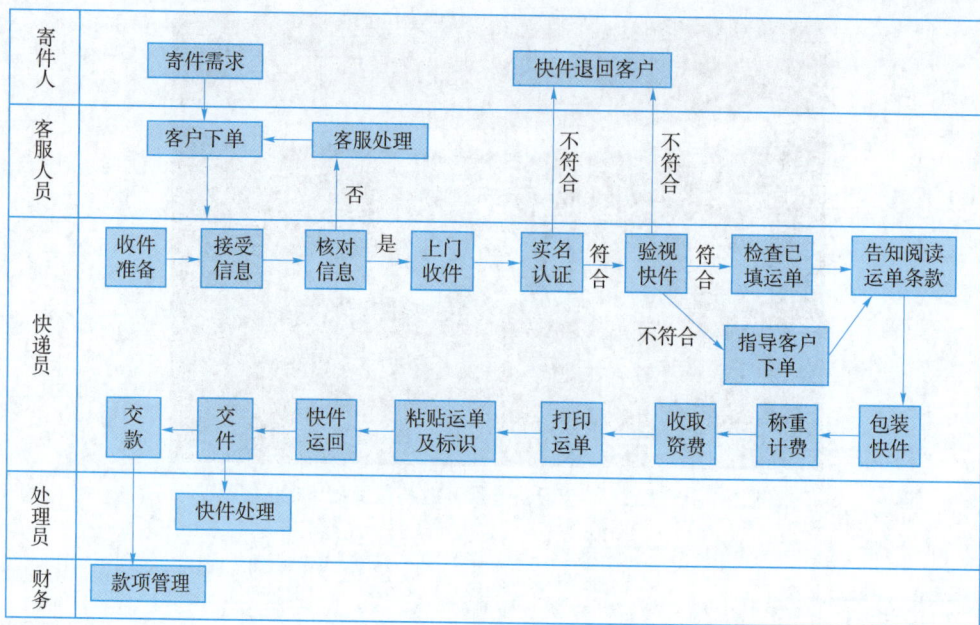

图 2-1-2　上门收寄工作流程

（3）核对信息。快递员检查寄件需求的信息。寄件人地址超出快递员的服务范围或信息有误，须及时反馈给客服人员。

（4）上门收件。快递员提前电话联系寄件人，在约定时间内到寄件人指定处收取快件。

（5）实名认证。快递员对寄件人进行身份认证，对人证不符的物品不予收寄。

（6）验视快件。①快递员要识别快件的重量和体积是否符合规定。超出规定则建议客户将快件分成多件寄递，若客户不同意，则礼貌地拒绝接收；②快递员验视内件是否属于禁止或限制寄递的物品。属于禁止寄递或超出限制寄递要求的则礼貌地拒绝接收，并及时向相关部门报告违法禁寄物品情况。

（7）检查已填运单或指导客户下单。客户如事先已经下单，快递员要检查填写内容是否完整、翔实，是否符合要求。客户尚未下单，快递员要正确指导客户通过公司 App、微信、支付宝等方式下单。

（8）告知阅读运单条款。快递员告知客户阅读并同意运单背书条款或者电子运单契约条款。

（9）包装快件。快递员指导或协助客户使用规范包装材料和填充物品包装快件，使快件符合装卸搬运的要求，保证寄递物品安全。

（10）称重计费。快递员对包装完好的快件进行称重，计算快件运费，将计费重量及运费分别填写在运单的相应位置。

（11）收取运费。快递员确认快件运费的支付方和支付方式（现结、记账）。客户选择寄付现结则收取相应的运费；客户选择寄付记账，则须在运单账号栏注明客户的记账账号。

（12）打印运单及收件凭证。快递员打印运单及客户寄件凭证。

（13）粘贴运单及标识。快递员按照粘贴规范要求，将运单、标识等粘贴在快件的相应位置。

（14）快件运回。快递员将收取的快件在规定时间内运回营业网点。

（15）交件交款。快递员复核快件包装和运单内容，确认无问题后交给收寄处理点的处理人员。将当天收取的现金款项上交公司财务。

例如，消费者在淘宝上买到了不满意的商品，和卖家协商好退款退货后，就可以在淘宝退货选择上门取件退货方式还是自行联系快递退货方式。如果选择上门取件的方式寄出退款的商品，就可使用上门取件退货服务。操作如下：①打开淘宝需要退货的订单，点击我要退款退货；②点击退货方式；③选择上门取件即可。整个操作非常简单方便。

2. 营业网点收寄

营业网点收寄是指寄件人主动前往快递营业网点寄递快件，营业人员对寄件人进行实名认证，对快件进行验视、包装、称重计费，指导寄件人下单，并完成快递信息上传、快件及款项交接的全过程。相对于上门收寄，营业网点收寄的工作环节少一些，如图 2-1-3 所示。涉及寄件人、快递员、处理员、财务员等岗位。

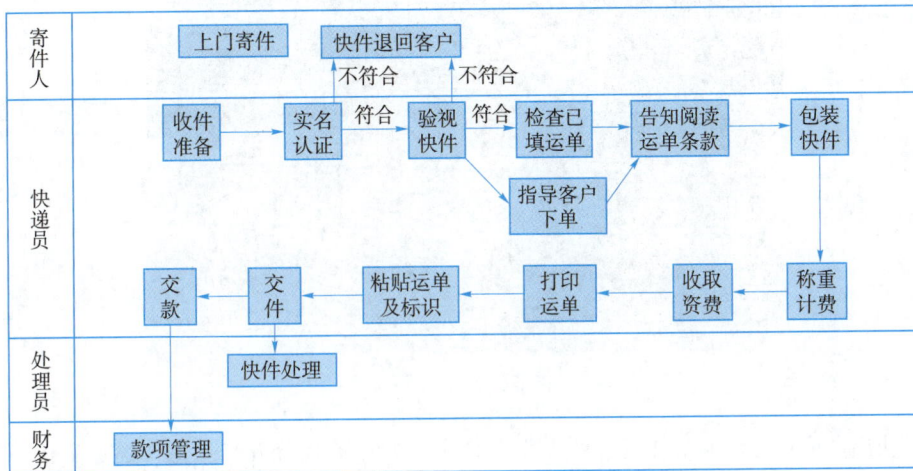

图 2-1-3　营业网点收寄工作流程

（1）收件准备。快递员准备好收件所需要使用的操作设备、物料（用品用具）、单证等。

（2）实名认证。快递员对寄件人进行身份认证，对人证不符的快件不予收寄。

（3）验视快件。①快递员识别快件的重量和规格是否符合规定。超出规定则建议客户将快件分成多件寄递，若客户不同意，则礼貌地拒绝接收；②快递员验视寄递物品内件是否属于禁止或限制寄递的物品。属于禁止寄递或超出限制寄递要求，则礼貌地拒绝接收，并及时向公司相关部门报告违法禁寄物品情况。

（4）检查已填运单或指导客户填写运单。运单如果事先已经填好，快递员对填写内容进行检查。客户如果未填写运单，快递员正确指导客户完整填写运单内容。

（5）告知阅读运单条款。快递员告知客户阅读运单背书条款。

（6）包装快件。快递员指导或协助客户使用规范包装物料和填充物品包装快件，使快件符合运输的要求，保证寄递物品安全。

（7）称重计费。快递员对包装完好的快件进行称重，计算快件运费，将计费重量及运费分别填写在运单的相应位置。

（8）收取运费。快递员确认快件运费的支付方和支付方式（现结、记账、扫码支付、推送微信账单等）。客户选择寄付现结则收取相应的运费；客户选择寄付记账，则须在运单账号栏注明客户的记账账号。

（9）粘贴运单及标识。快递员按照粘贴规范要求，将运单、标识等粘贴在快件的相应位置。

（10）交件。快递员复核快件包装和运单内容，确认无问题后交给收寄网点处理人员。

（11）交款。快递员将当天收取的现金款项上交公司财务。

3. 智能快递柜寄件

（1）客户寄件。智能快递柜寄件主要针对一些年轻客户通过快递柜手机软件（App）注册下单，自主完成寄件，如图2-1-4所示。主要操作流程如下：①寄件要先关注微信公众号；②绑定手机号；关注微信公众之后，先绑定手机号码。直接输入手机号，然后手机收到验证码，再输入验证码即可绑定；③绑定成功之后，在导航里面点击"寄快递"，然后再点击"快递柜寄件"；④选定快递柜地址，直接点击"去寄件"按钮；⑤填写"寄件人"和"收件人"信息。⑥选择快递公司和寄付或到付；⑦下单成功后，输入寄件码（或者微信扫二维码）；⑧快递柜门自动打开后放入已包装好的快递包，关闭快递柜门；⑨快件成功寄送后，微信上也会显示运单号信息。

图2-1-4　智能快递柜（可以人脸识别）

（2）快递员取件。快递员在智能快递柜取件主要操作流程分五步：①快递员手持终端接收到订单后，按规定时间取件，在智能快递柜App操作界面点击"快递员登录"，输入手机号码和密码进行登录。②快递员在"快递员主页"点击"收件"，进入"收件列表"；③在收件列表界面，点击"打印收件"，运单打印后确认"已打印"柜门打开，取出快件；④检查寄递物品是否符合公司收寄标准，快件重量是否超过快递柜额定限重，寄件人和收件人地址、电话号码是否填写完整，寄递物品数量是否与运单一致，包装是否符合运输要求等；⑤快件取回。检查确认无误后，取回快件。

二、收寄前准备

（一）业务与形象准备

1. 快递员业务准备

（1）上门收寄前，应认真开好班会，听取班组长布置的任务及当日收件注意事项。

（2）查看营业场所内的宣传公告栏，有无最新的通知，比如当天的天气及交通情况、收件路线的更改、企业的最新业务要求等。

（3）通过手持终端下载收件信息，并检查收件地址是否都在自己的区域内，如有超件及时与客服人员联系。

2. 快递员形象准备

快递员要整理好个人的仪表仪容，如身着公司统一制服，佩戴工牌等，以整洁的外表形象和饱满的工作状态投入工作。

（二）运输工具检查

目前常见的收件运输工具主要是电动三轮车（图2-1-5）、汽车（图2-1-6）等，出行前应做好运输工具的检查。确保运输工具工作状态良好，是实现人身安全、快件安全以及高效收派件必不可少的一项工作。

图2-1-5 中通快递电动三轮车

图2-1-6 邮政冷藏快递汽车

1. 电动三轮车检查要点

（1）检查轮胎气压，气压不足及时充气。气压充足可以降低轮胎与道路的摩擦力；气压不足时电动车骑行费力，消耗电能增多，续行里程缩短。

（2）车把转向是否可靠，前、后制动器是否灵敏，整车螺栓是否松动，链条飞轮是否需要加润滑油，确保行车安全。

（3）电池盒的插座、充电器的插头是否松动，电池盒是否锁好，电量是否充足。

（4）配套工具及附件是否备齐。

2. 汽车检查要点

（1）车辆外观。查看有无明显破损，有无影响安全的漏洞，四门能否关牢、锁死。

（2）车辆内部。查看车厢内是否清洁，防止污染快件。

（3）行车安全。查看轮胎的胎面是否有鼓包、裂纹、切口、刺穿、过分磨损等情况；检查制动系统，观察制动距离是否正常；检查发动机运转是否良好，火花塞点火是否正常；检查机油、制动液、冷却剂是否足量。

（4）检查车辆的各种铰接零件有无松动，车辆的照明灯、信号灯、喇叭、门锁、玻璃升降器手柄是否能正常使用。

（5）配套工具。检查随车的简单修理工具、备用轮胎等是否齐全。

（三）移动扫描设备的检查

快递领域中常见到的移动扫描设备，是快递员在收派件服务时用于采集快件信息的终端设备，如图2-1-7所示。市面上各种数据采集器种类、型号繁多，但其主要功能和构造原理基本相同，在使用前需要做好检查和保养。

1. 手持终端检查要点

（1）电量是否充足。

（2）条码识别功能是否能打开。

（3）条码信息是否能正常读取。

（4）按键是否灵敏、正确。

（5）显示屏是否正常显示扫描信息。

图 2-1-7　手持智能移动终端

（6）采集器通信接口是否清洁、有无杂物。

（7）运行程序和速度是否正常。

（8）采集器能否实时上传数据。

（9）历史数据是否已经上传且删除。

2. 日常维护与保养知识

（1）避免剧烈摔碰、挤压，远离强磁场。

（2）注意防潮、防湿，通信口避免杂物进入。

（3）电池电力不足时，手持终端将会提示，应及时充电。

（4）当客户应用程序不能正常运行时，应重新设置系统程序。

（5）不要擅自拆卸机器，若出现故障应与公司相关人员联系。

（四）证件准备

证件包括个人证件和车辆营运证件。个人证件是向客户证明身份的证件，主要包括工牌（工作证）、居民身份证、驾驶证等。车辆营运证件主要包括车辆行驶证、特别通行证等。

（五）其他物品的准备

上门收件前，快递员应携带足够的工作用具和包装材料，如运单打印纸、运单打印机、手推车、包装箱、名片、专用双肩背包、单肩挎包、通信设备、书写用笔、各式单证、零钱、介刀、便携式电子秤、卷尺、胶带、绑带、雨披、雨布等，如表 2-1-1 所示。

表 2-1-1　其他物品部分实物展示

物品名称	实物图片	物品名称	实物图片
运单打印纸		运单打印机	

物品名称	实物图片	物品名称	实物图片
手推车		专用双肩背包	
胶带		包装箱	

三、国际快件收寄

（一）国际快件

1. 国际快递服务

国际快递服务是指寄件地和收件地分别在中华人民共和国境内和其他国家或地区（香港、澳门、台湾地区除外）的快递服务，以及其他国家或地区（香港、澳门、台湾地区除外）间客户相互寄递但通过我国境内经转的快递服务。国际快递服务中寄递的快件简称"国际快件"。例如：从我国发送至德国、新加坡、加拿大等国家的快件都属于国际快件。

2. 国际快件通关

通关又叫清关、结关，是指海关对快递企业呈交的单证和快件依法进行审核、查验、收税费、批准进口或出口的全部过程。主要包括快件的申报、查验、征税、放行等环节。国际快递业务与国内快递业务相比，流程大致相同，都要经历快件收寄、分拣、转运派送等基本过程，但是因为国际快递业务在运输过程中需要经过进出境环节，所以在进出境的过程中应当遵守各个国家进出境的相关法律和要求。目前，世界各国都设置海关机构，代表国家在进出境环节实施监督管理。国际快递业务在进出境过程中需要受到海关的监督，所以与国内快递业务相比，国际快递业务增加了通关环节。

3. 国际快件分类

（1）根据《中华人民共和国海关对进出境快件监管办法》分，进出境快件分为文件类、个人物品类和货物类三类：①文件类进出境快件是指法律、法规规定予以免税且无商业价值的文件、单证、票据及资料；②个人物品类进出境快件是指海关法规规定自用、合理数量范围内的进出境旅客分离运输行李物品、亲友间相互馈赠物品和其他个人物品；③货物类进出境快件是指文件类、个人物品类以外的快件。

（2）按补偿责任分，进出境快件分为保价快件、保险快件和普通快件：①保价快件。对于贵重的物品，客户要求予以保价，缴纳保价费，物品出现遗失问题时，快递企业按保价金额予以赔偿。需要注意的是，保价金额不能超过物品本身的价值以及部分寄达国家接受的"最高保价金额"，同时快递企业为了有效地规避风险，一般也制定了"最高保价金额"；②保险快件。快件价值保险是为了保障客户快件安全、满足客户特定商业需求，由快递公司帮助用户向保险公司购买的保险，从经济上保护用户避免因为外部原因受到实际扣件或灭失影响的保险服务。快件价值保险的费用按比例收取，有最低收取金额。例如，某快递企业的收费标准：国际快件支付投保金额的1%（最低保险费为100元）。③普通快件。未保价、保险的快件。

4. 国际快递服务的特点

相比于国内快递服务，国际快递服务具有以下特点。

（1）国际快递服务的操作流程更复杂。国际快递服务除了包含国内快递服务所必须的操作环节，同时由于快件在不同国家流转，还需要帮助客户办理进出口清关服务。

（2）国际快递服务实施的难度更大。要顺利完成国际快递服务，需要依赖快递企业庞大的全球性网络或者网络联盟才能够实现。

（3）国际快递的运费不仅受到不同国家快递运费标准的影响，而且还受到国际汇率变动的影响，结算过程更加复杂。

（4）国际快递对所寄物品的规定和限制，不但要遵守国内有关法律法规的规定，而还受国际通用标准和收件人所在国有关法律法规的影响。

5. 国际快件业务的传递网络

目前国际快件业务的传递网络主要有两种模式。

（1）口岸中心和交换站模式。口岸中心的任务是向国外封发快件总包和接收、开拆、清关、处理国外发的快件总包以及转发散寄过境的国际快件，主要负责对国际快件进行清关。交换站的任务是与寄达国（地区）交换站或其所委托的运输企业直接交换国际快件总包。

（2）国际转运中心和口岸中心模式。国际转运中心的任务是接收各地口岸中心封发来的快件总包，按照正确的中转路由进行分拣、中转给各地口岸中心。口岸中心的任务是接收、开拆、处理（清关）由国际转运中心转发的快件总包以及向国际转运中心封发快件总包，主要负责对国际快件进行清关。

（二）国际快件收寄单证

国际快件在寄递过程中，需要根据海关的相关规定，准备相应的资料。如运单、发票、报关单等。

1. 国际快递运单

国际运单常见式样如图2-1-8和图2-1-9所示。国际运单必须全部用英文填写，姓名必须填写寄件人的真实姓名，全拼音，不能简写，只写姓氏。收/寄件地址必须填写详细地址，并且写清海外收件地址的邮编。国际运单必须填写准确的物品详情，方便各国海关审核放行。包裹类的国际快递，必需同步填写形式发票（INVOICE）信息，文件类则不用填。

2. 国际快递寄件流程

（1）选择快递公司。选择可信赖的快递公司，了解快递费用、服务质量、送达时间等信息。

（2）准备包裹。需要准备好要寄送的物品，并选择合适的包装材料将其包装好，最好用硬一点的纸箱，防止长途跋涉箱子破损等，然后需要发货到国际快递代理仓库。如果是网购货物，可以直接通过卖家发货到指定的国际快递速运仓库。

（3）填写快递资料。包括寄件人和收件人的姓名、地址、电话等信息，并确认包裹的重量和大小，选择适当的快递方式。

（4）称重缴费。根据收费标准和包裹重量向快递公司缴纳快递费用，包括快递运费、保价费等，如有需要可选择加急服务或快递追踪服务。

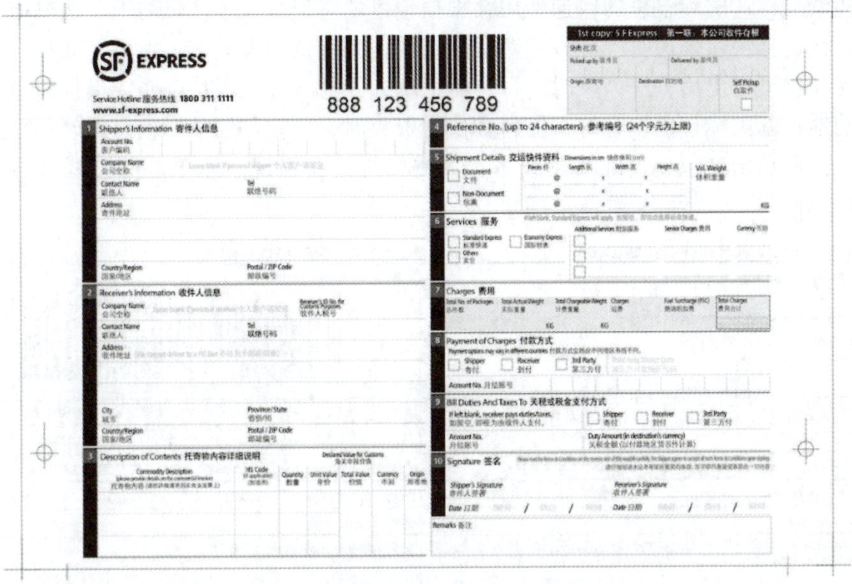

图 2-1-8　顺丰国际快递运单

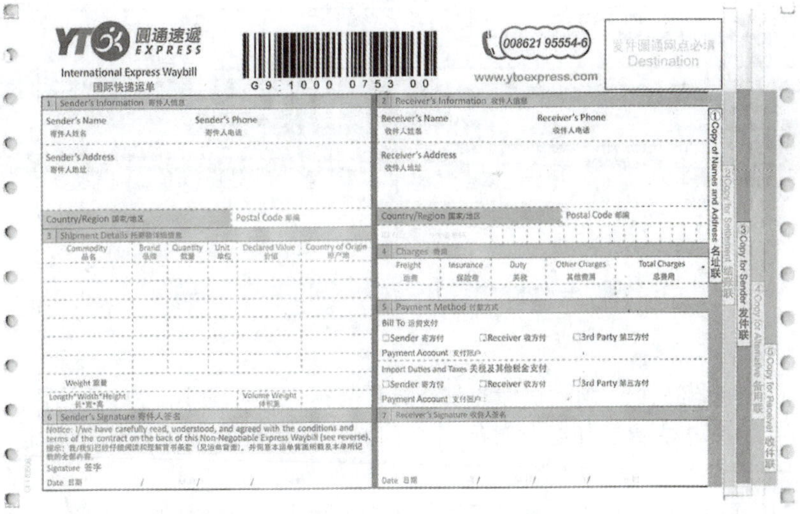

图 2-1-9　圆通国际快递运单

（5）寄递包裹。将包裹交给快递公司工作人员，并确认快递方式、快递费、预计到达时间等信息。

（6）追踪包裹。在包裹寄出后，可以通过快递公司官网或客服进行包裹追踪，了解包裹的状态和预计到达时间。

（7）清关派送。包裹在目的地海关检查清关放行后，会中转到距离收件地址最近的网点进行分拣，并安排当地的快递派送上门。

（8）收货签收。当包裹到达目的地后，收件人签收货物。

（9）注意事项。①国际包裹的包装应该严密、牢固，避免摔落、挤压、震动等情况，以保证包裹的安全性和完整性；②国际包裹寄递内容需符合当地法律法规和禁限规定，不得寄递禁运物品和违禁品；③国际包裹的快递费用会根据包裹的重量、大小、目的地、运输方式等因素而有所不同。在选择快递公司时，应该了解快递费用，并在费用方面进行比较，选择经济实惠的快递方式；④在包裹寄出后，应该及时进行包裹追踪，并与收件人保持联系，确保包裹及时、准确地送达目的地；⑤国际包裹填写邮寄资料和快递资料时，应该仔细核对信息，确保信息的准确性和完整性，以避免出现包裹追踪不到或者包裹寄错地址等情况。运单填写图样如图 2-1-10 和图 2-1-11 所示。

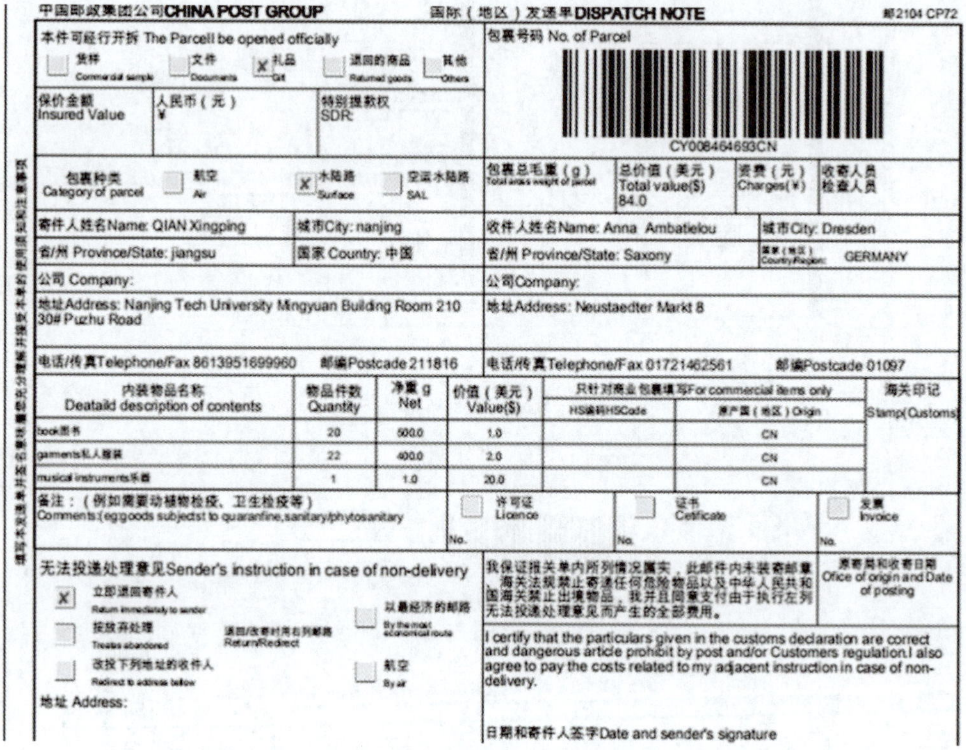
中国邮政集团公司CHINA POST GROUP　国际（地区）发递单DISPATCH NOTE　邮2104 CP72
本件可经行开拆 The Parcell be opened officially
货样 Commercial sample　文件 Documents　[X] 礼品 Gift　退回的商品 Returned goods　其他 Others
包裹号码 No. of Parcel　CY008464693CN
保价金额 Insured Value　人民币（元）¥　特别提款权 SDR:
包裹种类 Category of parcel　航空 Air　[X] 水陆路 Surface　空运水陆路 SAL
包裹总毛重（g） Total gross weight of parcel　总价值（美元） Total value($) 84.0　资费（元） Charges(¥)　收寄人员 检查人员
寄件人姓名Name: QIAN Xingping　城市City: nanjing
省/州 Province/State: jiangsu　国家 Country: 中国
公司 Company:
地址Address: Nanjing Tech University Mingyuan Building Room 210 30# Puzhu Road
电话/传真Telephone/Fax 8613951699960　邮编Postcade 211816
收件人姓名Name: Anna Ambatielou　城市City: Dresden
省/州 Province/State: Saxony　国家（地区） Country/Region: GERMANY
公司Company:
地址Address: Neustaedter Markt 8
电话/传真Telephone/Fax 01721462561　邮编Postcade 01097

内装物品名称 Deataild description of contents	物品件数 Quantity	净重 g Net	价值（美元） Value($)	只针对商业包裹填写For commercial items only HS编码HSCode	原产国（地区）Origin	海关印记 Stamp(Customs)
book图书	20	500.0	1.0		CN	
garments私人服装	22	400.0	2.0		CN	
musical instruments乐器	1	1.0	20.0		CN	

备注：（例如需要动植物检疫、卫生检疫等）Comments:(eg:goods subjectst to quarantine,sanitary/phytosanitary
许可证 Licence No.　证书 Certificate No.　发票 Invoice No.
无法投递处理意见Sender's instruction in case of non-delivery
[X] 立即退回寄件人 Return immediately to sender
按放弃处理 Treates abandoned
改投下列地址的收件人 Redirect to address below
退回/改寄时用右列邮路 Return/Redirect
以最经济的邮路 By the most economical route
航空 By air
地址 Address:
我保证报关单内所列情况属实，此邮件内未装寄邮章、海关法规禁止寄递任何危险物品以及中华人民共和国海关禁止出境物品，我并且同意支付由于执行左列无法投递处理意见而产生的全部费用。
原寄局和收寄日期 Office of origin and Date of posting
I certify that the particulars given in the customs declaration are correct and dangerous article prohibit by post and/or Customers regulation.I also agree to pay the costs related to my adjacent instruction in case of non-delivery.
日期和寄件人签字Date and sender's signature

图 2-1-10　中国邮政国际海运包裹运单图样

3. 国际快件收件流程

（1）国际快件收寄流程。国际快件的收寄过程与国内快件基本一致，区别在于增加了进出境环节而更复杂、要求更高，如必须遵照各个国家进出境的相关法律法规规定。具体流程如图 2-1-12 所示。

（2）国际快递业务区域分类。世界区域共分为七大洲，分别是亚洲、欧洲、北美洲、南美洲、非洲、南极洲、大洋洲，国际快件按照区域主要分为亚洲、欧洲、北美洲、南美洲、非洲、大洋洲。

（3）国际快件的重量和规格要求。①重量限度。国际快件每件最大重量为 50 千克，有的国家对包裹限重为 20 千克、15 千克或 10 千克。因此，包裹重量限度应以寄达国家规定为准。我国采用的单件最大重量为 50 千克单票不超过 250 千克；②规格限度。非宽体飞机载运的快件，每件快件重量一般不超过 80 千克，体积一般不超过 40 厘米×60 厘米×100 厘米。宽体飞机载运的快件，每件快件重量一般不超过 250 千克，体积一般不超过 100 厘米×100 厘米×140 厘米。快件重量或体积如果超过以上标准，快递企业可根据各企业实际情况确认是否收寄。

（4）国际快件包装的特殊要求。

国际快件的包装不仅要满足运输要求，还要符合寄达国海关和相关运输工具的要求。有些

图 2-1-11　国际 EMS 运单填写图样

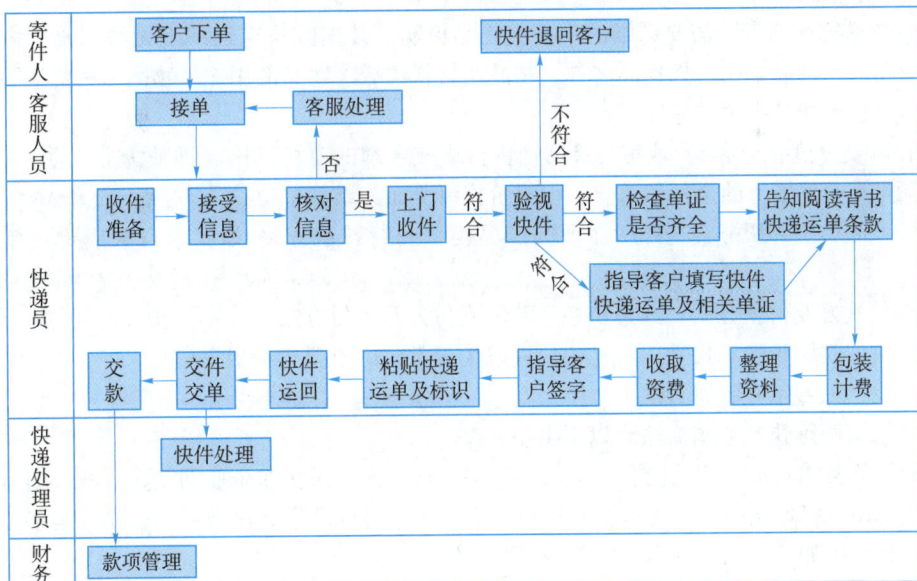

图 2-1-12　国际快件收件流程

目的地国家为了保护本国资源，对进口物品实行强制检疫。木质包装熏蒸就是为了防止有害病虫危害进口国森林资源所采取的一种强制措施。①熏蒸方式有药物处理和热处理两种方式，药物处理一般采用溴甲烷、环氧乙烷等化学制剂。药物处理一般要求室外温度超过 10 摄氏度，如果室外温度低于 10 摄氏度，则必采用热处理。②熏蒸标识中的 IPPC 为国际植物保护公约（International Plant Protection Convention）的简称。图 2-1-13 中的 CN 代表我国，000 则代表国家植保机构给予木质包装生产企业独特登记号，YY 表示处理方式，ZZ 代表各直属检验检疫局的 2 位数代码，DB 表示木质包装上所用的原木已经将树皮除去，其中 HT 表热处理；如果是 MB，则表示使用药物溴甲烷进行的熏蒸处理。在使用木质包装过程中，对于用未经处理过的原木制作成的包装，在进出口时一定要进行熏蒸处理。

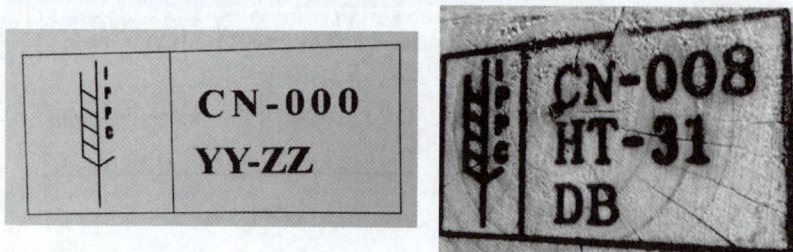

图2-1-13　国际快件木质包装熏蒸处理标识

4. 国际快递运单的填写

各快递企业的运单填写内容大同小异。国际快递业务的纸质运单一般一式五联，分别是寄件人存根联、快递企业收件存根联、收件人存根联、随包裹报关联、快递企业派件存根联，各联的内容和版式完全相同，与国内快递业务运单相比，只是增加了随包裹报关联。国际快递运单主要内容包括以下几个方面。

（1）发件人（寄件人）信息：包括发件公司名称及部门、完整的公司地址、始发地邮编及发件人姓名、联系电话等信息。

（2）收件人信息：包括收件公司名称、准确的公司地址、目的地邮编、目的地国家及收件人姓名、联系电话。

（3）快递物品信息：需要详细的中英文物品说明。凡国际快递运单上无法列出的内容，需要在商业发票中加以说明。如物品名称、物品的材料构成、物品的用途。物品名称描述不全或模糊都有可能影响快件报关的速度。

（4）申报价值（包裹）：填写物品的销售价格或合理的市场价格（即使为非卖品），填写的金额必须与商业发票上的金额相符合。申报价格以美元为结算单位。

（5）产品类型和服务：选择所需要的产品类型和特殊服务（如要求自取或要求星期六派送）。

（6）付款方及付款方式：选择快递运费的支付方及支付方式，并提供相应的到付账号。

（7）快件实际重量和尺寸：可作为快件发生异常时的重要参考依据。

（8）发件人签字并签署日期。

（9）填写国际快递运单需注意以下事项：

①使用英文填写运单相关内容。多数情况都是发件人登录快递企业网站，下载快递运单，填写完后用打印机打印出来。也可以手写运单，手写运单时要求字迹清晰可辨，尤其是字母不要连写，要工整，比如nn与m、1与i、n与h等字母很容易混淆。

②对于国家名相近的目的地，如瑞士（Switzerland）和斯威士兰（Swaziland）、伊朗（Iran）和伊拉克（Iraq），旁边要用中文注明，避免错发国家。

③寄递物品品名应详细、准确，描述不全或不准确都可能会影响到快件的正常清关。注意填写发件人经营单位海关十位注册编码以及商品HS CODE编码。HS CODE编码，即海关编码，英文名称为The Harmonization Code System（HS Code）海关编码必须准确地注明在快件运单的规定位置。

④填写寄递物品的申报价值应为该票快件的实际价值或接近市场价值，当申报的价值超过当地海关规定，就不能按照普通快件进行出口，需要客户提供相关的清关单证，正式报关出口。申报价值过高或过低都会对快件清关产生影响，申报价值过高可能会产生较多关税；申报价值过低，海关可能产生质疑，要求重新申报或扣留快件，导致时限延误。

⑤文件类快件可只填写快递运单，包裹类快件除填写快递运单外还应填写形式发票。

四、国际快件清关

（一）海关对国际快件监管的主要依据

1.《中华人民共和国海关法》

《中华人民共和国海关法》规定：中华人民共和国海关是国家的进出关境（以下简称进出境）监督管理机关。海关依照本法和其他有关法律、行政法规，监管进出境的运输工具、货物、行李物品、邮递物品和其他物品，征收关税和其他税、费，查缉走私，并编制海关统计和办理其他海关业务。

2.《中华人民共和国海关对进出境快件监管办法》

《中华人民共和国海关对进出境快件监管办法》规定：

（1）进出境快件通关应当在经海关批准的专门监管场所内进行，如因特殊情况需要在专门监管场所以外进行的，需事先征得所在地海关同意。

（2）进出境快件通关应当在海关正常办公时间内进行，如需在海关正常办公时间以外进行的，需事先征得所在地海关同意。

（3）进境快件自运输工具申报进境之日起十四日内，出境快件在运输工具离境3小时之前，应当向海关申报。

（4）运营人应向海关传输或递交进出境快件舱单或清单，海关确认无误后接受申报；运营人需提前报关的，应当提前将进出境快件运输和抵达情况书面通知海关，并向海关传输或递交舱单或清单，海关确认无误后接受预申报。

（5）海关查验进出境快件时，运营人应派员到场，并负责进出境快件的搬移、开拆和重封包装。海关对进出境快件中的个人物品实施开拆查验时，运营人应通知进境快件的收件人或出境快件的发件人到场，收件人或发件人不能到场的，运营人应向海关提交其委托书，代理收/发件人的义务，并承担相应法律责任。海关认为必要时，可对进出境快件予以径行开验、复验或者提取货样。

（6）文件类进出境快件报关时，运营人应当向海关提交《中华人民共和国海关进出境快件KJ1报关单》、总运单（副本）和海关需要的其他单证。

（7）个人物品类进出境快件报关时，运营人应当向海关提交《中华人民共和国海关进出境快件个人物品申报单》、每一进出境快件的分运单、进境快件收件人或出境快件发件人身份证件影印件和海关需要的其他单证。

（8）货物类进境快件报关时，运营人应当按下列情形分别向海关提交报关单证：①对关税税额在《中华人民共和国进出口关税条例》规定的关税起征数额以下的货物和海关规定准予免税的货样、广告品，应提交《中华人民共和国海关进出境快件KJ2报关单》、每一进境快件的分运单、发票和海关需要的其他单证。②对应予征税的货样、广告品（法律、法规规定实行许可证件管理的、需进口付汇的除外），应提交《中华人民共和国海关进出境快件KJ3报关单》、每一进境快件的分运单、发票和海关需要的其他单证。③对（6）、（7）、（8）规定以外的货物，按照海关对进口货物通关的规定办理。

（9）货物类出境快件报关时，运营人应按下列情形分别向海关提交报关单证：①对货样、广告品（法律、法规规定实行许可证件管理的、应征出口关税的、需出口收汇的、需出口退税的除外），应提交《中华人民共和国海关进出境快件KJ2报关单》、每一出境快件的分运单、发票和海关需要的其他单证。②对上述以外的其他货物，按照海关对出口货物通关的规定办理。

（二）快件清关操作

1. 进出境快件报关申报

快件清关是指进出境快件按照海关的规定，向海关申报、办理查验、征税、放行等通关手续的全过程。在进出境快件申报过程中，不同的快件类型申报要求不同。在中国内地快件报关分为ABCD四类，依次分别是文件类进出境快件、个人物品类进出境快件、低值货物类进出境快件和正式报关。

（1）A类快件是指无商业价值的文件、单证、票据和资料（依照法律、行政法规以及国家有关规定应当予以征税的除外）。A类快件凭 KJ1 报关单（图 2-1-14）、总运单、每一快件的分运单、发票向海关办理报关手续。

中华人民共和国海关进出境快件KJ1报关单

报关单编号：

序号	分运单号码	名称	件数	重量（千克）	收/发件人名称	验放代码

运营人名称：　　进/出口岸：　　运输工具航次：　　进/出境日期：　　总运单号码：

本运营人保证：　年　月　日　向　　　　海关申报的上述货物为《中华人民共和国海关对进出境快件监管办法》中的文件类范围内的货物，并就申报的真实性和合法性向你关负法律责任。
（运营人报关专用章）　报关员：　　申报日期：

以下由海关填写

海关签章：　　经办关员：　　日期：　　查验关员：　　日期：

图 2-1-14　KJ1 报关单示意

（2）B类快件是指境内收寄件人（自然人）收取或者交寄的个人自用物品（旅客分离运输行李物品除外）。报关需要提交的资料进出境快件个人物品申报单（图 2-1-15），进出境快件的分运单，收件人或发件人身份证复印件。另外还需要遵循以下监管规定：根据海关总署 2010 年第 43 号公告，个人寄自或寄往香港、澳门、台湾地区的物品，每次限值为 800 元，个人寄自或寄往其他国家和地区的物品，每次限值为人民币 1 000 元。B 两类快件凭 KJ2 报关单（图 2-1-16）、总运单、每一快件的分运单、发票向海关办理报关手续。

（3）C类快件是指价值在 5 000 元（不包括运、保、杂费等）及以下的货物（涉及许可证件管制的，需要办理出口退税、出口收汇或者进口付汇的除外）。如果是在关税起征额以下及免税的货样及广告品，报关需要提交的资料有 KJ2 报关单，进出境快件的分运单和发票；如果是征税的货样和广告品，报关需要提交的资料有 KJ3 报关单（图 2-1-17），进出境快件的分运单、发票。C类快件凭 KJ3 报关单、总运单、每一快件的分运单、发票向海关办理报关手续。

（4）D类快件是指价值超过 5 000 元的货物，是以正式报关的各种单证，按规定向海关办理通关手续的一种报关模式（例如：涉及收付汇、出口退税、进出口许可证管理、进出口关税以及加工贸易手册的货物）。此类快件报关跟一般贸易进出口相同，是企业与企业之间产生的买卖

中华人民共和国海关进出境快件个人物品申报单

报关单编号：

运营人名称：		进/出口岸：		运输工具航次：		进/出境日期：			总运单号码：		
序号	分运单号码	物品名称	价值(RMB)	件数	税率	税额	收/发件人名称	国别/地区	证件号码	验放代码	

本运营人保证：　　　年　月　日　向　　　　　海关申报的上述货物为《中华人民共和国海关对进出境快件监管办法》中的个人物品类范围内的物品，并就申报的真实性和合法性向你关负法律责任。
(运营人报关专用章)　　报关员：　　申报日期：

以下由海关填写

海关签章：　　经办关员：　　日期：　　查验关员：　　日期：

图 2-1-15　个人物品申报单

中华人民共和国海关进出境快件KJ2报关单

报关单编号：

运营人名称：		进/出口岸：			运输工具航次：		进/出境日期：		总运单号码：		
序号	分运单号码	经营单位编码	经营单位名称	货物名称	价值(RMB)	重量(千克)	件数	商品编码(HS)	收/发件人名称	验放代码	

本运营人保证：　　　年　月　日　向　　　　　海关申报的上述货物为《中华人民共和国海关对进出境快件监管办法》中的关税税额在关税起征数额以下的进境货物和海关规定准予免税的进境货样、广告品，并就申报的真实性和合法性向你关负法律责任。
(运营人报关专用章)　　报关员：　　申报日期：

以下由海关填写

海关签章：　　经办关员：　　日期：　　查验关员：　　日期：

图 2-1-16　KJ2 报关单

关系的贸易方式，因此需要以企业的名义向海关申报。报关需要提交的资料有报关委托书，箱单发票合同，申报要素，各种监管证件（如需）。D 类快件应当向海关提交进出口货物报关单及货物、物品进出口有关的单证办理报关手续。

2. 快件报关方式

海关对符合监管要求的快件，可以接受运营人通过电子数据交换（EDI）方式的报关。通过 EDI 方式向海关报关与通过书面文件方式向海关报关具有同等的法律效力。

中华人民共和国海关进出境快件KJ3报关单

报关单编号：

运营人名称：		进/出口岸：			运输工具航次：			进/出境日期：				总运单号码：			
序号	分运单号码	经营单位编码	经营单位名称	货物名称	价值(RMB)	重量(千克)	件数	商品编码(HS)	关税税率	关税税额	增值税税额	消费税税率	消费税税额	收/发件人名称	验放代码

本运营人保证：____年____月____日 向_____海关申报的上述货物为《中华人民共和国海关对进出境快件监管办法》中的应予征税的进境货样、广告品，并就申报的真实性和合法性向你关负法律责任。
（运营人报关专用章）　　　报关员：　　　申报日期：

以下由海关填写

海关签章：		经办关员：		日期：		查验关员：		日期：

图 2-1-17　KJ3 报关单

（三）快件报关单证

1. 报关单证的制作原则及要求

报关单证的格式有多种，但都会包含几个基本要素，即发件人名址、品名、成分、数量、申报金额等项内容。在制作过程中，要遵循"从上到下，从左到右"的原则。遵循准确、完整、简明、整洁要求。

2. 形式发票

（1）形式发票的作用。形式发票也称预开发票、估价发票或试算发票，是快递企业按照海关要求提供的，证明所寄物品品名、数量、价值、海关税则编码等，以便海关进行监管的报关文件。形式发票的作用主要体现在：①是一份具有约束力的协议；②一些国家作为进口许可程序的一部分；③银行和金融机构使用形式发票来为进口商开立信用证；④与商业发票相似，易于识别。形式发票内容如图 2-1-18 所示。

（2）形式发票的填写注意事项。形式发票必须全英文填写，并且要求填写准确、清晰，不得涂改。填写注意事项如下：

①形式发票上运单号与对应快件运单单号一致；

②收件人信息须与快件运单上相关信息保持一致；

③寄递商品详细信息：每种商品的名称都要详细列出，报关总价须与快件运单上的申报价值一致，包括币别和金额均须与快件运单上填写的保持一致；

④生产厂商填写还应包括商品生产批号、商品号等内容；

⑤商品出口理由可根据客户实际情况填写，比如礼品 Gift 样品、Sample、展品 Exhibition 等；

⑥原产地与快件运单中的原产地填写一致，只填写原产地国家英文缩写。需要注意部分商品在进口国可能存在清关限制；

⑦发件人签名和日期与快件运单上填写内容保持一致。

形式发票
Proforma Invoice

1) 收件人:
Consignee: _____

公司名称:
Company Name: _____

地址:
Address: _____

城市/地区号:
Town/Area Code: _____

州名/国家:
State/Country: _____

2) 运单号:
Airbill No.: _____

承运人:
Carrier: _____

重量:
Weight: _____

体积:
Dimensions: _____

电话/传真:
Phone/Fax No.: _____

3) 详细的商品名称 Full Description of Goods	4) 生产厂商 Manufacturer	5) 数量 No. of Items	6) 单价 Item Value	7) 报关总价 Total Value for Customs

8) 本人认为以上提供的资料属实和正确, 货物原产地是_____。
I declare that the above information is true and correct to the best of my knowledge and that the goods are of _____ origin.

9) 出口理由
Reason for Export

签 名:
Signature:
公 章:
Stamp:

图 2-1-18 形式发票填写内容

3. 商业发票

(1) 商业发票的作用。商业发票是卖方交给买方全方位确认销售协议的最后文件。商业发票应当含有形式发票所提供的全部条款，或经协商后更改的条款。商业发票也被政府用来确定货物估价以便海关征税验货和统计数据。出口商要和进口商一起核准商业发票中必备内容，以便在进口国顺利通关。商业发票的作用主要有：①是卖方履约的证明。②是出口商收取货款和进出口双方记账的凭证。③是进出口双方办理报关纳税的重要依据。④是出口商办理保险等出口手续时提供的单据之一。商业发票填写的内容如图 2-1-19 所示。

(2) 填写商业发票应注意的事项:

①卖方栏目要按合同和信用证的规定填写名称和地址的全称：名称和地址要分行打；

②买方栏目又称发票的收货人或抬头人。当采用信用证方式付款时，商业发票必须以信用证申请人为抬头，除非信用证另有规定。跟单托收业务，发票上的收货人应根据合同所列买方或指定名称缮制，并列明详细地址；

③发票号码。发票号码由出口商自行编制，一方面便于出口商的查寻，同时又代表了全套单据的号码和某批货物，所以，在缮制时不能遗漏。如缮制汇票时的号码就是按发票号码填写；

④发票日期。发票的出票日期，信用证方式一般在信用证开证日期之后，装运日期之前，或至少在交单或有效期之前；

⑤信用证号码、日期按信用证填写；

商业发票
Commercial Invoice

卖方 (SELLER)	发票号 (INVOICE NO.)		日期 (INVOICE DATE)
	信用证号码 (L/C NO.)		信用证日期 (L/C DATE)
	开证行 (L/C ISSUED BY)		
买方 (BUYER)	合同号码 (CONTRACT NO.)		合同日期 (DATE)
	始发地 (FROM)		目的地 (TO)
	运输工具 (SHIPPED BY)		
唛头 (MARKS)、商品名称、规格描述 (DESCRIPTION)、数量 (QUANTITY)、价格 (PRICE)、件数 (UNIT)、商品的总重量、总价值 (AMOUNT OF GOODS WEIGHT TERM PRICE)			
			出具人 (ISSUED BY)
			签章 (SIGNATURE)

图 2-1-19　商业发票填写内容

⑥开证行。填写信用证的开证行；

⑦合同号码，应与信用证上所列的一致，须在发票上列明，若一笔交易有几个合同号码，都应打在发票上；

⑧合同日期为订立合同的时间；

⑨起运地、目的地。按信用证规定填写，并与提单所列明的一致。同时要注意目的地的规定要明确具体，不能笼统；有重名的目的地后面要加打国别；

⑩运输工具。在得到船运公司或运输代理的配载通知后，按其配载内容列明运输工具和航次；

⑪唛头。又称运输标志，它通常是由一个简单的几何图形和一些字母、数字及简单的文字组成，其作用在于使货物在装卸、运输、保管过程中容易被有关人员识别，以防错发错运。凡是信用证上规定唛头的，必须逐字逐行按规定缮制，并与其他单据的唛头相一致。信用证中没有规定唛头的，则按合同条款中指明的唛头或买方已提供的唛头缮制；如果都没有规定的，则由卖方自行设计，并注意单单相符；

⑫商品名称及规格。必须与合同和信用证一致；

⑬数量或重量既要与实际装运货物相符，又要符合信用证规定。以件数计算价格的商品，发票要列明件数；以重量计算价格的，必须列出重量。如果货品规格较多，每种商品应标明小计数量，最后表示出总数量；

⑭价格术语要严格按信用证规定填制，有时含佣金，有时不含佣金；

⑮单价和总值是发票的重点，特别要注意发票金额不超过信用证金额，发票的货币要与信用证相一致；

⑯出具人和签章。一般发票必须经出口商正式签字盖章才有效，并注意使用的图章和签字与其他单据的签章相一致。如果对方国家要求手签时，要注意各国的签字习惯。

4. 装箱单

（1）装箱单的含义。装箱单是发票的补充单据，它列明了信用证（或合同）中买卖双方约定的有关包装事宜的细节，便于国外买方在货物到达目的港时供海关检查和核对货物，通常可以将其有关内容加列在商业发票上，但是在信用证有明确要求时，就必须严格按信用证约定制作（图2-1-20）。

出单方（ISSUER）	装箱单 （PACKING LIST）					
受单方（TO）						
	发票号（INVOICE NO.）			日期（DATE）		
运输标志 （MARKS AND NUMBERS）	商品描述 （DESCRIPTION OF GOODS）	数量 （QUANTITY）	包装件数 （PACKAGE）	毛重 （G. W）	净重 （N. W）	箱外尺寸 （MEASUREMENT）

图2-1-20 装箱单

（2）装箱单的填写注意事项。

①装箱单（Packing List）：在中文"装箱单"上方的空白处填写出单人的中文名称地址，"装箱单"下方的英文可根据要求自行变换；

②出单方（Issuer）：出单人的名称与地址。在信用证支付方式下，此栏应与信用证受益人的名称和地址一致；

③受单方（To）：受单方的名称与地址。多数情况下填写进口商的名称和地址，并与信用证开证申请人的名称和地址保持一致；

④发票号（Invoice No.）：填发票号码；

⑤日期（Date）："装箱单"缮制日期。应与发票日期一致，不能迟于信用证的有效期及提单日期；

⑥运输标志（Marks and Numbers）：又称唛头，是出口货物包装上的装运标记和号码。要符合信用证的要求，与发票、提单一致；

⑦包装种类和件数、货物描述（number and kind of packages，description of goods）：填写货物及包装的详细资料，包括货物名称、规格、数量和包装说明等内容；

⑧货物的毛重、净重：若信用证要求列出单件毛重、净重和皮重时，应照办；按货物的实际体积填写，应符合信用证的规定；

⑨自由处理区：位于单据格式下方，用于表达格式中其他栏目不能或不便表达的内容。

微课：国际及港澳台进口快递业务操作

社会担当 2-1

"疫"线担当　全力以"复"——上海邮政在行动

面对 2022 年突如其来的疫情，上海邮政认真贯彻习近平总书记重要指示精神和党中央、国务院决策部署，以及上海市委、市政府总体要求，积极落实集团公司《我国邮政服务上海保供保通保畅工作方案》，充分发扬"平时是信使，战时是战士"的精神，积极践行"人民邮政为人民"的服务宗旨，统筹做好疫情防控各项工作，系统推进保供保通保畅和复工复产工作。为前端揽收车辆申请市内和省际通行证，为复工复产重点企事业单位和政府部门开通全国 EMS 特快专递和国际邮件的进出口服务。上海邮政作为市邮政快递业第一批复工复产"白名单"企业，主动对接率先复工复产的近 1 700 家企业提供上门收寄服务，并配合政府部门为广大市民提供证照寄递便民利民服务。（资料来源：中国邮政，2022-05-21）

四、收寄件异常处理

（一）收寄件时发现异常

微课：异常件处理（上）　微课：异常件处理（下）

1. 上门收件遇到大件货物处理

（1）未超出自身运载能力，可收取的大件处理。快递员在征得客户同意的情况下，并且客户在"寄件人签署或盖章"栏签名后，可将快件带回营业网点称重并计算运费。在当班次仓管员停止收件入仓前要通知客户快件重量及运费，只有客户确认快件才可寄出，同时与仓管员进行交接，并在规定时间内通知客户。如果是寄付现结，快递员通知客户的同时须向客户收取或退还运费差额。

（2）超出自身运载能力，但未超出公司收取范围的大件处理。快递员应向客户说明情况并致歉表明暂时无法收取，同时在手持终端上备案，由营业网点负责人协调处理。

（3）超出公司收取范围（超大或超重）的大件处理。快递员应向客户说明情况并致歉表明无法收取，同时立即在手持终端上备注。

2. 上门收件遇到客户未处理好快件的处理

（1）快递员上门取件只需按公司规定的时长（如 5 分钟）在客户处等待客户处理好需要寄递的快件。如果时间许可，快递员也可以耐心地继续等待客户准备快件。

（2）如果超过规定等待时长，客户还没有将快件准备好，快递员需要礼貌地与客户沟通，并约定再次收取的时间。在已与客户预约收件情况下，需在手持终端上备案。如果约定时间在当班次收件时间段内，快递员须根据时间规划好路线，按约定时间上门收取。如果约定时间超出当班次收件时间段，快递员须向客户说明情况，并建议客户重新致电客服部下订单。

3. 托寄物品无法确定性质或价值的处理

（1）快递员应与客户解释清楚，并请客户提供托寄物品的有效证明资料。如果客户出示资料，确认托寄物品符合公司收寄要求，则快递员正常收取快件。如果客户出示资料，确认托寄物品不符合公司收寄要求或者无法确定托寄物的性质或价值，快递员需同客户说明情况并致歉表明无法收取。如果客户拒绝出示资料或无证明资料，则快递员需要同客户说明情况并致歉表明无法收取。

（2）确认无法收取快件时，应立即在手持终端上备案。

4. 客户取消寄件的处理

（1）如果快递员至客户处，客户取消寄件，则快递员应询问原因并在手持终端上备案。

（2）如果快递员至客户处途中，客户取消寄件订单，则快递员接收到客服发出的信息后，终止对该快件的收件准备，无需做其他操作处理。

5. 寄件客户不在的处理

快递员上门取件遇到寄件客户不在的情况，要看前台或其他同事是否留下快件。如果有留下快件，快递员按收件流程进行操作即可。如果未留下快件，快递员要询问是否有联系方式联系寄件客户，可联系上客户的要与客户约定再次收取快件的时间，无法联系客户的要在手持终端上备案。

6. 敲门（按门铃）无反应（包括门卫不让进）的处理

快递员上门取件遇到敲门（按门铃）无反应（包括门卫不让进）的情况，快递员则按订单信息中所留联系电话同客户进行联系。如果联系不上客户，须在手持终端上备案。如果联系上客户，需向客户说明情况，请求客户协助解决。如果客户开门或要求门卫放行，快递员则进入客户处，按照正常的收件流程进行操作。如果客户拒绝协助解决问题（不开门或不与门卫沟通），快递员需向客户说明情况并致歉表明无法收取，同时在手持终端上备案。

7. 寄件客户地址不详的处理

快递员上门取件遇到地址不详无法找到寄件人，则按客户订单信息中所留联系电话进行联系。如果联系上客户须确认客户地址，且寄件客户地址在本快递员服务区域，则快递员及时上门收取快件。如果无法联系客户，或寄件客户地址不在快递员服务区域内，则快递员须在手持终端上备案。

8. 单过多无法完成收件任务的处理

快递员上门取件遇到单过多无法完成收件任务的情况，则做如下处理：

（1）致电营业网点负责人，将无法收取的快件订单流水号报至营业网点负责人，由营业网点负责人统一调度。

（2）营业网点负责人致电客服部对该员工订单情况进行核实，根据实际情况进行相应处理。

9. 收件地址不详的处理

快递员上门取件遇到收件地址不详的情况，则应请客户提供收件方详细地址，并确认客户提供的地址是否超出收派范围。

（1）如果客户提供详细地址，且该地址未超出收派范围，则快递员按照正常流程收取快件。

（2）如客户无法提供详细地址，或详细地址超出收派范围，但客户提供的地址属于公司可自取的区域，应询问客户是否愿意更改取件区域。如果愿意更改取件区域，则快递员致电营业网点负责人，由营业网点负责人安排取件人。如果客户不愿意更改，则快递员向客户说明情况并致歉表明无法收取，须在手持终端上备案。

（3）客户提供的收件地址属于公司不可自取的范围，则快递员需向客户致歉表明无法收取并将快件退回，同时在手持终端上备案。

10. 客户拒绝接受检查托寄物品的处理

快递员上门取件遇到客户拒绝查验托寄物品的情况，快递员应耐心给予客户解释并礼貌地告知检查托寄物品的原因及公司不予受理收寄的物品。

（1）如果客户同意检查货物，则快递员当着客户面检查快件托寄物品。

（2）如果客户坚持不同意查验货物时，则快递员需向客户致歉表明无法收取，在手持终端上备注。

（二）快件已收取异常

1. 快件已收取，客户需要更改托寄物品的处理

快递员上门收取快件后，客户需要更改托寄物品的情况。

（1）客户致电公司客服部，客服部将相关信息反馈给快递员，快递员须在当班次内返回客户处更改托寄物品。如不能在当班次回去更换托寄物品，快递员须致电客户说明情况，并约定更换时间。

（2）客户更换托寄物时，快递员同步修改运单上的相关内容（托寄物资料、重量、运费、付款方式、寄件日期等）。如果涉及重量和运费修改，快递员严禁直接涂改原重量、运费，必须在备注栏内注明正确的重量、运费，收取或退还相应的运费差额，并请客户在运单上重新签名确认，在规定时间内将修改过的信息通知客户。如果在原运单上直接修改会导致运单内容模糊，难以辨认的须重新开单。

（3）快件已经发车参加中转，快递员需要在公司规定的时长内致电客服部说明快件已发出，无法更改，由客服部与客户协商处理。

2. 快件未参加中转，客户要求退回的处理

快递员上门已收取的快件未参加中转，客户要求退回的情况。

（1）如果运单资料已录入系统，则快递员按正常快件派送流程将快件退回给客户，快件按同城件的计费标准向客户收取运费。

（2）如果运单资料尚未录入系统，则快递员将快件与已收取的运费退回给客户并及时备案。

（3）如果客户不是通过客服部通知退回，而是直接联系快递员要求退回，快递员应及时备案。

3. 营业网点复秤发现收取件重量不符的处理

快递员上门收取的快件回营业网点复秤发现重量不符的情况：

（1）必须在当班次停止收件入仓前知会客户，告知复称后的重量及重新计算的运费，询问客户是否将快件发出，严禁未告知客户就私自更改重量及运费。如果客户取消寄件，须与客户约定时间将快件退回，在手持终端上备案。如果客户同意接受复秤后的重量及重新计算的运费，则将快件发出。

（2）在原运单上修改相关内容，严禁直接涂改原重量和运费，必须在备注栏内注明正确的重量和运费，并加盖"更改确认章"。快递员在规定时间内将更正内容反馈给客户，收取或退还相应的运费差额。

（3）如在原运单上直接修改会导致运单内容模糊，难以辨认的须重新开单，并在快件发出后规定时长内（如3小时）将新运单单号通知寄件客户，收取或退还相应的运费差额。

4. 回仓后包装破损的处理

快递员上门收取的快件回仓后包装破损的情况。

（1）对快件进行复称，并检查托寄物品是否损坏或短缺，拆开外包装清点时，必须有包括营业部负责人在内的二人（含）以上同时在场；有监控设备的地方，必须在有效监控范围内拆包清点。

（2）致电客户，告知外包装及托寄物损毁情况。如果客户取消寄件，须及时将快件退回，并在手持终端上备案。如果客户同意寄出，则将快件重新包装后寄出，并在手持终端上备案。

5. 快件未参加中转，客户需更改运单信息的处理

快递员上门收取的快件未参加中转，客户需更改运单信息的情况。

（1）客户致电公司客服部，客服部将相关信息反馈给仓管员。

（2）如快件尚未与仓管员交接，仓管员应将需要修改的信息反馈给快递员；快递员根据仓管

员反馈的信息，在备注栏内注明正确的运单信息，严禁直接涂改；如果客户需要更改的信息无法在原单上直接更改，快递员须填写一份新运单，并在新运单备注栏内注明原运单单号、更换运单的原因以及客服查询员工号。快件发出后规定的时长（如 3 小时）内，将新运单单号通知寄件客户。

（3）如快件已与仓管员交接，由仓管员尽快找出快件，并要求快递员完成上述更改操作，如重新使用新运单寄出的，快递员及时将新运单发给客户。

（4）如果快件已参加中转，仓管员将信息反馈至客服部，由客服部继续跟进。

6. 快件未赶上正常班次中转的处理

快递员上门收取的快件未赶上正常班次中转的情况。

（1）快递员及时通知客户，解释未赶上中转的原因，并告知客户下班次具体的发出、到达时间；若客户取消寄件，及时将快件退回；若客户愿意寄出，须安排下一班次发出；快递员须在手持终端上备案，同时致电客服部说明延误原因及快件状况。

（2）快递员向网点负责人报告延误中转的原因，网点负责人根据实际情况做相应跟进处理。

任务实施

第一步：根据项目二任务一的任务导入布置任务，学生分小组讨论收件的不同方式以及主要任务。

第二步：在教师指导下，以上门取件寄递农产品蜜柚为模拟场景，小组分角色做好收件前准备，并填写表 2-1-2。

表 2-1-2　上门收件前准备工作检查

序号	项目	检查内容
1	业务准备	
2	作业工具准备	
3	运输工具准备	
4	其他准备	

第三步：模拟扮演快递员和客户等角色，模拟演示快递员上门取件（蜜柚）过程。模拟结束形成小结报告并进行展示分享。

第四步：教师针对各小组的模拟演示和小结进行总结评价，指出分析存在问题并提出改进措施。

第五步：各小组完成表 2-1-3 填写。

表 2-1-3　上门收件作业任务实施评价表

任务名称		上门收件作业				
组别		组员				
考核维度		评价标准	参考值	考核得分		
				自评	互评	教师评
素质	1	具有服务意识	10			
	2	具有助力乡村振兴意识	10			
知识	1	掌握快件前准备内容	20			
	2	掌握异常情况处理要求	20			

任务名称		上门收件作业		
能力	1	能做好收件的准备	10	
	2	能规范完成收件作业	20	
	3	能正确处理收件异常件	10	
		小计	100	
合计=自评20%+互评30%+教师50%				组长签字

视野拓展

智能化发展背景下关爱老年人寄递快递

　　快递的寄送，虽然看起来很简单，但细节方面却不容小觑，从准备快递物品，到搜集快递信息，再到选择快递公司，正确填写快递信息，选择快递服务，每一步都不可忽略，只有把每一步都做好，才能保证快递准时准确送达，让收发双方都安心。

　　随着互联网和电子商务的不断完善和发展，与之相匹配的快递行业也进驻了人们的生活。寄送快递已不是年轻人的专利。现在很多老年人也加入了寄快递包裹的行列。

微课：使用手机寄快递

　　思考与讨论：当老年人使用智能手机不熟练时，如何教会独居老年人利用智能手机独立完成快件寄递呢？

任务二　验视寄递物品

引思明理

《安全寄递倡议书》

　　为深入贯彻落实习近平总书记对寄递安全的重要指示，推动最高检"七号检察建议"落地落实，结合疫情防控工作要求，盐城市人民检察院向全市快递从业人员发出《安全寄递倡议书》，共建寄递绿色通道。2022年3月盐城检察想给快递小哥们一些温馨提示。

　　1. 核对身份信息请多一份耐心

　　在收件时通过核对身份证的方式对寄件人的个人信息进行实质审查，拒寄仅提供电话号码的快件，派送快递时同样如此，做到"实名收寄"，实现收寄双方真实身份的留痕。

　　2. 验视寄递物品请多一份责任心

　　在接受投递物品时，除了询问寄件人物品的性质之外，请记得打开包装亲自进行查验，做到"收寄验视"，若发现异常情况请及时报告。

　　3. 涉及违禁品信息请多一份当心

　　通过关注与毒品、枪支等违禁物品相关的宣传资料、培训课、视频等方式积极提升防范意识、法律意识和违禁品辨别能力，维护寄递渠道安全。

4. 做好个人防护请多一份细心

希望广大快递小哥们珍惜抗疫成果，坚决落实防控措施，严格执行戴口罩、勤洗手、测体温、少聚集等个人防护措施，坚决杜绝发生聚集性感染事件。按照当地要求主动配合开展核酸检测，积极参与志愿者活动，以扎实有效的疫情防控工作措施增强社会公众对安全邮寄的信心。
（资料来源：盐城检察在线，2022-03-21）

党的二十大报告对推进国家安全体系和能力现代化、提高公共安全治理水平提出新的更高要求。寄递安全是国家总体安全的重要组成部分，事关人民群众的美好生活，事关经济社会的发展与稳定，事关维护国家安全和公共安全大局。如何保障寄递业务以更加稳健的步伐向着更高质量、更有效率、更加公平、更可持续、更为安全的发展目标阔步前行，是全社会必须面对的一项重要课题。强化寄递安全监管，不仅要依靠部门监管、寄递企业的自律，还需要公众广泛参与，推动实现寄递渠道安全管理的制度化、法治化、规范化。

📋 任务导入与分析

某快递南京分公司的收件员小李上门取件，客户梁女士拿出所寄物品，分别是华为手机一部，香水一瓶，时令水果一盒，以上物品要求快递到北京。小李作为一个新入职的员工，对业务还不是很了解。如果你是快递员小李，你怎样完成梁女士所寄物品的验收？

为了保护国家政治、经济、社会及文化的发展，保证快件传输过程中的人身安全、快件安全及快件操作设备安全，防止不法分子利用快递网络渠道从事危害国家安全、社会公共利益或者他人合法权益的活动，根据国家安全管理的相关规定，我们需要了解收寄物品验视的要求，掌握快件违禁品相关知识，以及收寄物品验视方法。

👧 知识学习

一、收寄验视制度与要求

（一）收寄验视制度

收寄验视是指快递员接收客户寄递的快件时，查验快件是否符合禁止寄递、限制寄递的规定，以及客户在快递运单上所填写的内容是否与其寄递物品的名称、类别、数量等相符的行为。收寄验视制度是指邮政快递企业依照法律规定，对收寄的邮件、快件进行查验，防止禁止或者限制寄递物品进入寄递渠道的法律制度。收寄验视制度是我国邮政安全法律制度的重要内容，邮政快递企业收寄快件时应切实加以遵守。快递员应当在客户在场的情况下，当面验视寄递物品。对于个人客户寄递或者发现疑似禁止寄递和限制寄递的物品，应当逐一验视。受客户委托，长期、批量提供快递服务的，应当采取抽检方式验视快件的内件。依照国家规定需要客户提供有关书面凭证的，应当要求客户提供凭证原件，核对无误后，方可收寄。拒绝验视或者拒不提供相应书面凭证的，不予收寄。

（二）收寄验视法律依据

近年来，寄递服务发展迅速，为经济活动和群众生活提供了快捷、便利和高效的服务，但不容忽视的是，由于寄递服务具有简便快捷、人物分离的特点，不法分子通过寄递渠道贩运枪支弹药、爆炸物品、危险化学品、管制刀具、毒品等禁寄物品的案件时有发生，严重影响了寄递渠道的安全畅通。建立并严格执行收件验视制度，是实现寄递渠道安全的重要保障，关系到社会公共安全和国家安全，关系到客户的生命财产安全，关系到一线从业人员的人身安全和邮政快递企业的财产安全。为此，《中华人民共和国邮政法》第二十五条规定，邮政快递企业应当依法建立并执行邮件收寄验视制度，并对收寄验视程序作出了规定。在此基础上，《邮政业寄递安全监督管理办法》以及《邮件快件寄递协议服务安全管理办法（试行）》又对收寄验视制度进行了补充和细化。

政策：《邮政业寄递安全监督管理办法》

（三）收寄验视的内容与基本要求

1. 收寄验视的内容

对用户寄递的快件，快递员应当验视以下内容。

（1）用户填写的邮件快递运单或者快递运单上的信息是否完整、清楚。

（2）用户填写的物品名称、类别、数量是否与寄递的实物相符。

（3）用户寄递的物品及使用的封装材料、填充材料是否属于禁止寄递的物品。

（4）用户寄递的限制寄递物品是否超出规定的范围。

（5）用户是否按照法律、行政法规的规定出示身份证件或者其他书面凭证。

（6）快件的封装是否满足寄递安全需要。

（7）其他需要验视的内容。

2. 收寄验视的基本要求

寄件人应如实申报所寄递的物品，快递员应根据申报内容对交寄的物品、包装物、填充物等进行实物验视。验视时，应按以下要求进行操作。

（1）应在收寄现场对用户交寄的物品进行验视，具备条件的可在视频监控下验视。

（2）验视时宜由寄件人打开封装。

（3）重点查验用户交寄的物品、包装物、填充物是否符合国家关于禁止寄递、限制寄递的规定，以及是否与快递运单上所填报的内容相符。

（4）验视时，快递员应注意人身安全，不应用鼻腔直接闻，不应用手触摸不明液体、粉末、胶状物等物品。

（5）对交寄物品内有夹层的，应逐层清查；对于一票多件的快件，应逐件清查。

（6）验视后，如用户提出再次核实寄递物品，应在用户最终确认寄递物品后，进行再次验视。

（7）特殊地区应通过安检机进行加验。

（8）验视后，快递企业应以加盖验视章等方式做出验视标识，记录验视人员姓名或者工号，并与用户一起当面封装。

（四）实名收寄与不予收寄

1. 快递实名收寄

快递员除了对寄件人寄递的物品、包装物、填充物等进行实物验视外，还应要求寄件人出示身份证件，在快递运单上如实填写寄件人和收件人信息。特别是以下情形。

政策：《邮件快件实名收寄管理办法》

（1）寄往国家重大活动举办区域或者在该区域收寄的快件。

（2）在车站、酒店、广场等人员流动的公共场所收寄的快件。

（3）内件属于国家限制寄递物品的快件。

（4）国务院邮政管理部门规定的其他情形。

2. 不予收寄情况

有下列情形之一的，不予收寄。

（1）用户拒绝当面验视的。

（2）用户填写的快递运单信息不完整的。

（3）用户在快递运单上填写的信息与其交寄的实物不符或者填写的信息模糊并拒绝修改或者拒绝重新填写的。

（4）用户寄递禁止寄递物品或者使用的封装材料、填充材料属于禁止寄递物品，或者在内件物品、封装材料、填充材料中夹带禁止寄递物品的。

（5）用户未按照法律、行政法规的规定出示身份证件或者其他书面凭证的。

（6）用户寄递限制寄递的物品超出规定范围的。

（7）用户寄递的快件不符合储存转运安全要求的。

（8）快递企业依法要求用户开拆所交寄的信件，用户拒绝开拆的。

（9）法律、行政法规和国家规定的其他情形。

二、国内快件禁寄物品

政策：《禁止寄递物品管理规定》

禁止寄递物品指在任何情况下，均不能受理的物品。根据邮政局、公安部、安全部 2016 年 12 月发布的《禁止寄递物品管理规定》，禁寄物品划分为危害国家安全、扰乱社会秩序、破坏社会稳定的各类物品，危及寄递安全的爆炸性、易燃性、腐蚀性、毒害性、感染性、放射性等各类物品，法律、行政法规以及国务院和国务院有关部门规定禁止寄递的其他物品等三个类别，对禁寄物品涵盖范围作出了较为清晰的界定。禁止寄递物品（以下简称禁寄物品）具体包括：

（一）枪支弹药与管制器具

1. 枪支（含仿制品、主要零部件）弹药（图 2-2-1）

（1）枪支（含仿制品、主要零部件）：如手枪、步枪、冲锋枪、防暴枪、气枪、猎枪、运动枪、麻醉注射枪、钢珠枪、催泪枪等。

（2）弹药（含仿制品）：如子弹、炸弹、手榴弹、火箭弹、照明弹、燃烧弹、烟幕（雾）弹、信号弹、催泪弹、毒气弹、地雷、手雷、炮弹、火药等。

枪支　　　　　　　　　　　　子弹

图 2-2-1　部分枪支弹药示意

2. 管制器具（图 2-2-2）

（1）管制刀具：如匕首、三棱刮刀、带有自锁装置的弹簧刀（跳刀）、其他相类似的单刃、双刃、三棱尖刀等。

（2）其他：如弩、催泪器、催泪枪、电击器等。

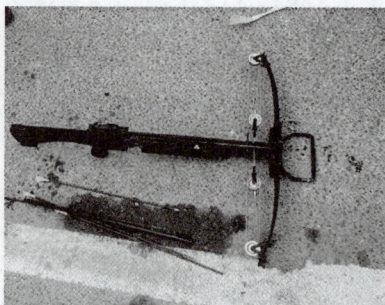

刀具　　　　　　　　　　　　　　　手弩

图 2-2-2　部分管制器具示意

（二）易燃易爆物品

1. 爆炸物品（图 2-2-3）

（1）爆破器材：如炸药、雷管、导火索、导爆索、爆破剂等。

（2）烟花爆竹：如烟花、鞭炮、摔炮、拉炮、砸炮、彩药弹等烟花爆竹及黑火药、烟火药、发令纸、引火线等。

（3）其他：如推进剂、发射药、硝化棉、电点火头等。

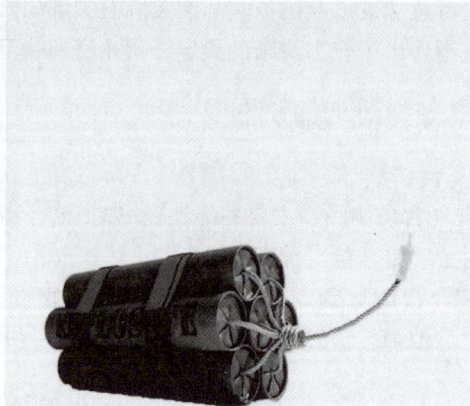

烟花炮竹　　　　　　　　　　　　　炸药

图 2-2-3　部分爆炸物品示意

2. 压缩和液化气体及其容器（图 2-2-4）

（1）易燃气体：如氢气、甲烷、乙烷、丁烷、天然气、液化石油气、乙烯、丙烯、乙炔、打火机等。

（2）有毒气体：如一氧化碳、一氧化氮、氯气等。

（3）易爆或者窒息、助燃气体：如压缩氧气、氮气、氦气、氖气、气雾剂等。

3. 易燃液体（图 2-2-5）

如汽油、柴油、煤油、桐油、丙酮、乙醚、油漆、生漆、苯、酒精、松香油等。

打火机　　　　　　　　液化石油气瓶

图 2-2-4　部分压缩和液化气体及容器示意

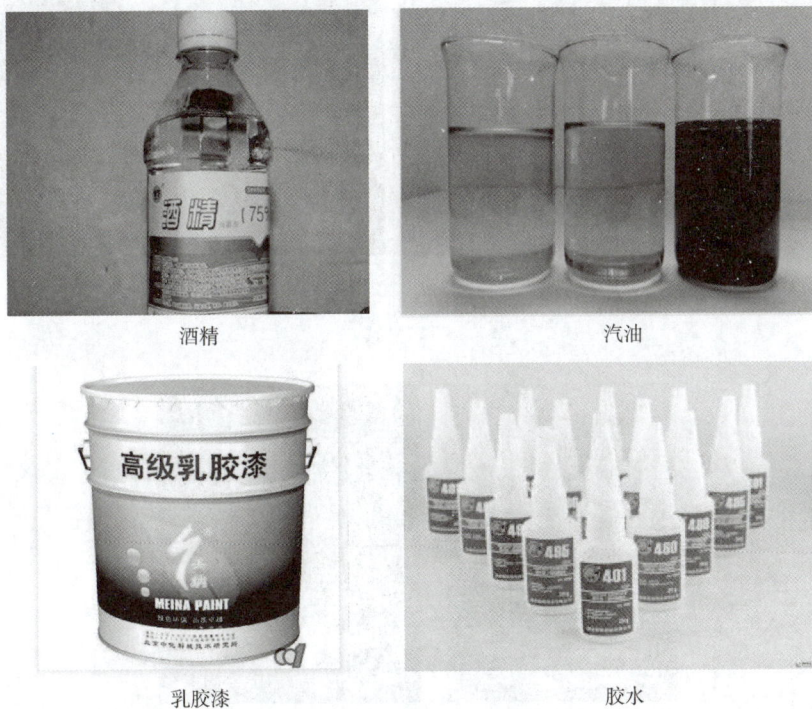

酒精　　　　　　　　　　　　　汽油

乳胶漆　　　　　　　　　　　　胶水

图 2-2-5　部分易燃液体示意

4. 易燃固体、自燃物质、遇水易燃物质（图 2-2-6）

（1）易燃固体：如红磷、硫黄、铝粉、闪光粉、固体酒精、火柴、活性炭等。

（2）自燃物质：如黄磷、白磷、硝化纤维（含胶片）、钛粉等。

（3）遇水易燃物质：如金属钠、钾、锂、锌粉、镁粉、碳化钙（电石）、氰化钠、氰化钾等。

（三）毒害性、传染性、放射性、腐蚀性物品

1. 氧化剂和过氧化物（图 2-2-7）

如高锰酸盐、高氯酸盐、氧化氢、过氧化钠、过氧化钾、过氧化铅、氯酸盐、溴酸盐、硝酸盐、双氧水等。

2. 毒性物质（图 2-2-8）

如砷、砒霜、汞化物、铊化物、氰化物、硒粉、苯酚、汞、剧毒农药等。

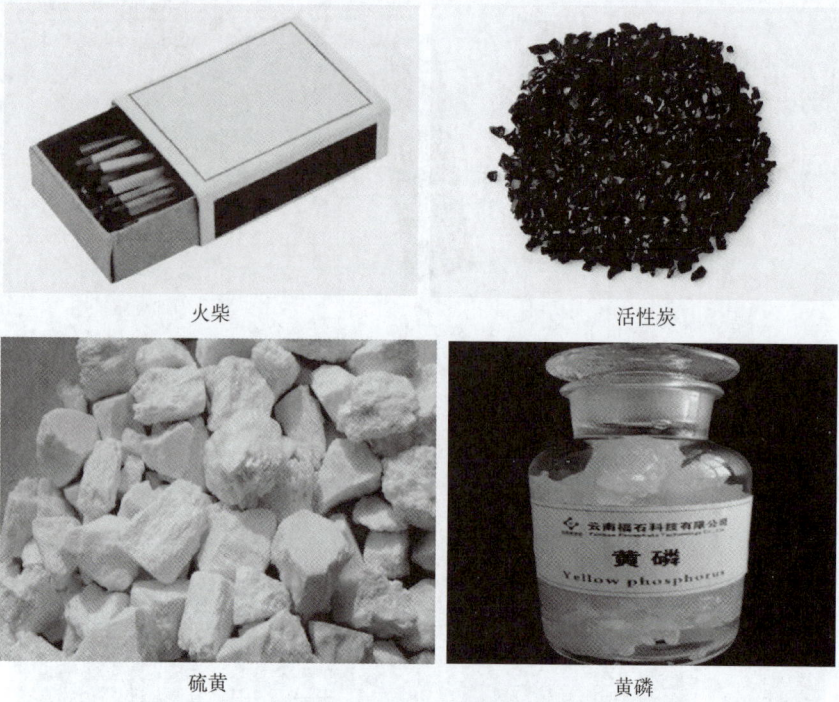

火柴

活性炭

硫黄

黄磷

图 2-2-6 部分易燃固体示意

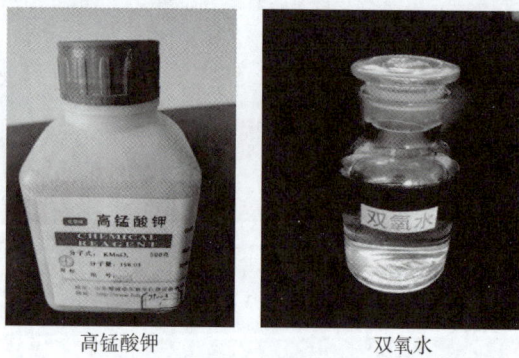

高锰酸钾

双氧水

图 2-2-7 部分氧化剂和过氧化物示意

农药

砒霜

图 2-2-8 部分毒性物质示意

3. 生化制品、传染性、感染性物质

如病菌、炭疽、寄生虫、排泄物、医疗废弃物、尸骨、动物器官、肢体、未经硝制的兽皮、

未经药制的兽骨等。

4. 放射性物质

如铀、钴、镭、钚等。

5. 腐蚀性物质（图2-2-9）

如硫酸、硝酸、盐酸、蓄电池、氢氧化钠、氢氧化钾等。

浓硫酸　　　　　　　　　　　　　蓄电池

图 2-2-9　部分腐蚀性物质示意

6. 毒品及吸毒工具、非正当用途麻醉药品和精神药品、非正当用途的易制毒化学品（图2-2-10）

（1）毒品、麻醉药品和精神药品：如鸦片（包括罂粟壳、花、苞、叶）、吗啡、海洛因、可卡因、大麻、甲基苯丙胺（冰毒）、氯胺酮、甲卡西酮、苯丙胺、安钠咖等。

（2）易制毒化学品：如胡椒醛、黄樟素、黄樟油、麻黄素、伪麻黄素、羟亚胺、邻酮、苯乙酸、溴代苯丙酮、醋酸酐、甲苯、丙酮等。

（3）吸毒工具：如冰壶等。

罂粟壳　　　　　　　　　　　　　冰毒

图 2-2-10　部分毒品示意

（四）非法宣传品、伪造品、间谍器材

1. 非法出版物、印刷品、音像制品等宣传品

如含有反动、煽动民族仇恨、破坏国家统一、破坏社会稳定、宣扬邪教、宗教极端思想、淫秽等内容的图书、刊物、图片、照片、音像制品等。

2. 间谍专用器材

如暗藏式窃听器材、窃照器材、突发式收发报机、一次性密码本、密写工具、用于获取情报的电子监听和截收器材等。

3. 非法伪造物品

如伪造或者变造的货币、证件、公章等。

4. 侵犯知识产权和假冒伪劣物品

（1）侵犯知识产权：如侵犯专利权、商标权、著作权的图书、音像制品等。

（2）假冒伪劣：如假冒伪劣的食品、药品、儿童用品、电子产品、化妆品、纺织品等。

（五）濒危野生动物及其制品与禁止进出境物品

1. 濒危野生动物及其制品

如象牙、虎骨、犀牛角及其制品等。

2. 禁止进出境物品

如有碍人畜健康的、来自疫区的以及其他能传播疾病的食品、药品或者其他物品；内容涉及国家秘密的文件、资料及其他物品。

（六）其他物品

《危险化学品目录》《民用爆炸物品品名表》《易制爆危险化学品名录》《易制毒化学品的分类和品种目录》《中华人民共和国禁止进出境物品表》载明的物品和《人间传染的病原微生物名录》载明的第一、二类病原微生物等，以及法律、行政法规、国务院和国务院有关部门规定禁止寄递的其他物品（图2-2-11）。

图 2-2-11　禁止寄递物品列举

三、国际快件禁限寄规定

（一）我国海关禁止进境的物品

（1）各种武器、仿真武器、弹药及爆炸物品。

（2）伪造的货币及伪造的有价证券。

（3）对我国政治、经济、文化、道德有害的印刷品、胶卷、照片、唱片、影片、录音带、录像带、激光视盘、计算机存储介质及其他物品。有下列内容之一的印刷品或音像制品，禁止进境：

①反对宪法确定的基本原则的；危害国家统一、主权和领土完整的；危害国家安全者或者损害国家荣誉和利益的；攻击我国共产党，诋毁中华人民共和国政府的；煽动民族仇恨、民族歧视，破坏民族团结，或者侵害民族风俗习惯的；

②宣扬邪教、迷信的；

③扰乱社会秩序，破坏社会稳定的；

④宣扬淫秽、赌博、暴力或者教唆犯罪的；

⑤侮辱或者诽谤他人，侵害他人合法权益的；

⑥危害社会公德或者民族优秀文化传统的；

⑦国家主管部门认定禁止进境的；

⑧法律、行政法规和国家规定禁止的其他内容。

（4）各种烈性毒药。

（5）鸦片、吗啡、海洛因、大麻以及其他能使人成瘾的麻醉品、精神药物。

（6）带有危险性病菌、害虫及其他有害生物的动物、植物及其产品。

（7）有碍人畜健康的来自疫区的以及其他能传播疾病的食品药品或其他物品。

（二）我国海关禁止出境的物品

（1）列入禁止进境范围的所有物品。

（2）内容涉及国家秘密的手稿、印刷品、胶卷、照片、唱片、影片、录音带、录像带、激光视盘、计算机存储介质及其他物品。有下列内容之一的印刷品或音像制品，禁止出境。

①反对宪法确定的基本原则的；危害国家统一、主权和领完整的；危害国家安全或者损害国家荣誉和利益的；攻击我国共产党，诋毁中华人民共和国政府的；煽动民族仇恨、民族歧视，破坏民族团结，或者侵害民族风俗习惯的；

②宣扬邪教、迷信的；

③扰乱社会秩序，破坏社会稳定的；

④宣扬淫秽、赌博、暴力或者教唆犯罪的；

⑤侮辱或者诽谤他人，侵害他人合法权益的；

⑥危害社会公德或者民族优秀文化传统的；

⑦国家主管部门认定禁止出境的；

⑧法律、行政法规和国家规定禁止的其他内容；

⑨涉及国家秘密的；

（3）珍贵文物及其他禁止出境的文体。

（4）濒危的和珍贵的动物、植物（均含标本）及其种子和繁殖材料。

禁止进出口的寄递物品由海关扣留。从扣留之日起三个月内，国际进口快件由收件人或其代理人退寄回国外，国际出口快件由寄件人或其代理人领回；过期不退或者不领，海关即予没收。对政治、经济、文化、道德、卫生有害的寄递物品，海关即予没收。

（三）我国海关限制进境、出境的物品

1. 我国海关限制进境的物品

（1）无线电收发信机、通信保密机。

（2）烟、酒。

（3）濒危的和珍贵的动物、植物（均含标本）及其种子和繁殖材料。

（4）国家货币。

（5）海关限制进境的其他物品。

2. 我国海关限制出境的物品

（1）金银等贵重金属及其制品。

（2）国家货币、外币及有价证券。

（3）无线电收发信机、通信保密机。

（4）贵重中药材，个人寄递中药材、中成药出境，寄往港澳地区的，总值限 100 元；寄往国外的，总值限 200 元。

（5）一般文物，寄递文物（含已故现代著名书画家的作品）出口，必须向海关申报。

（6）海关限制出境的其他物品。

（四）常见隐含危险性物品

常见隐含危险性的物品如表 2-2-1 所示。

表 2-2-1　常见隐含危险性的物品

序号	类别	可能含有的危险性物品
1	液体	可能含有易燃物的液体或液化气体
2	化学品	易燃固体、氧化剂、有机过氧化物、有毒或腐蚀性物质
3	医用品	可能含有传染性物质、放射性材料、压缩或液化气体、汞、毒性或腐蚀性物
4	电器电动设备	可能含有磁性物质或水银、电池等
5	车辆零部件	可能含有磁性物质、蓄电器等
6	药品	可能有危险的化学品和有毒物质
7	机器零件	可能有油性黏合剂，涂料等
8	私人物品	清洁剂、火柴、黏合剂、漂白剂等，香水、摩丝、指甲油等
9	玩具	迷你电风扇等带有磁性物质的玩具

（五）特殊禁限寄物品中英文对照

客户在寄递快件的过程中，由于部分客户可能对快递行业缺乏了解，有时会寄一些禁止或是限制寄递的物品，快递员在收寄件过程中，尤其注意某些物品的铭牌或是外包装是否有以下特殊禁限寄物品。表 2-2-2 为特殊禁限寄物品中英文对照。

表 2-2-2　特殊禁限寄物品中英文对照

序号	物品种类中文名称	物品种类英文名称
1	危险性的	HAZARDOUS DANGEROUS
2	污染性物质的	POLLUTION POLLUTER
3	有传染性的	INFECTIOUS
4	腐蚀性的	CORROSIVE
5	限制性的	RESTRICTED
6	有毒性的	TOXIC
7	放射性的	RADIOACTIVE

四、收寄验视方法

(一) 快递员收寄验视职责与客户的义务

1. 邮政快递企业收寄验视职责

(1) 当面提醒客户必须遵守国家有关禁止寄递、限制寄递的规定。

(2) 指导客户完整、清楚填写邮件详情单或者快递运单，并提醒客户填写的信息应当真实、有效。

(3) 当面验视客户交寄的物品及使用的封装材料、填充材料，协助客户妥善封装。

(4) 验视时发现疑似禁止寄递物品或者不能当场确定安全性的物品，应当要求客户依法出示相关专业机构或者有关部门开具的安全证明。

(5) 按照法律、行政法规的规定需要客户出示身份证件或者其他书面凭证的，应当向客户详细说明证件或者书面凭证的类别和要求。

(6) 对验视发现的可能危害国家安全、公共安全的禁止寄递物品，按照有关规定处理并及时报告。

2. 客户交寄时应履行的义务

客户交寄邮件、快件，应当遵守国家关于禁止寄递、限制寄递物品的规定，并履行下列义务。

(1) 完整、准确、清楚地填写邮件详情单或者快递运单，包括寄件人、收件人的姓名、地址、电话、交寄物品的名称、类别、数量等信息，确保填写内容的真实、有效。

(2) 按照邮政快递企业的要求妥善封装邮件、快件，防止内件散落、丢失、损毁，或者污染、损毁其他邮件、快件。

(3) 按照法律、行政法规的规定出示身份证件或者其他书面凭证，并确保身份证件或者书面凭证的真实性。

(4) 其他应当履行的义务。

3. 收寄违禁品处理

寄递服务企业对禁寄物品处理办法。

(1) 发现各类武器、弹药等物品，应立即通知公安部门处理，疏散人员，维护现场。同时通报国家安全机关。

(2) 发现各类放射性物品、生化制品、麻醉药物、传染性物品和烈性毒药，应立即通知防化及公安部门按应急预案处理。同时通报国家安全机关。

（3）发现各类易燃易爆等危险物品，收寄环节发现的，不予收寄；经转环节发现的，应停止转发；投递环节发现的，不予投递。对危险品要隔离存放。对其中易发生危害的危险品，应通知公安部门，同时通报国家安全机关，采取措施进行销毁。需要消除污染的，应报请卫生防疫部门处理。其他危险品，可通知寄件人限期领回。对内件中其他非危险品，应当整理重封，随附证明发寄或通知收件人到投递环节领取。

（4）发现各种危害国家安全和社会政治稳定以及淫秽的出版物、宣传品、印刷品，应及时通知公安、国家安全和新闻出版部门处理。

（5）发现妨害公共卫生的物品和容易腐烂的物品，应视情况通知寄件人限期领回，无法通知寄件人领回的可就地销毁。

（6）包装不妥，可能危害人身安全，污染或损毁其他寄递物品和设备的，收寄环节发现后，应通知寄件人限期领回。经转或投递中发现的，应根据具体情况妥善处理。

微课：收寄违禁名处理

（二）快件收寄验视方法

1. 观

"观"是指观察寄件人。快递员对以下人员要特别注意。

（1）精神紧张，言行可疑，假装镇静者。

（2）规定的营业时间将结束或已经结束，匆忙交寄邮件、快件者。

（3）与公安机关通缉的嫌疑人外貌特征相似的人员。

（4）故意遮掩面部或过分化妆者。

（5）表现异常、催促检查者。

（6）态度蛮横、不愿接受检查者。

（7）冒充熟人、假献殷勤者。

2. 问

"问"是指对以下事项应特别注意询问。

（1）问清物品的名称、属性、用途等，对含糊其辞、语言前后矛盾者要特别关注。

（2）问寄件人是否为别人代寄，对为陌生人代寄的情况要特别注意。

（3）问寄件人贵重物品是否增加保价和保险服务。

3. 看

"看"是指通过观察和触摸物品外部，发现可疑点。

（1）经过伪装的邮件、快件。

（2）内部有粉末状物品的信件。

（3）质量不均、厚薄不匀的邮件、快件。

（4）包装或者信封有油污渗出或者变色。

（5）有个别部位突起或过硬的信件。

（6）缺少邮寄地址的快件。

（7）不寻常的重或者体积大的快件。

（8）收件人信息填写异常的。

4. 查

"查"是指通过检查邮件、快件内件，发现可疑点。

（1）是否装有易燃易爆等危险品和禁忌品。

（2）有关部门通报应检查的物品。

（3）是否有均匀透明、淡黄色至棕色、油状或黏稠状态等液体物质和粉末状固态可疑物质。

（4）易藏匿爆炸品的物品，如罐状物品、玩具、电器、中间挖空的书籍、卷曲的印刷品、物品的空隙、服装夹层是否藏有异物。

（5）所查物如有拉链及分层，注意拉链下方，上下层之间有无连接物，以防松发或拉发爆炸装置。

（6）多块拼装结成的木箱，应先拆一侧板，确认内部物品与箱盖无连接物时，方可打开箱盖，分层检查内装物。

5. 掂

根据物品是否过重或轻、与正常重量是否相符，发现可疑点。

6. 称

（1）邮件、快件内包装是否标明质量。

（2）通过用秤称重后与内件标明质量相比过重或过轻判可疑邮件、快件。

7. 闻

通过嗅闻从被检查物品中散发出来的气味，判断该气味与被检查物品应有的气味是否相符，对具有刺激性气味、酸味、芳香味、氨味、苦杏味等气味要特别关注。

8. 听

（1）通过听，判断邮件、快件内部是否有机械手表、石英钟、洗衣机、电风扇定时器等改装的机械定时装置。

（2）通过听，发现其他异常声音。

社会担当 2-2

莱阳邮政筑牢寄递安全防线 时刻展现国企担当

2022年下半年，烟台市在校园、企业、小区、道路交通、养老、景区、医院、市场、寄递、消费等领域组织开展"十大领域"平安创建活动。莱阳邮政分公司把寄递渠道安全生产工作摆在首要位置，时刻绷紧安全生产这根弦，不断强化安全管理，夯实安全生产基础。以历年旺季管控经验为基础，不断优化方案、细化管控，确保包裹畅通送达。该公司按照《邮政业安全生产设备配置规范》《快递安全生产操作规范》等要求，在"双十一"旺季生产期间，做到防疫运营两不误。保畅通的背后，浸润着邮政人艰辛付出的拼搏精神，折射出行业"国家队"强化全程管控，全力做好寄递网运行保障的信心决心。（资料来源：水母网，2022-10-25）

▶ **任务实施**

第一步：根据项目二任务二的任务导入与分析布置的任务，引导学生分组查找并判断梁女士所寄物品的类型，是否属于违禁品，将相关信息填写在下表2-2-3。

表 2-2-3　拟收寄物品判别

收寄件货物	货物类型	是否违禁品	能否快递
华为手机			
老山蜂蜜			
汤山水蜜桃			

第二步：选择合适的方法对梁女士所寄物品进行验视，并填写表2-2-4。

表2-2-4　梁女士所寄物品验视方法

序号	方法描述	对应货物
1	观：	
2	问：	
3	看：	
4	查：	
5	掂：	
6	称：	
7	闻：	
8	听：	

第三步：小组演示。各组派一名代表将任务中的快递物品进行现场验视演示，教师分析存在问题并进行总结评价。

第四步：各学习小组完成表2-2-5填写。

表2-2-5　收寄验视作业任务实施评价

任务名称		收寄验视作业				
组别		组员				
考核维度		评价标准	参考值	考核得分		
				自评	互评	教师评
素质	1	培养验视的安全意识	15			
	2	培养验视的服务意识	15			
知识	1	掌握快件验视的意义	10			
	2	掌握禁止寄递物品管理规定	20			
能力	1	能准确判断和处理禁寄品	20			
	2	能正确使用验视方法	20			
小计			100			
合计＝自评20%＋互评30%＋教师50%				组长签字		

视野拓展

案例1：2017年3月，深圳某快递公司未执行100%先验视后封箱、100%寄递实名制、100% X光机安检制度，致使藏匿危险违禁品枪支、铅弹的包裹顺利流通，造成严重社会危害。深圳市反恐办将该案件移交给快递主管部门，由深圳市邮政管理局对该公司作出罚款11万元的行政处罚决定，对该公司法人李某作出罚款2 000元的行政处罚决定。

案例2：2017年8月，深圳某物流公司未依照规定对运输、寄递物品进行安全检查和开封验视，深圳市交通运输委员会（现更名为深圳市交通运输局）依据《中华人民共和国反恐怖主义法》第八十五条之规定，依法下达《行政处罚决定书》，对该物流公司处以 10 万元的罚款，责令当事人改正违法行为。

案例 3：2021 年 7 月，沧州市邮政管理局对某快递公司在建党 100 周年重大活动期间违法收寄禁寄物品（气雾剂）案进行了立案查处。依据《中华人民共和国反恐怖主义法》第八十五条之规定，对该公司处以罚款 12 万元，对直接责任人赵某和直接负责人陈某分别给予行政处罚。

案例 4：2021 年 8 月，广州市公安局天河区分局通过加强社会治安防控体系建设，成功破获一宗贩卖毒品案。警方在案件侦办过程中，发现广州市一寄递企业位于天河区的末端网点未落实实名收寄、开箱验视制度，导致违规收寄毒品运至外地。警方依法将相关证据材料移送市邮政管理局。市邮政管理局依据《中华人民共和国反恐怖主义法》相关规定，对该企业处 10 万元罚款。据统计，2021 年以来，广州警方依法移送 5 宗案件至市邮政管理局，累计对违法寄递企业处罚款 28.5 万元，对违反寄递安全管理制度的企业、网点形成有力震慑。（资料来源：天中反恐，2023-07-03）

思考与讨论：快件收寄验视工作有什么意义，快递公司和快递员应该怎样把好验视关，确保快件收寄安全？

任务三　包装收寄物品

引思明理

快递包装绿色产品认证助力快递绿色发展

近年来，我国快递业发展迅猛，但在快递过程中使用大量包装造成的环境污染问题也日益突出，这对快递行业包装提出了新的要求。在这个大背景下，发展快递包装绿色产品认证对于保障物流安全、促进降本增效、节约资源成本、降低环境负荷等方面具有重要意义。

快递包装绿色产品认证是一种质量认证，获得快递包装绿色产品认证的快递包装意味着满足了资源节约、环境无害、消费友好等方面的特性要求，是企业质量管理的"体检证"。企业申请快递包装绿色产品认证不仅有利于提前化解被动局面，证明企业提供的产品是绿色健康的产品，同时也是品质最优的产品。对包装生产企业来说，通过第三方机构的质量检查，也有利于及时解决发现的问题，不断提升包装质量。提倡使用新型环保包装材料，不仅能提升快递包装废弃物的回收利用率，加强各公司及消费者的环保意识，更是一种信任传递。对快递包装进行快递包装绿色产品认证，利于消费者识别判断，树立企业良好信誉。（资料来源：广东省中山市市场监督管理局，2022-09-26）

党的二十大报告提出，"倡导绿色消费，推动形成绿色低碳的生产方式和生活方式。"绿色快递包装的推广不仅有利于保护环境，而且有利于提高企业的竞争力，节约成本。建立实施快递包装绿色产品认证，是践行绿色发展理念，企业履行社会责任的必然要求；是增加绿色快递包装产品供给，提升供给质量和效率的重要举措；是促进快递包装行业绿色转型升级，绿色高质量发展的有效途径。

动画：循环利用各有妙招，快递包装"绿"起来

任务导入与分析

某快递南京分公司的收件员小李上门取件，客户梁女士拿出所寄物品，分别是华为手机一部，老山蜂蜜一瓶，阳山水蜜桃一箱，以上物品要求快递到北京。前面小李对收寄物品进行了验收作业，确认了梁女士所寄物品符合寄递要求。现需要对梁女士拟寄递的物品进行包装。

快递包装是指在快件寄递过程中，为保护快件安全、完好地到达目的地，对寄递物品进行包装的过程。快递包装可以保护寄递物品，防止在运输过程中遭受外力、震动、挤压、摩擦等损害；可以方便快递人员处理和运输快件，使得快件能够安全地通过自动化分拣系统，快速准确地送到客户手中；可以防止商品在运输过程中被篡改、偷换或污染，保障商品的真实性和完整性。因此，学习快递包装的相关理论知识，了解快递包装的原则以及注意事项，掌握快递包装的方法和标准，对提高快递服务质量很重要。

知识学习

一、包装类别

（一）包装发展

包装为在流通过程中保护产品，方便储运，促进销售，按一定的技术方法所用的容器、材料和辅助物等的总体名称。也指为达到上述目的在采用容器，材料和辅助物的过程中施加一定技术方法等的操作活动。包装分为商业包装和工业包装。

包装是一古老而现代的话题，从远古的原始社会、农耕时代，到科学技术十分发达的现代信息化社会，包装随着生产、消费的发展和科学技术的进步而不断发展。最初人类用葛藤捆扎猎获物，用植物的叶、贝壳、兽皮等包裹物品。以后以植物纤维等制作最原始的篮、筐，用火煅烧石头、泥土制成泥壶、泥碗和泥灌等，再后来用陶瓷、玻璃、木材、金属加工各种包装容器，用来盛装、保存食物、饮料及其他物品，使包装的方便运输、储存与保管功能得到完善。现代科技发展的日新月异，新材料、新技术不断出现，聚乙烯、纸、玻璃、铝箔、各种塑料、复合材料等包装材料被广泛应用，无菌包装、防震包装、防盗包装、保险包装、组合包装、复合包装、智能包装等技术日益成熟，从多方面强化了包装的功能。目前大力发展对生态环境和人类健康无害，能重复使用和再生，符合可持续发展的绿色包装。

（二）商业包装与工业包装

1. 商业包装

商业包装是以促进销售为主要目的的包装（图2-3-1）。这种包装的特点是外形美观，有必要的装潢，包装单位适于顾客的购买量以及商店陈设的要求。在流通过程中，商品越接近顾客，包装越要求有促进销售的效果。

图2-3-1　商业包装举例

2. 工业包装

工业包装是以运输、保管为主要目的的包装，即从物流需要出发的包装，是一种外部包装（包含内部包装）如图 2-3-2 所示。工业包装注重包装的保护功能、定量或单位化功能、便利功能和效率功能。工业包装要在满足物流要求的基础上使包装费用越低越好。快递包装属于工业包装范畴。一般来说，为了降低包装费用，包装的保护性就会随之降低，商品的流转损失可能会加大；反之，如果增强包装，包装费用相应增加，而商品流转损失可能会下降。因此，工业包装要适中。对于某些商品，商业包装与工业包装往往有矛盾。例如，为了便于运输，包装往往应当结实，但外部形体不够美观，因而不利于销售，反之，促进销售效果的优美的商业包装，大多比较单薄，强度较低，保护效果较差。

图 2-3-2　工业包装举例

二、快递包装

（一）快递包装原则

为了保证快件在运输过程中的安全，减少快件破损和丢失情况的发生，提高快递包装质量，快件在包装时须遵循以下原则。

1. 适合运输原则

快递包装的一个主要目的是为了防止快件在运输过程中因摆放、摩擦、震荡而破损、漏失，伤害操作人员或污染运输设备、地面设备及其他物品，或因气压、气温变化而受潮、变质。

2. 便于装卸原则

快递包装除应适合快件的性质、状态和重量外，还要整洁、干燥、没有异味和油渍；包装外表面不能有突出的钉、钩、刺等，便于搬运、装卸和摆放。

3. 包装适度原则

实施快递包装时，应根据快件的尺寸、重量、运输特性选用合适的包装箱及填充物，尽量避免因包装材料不足造成快件在运输、分拣、派送途中受损。

4. 包装密实原则

快递包装应与快件的保护物料、缓冲物料及内容物成为一体；如内容物有多个，内容物与快递包装内壁之间不应有摩擦、碰撞、挤压，晃动快件时不应发出声音。

（二）快递包装材料

在实施快递包装时，会用到包装袋、纸箱、文件袋、胶纸、缓冲材料、木箱等包装物料，不同类型的包装物料有不同的作用和适用场景。这些物料可以分为外包装物料、缓冲物料和加固物料，如图 2-3-3 所示。

1. 包装材料的分类

（1）包装袋。适用于不易破碎和抗压类快件，为了保证快件内的物品在寄递过程中不被看见，包装袋一般为不透明塑料袋，包装袋的封口一般为一次性黏胶，密封后包装袋能防水、安

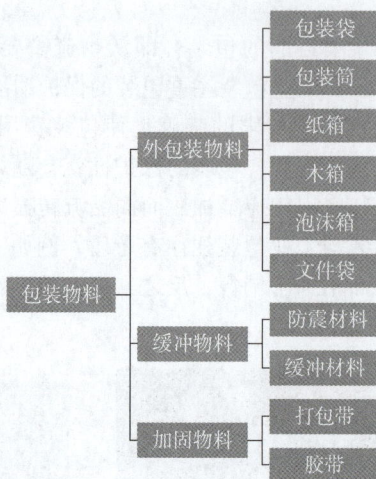

图 2-3-3　快递包装材料分类

全，适用于不易破碎、抗压类物品寄递，如图 2-3-4 所示。

（2）包装筒。是指圆柱形的包装物料，材料有塑料、PVC. 纸质等多种，适用于不可折叠和不可挤压的快件，如地图、图画作品、墙纸、布匹等，如图 2-3-5 所示。

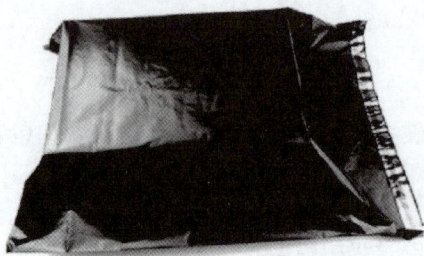

图 2-3-4　包装袋

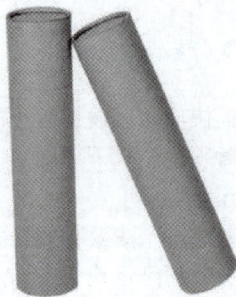

图 2-3-5　包装筒

（3）纸箱。是指寄快件时最常用的一种包装物料，适用于规则快件，如图 2-3-6 所示。为了确保快件的运输安全，一般是根据快件的重量和尺寸来选择合适的纸箱。

（4）木箱。主要适用于较大型的易碎物品、精密仪器、贵重物品和不抗压物品的快件，如图 2-3-7 所示。木箱由木板钉制而成，应该根据快件安全要求来选择木板的规格和打包结构。

图 2-3-6　纸箱

图 2-3-7　木箱

（5）泡沫箱。适用于果蔬等生鲜物品的快件，如图2-3-8所示，泡沫箱由泡沫压制而成，具有一定的保温、减震功能。

（6）文件袋。寄送单据或文件类纸质快件时可选择文件袋包装。文件袋用硬纸板做成，有一次性自粘封口，如图2-3-9所示。为了防止快件被雨水打湿，文件袋表面刷了一层防水油，可以有效防止文件袋被细密的雨水渗透。

图 2-3-8 泡沫箱

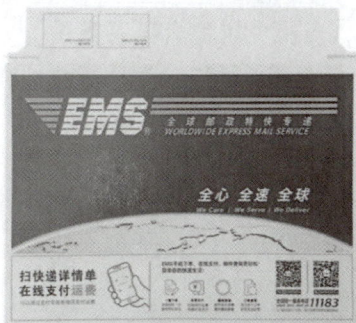

图 2-3-9 文件袋

（7）防震板。适用于易碎物品的快件。当快件受到震荡或者坠落至地面时，防震板有缓冲、防震的作用，能有效保护快件。防震板内有填充物料，材质一般有泡沫、珍珠棉，如图2-3-10所示。

（8）缓冲材料。适用于易碎类快件的包装，具有防震、防摔功能，通常有泡沫缓冲物料、气泡膜、海绵、充气袋、碎布片、废旧纸张等，如图2-3-11所示，能有效减轻快件在寄递过程中遭受的碰撞和挤压损伤。

图 2-3-10 防震板

图 2-3-11 气泡膜

（9）打包带。用于体积较大的用木箱、纸箱包装的快件，如图2-3-12所示。为了更好地保护快件，寄递物品封箱后用打包带再次捆扎，进行二次加固。

（10）封箱胶带纸。是最普通的快件包装物料之一，主要用于对寄递物品的封固包装操作。胶纸分为透明胶纸和不透明胶纸，如图2-3-13所示。有些胶纸上面还印有快递企业的标志，可起到宣传作用，也可作为责任界定的依据。

2. 快件包装的选择

快递企业在选用快件包装材料时，应遵守以下规定。

图 2-3-12　打包带

图 2-3-13　封箱胶带纸

（1）严格执行包装材料管理制度，采购、使用符合国家规定的包装材料。

（2）按照规定使用环保材料对快件进行包装，优先采用可重复使用、易回收利用的包装材料，优化快件包装，减少包装用品的使用，积极回收包装材料并再利用。

（3）遵守国家有关禁止、限制使用不可降解塑料袋等一次性塑料制品的规定。

（4）选用的包装材料应具备保护寄递物品的功能，并方便封装、运输和拆解。

（5）选用的包装材料中的铅、汞、镉、铬总量以及苯类溶剂残留应符合国家规定。禁止使用有毒物质作为内部填充物。

（6）建立可循环包装用品信息系统，在分拣、运输、投递等环节提高可循环包装用品的使用效率。

（7）根据包装箱内装物最大重量和最大尺寸，选用合适的包装箱。

（8）优先选用宽度较小的胶带，在已有粘合功能的封套、包装袋上减少使用胶带。

（9）优化快件包装，加强结构性设计，减少使用内部填充物。

（10）寄件人自备包装用品、不需要快递企业提供的，其自备包装用品应符合法律、行政法规以及国务院和国务院有关部门关于禁止寄递物品和限制寄递物品的规定。

（11）具备条件的快递企业应全面推广使用快递电子运单，设计、使用电子运单时应注意保护客户信息安全。同时，在选择快件包装材料时，应根据实际情况充分考虑包装材料的优缺点，扬长避短，选择合适的包装材料，具体优缺点如表 2-3-1 所示。

表 2-3-1　不同包装材料的优缺点

材料＼项目	包装存在形式	优点	缺点
金属材料	主要形式有金属桶、金属盒、金属罐、金属捆扎带（绳）等	①金属牢固，防潮防光 ②良好的延展性，且容易加工 ③本身有良好的装潢效果 ④易于再生使用	①成本高 ②能耗大 ③物流过程中易变形 ④生锈

项目 材料	包装存在形式	优点	缺点
玻璃包装材料	主要形式有各种规格的玻璃瓶等	①保护性能好：密封，不透气，有紫外线屏蔽性，化学性质稳定，耐风化，不变形，耐热耐酸耐磨 ②具有特殊真实传递商品信息效果 ③易加工，对商品的适应性强 ④无毒无异味，易于回收复用，一般无公害 ⑤资源丰富价格稳定	①耐冲击的强度低，易碎 ②自身重量大 ③运输成本高 ④能耗高
木质包装材料	主要形式有木箱、木框、木板等	①有良好的重量/强度比，耐磨耐压 ②加工方便 ③加工成胶合板，外观好	①易潮 ②易变形开裂 ③易腐朽 ④易受蛀蚀
纸质包装材料	主要形式有纸箱、纸盒、纸袋、纸板、填充纸条等	①成行性和折叠性良好，便于加工成型 ②质地细腻均匀，耐磨耐冲击，无毒无味，易达到卫生标准 ③便于印刷和美化商品 ④价格低廉，易回收循环利用 ⑤自身重量轻	①气密性、防潮性、透明性差 ②受潮后强度降低
塑料包装材料	主要形式有塑料箱、塑料瓶、塑料袋、塑料薄膜、塑料编织袋、无纺布等	①良好的物理机械性能，一定的强度，耐折叠、耐磨、抗震动、防潮、防气漏 ②化学性质好，耐酸碱，耐化学试剂，耐油脂，防锈蚀，无毒 ③重量较轻，便于推广 ④加工简单，对商品适应性强 ⑤透明性较好，印刷和装饰性良好	不易降解，易产生公害，形成污染
复合包装材料	主要形式有包装箱、包装盒、包装袋、包装填充物等	改进单一材料性能，发挥更多材料优点	技术比较复杂，成本可能比较高

（三）快递绿色包装

1. 快递包装绿色发展理念

绿色包装又称无公害包装或环境友好型包装，是指对生态环境和人类健康无害，能重复使用和再生，符合可持续发展要求的包装。快递行业要坚持生态文明思想，建立与绿色发展理念相适应、严格有约束力的快件绿色包装标准体系，完善标准与法律政策体系间相互衔接、协同高效的标准实施监督机制，推动快件包装"绿色革命"，全面支撑快递业绿色发展。

2. 快递绿色包装多方协同机制

快递绿色包装是一项复杂的系统工程，既涵盖包装物料供应商、快递企业、电商平台与商家等多个从业主体，也关系着成千上万的消费者，涉及从包装设计到回收再利用全生命周期的各个环节，单靠一个企业或一个行业的努力，效果恐怕有限，需要政府各相关部门齐抓共管，建立覆盖全链条的法律法规和标准体系来支撑全过程治理，促进快递行业高质量发展。

（1）政府引导。发挥政府引导作用，升级快递绿色包装标准体系，强化标准对法律法规、政策的技术支撑，出台激励措施，引导企业积极实施快递绿色包装标准。

（2）企业主体。强化生产源头治理，明确企业实施快递绿色包装标准的主体责任，通过政府监管、行业自律、市场竞争等手段，推动企业执行绿色包装标准，提升包装绿色化水平。

（3）创新驱动。聚焦快递绿色包装材料研发、设计、生产、使用和回收处理等关键环节，支持绿色包装科技创新成果快速转化为标准，以科技创新带动标准创新，以标准创新促进快递包装绿色升级。

（4）产业协同。打通快递上下游产业链，统筹考虑适应实体渠道和电商渠道销售的包装及快递包装需求，制定一批上下游协同的包装产品标准、操作规范等，推动快递包装体系化、系列化、成套化。

快件绿色包装应满足以下要求：①包装适度，尽量减少包装用品的使用；②包装易于重复利用或易于回收再生；③包装废弃物可以降解腐化；④包装材料对人体和其他生物无毒无害；⑤包装用品在整个使用过程中均不会造成环境污染。因此，封套、包装箱、集装袋、电子运单、植物类填充物、塑料填充物、悬空紧固包装、胶带等快件包装绿色产品，要以植物纤维为原料制成或以可生物分解的原材料制成。

社会担当 2-3

江苏邮政快递扛起绿色发展的责任担当

近年来，邮政快递业一直在大力推进行业绿色转型发展，逐步建立与绿色理念相适应的法律标准政策体系，推进塑料污染和过度包装治理，稳步提升快递包装减量化、标准化、循环化水平。从 2019 年起，国家邮政局相继发布并实施"9571""9792""2582"和"9917"工程，强化邮政快递业绿色治理。2023 年，国家邮政局将持续开展绿色包装治理，并实施绿色发展"9218"工程，加快推进快递包装绿色低碳转型，到年底实现电商快件不再二次包装比例达到90%，深入推进过度包装和塑料污染两项治理，使用可循环快递包装的邮件快件达到 10 亿件，回收复用质量完好的瓦楞纸箱 8 亿个。江苏邮政管理局组织开展了快递包装绿色治理专项行动，持续加大生态环保执法检查力度，2022 年全省共检查邮政快递网点 1 042 个，上半年共查处过度包装等生态环保违法案件 7 起。同时，江苏协同推进行业生态环保建设。从 2021 年开始，推进绿色网点、绿色分拨中心的建设工作，共建成绿色网点 150 个、绿色分拨中心 10 个，积极支持绿色发展成效显著的快递园区申报江苏省级示范物流园区。（资料来源：扬子晚报网，2022-06-08）

三、快递包装方法

（一）快递包装要求及注意事项

1. 快递包装要求

为了更好地保护收寄物品，使快件能顺利投递到收件人手中，必须做好寄递物品的包装。寄递物品的类型不同，对包装的要求也不同，如表 2-3-2 所示。

表 2-3-2　不同类型寄递物品的包装要求

序号	物品类型	包装要求
1	纸质类托寄物	厚度不超过 1 厘米的纸质物品，使用文件封包装；厚度超过 1 厘米且不易破碎、抗压类的书刊、样品等托寄物可选择小件袋包装
2	质脆易碎货物，如玻璃、光碟、灯饰、陶瓷类的货物	多层次包装，即货物—衬垫材料—内包装—衬垫材料—运输包装（外包装）
		对于玻璃器皿类物品，应使用足够厚度的泡沫或其他衬垫材料围裹严实，外加材质坚固的纸箱、木箱或其他包装，并使用填充材料填充严实，使箱内物品不产生晃动。同时使用易碎标签，易碎标签应粘贴在与工作单同一平面的货物的右上角
3	形状不规则，超大、超长快件	此类货物应以气泡垫等材质较软的材料进行全部或局部包装。细长快件还应尽可能捆绑加固，减少运输过程中折损的可能性
		易折货物应在快件明显位置粘贴易碎标签
4	体积较大的圆柱形或原材料物品，如布匹、皮鞋、泡沫等	此类货物可以先使用透明的防水膜（塑料薄膜）进行包裹，然后使用胶带纸对其进行缠绕包装
		严禁使用各种有色的垃圾袋包装
5	时令特产类物品，如水果、大闸蟹、月饼等	此类货物必须进行保护性包装，具体包装方法可因物而异，以既能防止破损变质，又不污染其他快件为原则
6	液体货物的包装	此类货物，必须采用纸箱或木箱，对容器进行加固包装，且箱内应使用缓冲材料填实，防止晃动或液体渗出污染其他快件，并在外包装上粘贴易碎标签
7	粉状货物（难以辨认成分的白色粉状物品除外）	若货物的外包装是塑料袋包装的情况，使用塑料涂膜编织袋作外包装，保证粉末不致漏出，单件货物毛重不得超过 50 千克
		若货物的原包装用硬纸桶、木桶、胶合板桶盛装的情况，要求桶身不破、接缝严密、桶盖密封、桶箍坚固结实，桶身两端应有钢带打包带
		货物的原包装用玻璃器皿包装的情况，每瓶内装物的重量不得超过 1 千克。如容器本身的强度不够，则须用铁制或木制材料外包装，且箱内应用缓冲材料填实。单件货物毛重以不超过 25 千克为宜
8	服装、被褥、羽绒制品、毛线等	对于此类货物可采用布袋、麻袋、纸箱包装，布袋的材料应使用坚固结实的棉布；麻袋的坯布应无破洞，具有一定强度，封口处应用封口机一次性封口
		若使用纸箱包装，必须对箱角及边缘用胶带纸加固，确保不会在运输过程中破裂，凡纸箱任何一边超过 60 厘米，还需用打包带加固。若纸箱质量较差，还可在其外面套编织袋，以防止在搬运、拖拽过程中造成部分遗失或损坏

序号	物品类型	包装要求
9	精密产品、摄影机、精密仪器、仪表等	对于此类货物应采用纸箱或全木箱包装，货物与箱壁应预留2厘米的空隙，用缓冲材料填充
		若使用纸箱包装，箱体表面不允许粘贴任何非本公司的胶带纸；客户自备纸箱的情况，在检查完托寄物后，清除原客户使用的胶带纸，并用××快递公司专用胶带纸封口。若原客户使用的胶带纸无法清除干净，在体积允许的情况下，还应将纸箱装入快递公司装袋内；或用快递公司包装箱重新进行包装

2. 快递包装注意事项

（1）禁止使用一切报刊类物品作为快件的外包装，如报纸、海报、书刊、杂志等，严禁使用各种有色垃圾袋和容易破损、较薄的类似垃圾袋的包装物。

（2）对于价值较高的快件，建议客户使用保险或保价服务，同时建议客户采用包装箱进行包装，包装时应使用缓冲材料。快递员在收件时应与客户当面清点并包装封箱。

（3）对于捆扎件包装，一票多件的进出口快件，如果有海关限制，则严禁寄递物品多件捆扎寄递；如果没有海关限制，必须按照一票多件操作规范进行操作。国内互寄的一票多件快件，单票重量不超1千克且每件快件外包装形状相同。体积最大的快件一侧面积小于运单的，可以多件捆扎寄递，同时必须在连体快件上批注运单号码，并将连体快件捆扎牢固。凡两件或两件以上的快件合装，必须用打包带加固。

（4）对于重复利用的旧包装材料，均必须清除原有运单及其他特殊的快件标记后方可使用，以避免因旧包装内容而影响快件的流转。

（5）用透明胶带加固时，须用裁纸刀或剪刀等工具裁断透明胶带，不应用牙齿咬断胶带。

（二）不规则快递物品包装

1. 重型圆柱体物品

重型圆柱体物品应绑在托盘上，避免物品悬垂，并能充分利用托盘堆码功能。较轻的管状物品可以包装在一个三角形的运输管子里，如图2-3-14所示。

2. 没有外包装的大型物品

没有外包装的大型物品应绑在托盘上，然后在它们周围制作一个保护木框，并用额外填充物保护那些可能暴露出来的锋利边缘，如图2-3-15所示。

图2-3-14　三角形外包装

图2-3-15　没有外包装的大型物品

3. 锋利或突出的物品

锋利或突出物品应先包在保护性填充物中，然后再放入大小合适的包装箱或放置在托盘上，物品锋利或突出部分不可从包装好的箱子中突出来，或超出托盘边缘，如图 2-3-16 所示。

4. 发动机和其他汽车部件

发动机和其他汽车部件必须放置在板条箱中，如在托盘上要有加固支撑且四面覆盖加强纸板和边缘保护物，部件不得伸出托盘本身边缘。发动机或部件中的所有液体/燃油应在包装前完全排出。如果部件不能够直接贴合托盘，则应放置在板条箱内，或者放在尺寸合适、适合叉车操作的基座上，如图 2-3-17 所示。

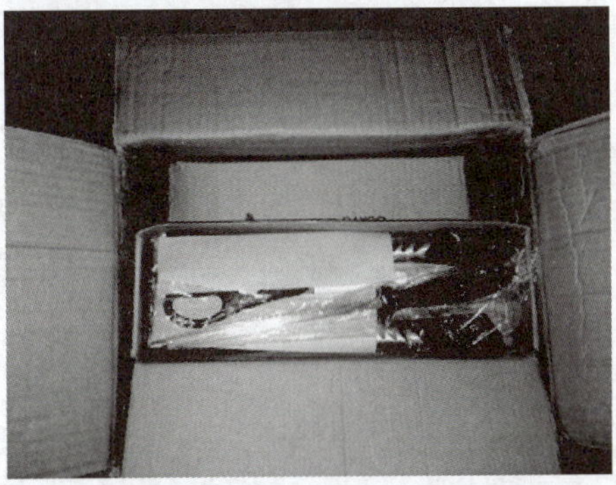

图 2-3-16　锋利或突出的物品包装

图 2-3-17　发动机包装

5. 汽车和其他车辆轮胎

汽车和其他车辆轮胎必须使用收缩包装并放置在标准的托盘上，同时使用金属或坚固的塑料绑扎来加固货物。码放的轮胎顶部必须覆盖纸板、木质或者塑料保护物以避免轮胎或其他货物破损。如果用客户定制的汽车轮胎包装箱，则包装箱必须能够载轮胎重量，边缘必须平滑且非圆形，如图 2-3-18 所示。

6. 工业设备

工业设备应该放置在板条箱中，或者放在托盘上，并有牢固支撑，有加强纸板贴合覆盖，且有边缘保护物。设备中所有液体/燃油应在包装前完全排出。顶部较大重货应装载在宽基座上，以避免在运输中不稳定，如图 2-3-19 所示。

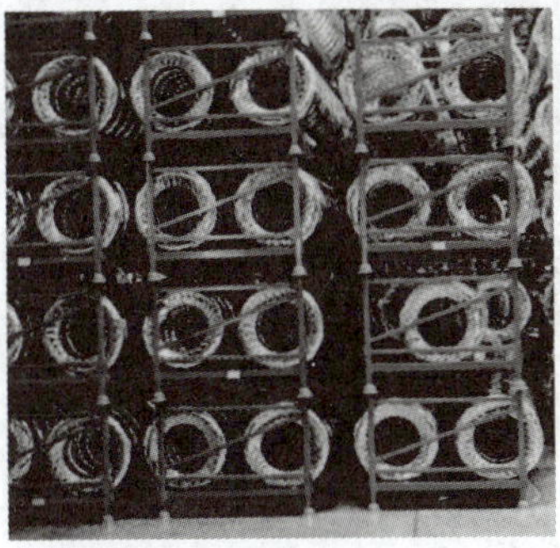

图 2-3-18　轮胎包装

图 2-3-19　工业设备包装

7. 电缆卷轴和线轴

电缆卷轴不适用于散货运输，应将电缆卷轴平面放置在尺寸合适的托盘上，如图 2-3-20 所示，以便货物可以安全地堆叠码放；较重的卷轴需要用木块支撑在托盘上。

8. 面板玻璃/挡风玻璃

面板玻璃/挡风玻璃应该包装在一个箱子或者木质板条箱内，如图 2-3-21 所示，确保在正常处理过程中免受扭力。可用聚苯乙烯泡沫塑料管围绕面板或玻璃边缘，并用泡沫包装物完全覆盖，防止面板或玻璃在包装箱内移动。包装箱的所有侧面应贴上"玻璃"特殊处理标签。

图 2-3-20　电缆卷轴包装

图 2-3-21　平面玻璃包装

9. 油桶

油桶应放在塑料托盘或者硬木托盘上运输，使用边角夹板/背带保护物，将油桶在托盘上进行加固。运输多个油桶时，要在托盘上加固之前将油桶捆扎到一起，并在油桶的顶部、内部和油桶之间放置纤维板，以避免油桶运输中移动或破损，如图 2-3-22 所示。

10. 大型电子产品

大型电子产品制造商设计的包装通常只适用于散货运输而没有考虑快递运输要求。在使用制造商提供的原始包装箱时要确保包装箱内空余空间有足够的填充物。如果制造商提供的包装不是双层的，则要确保将货物放置在合适的双层纸板箱内。例如在运送多台电视机时，要把电视机放置在足够大的托盘上，并使用不易碎的塑料背带固定，以避免运输过程中移动。为了增加码放时顶部的安全负载，要在电视机顶部放置缓冲材料并用纸板覆盖货物所有侧面，如图 2-3-23 所示。

图 2-3-22　油桶包装

图 2-3-23　电视机包装

11. 行李、运动设备和乐器

行李、运动设备或者乐器要使用硬箱运输。为了加强对箱子表面和标记的保护，要将硬箱置于纸板外包装箱中。如果没有硬箱，要把物品放置在双层纸板箱中，并用泡沫包装完全覆盖，填充所有空余空间以避免货物在运输中晃动。如图 2-3-24 所示。

12. 地毯和纺织品卷

地毯或纺织品卷按交替堆叠的方式捆扎后放在托盘上，再使用收缩包装以保证其稳固性，如图 2-3-25 所示。为了防止弯曲，在叠放在托盘前应将地毯或纺织品卷裹紧实，并先使用坚固的螺旋缠绕纸板管进行支撑，然后将卷筒放在厚厚的塑料袋内，或使用强力塑料薄膜多次包裹，最后使用聚丙烯胶带或电缆扎带密封两端。

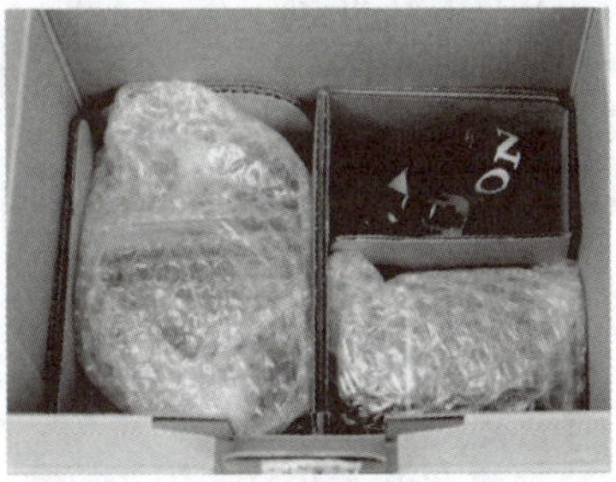

图 2-3-24 相机外包装

图 2-3-25 地毯和纺织品卷包装

（三）不规则物品运单的粘贴

1. 圆柱形快件的运单粘贴

圆柱底面足够大（能平铺粘贴运单），将运单粘贴在圆柱形物体的底面，注意运单不得架在底面边缘，避免快件叠放时把运单磕破。例如油漆桶，把运单粘贴在底面正中央置，不得贴在边缘高起的脚上。如果圆柱物体较小，底部无法平整粘贴运单，则将运单绕圆柱面粘贴，注意运单号码不得被遮盖。例如奶粉罐，将运单环绕罐身粘贴。为了保证运单粘贴牢固，运单粘贴好之后需加贴透明胶纸环绕两底部粘贴运单，确保运单不会顺着罐身滑落。

2. 锥形物体的运单粘贴

体积较大的锥形物体，选择能完整粘贴运单的最大侧面，平整粘贴运单。体积较小锥形物体，如果单个侧面无法平整粘贴运单，可将运单内容部分粘贴在不同的两个侧面，但运单条码必须在同一个侧面上，不能折叠。

3. 小物品快件的运单粘贴

对于体积特别小、不足以粘贴运单（即运单环绕一周能把整个快件包裹起来）的快件，应将其装在文件封或防水文件袋中寄递。运单粘贴在文件封或防水文件袋的指定位置，如图 2-3-26 所示。

4. 特殊包装快件的运单粘贴

首先，运单的条码不得被覆盖，包括不得被物品覆盖和不得被颜色覆盖；其次，运单条不得被折，即运单的条码须在同一表面展示，不得折叠或在两个（含以上）表面，如图 2-3-27 所示。

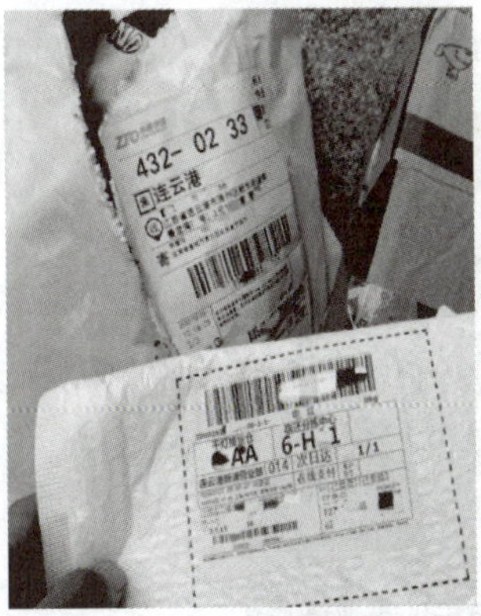

图 2-3-26 小物品快件的运单粘贴

图 2-3-27 特殊包装快件的运单粘贴

（四）易碎、密封包装液体物品的包装

1. 商品本身易碎物品的包装

（1）检查销售包装的质量及可靠性。如果商品在销售包装内不晃动，商品之间应有安全隔断，商品与销售包装之间填充了安全缓冲材料，带有电池的商品，若主机与随机电池做了分别封装，则可以正常收寄，不需要再包装。反之，则应如下处理。

①对商品在销售包装内未进行固定、缓冲保护的，内装多个商品、商品间未做安全隔断防护的、主机与随机电池未分别封装的，应重新进行封装处理；

②对不允许对销售包装内件商品进行封装保护处理，仅依靠在销售包装外做防护处理又无法保证在常态寄递条件下安全寄递的，应拒绝收寄。

（2）覆裹内件。对无销售包装或销售包装不安全的，应按照其裸件或商品销售规格，应用气垫膜覆裹一定厚度的茧状覆件。对带有电池的商品，应分别对主机和随机电池进行覆裹。

（3）密封处理。对未进行防潮处理的商品，应按照完成覆裹的茧状覆裹件或商品销售包装规格，选适宜尺寸的防潮、防泄漏塑封袋，密封处理。

（4）封合。使用一定宽度的聚丙烯或聚乙烯胶带，压盖茧状覆裹件，对经过密封处理的茧状覆裹件或商品销售包装，进行封合。

（5）外包装箱内壁封栏。按照茧状覆裹件成茧规格或商品销售包装规格，选取适宜尺寸、强度的瓦楞纸箱为外包装箱，并截取一定厚度蜂窝纸板或 EPS 板对外包装进行封栏处理。如果外包装箱要内置多个待封装物，则在体积较大的外包装箱内，交叉竖立使用瓦楞纸板或 EPS 板，视内装商品数量，将箱内空间分割成一层或多层若干个网格状空间，将待封装物置入。

（6）填充外包装箱。在外包装箱已封栏底面，铺衬一定厚度气垫膜、聚氨酯泡沫或 EPS 板，严实填充。

（7）封合外包装箱。使用聚丙烯或乙烯胶带，封合外包装箱；粘贴运单。

2. 容器易碎物品的包装

容器易碎物品的封装步骤与商品本身易碎物品的步骤基本相同，但需要选取或现场制作合适的缓冲气囊严实填充外包装箱。

3. 密封包装不易碎内件呈液体（含膏状）物品的包装（图 2-3-28）

（1）检查销售包装的质量及可靠性。如果商品在销售包装内不晃动，商品之间有安全隔断，商品与销售包装之间填充有安全缓冲材料，则收寄而不需要再包装。反之，则应如下处理：①对商品在销售包装内未进行固定、缓冲保护的，内装多个商品、商品间未做安全隔断防护的，应重新进行封装处理；②对不允许对销售包装内件商品进行封装保护处理，仅依靠在销售包装外做防护处理又无法保证在常态寄递条件下安全寄递的，应拒绝收寄。

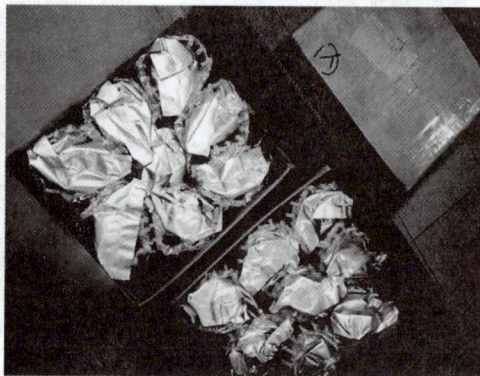

图 2-3-28　密封包装不易碎内件呈液体（含膏状）物品的包装

（2）覆裹内件。对无销售包装或销售包装不安全的，应按照裸件或商品销售规格，截取吸附棉，覆裹内件；截取气垫膜覆裹内件，形成合适茧状覆裹件。

（3）密封处理。对已覆裹的密封包装不易碎、内件呈液体的物品，应按其规格，选取适宜尺寸的防泄漏塑封袋，密封处理。

（4）封合。使用聚丙烯或聚乙烯胶带，压盖茧状覆裹件，对密封处理的茧状覆裹件进行封合。

（5）填充外包装箱。按照茧状覆裹件成茧规格或商品销售包装规格，选取适宜尺寸、强度的瓦楞纸箱为外包装箱；选取或现场制作缓冲气囊，严实填充。

（6）封合外包装箱。使用聚丙烯或聚乙烯胶带，封合外包装箱，粘贴运单。

4. 密封包装易碎内件呈液体物品的封装（图 2-3-29）

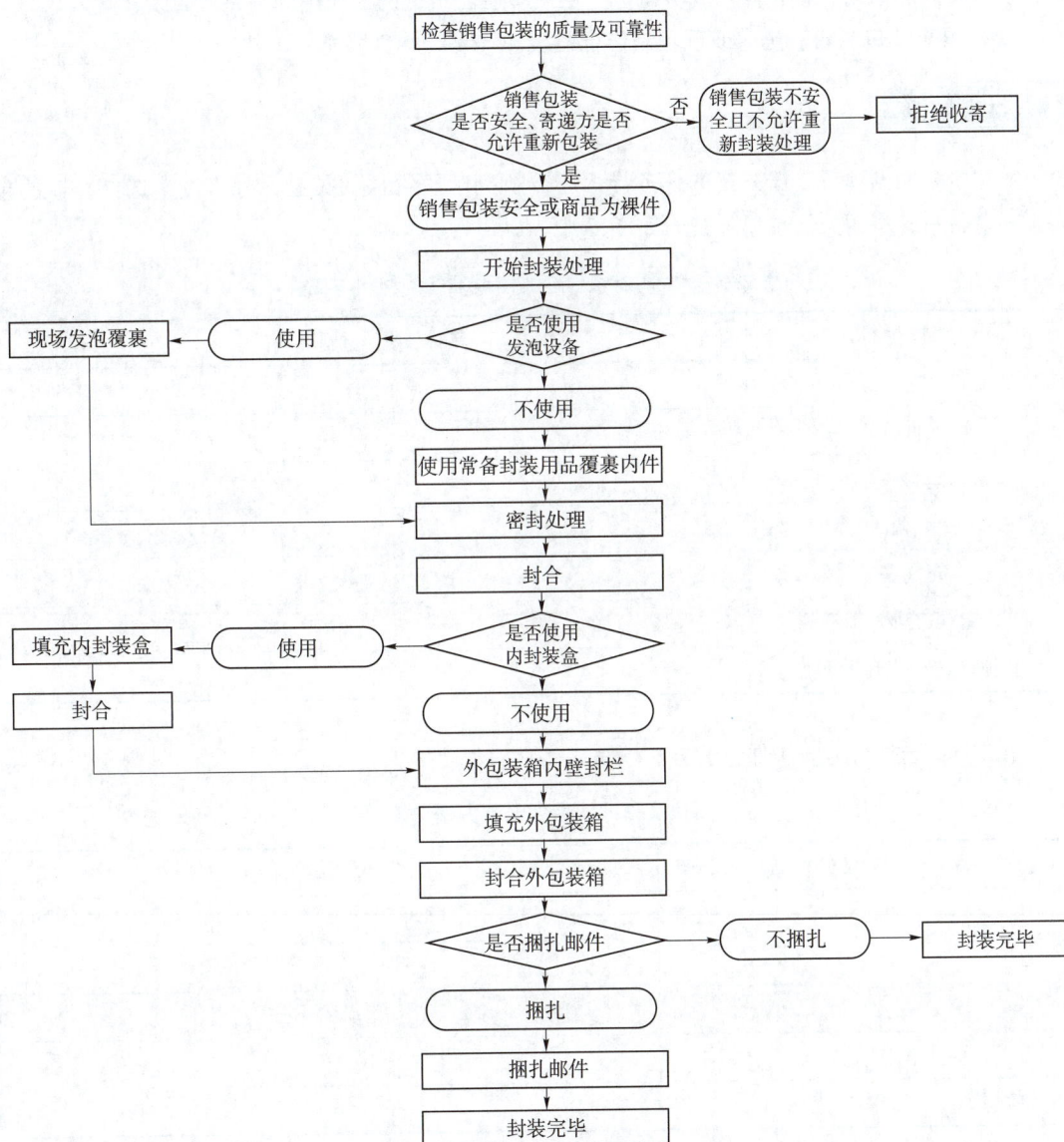

图 2-3-29　密封包装易碎内件呈液体物品的封装处理流程

（1）检查销售包装的质量及可靠性。同上述"3. 密封包装不易碎、内件呈液体（含膏状）物品的封装（1）"的相关内容。

（2）覆裹内件。对无销售包装或销售包装不安全的，应按照裸件或商品销售包装单个规格，截取吸附棉，覆裹内件；选取或现场制作缓冲气囊覆裹内件四侧及上下六面，形成茧状覆裹件。

（3）密封处理。同上述"3.密封包装不易碎、内件呈液体（含膏状）物品的封装（3）"的相关内容。

（4）封合。同上述"3.密封包装不易碎、内件呈液体（含膏状）物品的封装（4）"的相关内容。

（5）外包装箱内壁封栏。按照茧状覆裹件成茧规格或商品销售包装规格，选取适宜尺寸、强度的瓦楞纸箱为外包装箱，截取合适厚度蜂窝纸板或 EPS 板，对外包装箱进行封栏处理。如果外包装箱要内置多个待封装物，则在体积较大的外包装箱内，交叉竖立使用瓦楞纸板或 EPS 板，视内装商品数量，将箱内空间分割成一层或多层若干个网格状空间，将待封装物置入。

（6）填充外包装箱。选取或现场制作合适缓冲气囊，严实填充。

任务实施

第一步：根据项目二任务三的任务导入与分析判断收寄件的类型，分组讨论选择合适的包装工具及材料，将相关信息填写在表 2-3-3 中。

表 2-3-3　实施快件包装需要准备的材料与工具

工具/材料	具体工具/材料名称
胶带、剪刀/介刀	
文件袋	
塑料袋	
纸箱	
充气袋	
填充物	
其他（请补充在后面）	

第二步：选择合适的快件包装方法填写表 2-3-4。

表 2-3-4　快件包装方法选择

序号	寄递物品	包装方法
1		
2		
3		
4		
5		

第三步：各学习小组派一名代表将任务中的快递物品进行现场包装演示。教师对各学习小组的任务完成情况进行总结评价。

第四步：各学习小组填写表 2-3-5。

表 2-3-5　收寄件包装作业任务实施评价

任务名称	收寄件包装作业					
组别		组员				
考核维度		评价标准	参考值	考核得分		
				自评	互评	教师评
素质	1	培养绿色快递包装发展理念	10			
	2	培养快递包装的安全意识	10			
知识	1	掌握快递包装原则	10			
	2	掌握绿色包装材料选择标准	15			
	3	掌握快递包装的方法	15			
能力	1	能对收寄的快件正确实施包装作业	40			
小计			100			
合计＝自评 20%＋互评 30%＋教师 50%				组长签字		

视野拓展

加大快递包装绿色化推广力度

国家邮政局监测数据显示，截至 2023 年 3 月 8 日，今年我国快递业务量已达到 200.9 亿件。快递业的迅速发展在促进消费升级、畅通经济循环方面起到了重要作用，但如此巨量的快递包裹产生的包装废弃物也形成了大量固体垃圾，其中的塑料包装废弃物更是对环境产生危害。积极推动快递包装绿色转型升级迫在眉睫。

政策：《邮件快件绿色包装规范》

国务院新闻办公室 2023 年 1 月发布的《新时代的我国绿色发展》白皮书中明确提出，升级完善快递绿色包装标准体系，推进快递包装减量化标准化循环化，引导生产商、消费者使用可循环快递包装和可降解包装，推进电子商务企业绿色发展。国家邮政局等国务院多部门联合印发了《邮件快件绿色包装规范》《关于加强快递绿色包装标准化工作的指导意见》《快递包装绿色产品认证目录》《快递包装绿色产品认证规则》等多个管理制度和行业规范。我国关于快递包装绿色化的法规制度建设进入快车道。

政策：《关于加强快递绿色包装标准化工作的指导意见》

北京市大力推动快递包装绿色转型升级。全市瘦身胶带、电子运单、循环中转袋基本实现全覆盖，循环包装推广应用、快递包装源头减量和回收取得积极进展。在制度和管理层面，北京市印发《北京邮政快递业 2022 年塑料污染治理工作要点》，引导企业制定替代方案，建立禁用不可降解塑料包装袋网点台账，按月开展一次性塑料制品使用情况报告，确保按进度完成禁塑攻坚任务。大力开展包装操作规范化建设，企业包装操作规范实行备案制，包装减量化、绿色化要求纳入快递企业收件服务协议，持续减少过度包装和二次包装。同时，深入推进过度包装和随意包装治理、重金属和特定物质超标包装袋治理、行业塑料污染治理"三大专项治理"。2022 年，对企业过度包装、未对从业人员开展包装操作培训、未对包装实行统一管理等违法违规行为立

政策：《绿色产品评价快递包装用品》国家标准解读

案 15 起。在回收利用方面，鼓励引导企业对纸箱开展回收复用，全市网络型品牌寄递企业具备条件的网点设置标准包装废弃物回收装置 2 500 余个。（资料来源：环保在线，2023-03-13）

思考与讨论：北京市在推动快递包装绿色转型升级方面有哪些做法可以借鉴？

任务四　实施收寄物品称重计费

引思明理

整顿快递行业恶性价格战

我国是快递大国，快递业务量常年保持世界第一，但快递大国不等于快递强国。我国快递市场仍是激烈竞争的"红海"，低端价格战大行其道。近几年快递行业的价格战使快递企业纷纷以低价吸引电商这样的大客户，导致同城和异地快递均价"倒挂"、头部企业财务状况承压、基层快递网点经营举步维艰、快递员派费收入不断压缩等不正常现象。如果价格战建立在通过精细化管理、科技创新实现成本降低的基础上，表现为以低价获得规模优势、向客户让利，那么这种低价竞争策略无可厚非。但如果快递企业凭借融资发动攻击性价格战，就会迫使不愿打价格战的同行不得不打防御性价格战，纯粹以低价扼杀竞争对手、扰乱市场秩序以追求短期利益，使得整个行业陷入市场失序、价格混乱，就成为市场秩序的破坏者和快递服务升级的阻力，容易造成恶性循环，对行业伤害很大。

行业的持续健康有序发展亟须转向高水平竞争的赛道。国际领先的快递企业正在通过大量投入购置货运飞机等装备，进行数字化、智能化升级。我国快递企业坐拥巨大的市场，不应把成百亿资金花在拼价格、揽客户上，这种获客模式往往是低效的、短期的。特别是行业的头部企业，应着眼于促进行业健康有序和高质量发展，而不是一味拼价格甚至压低基层网点以及快递员单价，靠价格战绞杀对手。为抢占市场份额，快递企业争相压价，行业竞争激烈，各个公司要降价，网点只好降成本、压低派费，最后影响到快递员的积极性。为了保证完成派单，快递员往往牺牲服务质量。

面对愈演愈烈的价格战，快递行业一线劳动者呼唤更多保障。相关职能部门地方政府已开始着手整顿快递市场价格乱象，加大监管力度，让快递企业回归价值竞争赛道。例如，浙江省通过《浙江省快递业促进条例（草案）》，规定快递经营者不得以低于成本的价格提供快递服务；电子商务平台经营者不得利用技术等手段阻断快递经营者正常服务；平台型快递经营者不得禁止或者附加不合理条件限制其他快递经营者进入。（资料来源：人民网，2021-06-09）

党的二十大报告提出，加强反垄断和反不正当竞争，依法规范和引导资本健康发展。快递行业已经进入高质量发展阶段，不能简单地进行价格竞争，而是要进行多元化竞争，满足市场的差异化需求。因此，快递企业违背竞争原则、纯粹为价格战而发动价格战的行为应该得到监管，以此推进快递企业将资金投入服务升级、智能化改造的"刀刃"上，促进快递业健康有序发展。

任务导入与分析

接前面任务一、二、三中的任务描述，某快递南京分公司的收件员小李上门取件，客户梁女士拿出所寄物品，分别是华为手机一部，老山蜂蜜一瓶，阳山水蜜桃一箱，以上物品要求快递到北京。快递员小李已完成梁女士所寄物品的验收和包装，接下来需要对收寄物品进行称重计费，收取费用。如果你是小李，这次收寄总共应收取梁女士多少运费？

小李对梁女士交寄的手机、蜂蜜和水蜜桃进行包装后，初步判断手机未超过公司规定的 1 千克首重，而蜂蜜和水蜜桃则超过了首重。在此情景下，要准确向梁女士收取运费，就必须熟悉快递计费标准、掌握收寄物品称重技能和运费计算方法。

知识学习

一、快件重量计算

（一）计量用具的使用

1. 手提电子秤

快递员上门取件时，通常会携带手提电子秤（图 2-4-1）。它轻便灵巧，便于随身携带，且本身带有卷尺，便于称重和测量快件体积。但测量误差可能比较大。在使用手提电子秤时，应注意以下事项。

（1）使用前，应检查各部位的螺丝钉及插栓有无松动或掉落现象，确认手提电子秤完好后再开机使用。

（2）称重时，吊钩和被测物均应位于手提电子秤的中央部位。

（3）所称物品重量勿超过安全负荷，并避免长时间起吊，以延长内置传感器的使用寿命。

（4）在户外使用时，如遇雷电，应关机暂停使用。

（5）应尽量避免手提电子秤受到剧烈撞击。

2. 电子计重秤

与手提电子秤相比，电子计重秤的称重范围更大、准确度更高（图 2-4-2）。但电子计重秤的体积较大，不便携带，一般放在快递服务网点使用。在使用电子计重秤时，应注意以下事项。

（1）应将电子计重秤置于稳定、平整的地面上，先调整 4 个地脚螺丝钉，使秤处于水平位置，然后开启电源。

（2）不要超过电子计重秤的最大称量范围，以免损坏设备。

（3）应在室温下使用电子计重秤，不要放在过冷或者过热的环境中使用。

（4）应将电子计重秤放在清洁的环境中，以免其沾染灰尘、泥土等，导致精度下降。

图 2-4-1　手提电子秤 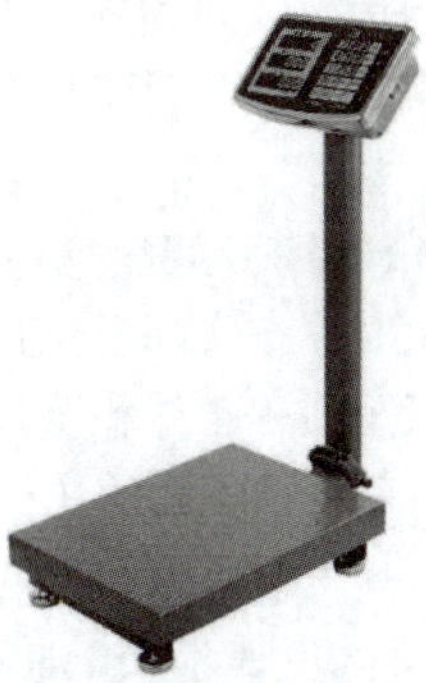　　　　　图 2-4-2　电子计重秤

3. 卷尺

如果快递员使用的手提电子秤中未自带卷尺，则快递员需另外随身携带卷尺。根据材质分

类，卷尺可以分为钢卷尺、纤维卷尺和塑料卷尺等（图2-4-3）。如在客户处无法完成快件的称重操作，可在征得客户同意的前提下，将快件带回快递服务网点称重、计费，并及时将重量与运费信息反馈给客户。

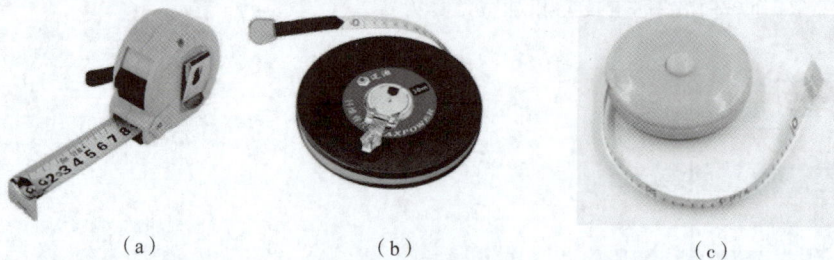

（a）　　　　　　　　　（b）　　　　　　　　　（c）

图 2-4-3　卷尺

（a）钢卷尺；（b）纤维卷尺；（c）塑料卷尺

（二）快件重量计算

1. 取数规则

快件重量的取数规则是舍位取整，最小计量单位为1。对于轻泡快件，量取快件各边长度时，最小单位为1厘米。例如，7.1厘米按8.0厘米计算，7.8厘米按8.0厘米计算。读取实际重量或计算体积重量时，最小的计重单位为1千克。例如，8.1千克按9.0千克计算，8.7千克按9.0千克计算。

2. 快件重量计算方式

（1）实际重量。指一票需要寄递的快件包括包装在内的实际总重量，即计重秤上直接显示读取的重量。

（2）体积重量。指使用快件的最大长、宽、高尺寸，通过规定的公式计算出来的重量。当寄递物品体积较大而实重较轻时，因运输工具（飞机、火车、汽车等）承载能力及装载体积所限，需采取量取物品体积折算成重量的办法作为计算运费的重量。

①航空运输的体积重量计算。国际航空运输协会规定的轻泡快件重量计算公式如下：

a. 规则物品：长（厘米）×宽（厘米）×高（厘米）÷6 000＝体积重量（千克）。规则品测量时注意，尺子须与规则物品的边相互平行，且尺子不能折弯或与物体的测量边成一定角度。

b. 不规则物品：最长值(厘米)×最宽值(厘米)×最高值(厘米)÷6 000＝体积重量（千克）。强调最大的长、宽、高读数，即相当于把不规则物品放到一个矩形容器中，不规则物品的各个顶点刚好与矩形容器接触为宜，此时量出来的长、宽、高为该物品长、宽、高的最大值。

3. 计费重量

快件运输过程中用于计算运费的重量，是整批快件实际重量和体积重量两者之中的较高者。即快件体积小、重量大时，按实际重量计算，计费重量等于实际重量；快件体积大，重量小时，按体积重量计算，计费重量等于体积重量。

例2-1　一票从南京寄往成都的快件（航空运输），使用纸箱包装，纸箱的长、宽、高分别为50厘米、30厘米、30厘米，快件实重5千克，其体积重量的计算方法为：

体积重量=（50厘米×30厘米×30厘米）÷6 000＝7.5千克，取整数8千克。

体积重量8千克大于实际重量5千克，所以该票快件的计费重量应为8千克。

例2-2　已知某吉他的尺寸和重量如图2-4-4所示，求该吉他的计费重量。最小计重单位为1千克，计算体积重量的系数取6 000。

吉他体积重量=95厘米×36厘米×8厘米÷6 000＝4.56千克，取整数5千克。

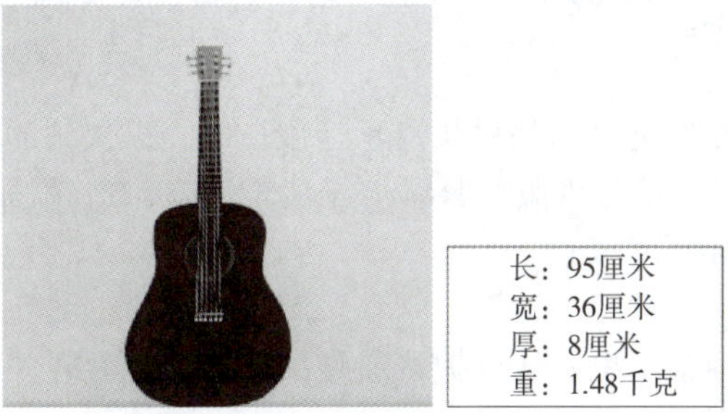

| 长：95厘米 |
| 宽：36厘米 |
| 厚：8厘米 |
| 重：1.48千克 |

图 2-4-4　某吉他的尺寸和重量

5 千克大于 1.48 千克，所以吉他计费重量为 5 千克。

②陆路运输的体积重量计算。在陆路运输中尚未有统一的体积重量计算方法，一般以航空运输体积重量计算为参考，采取长、宽、高相乘然后除以一个系数的方法。但是不同快递企业设计的系数不尽相同。

　　a. 规则物品：长(厘米)×宽(厘米)×高(厘米)÷系数=体积重量（千克）。

　　b. 不规则物品：最长值(厘米)×最宽值(厘米)×最高值(厘米)÷系数=体积重（千克）。

例 2-3　一票从苏州寄往武汉的快件（陆路运输，系数为 12 000），使用纸箱包装，纸箱的长、宽、高分别为 60 厘米、50 厘米、40 厘米，快件实重 18 千克，其体积重量的计算方法为：

体积重量=60 厘米×50 厘米×40 厘米÷12 000=10 千克。

体积重量为 10 千克，小于实际重量 18 千克，所以该票快件的计费重量应为 18 千克。

4. 一票多件计费重量

对于一票多件快件，既有轻泡件又有重件，各企业的计重方法则不尽相同。有些企业采用"大大相加"的原则，即每一件快件计算最大的重量，整票快件的重量等于每件快件的最大重量之和。

例 2-4　一票从上海寄往兰州的快件（航空运输，系数为 6 000）。此票快件由 2 件快件组成，都使用相同的纸箱包装，快件 A 的长、宽、高分别为 60 厘米、50 厘米、40 厘米，快件实重 8 千克，快件 B 的长、宽、高分别为 50 厘米、40 厘米、30 厘米，快件实重为 18 千克，其计费重量的计算方法为：

快件 A：体积重量=60 厘米×50 厘米×40 厘米÷6 000=20 千克。

体积重量大于实际重量，所以该件快件的计费重量应为 20 千克。

快件 B：体积重量=50 厘米×40 厘米×30 厘米÷6 000=10 千克。

体积重量小于实际重量，所以该件快件的计费重量应为 18 千克。

该票快件的计费重量=快件 A 计费重量+快件 B 计费重量=20+18=38 千克。

也有企业将一票快件整体进行重量计算，将整体的实际重量和体积重量相比，取较大者。如上例：

体积重量=快件 A 体积重量+快件 B 体积重量

=（60 厘米×50 厘米×40 厘米）÷6 000+（50 厘米×40 厘米×30 厘米）÷6 000

=20 千克+10 千克

=30 千克

实际重量=快件 A 实际重量+快件 B 实际重量=8 千克+18 千克=26 千克

体积重量 30 千克大于实际重量 26 千克，所以该票快件的计费重量应为 30 千克。

二、快递费用计算

（一）快递费用构成

快递费用是指客户在享受快递服务时所需要支付给快递公司的费用总和，包括运费、包装费、附加服务费、保价费等。

1. 运费

运费指的是快递企业在为寄件人提供快递承运服务时，以快件的重量为基础，向客户收取的承运费用。运费也称为狭义的快件服务费用，当不产生包装费、附加服务费、保险或保价费等时，快件运费就是快件服务费用。

2. 包装费

包装费指的是快递企业为了更好地保护寄递物品的安全，为寄件人提供专业包装而产生的包装费，包括包装材料费和包装人工费。

3. 附加服务费

附加服务费指的是快递企业为客户提供快递正常服务以外附加服务所加收的服务费，例如代收货款服务。

4. 保价费

保价费是发件人购买快递保价服务时需要支付的费用。保价费用根据保价金额和货物价值来计算，不同的快递公司有不同的收费标准。具体的保价费用可以通过快递公司的官方网站、客服热线或者快递员进行咨询。

（二）快件运费计算方式

快件运费是快递费用的核心组成部分，与快件的重量直接挂钩，是快递员在收件现场需要准确计算的款项。不同公司的运费标准可能存在差异，同一公司不同地区的运费标准也不一样，如图 2-4-5 所示。快递企业一般有两种运费计算方式。

1. 首重续重计算原则

运费=首重费用+续重（计费重量）费用

首重：快递企业根据运营习惯规定的计算运费时的起算重量，也可以称为起重。起算重量的价格为首重价格。一般快递企业的首重为 1 千克。

续重：快件首重以外的重量。续重=计费重量-首重。通常续重价格比首重价格低而且随着续重的增大，续重价格也会减少。例如，对于一份重量为 19 千克的快件，如果首重为 1 千克，续重就是 18 千克。

快递费用

地区	首重（千克）	续重（千克） 不足1千克 按1千克收取	到达时间
江苏、浙江、上海	首重5元	每增加千克，增加1元	1~3天到
安徽	首重6元	每增加千克，增加1元	1~3天到
天津、江西、湖北、福建、河南、广东、湖南、山东、北京、河北	首重8元	每增加千克，增加4元	2~5天到
陕西、广西、山西、贵州、重庆、黑龙江、四川、吉林、云南、辽宁	首重10元	每增加千克，增加8元	2~5天到
内蒙古、青海、甘肃、宁夏	首重12元	每增加千克，增加10元	3~6天到
新疆、西藏	首重18元	每增加千克，增加15元	4~7天到
澳门、台湾、香港	首重38元	每增加千克，增加35元	4~9天到

图 2-4-5 某快递公司收费标准示例

例 2-5 一票从厦门寄往重庆的快件（陆路运输，系数为 12 000），使用纸箱包装，纸箱的长宽。高分别为 80 厘米、40 厘米、30 厘米，快件实重 10 千克，计算其运费。快递企业的运费价格如表 2-4-1 所示。

表 2-4-1　快递企业的运费价格表

区间	首重 1 千克	1 千克<重量≤20 千克	20 千克<重量≤50 千克
厦门—重庆	12 元	3 元/千克	2 元/千克

体积重量=80 厘米×40 厘米×30 厘米÷12 000=8 千克。

体积重量小于实际重量，所以该票快件的计费重量应为 10 千克。

运费=首重价格+续重×续重价格=12+（10-1）×3=39（元）。

例 2-6　一票从北京寄往昆明的快件（航空运输），使用纸箱包装，纸箱的长宽高分别为 70 厘米、60 厘米、40 厘米，快件实重 29.5 千克，计算其运费。快递企业的运费价格如表 2-4-2 所示。

表 2-4-2　快递企业的运费价格表

区间	首重 1 千克	1 千克<重量≤20 千克	20 千克<重量≤50 千克
北京—昆明	12 元	6 元/千克	5 元/千克

体积重量=70 厘米×60 厘米×40 厘米÷6 000=28 千克。

体积重量 28 千克小于实际重量 30 千克（29.5 千克取整数），计费重量应为 30 千克。

$$运费=首重价格+续重×续重价格$$
$$=12+（20-1）×6+（30-20）×5$$
$$=176（元）$$

2. 单价计算原则

运费=单位价格×计费重量。单位计价是指按照平均每千克价格来计算运费。单位计价不区分首重和续重，明确平均每千克的价格，由价格乘以重量即可。这种计费方式与普通的运输计价方法类似。

例 2-7　一票从南昌寄往长沙的快件（陆路运输，系数为 12 000），使用纸箱包装，纸箱的长宽高分别为 55 厘来、45 厘米、35 厘来，快件实重 9 千克，计算其运费。快递企业的运费价格如表 2-4-3 所示。

表 2-4-3　快递企业的运费价格表

区间	20 千克及以下	20 千克以上
南昌—长沙	3 元/千克	2 元/千克

体积重量=55 厘米×45 厘米×35 厘米÷12 000=7.2 千克，取整数 8 千克。

体积重量 8 千克小于实际重量 9 千克，所以该票快件的计费重量应为 9 千克。

运费=单位价格×计费重量=3×9=27（元）。

例 2-8　一票从青岛寄往南宁的快件（航空运输，系数为 6 000），使用纸箱包装，纸箱的长宽高分别是 50 厘米、40 厘米、30 厘米，快件实重 21.5 千克，计算其运费。快递企业的运费价格如表 2-4-4 所示。

表 2-4-4　快递企业的运费价格表

区间	20 千克及以下	20 千克以上
青岛—南宁	6 元/千克	4 元/千克

体积重量＝50 厘米×40 厘米×30 厘米÷6 000＝10 千克。

体积重量 10 千克小于实际重量 22 千克（实际重量 21.5 千克取整数为 22 千克），计费重量应为 22 千克。

运费＝单位价格×计费重量＝20×6＋（22−20）×4＝128 元。

除了运费，客户支付的快递服务费用可能还包括包装材料费、保价费、保险费等。一般而言，快递企业不收取包装费。但是如果快递企业应客户要求使用纸箱等新包装物时，则通常会收取成本费。

（三）快递费用收取

快递运费支付方式包括以下方式。

1. 寄付
寄付是指快递运费由寄件人支付。

2. 到付
到付是指快递运费由收件人支付。

3. 月结
月结是指与快递企业签订长期合作协议的客户，在每次寄件时无须单独支付运费，而是在月末或其他约定好的每月时间统一核对单据并支付快递运费的方式。

4. 第三方支付
第三方支付是指快递运费由寄件人和收件人之外的第三人支付。

任务实施

第一步：根据项目二任务四的任务导入与分析，快递员小李初步判断手机未超过公司规定的 1 千克首重，而蜂蜜、水蜜桃则超过了首重。基于这种判断，各学习小组帮助小李选择计量用具对蜂蜜、水蜜桃等进行计量、称重，根据得到的结果选择计费公式。

第二步：公路运输，体积重量换算系数为 12 000。各学习小组计算收寄件的重量，填写表 2-4-5。

表 2-4-5 收寄件的重量表

序号	对应快件	体积重量	实际重量	计费重量
1	手机			
2	蜂蜜			
3	水蜜桃			
	合计			

第三步：该快递公司采取"首重+续重"计费原则，发往北京快件首重 1 千克 12 元，续重每千克 8 元，各小组计算梁女士应付快递费，并派一名代表行现场的运费计算演示。教师分析存在问题并进行总结评价。

第四步：各小组填写表 2-4-6，完成小组成员实训中的量分评价。

表 2-4-6　收寄物品称重计费任务实施评价表

任务名称		收寄物品称重计费作业				
组别		组员				
考核维度		评价标准	参考值	考核得分		
				自评	互评	教师评
素质	1	培养称重计费的诚实守信品质	10			
	2	培养称重计费的标准意识	10			
知识	1	掌握快件称重计量用具的使用方法	20			
	2	掌握快件重量换算及计费方式	20			
能力	1	能正确对快件进行计重	20			
	2	能正确对快件进行计费	20			
小计			100			
合计 = 自评 20%+互评 30%+教师 50%						

视野拓展

2023 年一季度，原本备受期待的快递市场复苏少了一丝强劲。国家邮政局公布的数据显示，今年一季度快递业务量累计完成 268.9 亿件，同比增长 11%，虽然这一增幅高于 2022 年的 10.5%，但远低于疫情之前 30% 左右的增幅。

快递想要抢占市场，价格战素来行之有效。在货量增速不明朗的情况下，争夺既有市场就显得尤为重要。这不仅是因为电商商家看重低价，也是因为庞大的快递加盟网点更容易执行这一简单粗暴的抢货"计划"，加之 2023 年电商平台也开始了低价政策。商品降价，物流成本自然也得降。就这样，被裹挟的电商快递再次开始了价格战。揭阳、义乌等寄递量大的快递电商发达地区，快递价格降价更为明显。不过，在近几年政府"政策组合拳"持续干预的情况下，2023 年的价格战并未出现燎原全国之势。（资料来源：界面新闻，2023-04-28）

思考与讨论：怎么防止低效的价格竞争，促进快递行业高质量发展？

同步测试

一、单选题

1. 寄件人和收件人在国内同一城市的快递服务称为（　　）。
A. 国际快递
B. 国内（异地）快递
C. 国外快递
D. 同城快递

2. 交接单是登记交接总包相关内容，以下哪个不是交接单需要登记的内容（　　）。
A. 交接单号码
B. 收寄员工号
C. 发寄地、寄达地
D. 总包数量、重量

3. 快件信息在录入时要注意（　　）、完整性和及时性。
A. 安全性
B. 真实性
C. 快速性
D. 时效性

4. 关于快件派送，描述不正确的是（　　）。
A. 快件派送前，快递员先识别快件派送地址
B. 快件派送前，若代收款金额较大，则需提前通知并告知客户应付金额
C. 可以根据记忆派件

D. 快递员将快件派送到客户处, 应核实客户身份后方可交件

5. 快件包装, 错误的是 ( )。

A. 禁止使用一切报刊类物品作为快件的外包装

B. 对于价值较高的快件, 建议客户使用保险或保价服务

C. 一票多件快件, 可以多件捆扎寄递, 同时必须在连体快件上批注运单号码, 并将连体快件捆扎牢固

D. 对于重复利用的旧包装材料, 无须清除原有运单及其他特殊的快件标记即可使用

6. 根据我国海关相关规定, ( ) 限制出口。

A. 家用电器   B. 汽车   C. 古董   D. 服装

7. 某客户从深圳寄一台精密仪器到新疆, 重量为 2 千克, 使用 60 厘米×30 厘米×40 厘米规格的纸箱封装, 加上缓冲材料总重为 3 千克, 航空运输, 折算系数 6 000, 则其计费重量为( )。

A. 2 千克   B. 1 千克   C. 12 千克   D. 3 千克

8. 30 千克以上的精密产品、仪器仪表等物品适合采用下列哪种包装? ( )

A. 外用布袋   B. 全木箱   C. 透明包装   D. 纸箱

9. 某客户寄一航空快件, 折算系数 6 000, 使用 40 厘米×60 厘米×40 厘米规格的纸箱包装, 快件实重 12 千克, 快递企业的运费标准为首重 1 千克 20 元, 续重 1 千克以上 10 元/千克, 则该客户需要支付运费 ( )。

A. 170 元   B. 130 元   C. 150 元   D. 160 元

10. 质脆易碎品应选择 ( ) 进行包装。

A. 文件袋   B. 加缓冲材料

C. 塑料袋   D. 材质较软的包装物料

二、多选题

1. 包装原则有 ( )。

A. 适合运输原则   B. 安全原则   C. 适度包装原则

D. 美观原则   E. 装卸原则

2. 客户运单填写, 下面做法正确的是 ( )。

A. 当客户对运费有异议时快递员耐心讲解

R 快递员在运单上填写工号和姓名

C. 快递员要求客户在运单上填写全名

D. 客户在多次指导下仍填写错误, 快递员主动帮助客户完成运单填写并代客户签字

3. 下面属于现结营业款方式的情况是 ( )。

A. 客户收到快件时不给快递员现金而是给支票

B. 客户完成交寄快件后, 在寄件现场支付快递员营业款

C. 网点收寄时客户在现场记账

D. 客户自取件时现场交付营业款

4. 下列交接复核出现异常时, 不正确的处理方法是 ( )。

A. 如发现运单数量与物品数量不符, 则将运单上的数量修正

B. 包装破损但物品无恙, 则应按规定将物品重新包装

C. 发现运单未填写客户联系电话, 则将快件退回重新填写运单

D. 工作人员在拆开破损包装的过程中无需拍照、摄像取证留底

5. 下列关于快件派送流程说法不正确的是 ( )。

A. 不接受自取件客户的送货上门要求

B. 客户自取件时无需检视快件

C. 快递员派送路线选择只遵循"先重后轻"原则

D. 送派到付件时应向收件人收取运费

6. 下列说法不正确的是（　　　）。

A. 快件外包装不牢固将导致车辆重心偏移

B. 尾板上的快件如左右不平衡将影响自行车的重心

C. 任何交通工具在执行完派件工作后都要检查一下交通工具重心在哪

D. 重心偏移，不影响行车安全

7. 常见包装材料包括（　　　）。

A. 垃圾袋　　　　　　B. 封箱胶带纸　　　　　C. 纸箱

D. 包装袋　　　　　　E. 打包带

8. 快递绿色包装多方协同机制包括（　　　）。

A. 政府引导　　　　　B. 企业主体　　　　　C. 创新驱动　　　　　D. 产业协同

9. 包裹类快件包括（　　　）。

A. 各种馈赠品　　　　B. 商业货样　　　　　C. 日用品　　　　　D. 商务文件

10. 快件包装，正确的是（　　　）。

A. 禁止使用一切报刊类物品作为快件的外包装

B. 对于价值较高的快件，建议客户使用保险或保价服务

C. 一票多件快件，可以多件捆扎寄递，同时必须在连体快件上批注运单号码，并将连体快件捆扎牢固

D. 对于重复利用的旧包装材料，无须清除原有运单及其他特殊的快件标记即可使用

三、判断题

1. 当客户所寄物品的包装为钢瓶或棕色瓶，则表明内装物品极有可能是危险品。（　　　）

2. 如遇到粉状物、液体、结晶体，经授权单位检测后认定为非危险品，才可邮递。（　　　）

3. 轻泡件要取体积重量作为计费重量。（　　　）

4. ☢ 标识表示为三类放射品。（　　　）

5. 禁寄物品是国家法律、法规明确禁止寄递的物品。（　　　）

6. 动物器官可能是一种妨害公共卫生的物品。（　　　）

7. 限寄规定是本着既照顾和方便客户的合法需要和正常往来，又限制投机倒把和走私违法行为而制定的。（　　　）

8. 体积较大的锥形物体，选择能完整粘贴运单的最大侧面，平整粘贴运单。（　　　）

9. 快件放置的方向，防辐射等标签应粘贴在快件侧面，便于在搬运、码放时容易识别。

（　　　）

10. 在搬运过程中，虽外包装完好，但能感觉到快件内物品之间有摩擦、碰撞的声音需要处理。（　　　）

调查研究与学思践悟

关于当地快递业绿色生产和消费的现状调查

1. 总体要求

专业学习不单是学习书本知识，更需要加强包含调查研究在内的实践训练，要在实践中检

验学习的效果。大家围绕学习贯彻党的二十大"推动经济社会发展绿色化、低碳化是实现高质量发展的关键环节"精神，结合本项目学习内容，实地走访当地快递营业网点，深入一线调查，了解当地快件包装绿色化实施情况，形成一篇调研报告。

2. 具体要求

（1）准备要足。事先组建调查研究小组（每组 4~5 人），落实好调查对象、地点和时间，拟定好调查提纲和问卷，联系好调查出行的交通工具，牢记调查过程中的安全要求，注意个人仪表仪态和言谈举止。

（2）选题要准。围绕快递绿色发展与经济社会发展绿色化的关系，聚焦当地快递企业发展的政策和举措，从思路、措施、问题、经验、成效等方面着手，发现重点、热点、难点、痛点、关注点等问题，保持调研的方向性、超前性、倾向性和预见性。

（3）内容要实。凡事务求贯彻落实。调查研究材料与内容要真实，要深入当地快递企业经营现场，实地去问、去看、去听，及时对当地在绿色转型发展实践中创造的好做法进行挖掘总结，提炼出可复制推广的经验成果。

（4）立意要高。快递生产、消费绿色化调研工作是为相关部门和快递企业决策提供依据，能针对性地提出分析问题、解决问题的方法措施。

（5）感悟要深。针对快递行业绿色发展，坚持边看、边问、边学、边思，知行合一，真抓实干，在调研中把党的二十大"加快发展方式绿色转型"的精神学深悟透，提升综合素养和职业能力。

✅ **技能宝贵**

快递实训室收件业务模拟操作

1. 实训目标

通过模拟实训，使学生掌握所学知识，了解快递收寄业务运行顺序，熟悉快递收件作业流程，培养学生劳动精神和收取寄递物品、处理异常情况、验视快件、包装快件、快件称重计费等专业技能，以及实训总结能力。

2. 实训准备

（1）编写快递公司收件业务模拟场景。

（2）做好模拟实训中快递员、客服人员、仓管员、网点经理、客户等角色扮演分工。

（3）准备好网络系统、办公软件、微信端、支付宝端等。

（4）准备好电话、电脑、手机、手持终端、耳机、包装物、笔、手持电子秤等。

（5）组建 4~5 人工作团队（小组）。

3. 实训要求

（1）按规范完成快件收寄全程作业。

（2）实训结束后每小组形成实训报告，全班展示分享。

4. 实训指导

（1）指导学生做好前期准备和上门收件礼仪。

（2）指导学生正确验视寄递物品。

（3）指导学生正确包装寄递物品。

（4）指导学生正确对寄递物品称重计费。

5. 实训评价

教师对每组的实训表现作出综合评价，填写表 2-5-1。

表 2-5-1　收寄作业模拟实训评分表

组别		组员	
考评内容	××快递公司收寄作业模拟操作		
考评标准	具体内容	分值	实际得分
	寄递物品上门收取作业	15	
	寄递物品验视作业	15	
	寄递物品包装作业	15	
	寄递物品称重计费作业	15	
	实训报告完成质量	10	
	劳动精神	10	
	安全意识	10	
	服务意识	10	
合计		100	

项目三 快件分拣作业管理

✓ 学习目标

知识目标

- 掌握分拨中心的主要作业流程
- 掌握快件总包交接验收的内容
- 掌握自动分拣系统的工作原理及分拣作业质量影响因素
- 掌握快件封发工作要求以及总包堆位和码放
- 掌握快件装运作业要求

能力目标

- 能独立开展总包交接拆解作业
- 能独立开展快件分拣作业
- 能独立开展快件封装作业
- 能独立开展快件装运作业

素质目标

- 培养快件分拨中心作业标准化意识
- 培养快件分拨数字化、智能化发展意识
- 培养快件分拨作业的安全责任意识

✓ 项目全境

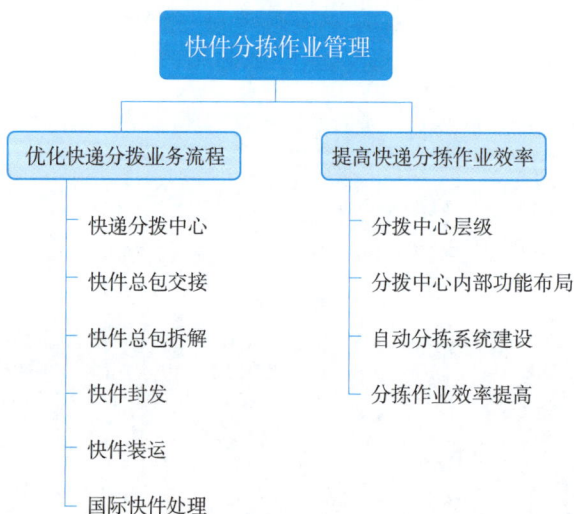

任务一　优化快递分拨业务流程

引思明理

当好助农"急先锋"顺丰快递在行动

每年樱桃上市季节，顺丰烟台 1.1 万平方米的分拨中心都会开足马力，专为烟台大樱桃快递分拣而忙碌。每天，全烟台市顺丰揽收的大樱桃快件，都在此集合、分拣。整个分拨中心内，传送带携带包裹飞速运转，分拣员们加速扫描分类，一箱箱包裹被码进冒着冷气的冷链车内。为了大樱桃抢"鲜"寄送，16 个卸车口随时接纳烟台各地驶来的樱桃快递车，分拨中心 7 个区域同时启动，每小时自动分拣樱桃近 3 000 斤。中心日分拣大樱桃快件 20 万单以上，峰值期最多日发送 36 万单。每天下午 2 时许，几十辆装满快件的冷链车依次从分拨中心发车，冒着"鲜气"，以精确到秒的时效，搭上快车、专机，把大樱桃送到全国各地居民的果盘中。

顺丰揽收点下沉产地、分拣拨中心准确高效、运输过程智慧快速，让越来越多的烟台大樱桃实现"当日采，当日达"，大山里果农再也不用为运输发愁，使"北方春果第一枝"插上翅膀，飞向远方。(资料来源：烟台融媒，2023-06-01)

快递分拨中心是指快递公司在全国或地区范围内设立的中转站点，主要用于集中接收、分拣、处理、转发快递包裹，是快递网络中非常重要的环节，可以快速完成快件按既定路由的集散与转运。顺丰公司在特色农产品产地建设分拨中心，大大提高农产品快递时效，更好保护了农产品的新鲜度，以实际行动，为"转型发展乡村特色产业，拓宽农民增收致富渠道"助力。

任务导入与分析

刘先生在 JX 速运公司云南某快递分拨中心担任业务经理。该分拨中心采用的是半自动化分拣线，用来分拣普通中小件。按照公司制定的限制，高峰期所有到站快件需要在 1 小时内完成分拣。23 点 05 分，"双十一"最高峰批次的一辆车已停靠在卸车口。现在，刘先生需要通过优化作业流程来顶住最高峰的压力。

快件车辆到达分拨中心后的作业流程包括总包接收、总包拆解、快件分拣、快件封发和快件装运等工作。完成整个流程所需要的时间不能超过规定的作业时限。分拨中心的作业流程优化就是要确保时限。

知识学习

一、快递分拨中心

快递分拨中心又称为处理中心、集散中心、中转中心、转运中心、分拣中心等，是整个快递业务流程中贯通上下环节的枢纽，是负责收集和分拨下属网点的快递，并与其他地区转运中心连通。分拨中心的存在，是为了规范管理和成本控制，根据用户所填的收件地址，遵循成本较低或是遵循速度较快的原则，将快递分类，选择优化、合适的交通方式和路线进行运输。快件分拨在快递服务全过程中主要具有集散、控制和协同作用。快递分拨流程是指快递员对进入分拨中心的快件总包进行接收、拆解、分拣、封发、装运的全过程。

（一）快递分拨中心的作用

1. 集中接收快递包裹

快递分拨中心作为快递包裹的中转站，可以集中接收来自不同地区的快递包裹，方便快递公司进行统一的处理和管理。

2. 分拣快递包裹

快递分拨中心可以根据快递包裹上的地址信息，对快递包裹进行分拣，并将其送往相应的目的地。

3. 处理快递包裹

快递分拨中心可以对快递包裹进行拆包、再打包、称重、贴标签等操作，以保证快递包裹的安全和完整性。

4. 转发快递包裹

快递分拨中心可以将快递包裹转发到相应的目的地，以便快递公司进行派送。

5. 协调快递运输

快递分拨中心可以协调不同地区的快递运输，使快递公司能够更好地安排运输资源，提高运输效率。

（二）快递分拨中心的业务

快递企业分拨中心的业务包括本地出发的快递和外埠到达的快递两类。每类业务都包括总包到站接收、卸载总包、拆解总包、快件分拣、制作清单、总包封装、装载车辆、车辆施封等作业环节。

微课：快件分拨
操作流程

二、快件总包交接

总包是指将寄往同一寄达地（同一中转站）的多个快件，集中装入的容器或包（袋）。总包必须封扎袋口或封裹牢固形成一体，拴上袋牌，粘贴标签，内附寄快件封发清单并在袋牌及标签写明内装件数，以便于运输和交接。为了防止在运输途中超小快件发生遗失，快件运单被拆叠、损坏，同时也为了快递服务过程中两环节的交接，缩短时间，提高效率，在快件运输环节，往往采取将多个小件汇成包运输的办法。快件总包交接包括三种：收寄派送网点与分拨中心之间的总包交接；快件运输环节与分拨中心或中转站之间交换的总包交接；分拨中心或中转站与委托运输方之间的总包交接。

（一）总包交接的基本要求

1. 交接验收

总包进站、出站时必须办理交接，并遵守双方会同验收制度。进站总包交接时，收方必须认真清点总包数量，并察看外观是否完好、封志是否符合规格、是否有油污水渍现象。出站总包也必须验视总包数量、规格、发运方向。

2. 逐件比对

传统的做法是在快件总包接收后、封装前，根据快件编号和总包编号逐件比对相关封发清单、路单，以确保快件及总包信息与实物相符。随着信息技术的应用，目前快递企业接收、封装总包时普遍利用条码扫描设备逐件扫描快件、总包条形码，上传到信息系统，由系统自动进行比对。

3. 进、出、存总件数汇总比对相等

每班次或每日快件生产结束，必须对快件进、出、存总件数进行汇总比对，进站快件数加上班次留存件数必须等于本班次快件出站总件数加库存总件数。如果比对结果不相等，应按规定措施复查。复查无果，要上报并详细记录差异备查。

（二）总包交接办理

1. 航空、铁路运输快件的交接

采用航空运输、铁路运输时，如果不是自有的飞机、火车（含高铁），需要到机场、火车站前去提取快件总包。然后汽车过驳到快件分拣处理中心。

（1）操作人员在快件总包到达前，整理完整到件信息，传输给接发人员。

（2）接发人员至机场、火车站提货处，按系统信息扫描核对到件数量，检查航空标签、铁路运输单。

（3）对出现的如破损、少件等问题，要当场与承运方提货处人员核对登记，当场拍照并要求提供破损证明。

2. 公路运输快件的交接

（1）引导快件运输车辆安全停靠到指定的交接场地。

（2）核对快件运输车辆牌号，查验押运送件人员身份。

（3）检查快件运输车辆送件人员提交的交接单内容填写是否有误。

（4）核对到站快件运输车辆的发出站、到达站/终到站、到达（开）时间，并在交接单上注明实际到达时间。

（5）检查车辆封志是否完好，卫星定位系统记录是否正常。

（6）核对总包数量与交接单载明信息是否一致。

（7）检查总包是否有破损等异常现象。

（8）交接结束时，在快件交接单上签名盖章。

（三）总包接受和验视

1. 总包接收

操作主要内容包括：

（1）按车辆到达先后顺序接收总包（有特殊规定的除外）。

（2）不同批次或车次的总包应该分别接收，不得混淆分拣。

（3）总包接收分拣要求两人或两人以上作业。

（4）接收总包时，收方负责逐包扫描，同时验视总包，复核总包数量、规格。交方负责监督总包的数量。

（5）对总包进行逐包扫描称重，完毕后上传信息比对扫描结果，或将扫描信息与交接单内容进行核对。

（6）发现总包异常，应及时、准确地做出分拣。

（7）发现总包数量、路向等与信息不符，应及时、准确地做出分拣或反馈。

（8）接收操作快速、准确，应在规定时间内完成总包的接收分拣。

2. 总包验视

操作基本内容包括：

（1）总包发运路向是否正确。

（2）总包规格、重量是否符合要求。

（3）袋牌或标签是否有脱落或字迹不清、无法辨别的现象。

（4）总包是否破损或有拆动痕迹。

（5）总包是否有水湿、油污等现象。

（四）总包接收异常情况处理

总包接收异常情况包括：

（1）发运路向不正确；规格、重量不符合要求；

（2）袋牌或标签脱落或字迹不清，无法辨识的总包；

（3）有破损或有拆动痕迹；有水渍、油污。

1. 发运路向不正确的总包处理方法

（1）分拨中心人员应以最快的方式将发运路向错误的总包或总包单件按正确的路向进行转发。

（2）向上一环节缮发快件差异报告。

（3）对于发运路向错误的总包或总包单件上书写不规范、不清楚的汉字进行批注。

2. 规格、重量不符合要求的总包处理方法

（1）对于明显超大超重的总包，应减少搬运的距离和次数，尽快拆解。

（2）向上一环节缮发快件差异报告，提醒封装时应注意总包规格。

3. 袋牌或标签脱落或字迹不清，无法辨识的总包处理方法

（1）总包袋牌或标签脱落或字迹无法辨识，但总包袋上标注了包号或条形码，可按包号或条形码处理。

（2）如果总包袋上未标注包号或条形码，可拆解总包，通过快件封发清单核对路由。

（3）如果发现总包错发，则应补袋牌或标签，然后按正确路线方向转发，同时向上一环节缮发快件差异报告。

4. 有破损的总包处理方法

（1）对于破损的总包，如果可能出现丢失、损毁快件、内件短少等严重问题，处理人员应立即报告作业主管，并拍照留存。

（2）拆解总包，按照封发清单检查总包内快件是否有异常。

（3）填写质量报告记录双方签字、存档。

5. 有拆动痕迹的总包处理方法

（1）将问题总包交给交方，由对方当面开拆总包，共同查验袋内快件。

（2）保留袋皮、封志及袋牌。

（3）如果袋内快件有异常，应在交接单及封发清单上批注。

6. 有水渍、油污的总包处理方法

（1）发现有水渍、油污等现象的总包，交接双方应在交接单上注明，并查找污染源进行适当处理。

（2）尽快开拆水湿或受污染的总包，检查包内快件是否受损。

（3）如果包内快件水湿、污染严重，接收人员应填写质量报告记录，双方签字，交作业主管处理。

三、快件总包拆解

（一）车辆封志拆解

1. 车辆封志分类

封志是快件运输途中保证安全，明确责任的重要手段。车辆封志是固封在快件运输车辆车

门的一种特殊封志，其作用是防止车辆在运输途中被打开，保证已封车辆完整地由甲地运到乙地。封志按形式可以分为信息封志和实物封志。信息封志是指依托卫星定位系统实施的地理信息系统封志。实物封志主要包括纸质封志、封条、封签、塑料封志、金属封志、施封锁、铅封等，如图 3-1-1 所示。随着信息技术的发展，信息封志更能提高快件运输过程中的安全性。

图 3-1-1　实物封志——铅封

2. 车辆封志拆解步骤

车辆封志拆解主要分四步：检查封志是否完好无损、检查封志印志号码是否清晰可辨、录入封志信息、拆开封志。拆开封志时应该使用专用工具和正确的方法，注意不得损伤封志条码或标签。如果车辆封志拆解前已经出现断开、损坏、标签模糊等异常现象，应在路单上批注，并查明原因，及时处理。

（二）总包拆解

总包拆解是指将已经接收进站点的总包（图 3-1-2）拆开，转换成为散件。开拆前应当检查总包封条是否牢固，袋身有无破损，开拆后应当核对总包内快件数量是否与总包袋牌或内附清单标注的数量一致，为快件分拣环节做准备。

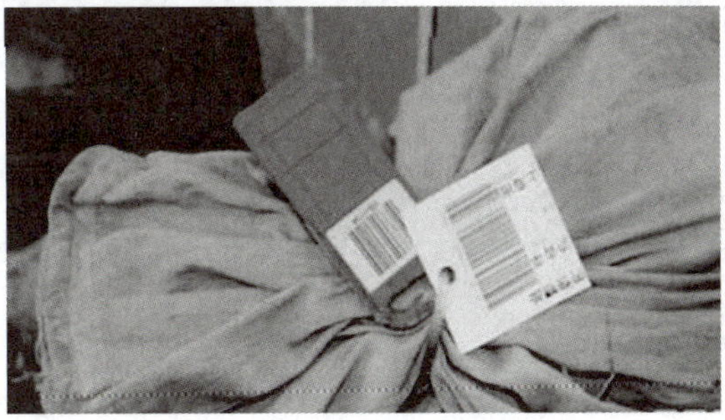

图 3-1-2　总包图例

1. 总包拆解的方式

总包拆解主要分人工拆解和机械拆解两种方式。

（1）人工拆解。人工拆解总包的步骤。

①检视总包：检查总包规格，拆开送达正确的总包，异常总包应剔除分拣。

②扫描总包信息：扫描总包条码，对于扫描失败的，应用手工输入，不能遗漏。

③拆除总包：拆开时不能损伤内部快件，要保证包牌不脱落，禁止用力拽扯封志扎绳。

④清理快件：将快件倒出，并检查包内是否有遗留件，对易碎快件要小心轻放。

⑤扫描快件信息：检查封发单填写情况，并整理存放好，逐件检视、有条码识读设备逐一扫描快件。

⑥清理现场：将合格快件放入分拣区，过大、过重、易碎等物件需要单独分拣，并检查现场是否有遗留快件。

（2）机械拆解。机械拆解是指用电动葫芦（图3-1-3）或推式悬挂机（图3-1-4）把总包悬挂提升起来再拆解的方式。机械拆解步骤和人工拆解步骤相似，快件分拣人员需特别注意机械设备的使用安全。机械设备的安全使用要求如下：

①操作人员按要求着装，长发女工须盘发，长发不允许露出工作帽，以防卷入机器；

②开启设备后，通过听、闻、看等方式，检查设备是否有异样；

③如果出现故障，要通知专业人员维修，严禁私拆设备；

④操作过程中严禁用机械拆解超过规定规格的总包，以免损坏机械；

⑤严禁无故使用急停开关或中断设备电源；

⑥设备运转中，严禁身体任何部位接触设备；

⑦操作台要保持清洁，严禁将任何与作业无关的物品放在上面；

⑧作业结束后，要及时清理场地，并检查设备是否已经关好。

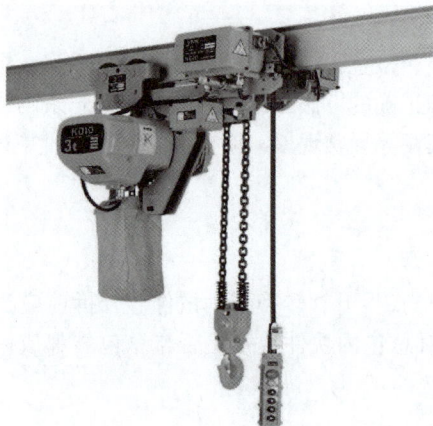

图3-1-3　电动葫芦

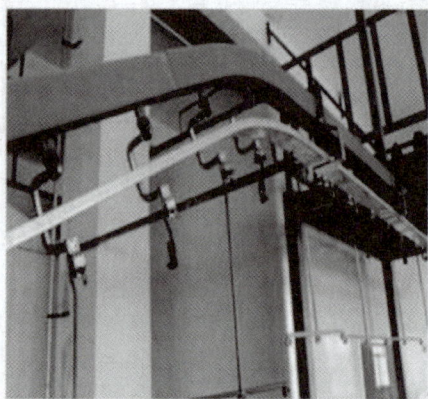

图3-1-4　推式悬挂机

2. 总包拆解信息比对

（1）比对方式。总包拆解后需要将快件与封发清单信息进行对比，传统方式是手工比对，现代快递企业一般都采用电子方式比对，即通过条码扫描由系统自动比对。

（2）比对内容。包括：①快件路向是否正确，有无误发；②根据快件封发清单逐件核对，包括快件编码、原寄地、件数、重量；③检查快件封装规格标准；④比对合计数量是否有误。

3. 总包拆解异常情况处理

总包拆解异常情况及对应的处理方式如表3-1-1所示。

表3-1-1　总包拆解异常情况及处理方式

序号	常见异常情况	处理方式
1	快件总包包牌所写快件数量与总包袋内的快件数量不一致	保存好总包袋身和包牌，如实记录数量，及时向业务主管反映问题
2	封发清单更改划销处未签名、未盖章，快件数量与清单不符	保存好清单，如实记录，并及时向业务主管反映问题
3	改退快件的批条或批注签有脱落，改退签批注错误等	当即做剔除分拣，并按公司规定追究业务经办人的责任

续表

序号	常见异常情况	处理方式
4	拆出的快件有水湿、油污、破损、断裂和拆动的痕迹	按公司要求进行阴干、清洁和隔离分拣，追究相应的封装、运送人员的责任
5	有内件受损并有渗漏、发臭、腐烂变质现象发生的快件	当即进行隔离，并由问题件分拣人员与发件人沟通联系
6	快件运单地址残破	当即做剔除处理，并由问题件分拣人员与发件人联系确认
7	拆出的快件属误发寄错误	当即剔除出来，并及时将误发快件退回封发处并重新进行处理

四、快件分拣

快递分拣是快件分拨中心依据客户的订单要求或配送计划，迅速、准确地将快件从进站车辆里拣取出来，并按一定的要求（收件地址、快件种类、服务时限）进行分类，再集中装运去往各地的运输工具的作业过程。快件分拣通常以快件运单上的条形码为依据，根据自动化水平的不同，一般分为人工分拣、半自动化分拣和自动化分拣。

（一）人工分拣

人工分拣是指主要依靠人力，使用简单的生产工具来完成整个分拣作业过程的一种分拣方式，如图3-1-5所示。人工分拣需要分拣人员掌握一定的交通、地理知识，熟记大量的快件直封、经转关系，具备熟练的操作技术以及书写能力等。早期的邮政系统信件分拣，以及目前一些小规模的快件收派网点，采用的就是人工分拣方式。人工分拣所需要的工具简单，作业流程简捷，经济节约，在未实行机械化分拣的单位，仍然是一种十分重要的分拣手段。

图3-1-5　人工分拣示意

1. 人工分拣方式

（1）按码分拣。按码分拣是按照快件上运单码（以前是按收件人地址的邮政编码）进行分拣的一种方式。

（2）专人专台分拣。专人专台分拣是指对贵重或特殊快件指定专人或设置专台进行专门分拣，其目的在于确保相关快件的安全与迅速传递。

2. 人工分拣作业步骤

人工分拣作业主要分为快件识别、快件分类、快件投格、快件整理四步，如图3-1-6所示。

图 3-1-6　人工分拣步骤

3. 人工分拣快件技巧

人工分拣的质量由分拣速度、分拣正确率和问题件准确分拣三方面来决定。快递企业处理员应善于总结经验，提高分拣质量。常用的分拣快件技巧如下：

（1）快件、清单、包牌（条码）三核对。

（2）眼到、手到、心到不分神。

（3）熟记格口的路段，力求能做到"盲拣"。

（4）手持终端会使用，业务知识要熟练。

（5）疑难快件先剔除，而后单一作分拣。

4. 人工分拣适用场景

人工分拣的优点是资金设备前期投入低，但缺点是耗时长、效率低、出错率高、劳动强度大，只适合一些小型快递企业。

（二）半自动机械分拣

半自动分拣是采用手工和机械设备相结合的方式，将快件从运输车辆上卸往自动传送带，再由人工根据快件标识进行手工分拣的一种分拣方式，如图 3-1-7 所示。

图 3-1-7　半自动分拣图

1. 半自动机械分拣作业步骤

半自动机械分拣是人机相结合的分拣方式，信件类快件的分拣步骤如表 3-1-2 所示。

表 3-1-2　半自动机械分拣作业步骤

序号	步骤	操作要点
1	事前准备	①首先查看是否有业务变更通知；②准备备用快件盒以及筐；③打开捆扎器电源预热或准备捆扎绳；④开机前检查分拣机的各个格口内有无遗留快件
2	设备操作	①开启机器，依次按下"单封收信""供信"按钮；②手工挑出不能上机的快件；③将理好的快件送入分拣机的供件槽；④机器自动扫描快件单号进行分拣

续表

序号	步骤	操作要点
3	过程控制	①注意机器运行，发现异常要立即按下"紧急停机"按钮，及时通知设备维护人员进行处理；②随机抽查格口分拣质量，清理满格快件，对拒识快件及时进行手工分拣
4	后期清理	①分拣完毕后，按"停止供件"按钮关机；②及时清理现场，并检查分拣机内有无遗留快件；③将小车、快件盒和筐等用品用具归位，关闭捆扎器电源

2. 半自动机械分拣操作规范

（1）在指定位置将快件上机传输，运单面朝上，宽度要小于传送带的宽度。

（2）快件传到分拣工位时，要及时取下快件。来不及分拣的快件由专人接取，再次上机分拣或进行手工分拣。

（3）看清货运单的目的地、单号后，准确拣取快件。

（4）取件时，较轻的快件用双手托住两侧取下，较重的则用双手托住底部或抓紧两侧，顺传送带的方向取下，注意用力。

3. 半自动机械分拣安全要求

快件分拣人员要注意作业过程中的设备安全和人身安全，具体要求如表3-1-3所示。

表3-1-3 半自动机械分拣安全要求

类别	安全要求
设备操作安全	①设备运行前，清除带式传输或辊式运输设备周围影响设备运行的障碍物，然后试机运行；②注意上机分拣的快件重量和体积均不得超出设备的载重和额定标准；③对非正常形状或特殊包装不符合上机要求的快件，要进行人工分拣；④上机传输的快件与拣取的速度要匹配；⑤传输过程中一旦发生卡塞、卡阻，要立即停止设备运行；⑥分拣传输设备在使用中如果发生故障，要立即停止使用
人身安全	①严禁跨越、踩踏运行中的分拣传输设备；②不能随意触摸带电设备和任何电源设备；③身体任何部位都不能接触运行中的设备；④拣取较大快件时，注意不要刮碰周围人员或物件；⑤拣取较重快件时，要注意对腰部、腿部等的保护；⑥不得使用挂式工牌，女工留短发或者戴工作帽

（三）自动化分拣

全自动分拣是目前快件分拣最先进、效率最高的方式。随着技术的发展和快递业务量的增长，越来越多的快递企业在快递分拣时运用了自动分拣系统，如图3-1-8所示。该系统目前已经成为我国大中型快递企业分拨中心不可缺少的一部分。

图3-1-8 自动分拣装置

1. 自动分拣系统的作业

快递分拨中心每天接收成千上万的快件，分拨中心可以通过自动分拣系统快速、准确、安全地将这些快件卸下并按货件的发送地点进行自动快速准确的分类，将这些分类好的货件运送到指定地点（如指定的出件站台、车位等），并快速装车运输或配送。

2. 自动分拣系统的优点

（1）能连续、大批量地分拣快件。由于采用大生产中使用的流水线自动作业方式，自动分拣系统不受气候、时间、人的体力等限制，可以连续运行，同时由于自动分拣系统单位时间分拣件数多，因此自动分拣系统的分拣能力是人工分拣系统无法比拟的。

（2）分拣误差率极低。自动分拣系统的分拣误差率大小主要取决于所输入分拣信息的准确性大小，这又取决于分拣信息的输入机制。如果采用条形码扫描输入，除非条形码的印刷本身有差错，否则不会出错。因此，目前自动分拣系统主要采用条形码技术来识别快件。

（3）分拣作业基本实行无人化。建立自动分拣系统的目的之一就是为了减少人员的使用，减轻员工的劳动强度，提高设备的使用效率，因此自动分拣系统能最大限度地减少人员的使用，基本做到无人化。使用人员的仅局限于以下工作：①送货车辆抵达自动分拣线的进货端时，由人工接货；②由人工控制分拣系统的运行；③分拣线末端由人工将分拣出来的快件进行集载、装车；④自动分拣系统的经营、管理与维护。

3. 常见分拣机类型及作业程序

自动分拣机按通过分拣机对分拣信号进行判断并分拣的方式分，常见的分拣机类型有 U 形带式分拣机、滑块式分拣机、托盘式分拣机、斜带式分拣机等，如图 3-1-9 所示。

U形带分拣机 滑块式分拣机 托盘式分拣机 斜带式分拣机

图 3-1-9　常见分拣机类型

微课：快递智能分拣

社会担当 3-1

稳生产 快递分拣不掉"链"

2022 年年末，新型冠状病毒感染蔓延迅速，陕南投资公司坚持严防严控、动态调整，彰显物流人的责任担当，高质量完成快递分拣、配送等相关工作。作为快递物流环节的关键枢纽，为了确保生产安全，陕南投资公司对作业现场制定了严格的厂房消杀计划，定时、定点、指定专人在分拣厂房公共区域进行消杀，每一道防护都细致入微、实实在在，最大限度地避免岗位人员感染，降低群体感染风险，切实做到了人员到位、物资到位、措施到位、防控到位。通过提供全天餐食，采取临时提薪、激励返岗方案，联系当地劳动力市场储备临时用工等举措，克服疫情减员影响，使作业现场运力不减，分拨中心快递零积压，确保生产线正常运转，如图 3-1-10 所示。

图 3-1-10　分拨中心装运

五、快件封发

微课：快件分拣装运安全

（一）封发内涵

快件分拣后要进入后续的快件封发工作，快递的封发是指将快件分类装袋，建立总包，分类发往目的地。如图 3-1-11 所示为快递的总包代发区。

图 3-1-11　快递的总包代发区

1. 封发类型

快件封发具体又分为快件直封、快件中转。其中，快件直封是快件分拨中心按快件的寄达地点把快件封发给到达城市分拨中心。快件中转是快件分拨中心把寄达地点的快件封发给相关的中途分拨中心经再次分拣，然后封发给寄达城市分拨中心。

2. 封发环节

快件封发一般包括以下环节：

（1）生成封发清单。如果分拣机具备称重和测体功能的，则由系统自动生成封发清单；如果分拣机无称重和测体功能或由人工分拣作业的，应由封发员按封发格口扫描快件条码，并录入封发清单。

（2）快件称重。扫描录入封发清单后，将待封总包的快件置于电子秤上称重，由系统采集或人工输入重量信息。

（3）快件封袋。打印封发清单和总包条码牌，快件装袋封发，系统自动生成总包快件信息。

（4）封发检查。检查总包封发规格及条码质量，检查现场有无遗漏封发快件。

（二）快件的登单

总包内的散件在传递给目的地的分拨中心分拣前，需要对散件进行登记封发清单。登单就是登记快件封发清单，它是快件传递分拣的记录。封发清单内容包括清单号码、始发地、目的地、快件号码、寄达地、种类和总数。可通过扫描录入或是分拣系统自动形成等方法制作封发清单。

1. 条形码设备扫描登单操作

用条形码设备扫描快件运单，并在快件满袋后生成封发清单，操作步骤如下：

（1）操作人员启动系统，并使用专用口令进入扫描登单操作模块。

（2）根据操作要求，在指定栏目内输入快件的邮编、电话区号和专用代码等。

（3）对需建总包的快件，除系统自动生成总包包牌外，还应先扫描预制的总包条码牌，再扫描包内快件。

（4）逐渐扫描快件，并手工录入无法扫描的快件。

（5）扫描过程中，注意核对结果，以防发生信息错漏。

（6）扫描结束后，应通过系统打印封发清单和制作电子信息清单。

（7）如实物数量与打印清单数量不符，应进行复核，并及时补充或更正。

（8）登单结束后，检查作业场地周围有无遗漏的快件。

（9）操作人员按要求退出操作系统，确保信息安全。

2. 分拣系统自动形成登单

（1）分拣系统自动形成登单的原理：①设置各逻辑格口封发标准；②系统扫描快件信息和读解；③信息传送给导向挡板和运输带；④快件被导入相应逻辑格口；⑤格口达到封发标准，自动封锁；⑥系统根据扫描信息，生成封发清单。

（2）分拣系统自动形成的登单的检查。对于分拣系统生成清单的登单方式，操作人员应加强对操作系统和生成结果的检查，以避免发生错误。检查内容如下：①检查设备操作系统有无版本升级，业务分拣是否有变更要求，设备组件是否正常运转；②检查格口的封锁和开启是否按照设置的标准执行；③检查各格口快件规格、数量等是否与封发要求一致；是否有无法自动分拣、需手工分拣的软件；④检查快件生成清单的信息是否与实务数量、内容一致，对于错误清单，要及时复核更正；⑤作业结束后，检查作业场地周围是否有遗漏的快件。

（三）总包的封装和码放

1. 制作总包包牌

总包包牌是公司为了发寄快件和内部作业而粘贴或拴挂在快件总包上的信息标志，可由系统生成或手工制作。目前一般都由操作系统自动生成包牌。操作如下：

（1）检查操作系统存储的快件扫描信息。

（2）对操纵系统输入打印包牌的指令。

（3）用与操作系统连接的打印设备打印出指定内容的条形码总包牌。

（4）包牌含有包牌号码、总包发出地、寄达地、件数和重量等信息。

（5）检查是否有需要补充信息。

2. 进行总包封装

总包封装是将打印清单与快件一同装入特定容器内，并进行专业封扎、拴挂包牌的过程。针对总包封装的不同容器，采取相应的封装要求。总包袋封装一般要求如下：

（1）根据快件数量和体积选择大小合适的总包袋。

（2）将已填制好的包牌贴在空袋子的中上部。

（3）将贴好包牌的总包袋正确钩挂在撑袋架上。

（4）应将信息类和包裹类快件分开封装。

（5）对保价快件、代收货款、到付快件等进行分类封装。

（6）保持快件运单朝上，按照由重到轻、由大到小、方下圆上的原则一次装袋。

（7）易碎快件和液体快件应单独封装或放在袋子的最上层。

（8）快件装好后放入该总包的封发清单，封发清单要求用专用封套包装。

（9）装袋时快件不宜超过袋子容积的三分之二。

（10）将总包袋卸下并扎紧实，不能有松扎口。

3. 总包质量检查

为确保总包封装的快件能够安全、准确地传递，快件分拣人员应检查总包质量，以便及时纠错。总包质量检查内容如下：

（1）检查作业系统是否按规定程序实施分拣、登单工作。

（2）检查所要封发的快件是否与发运计划、时间要求一致。

（3）检查封发清单与总包内的快件实物数量明细是否一致。

（4）检查总包重量、包装和包牌是否符合要求，清单是否齐全。

（5）检查作业场地周围是否有未分拣或遗漏装包的快件。

4. 总包堆位和码放

规范有序地堆位和码放总包，有利于合理利用规划区域空间，梳理作业程序，保证快件分拣时间上的合理性和有序性。总包堆位和码放要求如下：

（1）同航班或车次的总包集中堆放，便于装运。

（2）同一车次的总包应以总包中转卸货的先后顺序码放。

（3）总包应直立放置，整齐划一排列，以一层为限，切勿横铺堆叠。

（4）码放在托盘或搬运工具上的总包，应严格按照工具载重标准和操作要求实行。

（5）各堆位间应留有通道，并设置隔离标志。

（6）不得出现摔、拽、扔、拖总包的野蛮作业，如发现包装破损或包牌脱落，应及时分拣。

（7）对代收货款、到付快件和优先快件应单独码放，对于易碎快件，要按公司要求分拣。

（8）根据总包装运时限的先后顺序建立堆位，以避免出现压包延误现象。

六、快件装运

快件装运是指发运人员根据发运计划及时准确地将总包装载到指定的运输工具上，并与运输人员交接发运的过程。总包装载是发运的第一步。

（一）总包装载要求

1. 基本要求

（1）根据总包发运计划及班次、吨位、容积和路向等情况，与汇总的发运信息进行比较，核算应发总包的堆位及其数量。

（2）当运量超过运能时，应及时进行相应调整。

（3）快件总包发运数量确定之后，制作出站快件总包的总包路单。总包路单一般只登记始发站、终到站和总包数量。

2. 厢式汽车装载要求

厢式汽车是快件总包运输的主要运载工具，为了安全、顺利转运快件，应该遵守以下规则：

（1）装车工作应该由两人或两人以上协同作业。

（2）满载时（要按载重标志），要从里面逐层码高后向外堆码，结实打底，较小的总包放在中间压住大袋袋口，堵放在低凹和空隙处。

（3）数量不到满载的，车厢里层最高，层次逐渐外移降低，这样可防止车辆启动、制动过程堆位倒塌造成混堆，造成卸错或漏卸。

（4）数量半载的，里层高度可稍低，比照上条所述堆码，不可以只装半箱，造成前段或后端偏重。

（5）严禁将快件均码在车厢的左侧或右侧，造成侧重不利于行车安全。

（6）装卸具有两个以上装卸点的汽车，要按照"先出后进""先远后近"的原则装载总包，堆位之间应袋底相对，也可用隔离网分隔。分隔方法有两端分隔和逐层分隔。

（二）实施车辆封志

实施车辆封志的目的是防止车辆在运输途中被打开，保证已封车辆完整地由甲地运到乙地。

1. 建立车辆封志的注意事项

（1）施封前要检查车辆封志是否符合要求，定位系统是否正常。

（2）施封时，场地人员和司押人员必须同时在场。

（3）施封后的封志要牢固不能被抽出或捋下。

（4）施封过程要保证条码完好无损。

（5）核对封志的条码与出站快件交接单登记是否一致。

2. 建立车封的操作步骤

（1）车辆的押运人员或驾驶员在总包装载结束后将车门关闭。

（2）场地负责人将车辆封志加封在车门指定位置，车辆的押运人员或驾驶员监督车辆施封过程。

（3）将塑料条形码封条插入车辆锁孔中，再穿入条形码封条顶部的扣眼中，用力收紧，并确保施封完好。

（4）在出站快件的交接单上登记施封的条形码号。

（5）车辆的押运人员或驾驶员与场地负责人在交接单上签字确认。

（三）装运快件出站交接要求

1. 交接单

交接单是在收寄（派送）网点与分拨中心之间或分拨中心及中转站等，与航运铁路汽运部门或与委托运输方之间交接时所使用的单据，一般登记快件车辆发出时间、航班号或车次、始发站、经由站、终点站、装载快件数量、重量、快件号码、驾驶人员等信息。

2. 交接要求

（1）核对交接的总包数是否与交接单填写票数相符、所交总包单件规格是否符合要求。

（2）快件的装载配重和堆码，是否符合车辆安全运行标准。

（3）快件交接单的发出站、到达站、车辆牌号、驾驶员（押运员）填写是否规范。

（4）交接结束，双方签名盖章，在交接单上加注实际开车时间。

（四）快件发运的操作流程

快件发运的操作流程分为预配交接单、点数装车、核对异常、交接单制作、单据检查、单据交接、车辆上锁、司机签章、打卡出发等步骤，如图 3-1-12 所示。

预配交接单	·根据前一天拉货情况和当天货量，确定需配的货物，柜台人员制作预配交接单。
点数装车	·根据货物类型，按公司规定顺序进行配送：偏线、专线、快线，城际配送、国际货、空运装车。
核对异常	·根据预配交接单，在装车时核对件数，避免少装、漏装。
交接单制作	·外场操作员在预配交接单上注明装车情况，柜台人员再根据预配交接单制作相应交接单。
单据检查	·柜台人员对出发货物单据（签收单、内部带货财务报表等）进行检查核实。
单据交接	·柜台人员与司机进行单据（签收单、交接单等）交接，司机核对单据，并在交接单上签名确认，同时柜台人员需在交接单上签名，并保留交接单第三联（黄联），其余二联交司机。
车辆上锁	·外场操作员领取一次性锁，对车辆上锁。
司机签章	·根据《车辆签单标准》，给司机签发当日车辆所用费用的单据。
打卡出发	·柜台人员给司机打出发卡。

图 3-1-12　快件发运的操作流程

七、国际快件处理

（一）出口快件处理

1. 出口快件分拣前的复核

国际出口快件为了顺利清关，对国际出口快件分拣前应重点复核快件运单袋内的快件运单、形式发票及相关的报关单据，同时对每票快件进行复重。复核内容包括：

（1）报关相关单证是否齐全，如其他货物类相关报关单证：合同（加工贸易提供纸质手册或电子账册打印件）、发票、装箱单、代理报关委托书、正本快件运单、代理报检委托书等。

（2）快件的品名是否详细，英文品名格式为"sample of+名词"或"名词+sample"。

（3）与海关或者相关规定是否相符。

（4）申报的品名与价值是否与实际情况相符，是否有高值低报情况。

（5）快件外包装有无破损、油污、水湿等异常情况。

（6）快件内物品是否为禁寄品。

2. 出口快件分拣组织原则

口岸中心的分拣取决于直封总包的建立和发运路由的制定。分拣是否准确，对出口快件起着关键作用，分拣时一定要区分国名、地名，包括中英文名称及缩写。

（1）凡同寄达国某个口岸中心有直封总包关系的，都应当直封。如果同寄达国多个口岸中心同时有直封关系的，应当按照寄达国划分的中转范围，将快件发往指定的口岸中心。

（2）本口岸中心分拣发现寄往同本中心没有直封总包关系的口岸中心的快件时，应根据发运路由的规定，转发本国其他同寄达国有直封总包关系的口岸中心。

（3）若与寄达国没有直封总包关系的，可采取散寄中转方式，散寄给指定的外国快递企业转发。

（二）进口快件处理

进口快件经中国海关清关放行后，转入国内中转处理场地进行中转。对国际进口快件总包进行接收时，应认真核对总包数量，重点检查袋身和封装是否完好，有无破损油污、水湿等异常情况，对异常总包进行复重，核查其实际重量是否与交接单上所注明的重量相符，并就异常情况向上一环节缮发快件差异报告。同时重点核对快件的相关单证，尤其是快件清关时由快递企业预先垫付关税的税票。总包开拆后，应将各快件的相关单证及税票装入相应快件袋的单证口内，或装入不干胶运单袋内，粘贴在快件的合适位置。对优先快件应及时派送，确保时限。

1. 进口快件英文名址的批译

正确翻译国际进口快件的名址是准确分拣快件的前提和保证。国际进口快件上收件人地址的书写顺序是：门牌号码、街道名称、寄达城市、我国国名，同汉语的书写顺序正相反。为便于处理人员分拣，应按照汉语书写顺序，即我国国名、寄达城市、街道名称、门牌号码译成中文。如"Room 702，7th Building，Hengda Garden，East District，Zhongshan，Guangdong Province."译为"广东省中山市东区亨达花园7栋702室"。

2. 进口快件单位的批译

如中华人民共和国教育部 Ministry of Education of the People's Republic of China，上海财经大学 Shanghai University of Finance and Economics。

（三）国际快件总包的封装

国际快件出境必须经过海关等部门的查验，与国内快件的封发具有不同的流程。国际快件必须按报关需求分类装袋封发。所用的封装包袋、封志、包牌等具有更高的质量要求。

1. 国际快件的登单

国际快件登单就是在处理中心用条码设备扫描国际快件，形成封发信息。

2. 国际快件的装袋操作

封装前应检查包袋是否完好，袋内有无遗留物品。包袋如有油污，破口超过2厘米均不能用于封发快件。封发国际快件总包，应使用印有企业专用标识、易识别的专用包袋。

（1）选择大小、颜色适宜的包袋。国际快件中，文件类与包裹类快件报关程序不同，一般选择不同颜色包袋加以区分，方便操作。包袋的大小，应根据快件的数量和体积合理选用，切忌用大号包袋封装少量快件。

（2）封发国际快件考虑报关需求，文件与包裹、重货与轻货分开封装，可批量报关的低价值快件与单票报关的高价值快件分袋封装。一票多件单独报关的快件集中堆放。

（3）按重不压轻、大不压小、结实打底、方下圆上，规则形状放下面、不规则形状放上面的原则将快件装袋。重量和体积相近的快件应装入同一袋内，如1千克以内的小件装在一个包内，1~3千克的快件装在一个包内（轻泡件除外）等。

（4）同一张封发清单的快件装在一个总包中，寄达地清关要求随附单据，与运单一起放入特制的封套粘贴在快件上，运单向上摆放快件。对标有限时等特殊标志的快件要单独封袋，加挂相应特殊件包牌或标志。

（5）快件、清单、包牌相互核对后，在封发清单上盖章或签字。

（6）总包袋盛装不能过满，装袋不宜超过整袋的三分之二，连同袋皮重量不宜超过32千克。

3. 包牌（包签）的填写

（1）国际快件总包包牌，不管是手工制作还是操作系统实时生成的，均包含原寄地目的地、总包号码等信息。

（2）有特殊要求的快件，总包按要求注明优先、保价等特殊信息。

（3）为出口报关和寄达地清关方便，还要在包牌上注明内件性质，如文件、包裹。

（4）包牌禁止涂改，如有错填，要更换新包牌重新填写。

4. 封袋

（1）封装快件必须要施行快件、清单、包牌三核对。

（2）将撑袋车或撑袋架上的袋口卸下收紧。

（3）包牌、转运标识特殊标志等挂上后，根据材料不同封口方式各不相同，收紧袋口使内件不晃动为宜。

（4）使用专用或特制的工具材料封扎袋口，尽量靠近快件捆扎。使用带条码的塑料封志时，要使条码处于易扫描位置，贴近快件处将总包袋扎紧封口。

（5）封装作业结束，检查操作现场及周围有无遗漏未封装快件。

5. 上传数据资料存档

每一班封发作业操作结束后，要及时将业务数据在操作系统按规定处理并上传，相关资料分类存档。下一接收站接收到件预告，提前做好准备工作。其他相关部门需求的数据也可直接到数据库提取。

任务实施

刘先生在JX速运公司云南某快递分拨中心担任业务经理。该分拨中心采用的是半自动化分拣线，用来分拣普通中小件。按照公司制定的限制，高峰期所有到站快件需要在1小时内完成分拣。23点05分，"双十一"最高峰批次的一辆车已停靠在卸车口。现在，刘先生需要通过优化作业流程来顶住最高峰的压力。

快件车辆到达分拨中心后的作业流程包括总包接收、总包拆解、快件分拣、快件封发和快件装运等工作。完成整个流程所需的时间不能超过规定的作业时限。分拨中心的作业流程优化就是要确保时限。

刘先生作为作业经理，熟知基层快件分拣业务流程，了解"双十一"期间分拨中心作业人员的劳动强度，他希望能在确保时限的前提下，尽量减少用工量，从而既节约成本，又可以让作业人员获得更多的休息时间。为此，他精心安排，采取以下几个步骤：

第一步：根据项目三任务一的任务导入与分析，引导学生分小组查阅相关资料或有条件去实地考察，帮助刘经理先对分拨中心"双十一"期间最高峰这一天分时段业务量进行预估。假设预估的业务量如表3-1-4所示。

表3-1-4　分拨中心"双十一"期间最高峰这一天分时段业务量预估

时段	包数	件量	时段	包数	件量
0—1时	423	6 320	12—13时	53	820
1—2时	1 050	15 750	13—14时	64	905
2—3时	630	9 410	14—15时	262	3 933
3—4时	620	9 350	15—16时	235	3 525
4—5时	848	12 720	16—17时	164	2 460
5—6时	247	3 702	17—18时	126	1 893
6—7时	258	3 887	18—19时	65	975
7—8时	75	1146	19—20时	663	9 945
8—9时	390	5 318	20—21时	495	7 425
9—10时	336	5 062	21—22时	725	10 890
10—11时	443	6 640	22—23时	802	12 030
11—12时	408	6 105	23—24时	514	7 751

第二步：各学习小组分组查阅资料，通过大量的数据统计分析预估卸车拆包效率、供件效率、分拣效率。假设预估的效率如表3-1-5所示。

表3-1-5　卸车拆包效率、供件效率、分拣效率预估

序号	项目	效率指标
1	拆解总包	240包/人时
2	供件	1 200件/人时
3	分拣	500件/人时

第三步：以学习小组为单位在分析快件的流量和流向基础上制定快件分拣的优化方案，完成表3-1-6填写。

表3-1-6　作业流程优化

序号	步骤	优化要点
1	事前准备	
2	设备操作	
3	过程控制	
4	后期清理	

第四步：在快件到达分拨中心的流程进行优化时，重点是对快件操作相关的工作人员的整个操作过程进行优化，从而提高快件装卸、分拣、发运等操作步骤的效率。基于以上认知，以小组为单位对原来的作业安排进行优化。

（1）假设原来作业安排中，员工每天三班倒的时间段安排是：7—15时、15—23时、23—7时。根据这一安排，计算员工的用工数量，填写表3-1-7。

表3-1-7　员工分时段作业安排

时段	7—15时	15—23时	23—7时
高峰时序	10—11时	22—23时	1—2时
包数	443	802	1 050
件数	6 640	12 030	15 750
用工量/人			

注：每个环节用工量单位是人，计算原则是遇小数取整，每个班次高峰时序总用工量＝拆解总包用工量＋供件用工量＋分拣用工量

高峰时序拆解总包用工量＝高峰时序需要拆解总包数÷拆解总包效率

高峰时序供件用工量＝高峰时序需要供件数÷供件效率

高峰时序分拣用工量＝高峰时序需要分拣数÷分拣效率

由于一个时间段对应一个班次，高峰时序的用工量决定了这个班次的用工量。

（2）分小组对表3-1-7安排进行优化，优化的基本思路如下。

①对总包数和作业量按大小顺序进行排序，得到表3-1-8；

表3-1-8　对总包数和作业量按大小排序结果

序号	时段	包数	件量	序号	时段	包数	件量
1	1—2时	1 050	15 750	13	8—9时	390	5 318
2	4—5时	848	12 720	14	9—10时	336	5 062
3	22—23时	802	12 030	15	14—15时	262	3 933
4	21—22时	725	10 890	16	6—7时	258	3 887
5	19—20时	663	9 945	17	5—6时	247	3 702
6	2—3时	630	9 410	18	15—16时	235	3 525
7	3—4时	620	9 350	19	16—17时	164	2 460
8	23—24时	514	7 751	20	17—18时	126	1 893
9	20—21时	495	7 425	21	7—8时	75	1 146
10	10—11时	443	6 640	22	18—19时	65	975
11	0—1时	423	6 320	23	13—14时	64	905
12	11—12时	408	6 105	24	12—13时	53	820

②确定时段安排。时段安排的约束条件有3个，高峰时序优先安排，拟加入该时段的时序与已加入时序的时差不得大于7小时，时段内时序为8个。

③计算用工量。依次可以确定新的作业时段安排为：21—5时、5—13时、13—21时。

第五步：各学习小组根据新的作业时段安排"21—5时、5—13时、13—21时"，重新计算总用工量，并派一名代表上台演示用工量的优化。教师对任务实施进行总结评价。各学习小组完成表3-1-9填写。

表 3-1-9　分拨中心排班用工优化任务实施评价表

任务名称		分拨中心排班用工优化				
组别		组员				
考核维度		评价标准	参考值	考核得分		
				自评	互评	教师评
素质	1	培养分拨作业数字化意识	10			
	2	培养分拨作业安全意识	10			
知识	1	掌握总包接收要求	10			
	2	掌握总包拆解要求	10			
	3	掌握总包分拣要求	10			
	4	掌握总包封发要求	10			
	5	掌握总包装运要求	10			
能力	1	能正确完成总包交接	10			
	2	能优化分拨中心作业方案	20			
小计			100			
合计 = 自评 20%+互评 30%+教师 50%				组长签字		

视野拓展

北京顺丰快递全自动分拨中心投运

2023 年 1 月底，顺丰位于首都机场临空经济区内的北京全自动分拨中心正式投产运营。该分拨中心总建筑面积 8 万平方米，引进了国际先进智能化全自动分拣系统，将依托顺丰智慧物流、自动分拣系统、人工智能、大数据、云计算等技术，承接华北地区航空快件集散、分拣和中转运输，日均处理量达 150 万件。该中心已成为顺丰在北京的重要陆运枢纽及集散中心，同时也承载顺丰电子商务业务及国际业务的北京运营中心功能。该分拨中心还配套建设 2 万多平方米的地下车库，用于物流货运车辆的停放及进出，可以缓解周边交通出行压力。（资料来源：新京报，2023-02-24）

思考与讨论：顺丰公司为什么要建设全自动分拣快递分拨中心？

任务二　提高快递分拣作业效率

引思明理

快递物流企业提速增效，助力新疆发展

经过电商购物节的多年发展，消费者消费趋于理性，直播卖货火爆出圈，而快递物流企业经过多年发展，科技化、信息化、智能化成为发展趋势，行业升级带来整体物流提速。近几年来，顺丰、京东等快递物流企业加速布局乌鲁木齐，新建分拨中心、本地仓储，投入新技术新设备，推动电商物流、现代物流智能化发展和物流仓配一体化发展。顺丰新建分拨中心，场地分为卸货

区、矩阵区、干线装车区、小件分拣区、航空分拣区、铁路分拣区、囤货区以及后勤办公区域等，场地功能区域完备，设备先进。分拨中心投入全自动分拣系统，建设自动化设备 1 950 余台套，设计分拣快件能力 29 520 件/小时，进出港 6 个班次，全天中转时长 20.5 小时，全天可以分拣 59 万余票快件，可满足顺丰速运乌鲁木齐及全疆未来 3~5 年的需求。面对新疆物流快递单量突飞猛进的发展机遇，京东物流投资建设的乌鲁木齐"亚洲一号"智能产业园，占地 500 亩，是新疆最大的一个智能物流园区。投入运营后，乌鲁木齐的自营订单将缩短至 4~6 小时配送到消费者手中，80% 的订单实现今天下单、明天到达，上午下单、下午到达，新疆其他地区的包裹到达时效将缩短 2 天以上，能与新疆城际配送、城市配送、农村配送有效衔接，更好地满足城市供应、工业品下乡、农产品进城、进出口贸易等物流需求，引领带动新疆电商、物流行业的发展。(资料来源：人民资讯，2021-11-04)

党的二十大报告中的"加快发展物联网，建设高效顺畅的流通体系，降低物流成本"战略部署，为快递物流高质量发展指明了方向。顺丰、京东等快递物流头部企业，利用物联网、人工智能等技术高水平建设分拨中心，既提高了自身的分拣效率，降低物流成本，又带动了驻地智慧物流发展和数字化产业升级。

任务导入与分析

张先生担任新疆某速递企业分拨中心的负责人，主抓作业质量管理。上任这几个月他深感快件提高作业质量和效率对于企业发展的重要性。每月初，他都会认真阅读质量分析报告，并将这份报告传抄到各个部门，要求各部门根据报告中的相关问题提交改进方案，并在办公会上进行讨论，方案通过后就可以去执行。如果你是张先生，那你怎样来开好分拨中心作业质量分析办公会？

分拨中心负责人职责主要负责分拨中心日常工作管理，协调分拨中心与总部或上一级分拨中心的业务联系，监视区域内各站点的快件接收、派发、中转、退库等，确保快件平安。分拨中心负责人通过对作业质量指标、操作效率指标和操作成本指标的分析，可以查找存在的问题及原因，制定改进方案。

知识学习

一、分拨中心层级

快递公司的分拨中心对内称呼不尽相同，但一般分为三个层级：一级枢纽转运；二级片区分拨；三级中转场集散。以顺丰为例，全国分拨中心网点布局分为枢纽级中转场（一级）、片区中转场（二级）、集散点（三级）。从分拨中心业务形态看：不同层级分拨中心的业务功能定位不一样。三级集散点主要负责快件揽收与派送；二级片区中转场主要负责快件区内中转与转站派送；一级枢纽中转场更多是负责快件跨大区中转与区内中转。

二、分拨中心内部功能布局

(一) 分拨中心内部功能布局

快递企业分拨中心可根据自身的实际情况，来划分功能区域以满足作业需要。快递分拨中心的主要作业区域包括快件接收区、分拣区、打包区、发运区和管理区等，如图 3-2-1 所示。

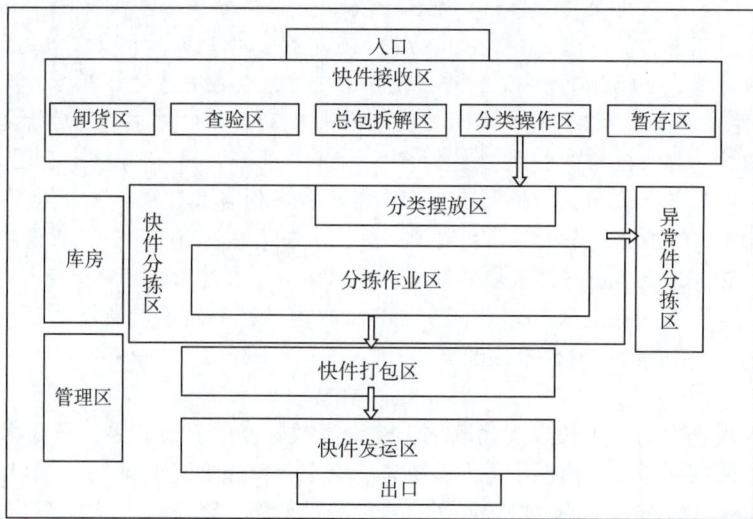

图 3-2-1　快递分拨中心内部功能布局示意

1. 快件接收区

快件接收区是指快递分拨中心的入口处，主要完成进站快件的卸货、查验、交接、入库、分类等操作，通常再设有货车卸货区、查验区、总包拆解区、分类操作区、暂存区等，用来接收从各条路由和各个网点发来的快递包裹。卸货区平台的长度由在作业高峰期需同时作业的车辆数和车辆的车厢宽度决定。快件暂存区的面积由作业高峰期的作业量、快件的流转频率及暂存区的面积利用率所决定。其中面积的利用系数受快件的类型、快件的摆放工具（如托盘、笼车等）、快件的安全码放高度等因素的影响。流转率取决于下一个环节的作业效率（如查验、分拣速度），因此，要根据经验和具体条件来确定。

2. 快件分拣区

快件分拣区是指快递分拨中心的主要作业区域，主要包括分拣作业区和分类摆放区。通常设有分拣台、电子秤、扫描仪等，用来对快递包裹进行分类、分拣、扫描等操作。分拣作业区面积由分拣作业方式和作业量决定。采用自动分拣方式的作业区面积主要是由自动分拣设备的占地面积和安全作业距离决定；采用人工分拣方式的作业区面积则取决于作业高峰期需同时作业的作业量、作业人数以及分拣速度。快件分类摆放区面积取决于快件目的地区域的数量和各区的快件量及存放方式。

3. 快件打包区

快件打包区是指快递分拨中心的包装作业区域，主要完成分拣好并准备出站快件的打包、集装、封装、加贴标签等操作，通常设有打包机、胶带机、称重器等。

4. 快件发运区

快件发运区是指快递分拨中心的出口处，主要完成快件出库、交接、装运等操作，通常设有货车装货区、扫描区、发运台等，用来将打包好的快件包裹装车发运到各个目的地。

5. 快件异常分拣区

快件异常分拣区的主要功能是异常快件的分类存放及集中分拣。

6. 库房区

库房区主要用于暂时存放贵重快件和存放包装物、工具等快递生产物料。

7. 管理区

管理区是指快递分拨中心管理人员的办公区，通常设有办公室、会议室、休息室等。

（二）分拨中心功能分区要求

划分功能区域所用的地标线宽度为6~10厘米，要求地标线平直，并统一为黄色实线。对于不允许非工作人员进入的区域或地段，需要划定警示或隔离的区域或地段，用红色实线标注。作业区地内标牌标识要统一制作，整齐划一，统一规格，并注意及时更新更换，调整相关内容，保证引导信息的准确性。

三、自动分拣系统建设

自动分拣系统是指能够识别快件ID属性并根据该地址信息对快件进行分类传输的自动化系统，一般由输送装置、分拣装置、分拣道口和控制装置四大部分组成，图3-2-2是申通快递太原分拨中心自动分拣系统实景。其主要功能就是将不同类的快件进行自动区分和统一分拣。

图3-2-2　快递分拨中心自动分拣系统实景

（一）自动分拣系统组成

1. 控制装置

控制装置的作用是识别、接收分拣信号，根据分拣信号的要求指示分类装置、按快件类别、按快件送达地点或按货主的类别对快件进行自动分类。这些分拣需求可以通过不同方式，如可通过条形码扫描、色码扫描、键盘输入、重量检测、语音识别、高度检测及形状识别等方式，输入分拣控制系统中去，系统根据对这些分拣信号判断，来决定某一种快件该进入哪一个分拣道口。

2. 分类装置

分类装置的作用是根据控制装置发出的分拣指示，当具有相同分拣信号的快件经过该装置时，该装置启动，改变快件在输送装置上的运行方向进入其他输送机或进入分拣道口。分类装置的种类很多，一般有推出式、浮出式、倾斜式和分支式，不同的分类装置对分拣货物的包装材料、包装重量、包装物底面的平滑程度等有不同的要求。

3. 输送装置

输送装置的主要组成部分是传送带或输送机，其主要作用是使待分拣快件鱼贯通过控制装置、分类装置。输送装置的两侧，一般要连接若干分拣道口，使分好类的快件滑出主输送机（或主传送带）以进行后续作业。

4. 分拣道口

分拣道口是已分拣快件脱离主输送机（或主传送带）进入集货区域的通道，一般由钢带、皮带、滚筒等组成滑道，使快件从主输送装置滑向集货站台，在那里由工作人员将该道口的所有快件集中后组配装车并进行运输、配送作业。

以上四部分装置通过计算机网络联结在一起，配合人工控制及相应的人工分拣环节构成一个完整的自动分拣系统。

（二）自动分拣系统分类

自动分拣系统的差别主要在分拣原理上，根据自动分拣系统中物品移出输送线路进入分拣道口的方式，可以分为如下几种。

1. 滑块式分拣系统

滑块式分拣系统采用链板式输送机作为输送单元，在各链板之间的间隙布置了可以沿垂直于输送方向往返运动的滑块，分拣包裹时靠这些滑块的推动来完成分拣作业，如图3-2-3所示。滑块式分拣机的最大优势是可供分拣的对象范围非常广泛，控制系统可以根据包裹的外廓尺寸大小自动调整需要的滑块数目，从而实现较高的分拣柔性。该系统在国内外广泛应用于邮政快递、烟草医药和制造业等领域。

2. 交叉带式分拣系统

交叉带式分拣系统是一种新型分拣设备，它将输送装置和分拣装置集成为一个复合运动装置，相当于一个在轨道上运行的载物平台为皮带的小车。当小车将包裹运送到指定道口时，小车的载物平台通过旋转皮带从而完成分拣作业，如图3-2-4所示。由于单个复合运动装置（分拣小车）的尺寸比较小，因此分拣道口可以布置的比较密集，从而实现较高的场地利用率。交叉带式分拣系统比较适合分拣小尺寸的物品，又能实现两侧分拣，因此广泛应用于机场的行李分拣和邮政快递业的包裹分拣。

图3-2-3　滑块式分拣系统

图3-2-4　交叉带式分拣系统

3. 滚轮导向式分拣系统

滚轮导向式分拣系统采用滚轮作为其分拣装置，输送装置可以采用皮带式、轧辊式输送机，如图3-2-5所示。滚轮导向式分拣机按照其导轮的分拣旋转角度是否可变，细分为顶升轮分拣机和转向轮分拣机。顶升轮分拣机适用于单向分拣，转向轮分拣机可以实现双向分拣。滚轮导向式分拣机比较适合分拣硬纸箱、塑料箱等平底面物品，使用成本较低。

4. 轨道台车式分拣系统

轨道台车式分拣系统和交叉带分拣系统相似，都是把输送装置和分拣装置集成为一个复合运动装置。与交叉带式分拣系统不同的是，轨道台车式分拣机将皮带换成了托盘，当小车运动到指定道口时，托盘翻转，从而实现分拣作业，如图3-2-6所示。这种分拣系统布局灵活，可以实现三维立体布局，易于维修保养。

图 3-2-5 滚轮导向式分拣系统

图 3-2-6 轨道台车式分拣系统

5. 转向臂式分拣系统

转向臂式分拣系统工作原理与滑块式分拣系统相似，但结构更简单，仅需一套带式输送机加一个摆臂就可以实现分拣作业。不过相比于前者，转向臂式分拣机的柔性较低且只能单向分拣，分拣效率相比滑块式分拣系统较低，如图 3-2-7 所示。

6. 悬挂式分拣系统

悬挂式分拣系统属于面向特定领域的分拣系统，主要由悬挂式输送机组成，比较适合分拣箱类、袋类物品，分件货物重量大，一般可达 100 千克以上，需要专用的场地，如图 3-2-8 所示。

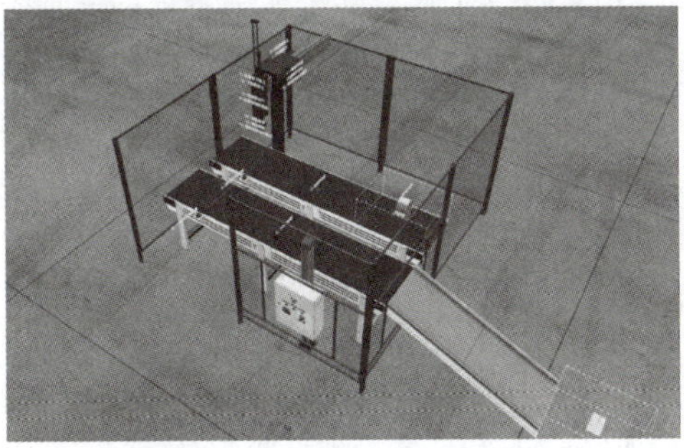

图 3-2-7 转向臂式分拣系统

图 3-2-8 悬挂式分拣系统

（三）自动分拣系统特点

1. 能够连续、大批量完成分拣作业

自动分拣系统采用流水线式的作业方式，一般布置成环形分拣线，这样一次分拣没有及时完成的物品可以进行二次分拣；除此之外，自动分拣机不受人的体力等条件的限制，可以连续运行。自动分拣机连续、大批量作业所产生的分拣效率高出人工分拣效率若干倍。

2. 分拣过程中错误率极低

自动分拣系统的分拣错误率主要取决于对物品分拣信息的读取，现在的自动分拣机一般采用条形码信息作为分拣凭证，准确率非常高。除非条形码印刷出错或者信息缺失，否则自动分拣系统在分拣过程中不会出现错误。

3. 实现分拣作业的无人化

使用自动分拣系统的目的之一就是降低人工成本，减少人员的使用，以期实现工作车间的无人化。在自动分拣系统中，人员的主要工作区域为该系统的两端，也就是包裹进入分拣系统之前的接货和分拣完毕后的打包发货，以及系统的管理和维护等。

（四）自动分拣系统发展趋势

自动分拣系统能够充分发挥智能化、无人化作业的优势，速度快、目的地多、效率高、差错率低，未来具有更广阔的应用前景。

1. 技术向智能化、数字物联化方向发展

随着机器视觉识别与信息技术及深度学习技术的不断升级，可更智能更高效地采集快递物流系统数据，让高速自动分拣成为可能。以交叉带分拣机为代表的分拣装备随着新技术的迭代趋于成熟，同时物联网技术及5G技术的发展，实现了物流设备系统远程监控与维护，大大提升了自动输送分拣系统可用性、利用率及运维效率。云平台的诞生催生大数据，为"互联网+""智能+"机器深度学习的发展提供了基础，大幅提升了设备运作效率，并为设备智能化提供了发展基础。

2. 产品向标准化、模块平台化方向发展

自动分拣系统是一种集光、机、电、信息技术为一体的现代化装备，它包含了存储系统、零拣系统、复核打包系统、集/合单系统、路径分拣系统、机器视觉识别系统、人机交互系统、信息管理系统等技术于一体。快递物流分拣装备受制于客户需求、场地限制等因素，通常以定制化生产为主。而要实现大批量生产，则必须要实现产品的标准化、模块化。产品的标准化、模块化、平台化是实现大规模制造的基础，可实现降本增效，是更好的保证产品品质稳定的基础，可实现更加柔性化的生产方式。

3. 应用向产业化、细分化方向发展

由于不同行业对自动分拣装备的需求存在较大差异，因此自动分拣装备企业需要熟悉不同行业客户特点、业务流程特点、工艺要求和技术特点，熟悉客户所处行业和现代物流技术发展的最新趋势，客观分析客户自身的经济条件和管理水平，以提供最为适合的系统来更好地满足客户的个性化需求。以我国头部快递企业的自动化物流系统需求及业务发展为例，当前分拨中心及网点级的分拣系统从客户应用角度只是解决了以卸车为起点的小件分拣业务需求，而同样需求旺盛的大件分拣，受限于大件自动分拣技术的瓶颈而尚未有效满足，因而未来自动分拣系统的应用需求将随着客户需求与业务形态变化细分为小件分拣和大件分拣两大类别，同时向以传统输送分拣设备为主的自动化分拣系统、以智能AGV和机器人设备为主的柔性分拣系统两大方向发展。

4. 系统向无人化方向发展

人口红利的消失与用工成本的上升，将逐步推动各个行业向无人化发展。随着智能技术、机器人技术、无线通信技术、大数据云平台、类人仿真技术、传感技术、微型控制技术、5G技术等新兴技术的不断发展与突破，催生了黑灯工厂、无人仓的产生。随着自动装卸技术、自动多件分离技术、自动装袋换袋技术、六面高速物品信息自动识别技术、超级电容技术等取得突破，集合系统低功耗技术、免维护技术，包括自动分拣系统在内的仓配中心/分拨中心将整体向无人化方向发展。

企业创新 3-1

中通快递建设智能分拣新系统，助力新疆发展

中通快递新疆智能科技电商快递产业园项目占地278.6亩①，是中通快递新疆区域的枢纽中心、运营中心、商业中心。项目建有智能化快递分拨中心、快运转运中心、电子商务中心、电商云仓中心、冷链仓储中心、综合办公大楼、中通商业运营中心等主体工程及公共服务设施、停车场等配套辅助工程。项目建成后主要经营中通快递、中通快运、中通国际、中通云仓、中通商业等业务，可提供1 500多个就业岗位。项目依托乌鲁木齐的区位及政策优势，充分发挥新疆地区特色产品优势，核心设备采用与合作单位自主研发的"智能分拣、智能仓储系统和设备"，利用自动控制系统等相关软件及智能化配套设施，实现货物的自动入仓、出仓，为当地产品提供更广阔的网络销售运输平台。（资料来源：新疆网讯 2023-04-12）

---

① 1 亩 = 666.666 平方米

四、分拣作业效率提高

（一）分拣作业影响因素

分拣作业是快递分拨中心作业的核心环节，在快件作业环节中不仅工作量大、难度高，而且要求作业时间短、准确度高。影响分拣作业因素主要包括：

1. 分拣难度

分拣难度取决于分拣作业的需要，分拣作业的需要包括分拣区域数量、分拣区域确认方式、分拣作业集成度。

2. 分拣信息

分拣信息是分拣作业中重要的一环，常见分拣信息传送方式有如下几种：

（1）传票分拣。直接利用客户的订单或公司的交货单作为分拣指示。这是最原始的分拣方式。

（2）分拣单分拣。将原始客户订单输入计算机后进行分拣信息的分拣，打印分拣单。

（3）标签分拣。分拣标签取代了分拣单，分拣标签的数量与分拣量相等，在分拣的同时将标签贴在货物上以便确认数量。

（4）电子标签分拣。以电子标签取代分拣单，在货架上显示分拣信息，以减少"寻找货物"的时间。

（5）RF分拣。利用掌上电脑终端、条码扫描器及无线电控制装置组合。

（6）自动分拣。电子信息输入系统后机械设备自动完成分拣作业，无须人工介入。

3. 分拣人员

分拣员是根据运单要求或配送计划，快速、准确地将货物从其分拨中心的其他位置分拣出来，并按照一定的方式进行分类和集装的操作员。快递分拣员的工作职责主要是在规定时间完成快件的分拣、复核、装载和发运。

（二）分拣作业效率提高途径

1. 建立快件作业标准体系

快递作业标准体系主要包括对快件的包装、装卸和搬运、运输、交付等方面的工作流程、技术要求、操作规范等标准。通过将快递作业各环节纳入引导和限制的范畴，使快递作业有章可循，有效提高分拣作业效率，进而促进快递企业运行效率。

（1）快件信息标准。在快件传递的过程中，始终伴随着快递相关信息的传输，这些信息包括快件运单信息、快件总包信息、总包路由信息，以及快件传递过程中每个节点产生的信息等。这些信息网络传输贯穿快件作业各个环节中，建设快件信息标准可以规范操作程序，提高作业效率。

（2）快件运单信息输入标准。快递运单是快递企业为寄件人准备的，由寄件人或其代理人填写并签发的重要运输单据，是快递企业与寄件人之间的寄递合同，其内容对双方均具有约束力。运单信息输入是否准确，直接决定快件能否准确和快速地进行分拣。

（3）分拣动作标准。包括快件分拣准备工作规范、快件分拣操作规范等。

（4）快递区域划分标准。快递各功能区域面积的确定与各区域的功能、作业方式、所配备的设施和设备以及作业量等有关。由于快递作业的流动性和时间规律性非常强，因此在计算作业量时必须考虑作业量的时间分布因素，充分预计在作业高峰期需同时分拣的作业量。

（5）其他标准。快件作业其他标准，如包装规格是否符合标准，也决定快件能否准确快速地进行分拣。

2. 实行数字化分拣

数字化分拣是指在分拣全过程中尽可能采用数字方式确定分拣区域进行分拣。只有数字化分拣的区域越多，自动分拣设备可分拣的快件范围才越大，自动分拣作用才能充分发挥。

3. 实施信息预分拣

通过预分拣，可以清楚地了解需进行分拣的作业量，合理地调配人手、暂存区域、作业设备等，安排作业进度，实现分拣作业的可控性；可以发现存在的异常情况并及时进行分拣，从而降低分拣过失，提高自动分拣设备分拣过程的流畅度；可以提前确定待分拣的分拣区域，实现按照快件运单号分拣，或使用扫描器扫描快件运单，自动检索并同步提示分拣区域，减少分拣过程识别，提高分拣速度；可以将预分拣结果与实际分拣结果比照，发现分拣过失，及时分拣，降低过失率。从而可以极大减少错分错发情况。

4. 改进作业方式

分拣作业方式是影响分拣质量、分拣效率的最大因素。分拣质量、分拣效率的提高离不开作业方式的改进。分拣作业的自动化进程可分为快件搬运自动化、分拣区域自动化、分拣全过程自动化。快递企业可以量身定做，适当地选择"自动化"程度。

5. 加强分拣人员的管理和培训

具体措施有：加强现场分拣人员的调度指挥，提高分拣人员的协调作业能力以及人机配合度，提高分拣作业的速度；合理配备作业人手、分配作业量，科学控制劳动强度，保障平安作业；采用科学的鼓励方法，充分调动分拣人员的积极性；加强分拣人员的质量意识、安全意识、时间意识教育；加强分拣人员的快递作业标准、操作标准、快递区域分区标准、区域代码以及设备使用标准等培训，提高分拣人员的作业能力，提高分拣效率。

微课：分拣作业
效率提高

> **任务实施**

第一步：根据项目三任务二的任务导入，布置任务，教师扮演分拨中心负责人角色主持办公会，各学习小组长扮演部门负责人，小组成员分别扮演各个部门成员，老师首先介绍分拨中心某月份整体情况，并和去年的指标做了对比，如表3-2-1所示。

第二步：对表3-2-1中的指标进行剖析，找出存在的问题，并分析可能存在的原因。

表3-2-1 分拨中心某月指标对比分析

作业量指标	日均业务量145 860件，同比增加21.20%	日均作业人数56人，同比增加24.10%	装卸人数33人，同比增加18.14%	分拣人数23人，同比增加34.26%
	人均日业务量2 605件，同比下降3.01%		人均日装卸量4 420件，同比增加2.90%	人均日分拣量6 342件，同比下降9.28%
操作效率指标	人均时业务量326件，同比下降2.51%		人均时装卸量553件，同比增加2.71%	人均时分拣量793件，同比下降9.42%
操作成本指标	日工资总费用11 456元，同比增加39.89%	人均日工资204.57元，同比增加15.23%	装卸日工运费用6 989元，同比增加12.01%	分拣日工运费用4 467元，同比增加26%
	日均管理费用（耗、罚、赔、水电）：8 211元		装卸日费用水平0.15元，同比增加8.39%	分拣日费用水平0.12元，同比增加39.56%
	操作费用水平0.13元，同比增加18.11%			

第三步：针对所存在的问题，各学习小组提出解决办法，并派代表在课堂进行分享。

第四步：教师对各学习小组任务完成情况进行点评和总结，各学习小组完成表3-2-2的填写。

表3-2-2 快递分拨中心月作业质量分析任务实施评价

任务名称：快递分拨中心月作业质量分析						
组别		组员				
考核维度		评价标准	参考值	考核得分		
				自评	互评	教师评
素质	1	培养分拨中心作业数字化素养	10			
	2	培养分拨中心作业标准与成本意识	10			
知识	1	了解分拨中心智能化设备使用	20			
	2	掌握分拨中心作业质量分析方法	20			
能力	1	能规范操作自动分拣设备	20			
	2	能提出分拨中心作业优化方案	20			
小计			100			
合计＝自评20%+互评30%+教师50%				组长签字		

视野拓展

数智化让快递跑得更快

快递物流业要维护日均揽收和投递包裹量均超3亿件的庞大业务量运转，离不开一个高效、便捷、强大的智能化运营网络支撑。当快递物流搭乘上数字化、智能化的"快车"，传统依赖人力的分拣模式被由人工智能、物联网、大数据等技术组成的"数智化"模式所取代，数智化让快递更快了。

一个包裹从发件人手中到送达收货人手中，要经过调度、分拣、运输等多个环节。特别是快递分拣，是一项细活，海量包裹、各种类型，不仅要依据收货地址来分拨，还要根据商品的性质、种类进行区分。仅靠人工识别分类，不仅容易出错，效率也低。为此，顺丰速运基于人工智能技术，融合北斗、Wi-Fi、基站"三合一"的定位技术，推出了"智慧地图"应用，完全代替人工记忆，在客户下单、智能调度、中转分拣、规划运输、末端配送等方面进行自主决策，将"数智的触角"充分延伸到货物的识别、快递人员调度、派送路径优化等"神经末梢"。在浙江省江山市的顺丰速运分拨中心，自动化分拣设备正在有条不紊地运作，而工作人员却并不多。中心负责人介绍，智慧地图能够充当分拣助手的角色，通过地图信息可视化手段及地理分单技术，可以对订单进行快速分拣，同时根据包裹特点个性化定制电子运单信息，不仅减少了大量的人工处理量，也节约了人工成本。同时智慧地图会根据全市各个网点的件量情况自动生成热力图，系统也会根据热力图对各个网点进行人员调度，并且智慧地图依托数据进行自动分析，将包裹派送路径精确到楼栋、单元，为快递小哥智能导航，极大地节省了时间，也提高了快递员的效率。（资料来源：中国纪检监察报，2023-04-17）

思考与讨论：快递分拨中心数字化、智能化发展有哪些现实意义？

同步测试

一、单选题

1. 以下属于机械总包步骤中最前面的是（　　）。

A. 扫描包牌条码信息

B. 拆解结束，注意拆解实际件数与系统信息进行比对

C. 验视快件总包路向，将误发的总包拣选出来

D. 每个总包开拆完毕，将快件贴有运单的一面向上，整齐放到运输机上传输分拣

2. 总包交接验收的顺序排在最先的是（　　）。

A. 检查快件运输车辆送件人员提交的交接单内容填写是否有误

B. 核对到站快件运输车辆的发出站、到达站、到达时间，并在交接单上批注实际到达时间

C. 引导快件运输车辆安全停靠到指定的交接场地

D. 检查总包是否有破损等异常现象

3. 有拆动痕迹的总包处理方法，不包括（　　）。

A. 将问题总包交给交方，由对方当面开拆总包，共同查验袋内快件

B. 保留袋皮、封志及袋牌

C. 如果袋内快件有异常，应在交接单及封发清单上批注。

D. 填写质量报告记录双方签字、存档

4. 总包交接的基本要求，不包括（　　）。

A. 交接验收　　　　　　　　　　　B. 逐件比对

C. 进、出、存总件数汇总比对相等　　D. 总包拆解

5. 总包接收异常情况不包括（　　）。

A. 发运路向不正确

B. 重量符合要求

C. 袋牌或标签脱落或字迹不清，无法辨识的总包

D. 有破损或有拆动痕迹

E、有水渍、油污

6. 收派网点与分拨中心之间使用的交接单，登列的内容主要有快件封发时间、发出站、接收站、封发人员、快件号码、（　　）。

A. 收寄件人信息、重量、体积、件数

B. 收寄件人信息、种类、车辆牌号、驾驶人员

C. 重量、体积、件数、种类、车辆牌号、驾驶人员

D. 收寄件人信息、重量、体积、件数、种类、车辆牌号、驾驶人员

7. 系统自动登单，是通过快件分拣系统的扫描装置，对快件（　　），发出指令封锁格口，自动打印出封发清单。

A. 手动检索　　　B. 手动输入　　　C. 自动检索　　　D. 手动核对

8. 为提高分拣速度，快递员在运单上用独特的编码明显标记该快件应流向的（　　）。

A. 物品属性　　　B. 物品类型　　　C. 物品名称　　　D. 省份、城市名称

9. 国际快件出境必须经过海关等部门的查验，与国内快件的封发具有不同的流程。国际快件必须按（　　）分类装袋封发。

A. 登单需求　　　B. 报关需求　　　C. 封发清单　　　D. 包牌（包签）

10. 国际快件的装袋操作中，总包袋盛装不能过满，装袋不宜超过整袋的（　　），连同袋皮重量不宜超过 32 千克。

　　A. 三分之二　　　　　B. 三分之一　　　　　C. 二分之一　　　　　D. 四分之一

二、多选题

1. 下说法正确的是（　　）。

　　A. 封志在运输途中保证了快件的安全、明确了责任

　　B. 托盘和拖车使用时，不可以反向操作

　　C. 总包接收和处理要求两人或两人以上作业

　　D. 不同批次的总包可以同时接收和处理，以便节省时间

2. 快件封发一般包括（　　）环节。

　　A. 生成封发清单　　　B. 快件称重　　　　　C. 快件封袋　　　　　D. 封发检查

3. 下列关于快递运单描述正确的是（　　）。

　　A. 快递运单填写应保证真实性，快递员不能代替客户签名

　　B. 快递员收取完快件回到营业网点时再在运单上填写运费

　　C. 客户因私人寄件而不填写寄件人公司名称

　　D. 快递员应将自己工号写在运单上

　　E. 快件运单对企业和客户双方都具有法律约束力

4. 下列关于总包接收验视的内容正确的是（　　）。

　　A. 总包发运路向是否正确　　　　　B. 总包的规格、重量是否符合要求

　　C. 总包是否有水湿　　　　　　　　D. 检查总包内快件是否破损

5. 以下属于交接单使用范围的是（　　）。

　　A. 收寄派送网点与分拨中心之间的总包交接

　　B. 快件运输环节与分拨中心或中转站之间的总包交接

　　C. 分拨中心或中转站与委托运输方之间的总包交接

　　D. 分拨中心与分拨中心之间的总包交接

6. 以下属于总包交接单作用的是（　　）。

　　A. 真实记录了两个作业环节交换总包时实际发生的相关内容，是快件业务处理的证明

　　B. 是快递企业与委托承运部门或企业进行运费结算的依据

　　C. 是发件人与发件网点之间的付款依据

　　D. 是进行总包查询和赔偿的凭证

7. 以下有关总包封装的质量检查内容说法正确的是（　　）。

　　A. 检查对需要赶发时限的快件是否优先封发处理，是否赶发指定的航班或航次

　　B. 检查操作系统信息处理是否符合要求

　　C. 检查快件运单信息是否完整

　　D. 检查总包的袋牌、封志、袋身（笼或箱体）、重量等规格是否符合要求

8. 自动分拣系统特点包括（　　）。

　　A. 能够连续、大批量完成分拣作业

　　B. 分拣过程中错误率极低

　　C. 实现分拣作业的无人化

　　D. 数字物联化方向发展

9. 总包拆解异常情况，包括（　　）。

　　A. 快件总包包牌所写快件数量与总包袋内的快件数量不一致

　　B. 封发清单更改划销处未签名、未盖章，快件数量与清单不符

C. 拆出的快件有水湿、油污、破损、断裂和拆动的痕迹

D. 快件运单地址残破

10. 车辆封志拆解主要分四步（   ）。

A. 检查封志是否完好无损

B. 检查封志印志号码是否清晰可辨

C. 录入封志信息

D. 拆开封志

E. 路单上批注

三、判断题

1. 快件初分拣是指将快件一次性直接分拣到位（即快件的寄达地或派送路段），然后再次分拣。（   ）

2. 分拨中心规模越大、级别越高，设置的分拣区域就越少。（   ）

3. 快件直封就是快件分拨中心按快件的寄达地点把快件封发给到达城市的分拨中心。（   ）

4. 车辆封志是固封在快件运输车辆车门的一种特殊封志，其作用是防止车辆在运输途中被打开，保证已封车辆完整地到达目的地。（   ）

5. 总包的封装，是将多个发往同一寄达地的快件集中规范地放置在袋或容器里，并将袋或容器口封扎的过程。（   ）

6. 快件装运是指发运人员根据发运计划及时准确地将总包装载到指定的运输工具上，并与运输人员交接发运的过程。（   ）

7. 总包是指将寄往各个地方的多个快件集中装入的容器或包（袋）。（   ）

8. 交接单是快递网络中收派和处理两个部门在交接总包时的一种交接凭证。（   ）

9. 发出总包时，收方负责逐包扫描，同时验视总包，复核总包数量、规格。收方负责监督总包数量。（   ）

10. 总包的包签是可用于区别快件的所属企业和运输方式及发运路向等的信息标志。（   ）

☑ 调查研究与学思践悟

关于当地快递企业分拨中心数字化、智能化发展的现状调查

1. 总体要求

专业学习不单是学习书本知识，更需要加强包含调查研究在内的实践训练，要在实践中检验学习的效果。大家围绕学习贯彻党的二十大"加快发展数字经济，促进数字经济和实体经济深度融合"精神，结合项目的学习内容，实地走访当地快递企业，深入一线调查，了解当地快递企业分拣数字化、智能化发展实施情况，形成一篇调研报告。

2. 具体要求

（1）准备要足。事先组建调查研究小组（每组4~5人），落实好调查对象、地点和时间，拟定好调查提纲和问卷，联系好调查出行的交通工具，牢记调查过程中的安全要求，注意个人仪表仪态和言谈举止。

（2）选题要准。围绕快递企业分拨中心数字化、智能化发展的要求，聚焦当地某家快递企业发展的政策和举措，从思路、措施、问题、经验、成效等方面着手，发现重点、热点、难点、痛点、关注点等问题，保持调研的方向性、超前性、倾向性和预见性。

（3）内容要实。凡事务求贯彻落实。调查研究材料与内容要真实，要深入当地快递企业分拨中心实地去问、去看、去听，及时对当地快递企业发展实践中创造的好做法进行挖掘总结，提

炼出可复制推广的经验成果。

（4）立意要高。快递企业数字化、智能化发展调研工作是为相关部门和快递企业决策提供依据，能针对性地提出分析问题、解决问题的方法措施。

（5）感悟要深。针对快递行业数字化、智能化发展趋势，坚持边看、边问、边学、边思，知行合一，真抓实干，在调研中把"加快建设数字中国"的党的二十大精神学深悟透，提升综合素养和职业能力。

✓ 技能宝贵

快递分拨中心作业模拟操作

1. 实训目的

通过模拟训练，使学生根据所学知识，掌握快递分拨中心主要业务及其操作流程和作业规范，培养学生分拨中心作业优化能力和数字化素养提升能力。

2. 实训准备

（1）编写快递分拨中心业务模拟场景。

（2）准备好模拟实训场地、设备及模拟车辆、快件、总包袋等物品。

（3）组建4~5人的学习小组。

3. 实训要求

（1）根据假设的模拟场景配合完成快递分拨中心全流程作业。

（2）作业规范，安全意识强，工作协调充分，加强现场管理。

（3）模拟操作结束后及时做好小组小结，全班展示分享。

4. 实训指导

（1）指导学生做好作业前准备。

（2）指导学生作业安全操作。

（3）指导学生做好实训小结。

5. 实训评价

教师对每个学习小组的实训表现作出综合评价，填写表3-3-1。

表3-3-1 分拨中心作业模拟实训评价

组别		组员	
考评内容	××快递分拨中心作业模拟操作		
考评标准	评价内容	分值	实际得分
	作业前准备	10	
	快件接收、总包拆解、分拣、装运作业	60	
	小组实训小结	10	
	分享展示效果	10	
	数字化素养、安全意识、标准化意识	10	
	合计	100	

项目四　快件派送作业管理

学习目标

知识目标

- 掌握快件派送基本要求
- 熟悉快件派送准备知识
- 掌握快件派送路线设计的原则和方法
- 掌握派送业务流程
- 熟悉问题件类型及处理方法

能力目标

- 能独立做好快件派送准备工作
- 能优化设计快件派送路线
- 能独立完成快件派送服务
- 能正确处理异常派送件

素质目标

- 培养保障民生的社会担当意识
- 培养服务客户的职业精神
- 培养派件作业的安全意识

项目全境

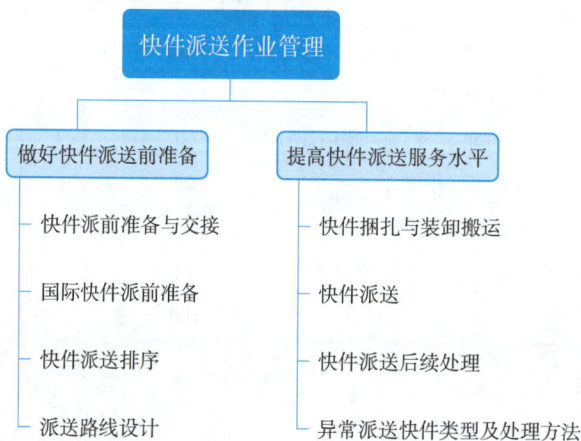

任务一　做好快件派送前准备

引思明理

定时派送服务，提升消费者体验

在消费者日常寄收快递过程中，经常会出现快递送到、人却不在家的情况。为进一步提升寄件体验，多家快递公司推出线上预约派送全新服务，通过定时派送服务，持续加码守护用户安全、省心的寄件体验。定时派送一般包括提供指定时段和等通知两类服务。其中，指定时段派送服务是指客户在下单时可指定快件送达时间（一般是到件后 7 天内的某个时间），快递公司根据客户指定的时间完成派送；等通知派送服务是指快件到达派件网点后暂不派送，待寄件客户通知派送后快递公司才安排派件。

随着用户需求多样化，定时派送不仅可以提升用户体验，也可以帮助企业在价格战中找到新的增长点。"定时派送"无疑是企业对精细化服务的有益尝试，但快件包裹越来越多的同时，快递无法送货上门也遭到不少消费者的吐槽。这项业务未来能否在末端网点顺利推广，还面临着很多的挑战。多元化快递服务体系的实施，需要快递企业与电商平台企业的通力协作，更需要政府相关部门的引导。一方面需要探索尝试个性化和柔性化服务，提高派件费留住快递小哥。另一方面，需要从源头入手，在电子商务和快递平台界面，增加快递派送方式选择功能，通过阶梯定价，送货上门还是投放代收点与快递柜，送货上门又可以选择精确时间，引导用户主动选择不同费用的服务方式。（资料来源：快递观察家，2021-10-11）

快件派送服务是快递员按运单信息上门将快件递交给收件人的过程。快件派送不仅是直接保证快件快速、准确、安全地送达客户的最后一环，也是快递企业收集快递服务反馈信息，同客户建立与维护良好关系的另一个重要机会和渠道。快递企业推出预约定时派送服务，有效对接了客户需求，增强了消费者消费体验获得感，在促消费畅流通、助力持续推动消费回暖、推动我国经济高质量发展等方面发挥独特作用。

任务导入与分析

元宵节这一天，快递员康先生在网点取出需要派送的快件进行派件。他下午还有 6 个快件任务需要派送，因此希望能够在下午 5 点前完成所有快件的派送，早点回家和家人团聚过节。如果你是康先生，请根据派送快件的情况，设计出最佳线的快件派送方案，以提高快件派送的速度和准确率。

康先生元宵节这天下午需要派送的快件收件地址如图 4-1-1 所示，图中数字为各段线路所需时间。图中 A 点为派送网点，B 点为需要 1 小时内送达的快件地址，D 点要派送一普通文件，F 点需要派送一重量为 12 千克的普通包裹，C 点需要派送一保价快件，E 点需要派送一件 1 千克的普通包裹，G 点需要派送一待收款 4 000 元且重量不超过 1 千克的快件。

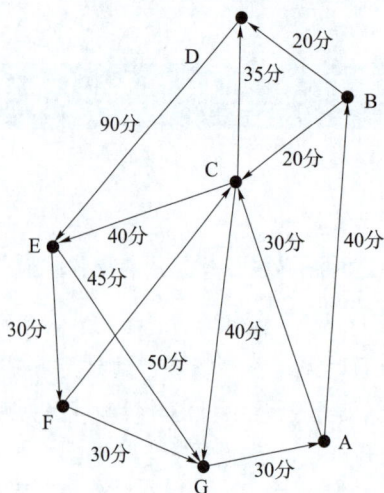

图 4-1-1 康先生下午需要派送件的网络示意

知识学习

一、快件派前准备与交接

快件派送流程是指快递员将快件交给客户，并在规定的时间内，完成后续处理的过程。快件派送工作是快递服务的最后一个环节，派送工作的好坏，直接影响着快递服务质量的高低和客户体验的好坏。

（一）快件派前准备

快件派前准备是指快递员在派送快件出发前，为保证快件派送的时限和服务水平而所做的一系列准备性工作，如图 4-1-2 所示。

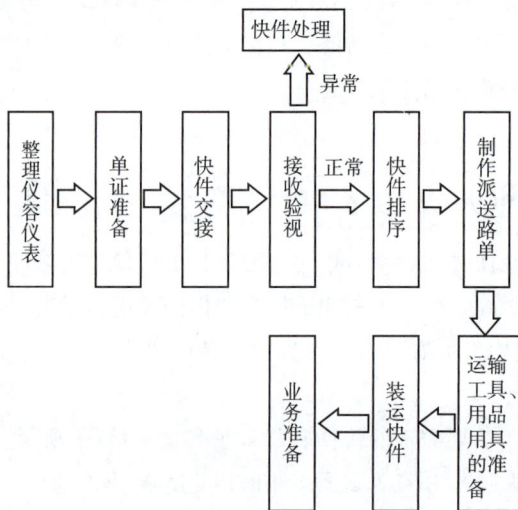

图 4-1-2 国内快件派送前准备流程

1. 整理仪容仪表

快递员在离开收寄网点之前，对仪容仪表的一般要求是：身着公司统一工作服，佩戴好工牌，摆好衣领，扣好衣服袖口，整理好自己的仪容，系好鞋带，保持鞋面干净，调整好心态和情绪，在客户面前保持饱满的精神状态和积极热忱的面貌。

2. 单证准备

准备好工牌、派送通知单，收据或发票、开拆快件记录单、身份证、行车证等。

3. 快件交接

在规定的时间内，从派送网点分拣操作区，领取所属派送范围的快件，并将快扫描登记在手持终端。

4. 接收验视

（1）检查快件的外包装、封签及快递运单，如有异常，将异常快件交回处理人员处理。

（2）按派送区域核对快件是否属于本人派送区域。

（3）确认派送快件数量。

5. 快件排序

通过手持终端一件一件地扫描已交接的快件，快件被全部扫描后由手持终端派件模块根据派送段的地理位置、快件的时效要求等特性自动合理安排派送顺序，并将快件按照派送顺序进行排序整理

6. 制作派送路单

通过计算机系统对排序后的快件完成派送路单（或称派送清单）的制作。

7. 运输工具、用品用具的准备

检查确认运输工具、用品用具、操作设备状况良好；检查个人通信工具、手持终端、刷卡机、电子秤等是否处于正常状态。

8. 装运快件

将快件进行集装、捆扎并安全装载在运输工具上。装车完毕后，检查作业现场有无遗漏快件，做好出班"三净"（格口净、桌面净、地面净）工作。

9. 业务准备

阅读宣传栏，掌握企业最新业务动态及相关操作通知。清楚与自己相关的替（换）班。

（二）快件交接

快件由上一环节到达派送网点之后，快件处理工作人员（不同快递公司对此岗位工作人员称谓不同，如仓管员、操作员、分拨员、内勤员等）负责对快件进行分拣。分拣完毕后，处理人员根据收件人地址、重量、快件类型等将快件交接给相应的快递员。

1. 交接原则

（1）当面交接原则。快递员须当面与快件处理人员交接快件，交接双方共同确认快件状态。如发现有异常，可将快件交由场地处理人员处理或在派件交接清单中注明异常情况。

（2）系统确认原则。传统上是交接双方在确认快件无误之后，需要在派件清单上对交接信息进行双方签字确认。随着信息技术在快递领域的应用和发展，交接的信息在系统确认。

2. 核对交接快件数量

（1）核对总件数。根据交接清单逐件核对总数是否与实物数量相符。如不相符，需要立即向处理人员反馈并双方再次确认交接件数。

（2）核对一票多件快件的件数。检查实际交接的快件件数是否与系统运单注明件数相符。如不相符，需要立即向处理人员反馈，与其确认是否快件未到齐或者遗失。

（3）核对代收货款快件的件数。代收货款快件涉及向收件人收取相应的款项，通常金额较

大，存在一定的风险，交接时一般快递企业都要求将代收货款快件的数量单独清点，并在派件清单中注明。

（4）核对保价快件的件数。保价快件通常具有高附加值、易碎、对客户重要性高的特点，在交接时需要特别注意。快递企业一般对保价快件有单独的收派及处理流程，而且保价快件流转的每个环节都需交接双方签字确认。

3. 检查交接快件

（1）检查快件外包装是否完好，封口胶纸是否正常，有无撕毁重新粘贴的痕迹。

①如快件轻微破损且重量无异常，网点处理人员对快件进行登记，并在派件清单相应位置登记破损情况后，由快递员对快件进行加固包装并试派送；

②如快件破损严重，且重量与运单填写重量不符，须将快件滞留在派送网点，由派送网点处理人员按照相关规定处理；

③如发现封口胶纸异常（如非本公司专用封口胶纸、有重复粘贴痕迹），立即上报网点有关人员并交由其处理。

（2）查看是否有液体渗漏情况。

①若轻微渗漏，则重新加固包装，安排试派；

②若渗漏情况严重，则交由网点处理人员处理。

（3）检查快件运单是否脱落、湿损、破损，运单信息是否清晰明了。

①如运单脱落，立即交由处理人员处理，并协助其查找是否有脱落的运单；

②如发现快件运单粘贴不牢固，用快递企业专用胶纸粘贴牢固；

③如运单模糊不清（通常由于涂改严重在运输过程中磨损造成），但可以识别运单单号的，将快件交由处理人员利用运单单号，进入相应的系统查看快件信息。待其确认并在运单上标示清楚后，再重新接收安排派送；

④如运单轻微破损且不影响查看快件信息，则按照正常快件派送；

⑤如运单模糊、严重涂改、破损等导致无法识别快件运单单号，快件处理人员可通过系统查找此快件的单号及相应的信息，填写公司专用"派送证明"代替"收件人存根"联，交给快递员，快递员按照正常的流程派送。

（4）检查派送地址是否超出自身所负责的派送区域。

（5）判断收件人地址是否正确、详细。地址错误或不详，则需要按照运单上收件方电话及时与客户联系，询问其姓名及正确地址，确认后，按照正常快件派送。

4. 交接确认

派送网点处理人员将快件交接给快递员，经快递员对快件进行核对、检查无误后，由交接双方在系统确认。交接确认的信息包括运单号、重量、运费、付款方式、快件数量等。

（三）特殊快件的交接

1. 限时快件的交接

限时快递是快递企业承诺在约定的时间点之前，将快件送达客户的快递服务。因限时快件客户有严格的限时送达要求，需要优先派送。派送交接时，对限时快件进行单独交接，并单独存放，以保证快递员及时掌握限时派送快件的信息，做好限时派送的计划与准备，保证限时派送，实现对客户的限时服务承诺。同时对限时快件的运单信息、收件人名址进行核准，发现错分快件应及时退回处理人员进行重新分拣，以便及时安排派送。

2. 保价快件的交接

保价快件派送时，一定要单独交接并逐件点验数量，查验快件外包装、保价封签及重量是否异常。如有异常应向处理人员及时反馈。

3. 到付快件、代收货款快件的交接

到付快件、代收货款快件因涉及向收件人收取相应的款项，存在一定的风险。一般情况下，快递企业规定此类快件交接时应进行逐票分类检查，在派送路单（或称派送清单）中注明应收取的款项和金额，或制作专用的应收账款清单。为了避免错收款项，派送交接时，快递员要注意核对派送路单所注明的应收款金额与快递运单或其他收款单据所写的金额是否相符。如有金额不符的快件，交由处理人员核实。

4. 快递运单脱落、破损快件的交接

处理人员分拣快件时，发现快递运单脱落、水湿、污染、破损，造成地址、联系电话不详的快件应单独存放，与快递员单独交接。如快递运单可在处理现场找回并能确认或有轻微破损，且不影响查看收件人信息，按正常流程派送。如果快递运单破损比较严重或在现场寻找不到脱落的快递运单，导致无法识别快件单号及收件人信息的，处理人员将此快件转交总台人员，根据快件号码在信息系统中查找相关收寄部门，通过系统或电话联系相关收寄部门，征询寄、收件人信息，补填派送替单，并赶发相应频次进行派送。

5. 收件人名址不详快件的交接

处理人员分拣快件时，发现名址不详的快件应单独存放，与快递员单独交接。进行接收验收时，发现名址不详的快件，如果有收件人电话，与收件人联系确认详细名址并在快递运单空白处进行批注后按正常流程进行派送。有收件人电话，但电话无人接听时，可先携带快件出发派件，途中连续拨打收件人电话，如能与收件人取得联系并确定详细名址，在快递运单空白处进行批注，按正常流程派送；无法取得联系时，作为问题件带回派送网点，交与指定处理人员办理交接手续；无电话号码或因电话号码错误、停机等原因无法与收件人取得联系时，将快件直接交回处理人员跟进处理。

6. 单个快件多个快递运单的交接

处理人员分拣快件时，发现单个快件出现粘贴多个快递运单情况，将此快件转交总台人员。可通过以下几种方式进行判定确认：①通过信息系统确认；②通过电话联系寄件人确认；③通过快件重量与快递运单填写重量进行对比确认。确认后划销多余快递运单，赶发相应频次进行派送。

（四）派前防护措施

快递员应当每天查看天气预报，并实时跟进天气情况，在雨雪雾天气，需提前备好雨布、雨衣、塑料薄膜、手套、口罩等防水防冻物品。

二、国际快件派前准备

（一）国际快件准备流程

国际快件准备流程（图4-1-3）中的整理仪容仪表、单证准备、设备准备、接收验视、快件排序、制作派送路单、装运快件等环节，准备内容要求与国内快件准备流程相同，除此外，国际快件派送还需要做好以下准备。

1. 发票准备

由于进口国际快件货物Ⅰ类和货物Ⅱ类进口清关时，快递企业集中进行清关申报，海关征收关税开具的是总税单（KJ3税单），造成代缴关税快件派送时，无法向收件客户提供单独的税单，需要快递员向客户提供收款发票。因此，派送快件前还需要准备好收款发票。

2. 收款信息准备

从信息系统下载本人派送段内当班派送快件的相关信息，具体包括关税、检验检疫费、仓储

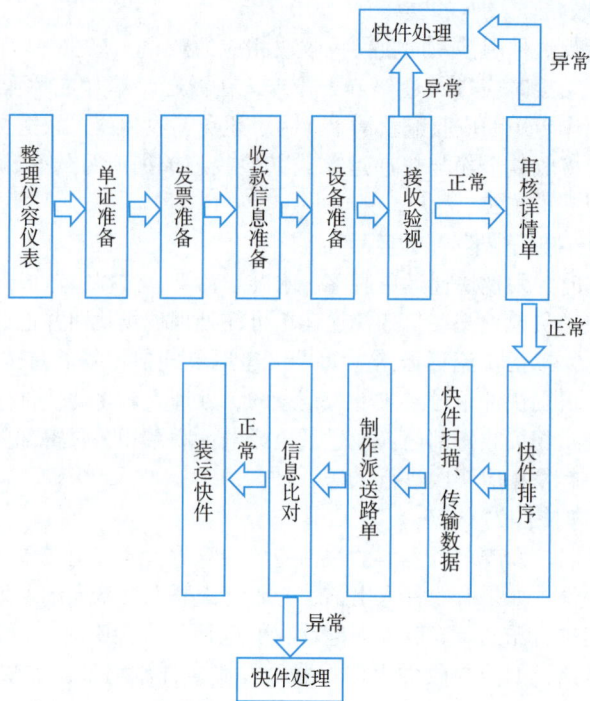

图 4-1-3　国际快件派送前准备流程

费、到付款等代收款信息，记录代收款快件的收件人联系方式及需要收取的款项，以便派件前通知客户提前做好准备。

3. 审核运单（核对批译内容）

国际快件在派送前，大多数快递企业已对收件人信息进行批译。由于英文名址的书写不同于中文名址的书写，批译时出现错译、漏译的情况在所难免。为了保证派件正确准时，快递员派件前必须核对收件人名址，发现错译、漏译的情况应当及时更正，避免错派快件。

4. 扫描快件传输数据

具体操作步骤如下：

（1）按要求正确输入派送段代码、员工代码及姓名、派送日期和时间等内容。

（2）按顺序进行快件派送扫描。

（3）核对手持终端显示的扫描数据与实际快件数量是否相符。

（4）将快件派送扫描信息上传至企业信息系统。

5. 信息比对

下载扫描信息并打印出派送路单后，要逐票核对派送路单与快件实际信息是否相符，重点核对关税、到付资费、商检费、仓储费等金额是否一致。如果发现路单上收件人信息空白或与实际情况不符，必须用手工补写完整或修改正确。核对无误后，快递员与处理人员共同在派送路单上签字，确认交接情况。

（二）国际快件关税收取方式

为了方便客户和保证派送时限，对国际快件报关时需要交纳的关税、检疫费等费用，一般都由快递企业或快递员为客户垫付缴纳。因此，快递员需要向客户收取垫付的关税、检疫费等税费，该过程被称为归垫。关税的收取方式有如下几种：

1. 关税记账

快递企业与客户签有关税定期结算协议，进口国际快件产生关税时，先予以派送，垫付的关税定期与客户结算的方式。

2. 关税现结

快递企业与客户没有签订关税记账协议，快件派送时，客户在派送现场将快递企业垫付的关税支付给快递员的一种代缴关税的结算方式。

3. 关税记账转第三方

收件人本人不支付关税，经收件人与第三方（付款方）共同确认后，由第三方支付快件关税的结算方式。

三、快件派送排序

（一）派送段的含义

派送段也称派送区域，是指快递企业根据业务量及快递员人数，将每个派送网点的服务范围划分成多个派送服务段。一个派送段的地域范围主要是依据该派送网点内各路段的业务量，并综合考虑快递员的工作时间来划分的。一个派送段既可以是几个路段或一定地理范围，也可以是一栋楼，甚至是一栋楼的某几层。每位快递员负责其中一个或多个派送段的快件派送服务。

（二）快件排序依据

快件排序是指快递员为安全、高效、准确地完成快件派送，结合快件派送路线及快件时效要求，将本次需要派送的快件进行整理、排列，对快件进行合理、得当的排序，是整理快件的重点，也是快件实现高效率派送的基础。快件派送排序依据主要有以下四种：

1. 根据客户的特殊要求排序

客户特殊要求往往是需要优先派送的优先快件。如等通知派送的快件，客户有较严格的时间要求，可能具体到某一天，也可能具体到某一天的某一小时，必须根据客户要求的时间及时派送；保价快件若随身携带的时间越长，遗失或破损的概率越大，对于客户、快递企业以及快递员而言，都存在较大的风险。为了降低风险，对保价快件应优先派送。

2. 根据快件的时效排序

将派送时效要求相同或相近的快件放到一起，先排列时效要求高的快件，再排列时效要求低的快件。

3. 根据由近而远的地址排序

按照派送段由近及远的顺序将快件排列、整理。此条原则主要是基于派送的总时间考虑，选择由近及远的方式派送，不仅可以节省劳动强度，也可节省快件派送总时长。

4. 根据快件的大小轻重排序

大件、重件先派送，小件、轻件后派送，可以减轻快件派送的劳动强度。

四、派送路线设计

派送路线是指将快递员在派送快件时所经过的地点或路段，按照先后顺序连接起来所形成的路线。派送路线是快递员派件所走的轨迹，合理设计派送路线可节约派送时间，提高派送效率。

（一）派送路线设计原则

合理的派送路线对于派送工作的有效完成具有重要的作用，具体体现为有利于满足快件时效要求，实现派送承诺；节省行驶和派送时间，减轻劳动强度；节省运输成本，减少车辆损耗。因此，在派送前一定要做好派送线路的设计。在实际操作中，派送路线的设计需要综合考虑各个原则。如果各个原则不能同时满足，则应当首先满足保证派送时限、优先派送优先件的原则，其次再满足其他原则。

1. 保证派送时限

快件派送时限是指完成快件交接，至客户处成功派送快件，回网点交接运单和款项等活动的最大时间限度。为了更好地服务客户，快递企业通常都会向客户承诺快件派送的时限，即收寄快件时向客户承诺的最晚派送时间。影响派送时限的因素主要有三点：

微课：派送路线
设计影响因素

（1）当班次派送件量过大。

（2）在同一班次内，因客户不在而进行二次派送的件多。

（3）天气、交通堵塞、交通管制等不可控因素。

2. 优先派送优先快件

优先快件是指因时限要求、客户有特殊要求等原因，需要安排优先派送的快件。优先派送的主要类型包括以下三种：

（1）时限要求高的快件，如同时有即日达、次日达快件需要派送，应优先派送即日达快件。

（2）客户明确要求在规定时间内派送的快件，如等通知派送的快件，需要在客户要求的时间完成派送。

（3）二次派送的快件，即首次派送不成功，客户要求再次派送的快件。

3. 先重后轻，先大后小

先重后轻是指优先派送重量较重的快件，再派送重量较轻的快件；先大后小是指优先派送体积较大的快件，再派送小件快件。由于重的或体积大的快件的装卸搬运劳动强度大，优先处理，可减轻全程派件作业的难度。此原则只针对非轻泡货件，若既有非轻泡件，又有轻泡货件时，则需根据实际情况灵活处理。

4. 减少空白里程

空白里程是指完成当班次所有快件的派送所行走的路线的实际距离减去能够完成所有快件派送的有效距离。空白里程产生的是无用功，增加了快递员的劳动时间和劳动强度。造成空白里程的原因有以下几点：

（1）对派送段所包含的路段、地址、门牌号不熟悉，导致在派送时绕路。快递员单独派送快件前，应熟悉派送段，掌握每条路段、街道所包含的门牌号，如为写字楼、商场、超市、学校等场所派送快件，需要了解其布局，确保能以最短距离到达收件客户处。

（2）排序时未将同一客户的多票快件排在一起，导致多次派送。快件排序时，需要注意将同一客户的多票快件整理到一起，同时派送，避免多次派送。

（3）派送路线交叉过多或重叠。快递员对于同一个派送段，应掌握多条派送线路，以最佳方式派送。

（4）信息滞后，如对交通管制、封路信息掌握不及时，导致绕道而行。快递员须及时掌握派送段内的路况信息，避开交通管制或修路的路段。

5. 保证安全

派送路线的设计，需要综合考虑派送段的路况、车流量，当班次的快件数量，快件时效要求等要素进行设计，要保证安全。

（1）遵守道路运输及领域相应法律法规，选择允许派送车辆行驶的路段。

（2）避开车流量或人流量较大的路段，减少运输时间。

（3）减少运输时间，尽量避免在十字路口行驶，减少等待时间。

（4）选择路况较好的路段，包括路面质量好、车道宽敞、车流量较小、坡度和弯道密度小。

6. 最佳成本

在保障时效的前提下，应尽量降低成本，寻找最低的成本路线。只有最短的派送路线，才可能实现合理的时效和成本。

（二）派送路线设计的结构

从结构上看，快件派送路线通常有三种。

1. 辐射形路线

从营业网点出发，走直线或者曲折线的路线，如图 4-1-4 所示。优点为运行简单，适用于客户分散、派送路程远的情况。缺点是往返多为空车，里程利用率低。

微课：快件派送
路线设计原则

2. 环形路线

从营业点出发单向行驶，绕行一周，途中经过各派件客户所处的地点，回到出发的营业网点的路线，如图 4-1-5 所示。环形路线适合商业集中区、专业批发市场等客户较为集中派送段派送路线的设计。优点是不走重复路线。缺点是快件送到最后几个派送点的时间较长。

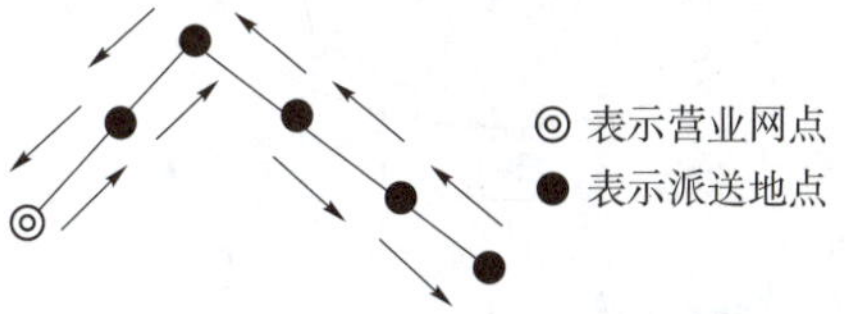

图 4-1-4　辐射形派送路线结构图

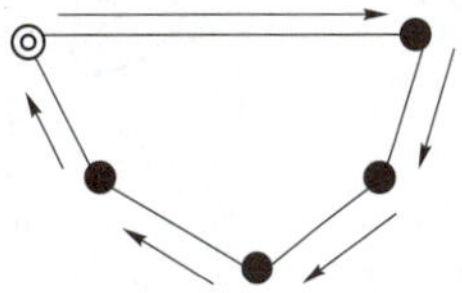

图 4-1-5　环形派送路线结构图

表示营业网点
表示派送地点

3. 混合形路线

包含辐射形和环形两种结构形式的路线，如图 4-1-6 所示。适用于商住混杂区，设计时要综合考虑里程利用率和派送时效。

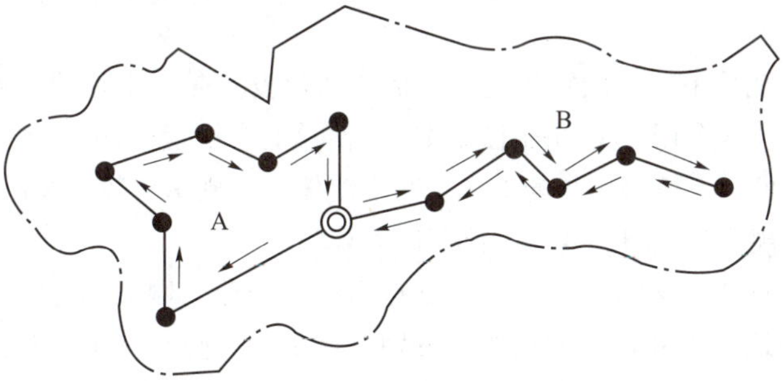

图 4-1-6　混合型派送路线结构图

（三）派送路线优化设计的方法

1. 直观法

派送路线规划的方法相对较专业，但在目前大多数情况下，网点的收派片区的收派线路较短，多数位于市区，在实际应用中比较常用的方法是直观法。直观法是通过经验及直接观察确定派送路线。例如，对于空间层次分明的网点，可采用直观推理法来解决，尽量避免线路交叉。如图 4-1-8 的派送路线要优于图 4-1-7 的派送路线。班车运行时应使派送点之间距离最小化，如图 4-1-9 中的（b）派送路线优于（a）派送路线。

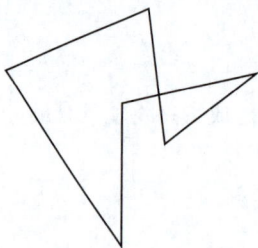

图 4-1-7　派送路线交叉　　　　　　图 4-1-8　派送路线无交叉

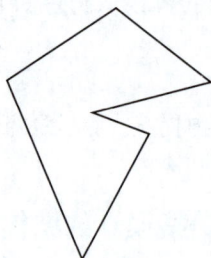

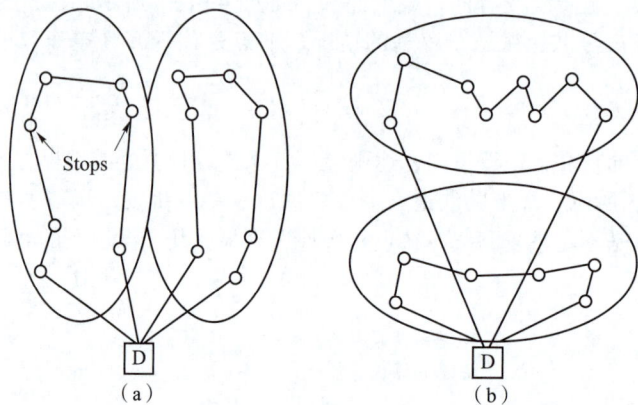

图 4-1-9　派送路线图比较

2. 节约里程法

（1）核心思想。节约里程法的核心思想是依次将派送过程运输问题中的两个回路合并为一个回路，每次使合并后的总运输距离减小的幅度最大，直到达到一辆车的装载限制时，再进行下一辆车的优化，从而寻找到最佳派送路线，使派送的时间最少、距离最短、成本最低，实现快件高效率派送。

（2）基本规定。利用节约法确定派送路线的主要出发点是，根据派送网点的运输能力和派送网点到各个用户以及各个用户之间的距离来制定使总的车辆运输的吨千米数最小的派送方案。另外还需满足以下条件：①所有用户的要求；②不使任何一辆车超载；③每辆车每天的总运行时间或行驶里程不超过规定的上限；④用户到货时间要求。

（3）计算公式。计算方法如下图，假设 O 点为快递企业的网点中心，它分别向地点 A 和 B 派送快件。设 O 点到地点 A 和地点 B 的距离分别为 a 和 b。地点 A 和地点 B 之间的距离为 c，现有两种运输方案，如图 4-1-10 和图 4-1-11 所示。

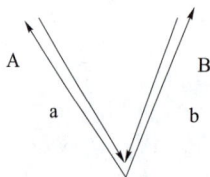

图 4-1-10　两个地点单独运输　　　　图 4-1-11　两个地点合成一个回路进行运输

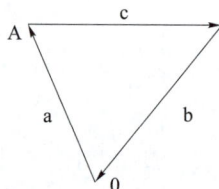

可以得到：在图 4-1-10 中运输距离为 2(a+b)；图 4-1-11 中运输距离为 a+b+c；合并后的总运输距离之差为：2(a+b)-(a+b+c)=(2a+2b)-a-b-c=a+b-c，即得到计算公式是两点到中心的距离之和减去两点间距离。

（4）举例。已知派送网点 P0 向 5 个用户派送包裹，其派送路线网络、派送网点与用户的距离以及用户之间的距离如图 4-1-12 所示，图中重量单位是 100 千克，距离单位是 1 千米。派送网点有 7 辆可载 200 千克和 2 辆可载 500 千克的三轮电动车可供使用。利用节约里程法制定最优的派送方案。

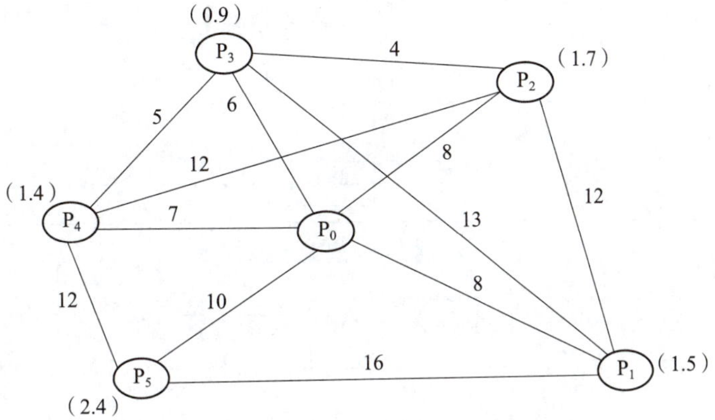

图 4-1-12　网点 P0 向 5 个用户派送包裹路线图

第一步，作运输里程表，列出派送网点到用户及用户间的最短距离，如图 4-1-13 所示。

	需求量	P_0				
P_1	1.5	8	P_1			
P_2	1.7	8	12	P_2		
P_3	0.9	6	13	4	P_3	
P_4	1.4	7	15	9	5	P_4
P_5	2.4	10	16	18	16	12	P_5

图 4-1-13　派送网点到用户的最短距离

第二步，按节约里程公式求得相应的节约里程数，如图 4-1-14 所示。

需求量	P_0				
1.5	8	P_1			
1.7	8	12 4	P_2		
0.9	6	13 1	4 10	P_3	
1.4	7	15 0	9 6	5 8	P_4
2.4	10	16 2	18 0	16 0	12 5	P_5

图 4-1-14　派送网点到用户相应的节约里程数表

第三步，将节约里程按从大到小顺序排列，有 P_2P_3——P_3P_4——P_2P_4——P_4P_5——P_1P_2——P_1P_5——P_1P_3——P_2P_5——P_3P_5——P_1P_4，如图 4-1-15 所示。

序号	路线	节约里程/千米
1	P_2P_3	10
2	P_3P_4	8
3	P_2P_4	6
4	P_4P_5	5
5	P_1P_2	4
6	P_1P_5	2
7	P_1P_3	1
8	P_2P_5	0
9	P_3P_5	0
10	P_1P_4	0

图 4-1-15　节约里程数排序表

第四步，根据载重量约束与节约里程大小，顺序连接各客户结点，形成两条派送线路，即 P_0——P_2——P_3——P_4——P_0，P_0——P_5——P_1——P_0，如图 4-1-16 所示。

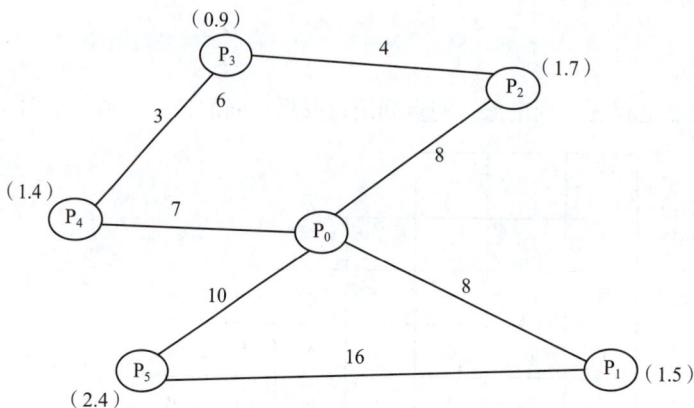

图 4-1-16　优化后形成的两条派送线路

得出结果：

派送线路一：P_0——P_2——P_3——P_4——P_0

运量：1.7+0.9+1.4=400（千克）

运行里程：8+4+5+7=24（千米）

用一辆 500 千克三轮电动车运送，节约里程为 18 千米。

派送线路二：P_0——P_5——P_1——P_0

运量：2.4+1.5=3.9（千克）

运行里程：10+16+8=34（千米）

用一辆 500 千克三轮电动车运送，节约里程为 2 千米。

初始方案：派送线路 5 条，需要 1 辆 500 千克三轮电动车，4 辆 200 千克三轮电动车，派送里程为（8+6+7+10+8）×2=78 千米。如图 4-1-17 所示。优化后的方案（见第四步）：2 条派送路线，只需要 2 辆 500 千克三轮电动车，派送里程为 24+34=58 千米。

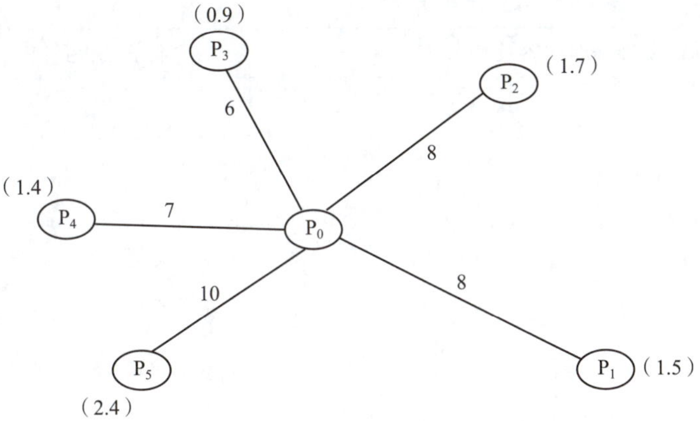

图 4-1-17　优化前的配送线路

微课：快件派送路线设计方法

企业创新 4-1

全国快递行业坚持创新开发 让快递速度更快

近年来，全国快递行业不断利用互联网平台和云数据、智慧地图等科技手段，及时准确地把快递产品送往千家万户。2022 年端午期间，面对疫情带来的巨大压力，快递行业坚持科技手段的创新开发，多家无人车生产运营企业积极调配无人车进驻到各地疫情管控小区、方舱医院、高校等封闭场景内，缓解"最后一千米"派送难题，以更快的速度把节日物资和群众日常消费品送到每位消费者手中。以往需要半天甚至更长时间才能完成的紧急派送任务，利用无人机仅用了短短十几分钟就可以完成 1 200 份抗原检测试剂盒的无接触紧急派送。特别是遇到地面交通受阻时，无人机在提供应急快递物流服务、应对突发事件中的作用和优势就会体现得更加充分、无可替代。（资料来源：央广网，2022-06-03）

🖱 任务实施

第一步：教师根据项目四任务一的任务导入与分析布置任务，学生分组，以小组为单位，扮演快递员角色派件。各小组在了解快递派送基本要求的前提下，熟悉此次派送任务，填写表 4-1-1。

表 4-1-1　派送路段客户情况

派送地点 ＼ 派送要求	派送时间	派件重量	其他信息（联系人及电话）
B 点			
C 点			
D 点			
E 点			
F 点			
G 点			

第二步：模拟快递员在离开营业网点前，做好派送前准备工作。填写表 4-1-2 中的派送前准备内容及要求，检查准备是否到位。

表 4-1-2　快递员仪表准备

序号	派送前需要准备的内容及要求	准备是否到位
1		
2		
3		
4		
5		
6		

第三步：根据任务要求设计 6 个快件的派送路线，确定派送顺序以及估计派送总时长。

第四步：完成上述任务后，教师对各学习小组任务完成情况进行点评，各小组完成表 4-1-3 的填写。

表 4-1-3　快件派送排序任务实施评价

任务名称		快件派送排序				
组别		组员				
考核维度		评价标准	参考值	考核得分		
				自评	互评	教师评
素质	1	培养保障民生的社会担当意识	10			
	2	培养快递派送作业的安全意识	10			
知识	1	掌握快件派送流程及要求	10			
	2	掌握快件派送准备工作	10			
	3	掌握快件派送排序的方法	20			
能力	1	能正确设计快件派送的顺序	20			
	2	能优化快件派送路线设计方案	20			
小计			100			
合计＝自评 20%＋互评 30%＋教师 50%				组长签字		

视野拓展

京东物流推出"云仓达"高效物流服务

2023 年京东物流推出了一项创新业务——"云仓达"。其聚焦同城电商供应链场景，通过打造具备智能订单处理策略的供应链 SaaS 系统，解耦京东物流的站点配送能力，并向经销商开放，为 O2O 非即时需求订单提供成本、效率、体验更优的半日达履约方案。

京东物流多年来持续加强基础设施建设，形成了"仓配一体化"优势明显的运营模式，"云仓达"为经销商提升用户体验提供了有力保障。相比 O2O 即时需求订单配送范围的限制，"云仓达"可以根据京东快递营业网点辐射的派送范围扩大买家可收货范围，提升经销商同城订单覆盖区域。相较于传统快递，"云仓达"半日达时效有明显优势：通过经销商直送京东快递营业网点，订单最快 2 小时即可送达消费者手中。另外，"云仓达"还具有京东快递员工送货上门，以及配送成本下降 60% 以上等多重优势。（来源：新华报业网，2023-04-13）

思考与讨论：京东"云仓达"在提升快件派送服务质量方面有什么意义？

任务二　提高快件派送服务水平

引思明理

疫情下贵州"顺丰人"的温度与担当

面对 2022 年这轮疫情，贵州顺丰速运公司在严格落实各项疫情防控政策的前提下，尽最大的努力发挥寄递网络优势，开展民生保供工作，在相关部门的统筹安排下全力投递派送各类物资。贵州顺丰向社会发布了"如果你有买菜、买药等采购需求，请联系身边的顺丰小哥"的通知。各营业网点纷纷涌现出一个又一个的暖心"快递小哥"，即使身处疫情阴霾，顺丰服务依然"不掉线"，彰显"顺丰人"的温度与担当。

疫情期间，生活物资需求量激增，配送工作需要运力支持。贵州顺丰先后和"一码贵州"及其他平台合作，由各平台派单，顺丰调配"快递小哥"接单，全力投入保供物资配送工作中。贵州顺丰在原来的 7 个前置仓基础之上增设 8 个前置仓，投入 1 800 余名配送员，全面提升配送速度，保障物资包尽快送到市民手中。同时贵州顺丰在贵阳市有 3 000 余名"快递小哥"可供调配，划定了 5 000 平方米场地以供抗疫保供使用，储备货车 500 余辆、末端派送三轮车 1 500 余辆，全力支撑疫情期间保通保畅工作，帮助被封控小区居民采购、配送各类生活物资和急需药品。(资料来源：贵州日报天眼新闻，2022-09-08)

快递派送是现代物流服务的重要内容，在促进电商发展、降低流通和消费成本、提高消费者满意度等方面发挥重要作用，特别是疫情防控期间，在保障民生物资供应有着不可替代的作用。疫情期间，贵州顺丰高效统筹疫情防控和物流通畅，全力运输、配送各类民生物资，用实际行动践行社会责任，诠释企业担当。

任务导入与分析

今天快递员王先生在派送过程中遇到三件麻烦事。一是 A 客户检查快件，发现外包装破损，拒收快件。二是至 B 客户处，发现客户不在，且电话打不通。三是客户 C 打来几次电话，催派快件，可快件在派送途中丢失了。假如你是快递员王先生遇到这些情况，应该如何处理？

在快递服务过程中，会因各种因素造成一些差错和意外，如快件丢失或延迟送达、信息滞后等。这些差错和意外，会引起客户对快递企业服务的不满和投诉。对这些差错和意外，若处理得当，则会加深客户对快递企业诚信度等方面的认可，增进客户与快递企业的感情；若处理不当，则会使客户对企业形成负面的印象，损坏企业的形象。因此，及时有效地处理派送环节中出现的异常件显得格外重要。

知识学习

快件派送服务是指快递公司网点从分拨中心接收到达件，并安排快递员负责将快件派送至用户并做相应的交接和结算的过程。从快递服务的全过程来看，快件派送是快递服务的最后一个环节，具体工作包括：进行快件交接，选择派送路线，核实用户身份，确认付款方式，提醒客户签收，整理信息和交款等各项工作。

一、快件捆扎与装卸搬运

（一）快件捆扎

为了防止快件在装运过程中散落、遗失，快递员须将一件或多件快件用捆扎材料扎紧，固定为一个集装单元，或者固定捆绑在运输工具上。在捆扎快件时，应根据快件的数量、重量以及体积大小，结合装运快件的工具（如托盘、包袋、手推车等）合理确定捆扎方式。对于不同规格的快件，捆扎方法有所不同。

1. 体积较小的快件

对于文件封或牛皮纸袋包装的快件，派送时应采用集装的方式，即将快件排序整理后装进身带的背包或挎包内，如图4-2-1所示。体积较小能装进背包或挎包的其他包装快件，也应排序整理后与文件封包装的快件一起集装。注意背包或挎包的袋口应该封上，避免快件掉出、淋湿或被盗。

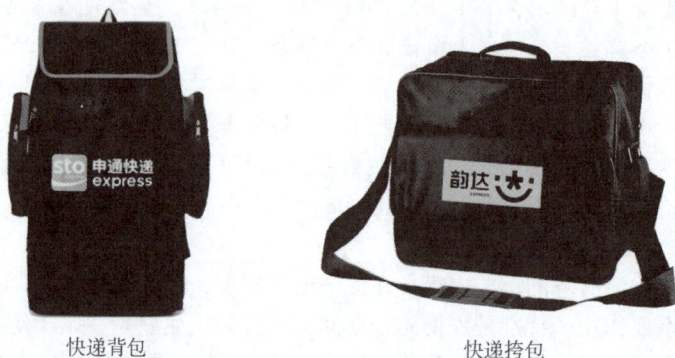

快递背包　　　　　　快递挎包

图4-2-1　快递背包和挎包

2. 体积小但无法装进背包或挎包的快件

（1）按照派送顺序整理，将派送到同一地址或相近地址的快件，叠放在一起，使用布带等将其捆绑在一起，便于上门派送时携带。

（2）如快递员有较大的集装袋，可将快件排序后整齐地摆放在集装袋内，整理摆放快件时须按照先派后装、重不压轻的原则，体积和重量相近的快件集装在同一袋内，如体积很大或重量很重的快件须单独捆扎，避免压坏袋中其他快件。使用集装袋装载快件，省去捆绑的麻烦，也便于快件的携带，如图4-2-2所示。

图4-2-2　快递集装袋

3. 体积大或重量较重的快件

这类快件无法集装，按照大不压小、重不压轻的原则，直接将快件码放到交通工具。要注意的是，码放的快件不能超出交通工具的箱体，否则行驶时可能会妨碍路人或车辆，带来危险。

4. 捆扎注意事项

（1）捆扎前，检查快件的重心是否偏移，如重心偏移、须重新摆放快件再进行捆扎。捆扎时也应注意对快件进行轻重搭配，保持运载工具平衡，避免重心偏移。

（2）注意捆扎力度，捆扎须确保快件捆扎牢固，同时力度也不要太大，避免损坏快件包装。

（3）雨雪雾天气，捆扎快件时，注意在快件上加盖防雨用具，如雨布、雨衣、塑料薄膜等。

（4）如为不规则快件，则要注意捆扎方式，如快件较长，应当注意与车辆长度平行捆扎，不能横着捆扎，阻碍路人或车辆行走。

（5）对于特别大、特别重、特别长的，超出快递员运载能力的快件，应由专门的派送车辆和人员负责。

（6）表面有突出钉、钩、刺的快件，需单独携带，不得与其他快件捆扎。

（二）快件装卸搬运

装卸是指在指定地点以人力或机械将物品装入交通工具或从交通工具卸下。搬运是指在同一场内，对物品进行水平移动为主的物理作业。二者合称装卸搬运。在实际操作中，装卸与搬运是密不可分的，两者是伴随一起发生的。在派送过程中，快件的装卸搬运多是短距离、小范围的，而且基本是人工操作，因此在操作过程中应该注意操作细节，确保人身安全以及快件的安全。

1. 装卸搬运过程中的人身安全

在快件装卸和搬运过程中，快递员须严格按照装卸搬运的操作规范、注意事项进行操作，如需借用相关的装备或保护物品时，须按要求使用和佩戴，不能因嫌麻烦而忽略安全操作点，切实做好自我保护工作。

（1）搬运重物之前，应采取防护措施，戴防护手套、穿防护鞋、护腰等。

（2）搬运重物之前，检查物体上是否有钉、尖片等物，以免造成损伤。

（3）应用手掌紧握物体，不可只用手指抓住物体，以免脱落。

（4）靠近物体，将身体蹲下，用伸直双腿的力量，不要用背脊的力量，应缓慢平稳地将物体搬起，不要突然猛举或扭转躯干。

（5）当传送重物时应移动双脚而不是扭转腰部。当需要同时提起和传递重物时，应先将脚趾向欲搬往的方向移动，然后再搬运。

（6）不要一下子将重物提至腰以上的高度，而应先将重物放于半腰高的工作台或适当的地方，纠正好手掌的位置，然后再搬起。

（7）搬运重物时，应特别小心工作台、斜坡、楼梯及一些易滑倒的地方，经过门口搬运重物时，应注意门的宽度，以防撞伤或擦伤手指。

（8）搬运重物时，重物的高度不要超过人的眼睛。

（9）当有两人或两人以上一起搬运重物时，应由一人指挥，以保证步伐统一，同时提起、放下物体。

（10）用小车运物时，物体要在人的前方。

（11）快件不可挂在自行车或摩托车的车把上，避免影响车辆制动或拐弯。

2. 装卸搬运过程中的快件安全

装卸搬运操作时，除了注意保护人身安全以外，也要注意快件的安全。保护快件是每位快递员的职责和义务。

（1）装卸的时候要轻拿轻放，普通快件离地面30厘米方可脱手，易碎快件须离地面10厘米方能脱手。要轻放快件，不能直接放手任凭快件掉下，避免震坏内件。

（2）严禁站在快件上进行作业操作。快件堆放较高时，应使用辅助工具，如使用凳子或人字梯等，不得站在快件上进行作业。

（3）严禁扔、抛、踢、压、踩、坐、拖、拽快件。任何装卸环节，如无法一步卸到指定位置，须采用多人传递或单人搬运，不得为了少走几步路而扔抛快件；需要移动快件时，须双手搬运，不得用脚踢或者在没有任何承托物时在底面推动快件；任何时候不得踩压快件，或者坐在快件上。

（4）小件快件未装进包内之前，应有指定的塑料筐或其他装载工具，不得直接摆放在地上，保证快件的干净整洁，避免遗漏。

（5）电动车、摩托车等交通工具派件卸车时，注意检查卸下快件后，车辆的中心是否偏移。如果偏移，需调整剩下快件的位置，重新捆扎。

（6）对包装不够牢固的快件，在派送前应先进行加固包装，确保快件在派送过程中的安全。

（7）装车时遵循"大不压小、重不压轻、先出后进、易碎件单独摆放"的原则。

（8）对于零散小件货件，进行装包后再码放。所有体积小的快件须统一装在集装袋内再装车。

（9）半装车的时候，应按阶梯形码放，而不能垂直码放，避免运输途中快件波动带来的车辆不稳和快件的损坏。

（10）快件质量不超过车辆核定的装载质量，也就是不能超过行驶证上标注的允许装载的质量。

（11）快件的长度和宽度不可以超出交通工具的长度和宽度。

二、快件派送

（一）快件派送过程中安全保管

快递员在实现门到门快件派送服务的时候，对尚未派送且无法随身携带的快件应做安全保管。为此，快递员应严格按照以下几项原则操作。

1. 快件派送安全保管原则

（1）小件不离身的原则。对于体积较小的快件，严格按照捆扎或集装要求，将快件装入随身携带的背包或挎包内，确保快件不离身。

（2）零散快件集装携带的原则。对于不能装入包内，也不便于捆扎的快件，使用集装袋集装快件，集装袋须随身携带。如集装袋较重，可借助小推车等工具。

（3）大件不离视线的原则。对于体积较大的不能装入背包或挎包，且无法随身携带的快件，交通工具也没有密封条件的，在派送过程中，要保证快件不离开视线范围。

2. 快件派送安全保管的其他要求

（1）不能将快件单独放置在无人看管的地方。如确实无法随身携带，且要离开视线的情况下，须将快件妥善放置或安排人员看管快件。

（2）使用汽车派送时，快递员应锁好汽车门窗，并在离开运输工具前确认门窗全部锁好。

（二）到达客户处进行快件派送

1. 快件派送到达客户前

（1）快件派送前，快递员先识别快件派送地址。如果该客户是老客户，且运单上的地址属于固定的办公地址，可不经过电话联系，直接上门派送。如果客户地址是酒店、宾馆、车站、写字楼等临时场所或学校、住宅小区的，应在快件派送前致电客户，询问客户的具体地址和客户地址处是否有人签收快件。

（2）快件派送前，若有代收货款业务快件，结算方式为现金且结算金额较大，则需提前通知客户，告知客户应付金额，提醒客户准备应付款项。

2. 快件派送到客户处

（1）快递员将快件派送到客户处，为了快件的安全，防止他人冒领，应在核实客户身份后方能交接。快递员应该要求查看收件人的有效证件，并核实客户名称与运单上填写的内容是否一致。如果客户没有随身携带有效证件，快递员应根据运单上收件人的电话号码与客户联系，确认收件人。

（2）快递员将快件派送到客户处，如果客户不在，快递员必须根据运单记载的收件人电话，及时与收方客户进行联系。

①如与收方客户取得联系，且收方客户指定其他人代签收的，需仔细查看代收人有效身份证件，待确认代收人的身份后，交由代收人签收快件，同时应告知代收人的代收责任；

②如果收方客户不指定代收人，则与客户约定再次派送时间并在运单或快件上注明。约定时间在当班次内，按约定时间上门派送；约定时间超出当班次时间，将快件带回派送营业网点，交相关人员跟进；

③如果快递员未能与收方客户取得联系，需要留下派送通知单，告知客户快件曾经派送。派送通知单应包括快递员名称、联系电话、本次派送时间、下次派送时间、快件单号等内容。

3. 提示客户验收快件

（1）快递员将快件交给收件人时，应告知收件人当面验收快件。快件外包装完好，由收件人签字确认。如果是一票多件快件，应提醒客户清点快件件数是否与运单上填写的件数一致。如果外包装出现明显的破损等异常情况的，快递员应告知收件人先验收内件再签收。快递企业与寄件人另有约定的除外；

（2）如因快件外包装破损或其他原因客户拒绝签收快件，快递员应礼貌地向客户做好解释工作，并收回快件。同时请客户在快递运单等有效单据上注明拒收原因和时间，并签名。

（三）收取到付款和代收款

1. 收取到付款

到付款是指快件寄件人与收件人达成共识，由收件人支付快递服务费用的一种付款方式。收件人所支付的快递服务费用称作到付款。到付款是寄件人寄件时与快递公司共同认可的费用，收件人完成快件外包装查验后，按照运单上注明的费用支付即可，不需要再次称重计费。快递员与收件人之间结算到付款时，收件人可选择的主要付款方式有到付现结、到付记账两种形式。到付现结，是指收件人验视快件外包装无误后，对于到付的快件，在派件现场把到付款（可现金、微信、支付宝支付）交给快递员的一种支付方式。由于快递到付款的数额不会特别大，到付现结是最常用的到付款结算方式。到付记账，是指由收件方客户（个人或企业）与快递公司达成协议，快递公司赋予客户一个记账账号，客户在约定的付款周期内支付到付款。到付记账的客户通常都是快递企业大客户或长时间合作的客户，客户与快递企业之间的信用度都很高。

2. 收取代收款

代收款是指快递企业与寄件人签订协议，寄件人通过快递企业发货时，由快递企业代寄件人收取的款项，通常有货款、税款、海关签贴费、商检费等。寄件人有代收款需求时，须同时向快递企业提供代收款相关单据，通常为收据或发票。快递员根据收款凭证所载金额向收件人收取代收款。需要注意的是，所有代收款必须当场现付。随着电子商务的迅猛发展，电子商务商家与快递企业的联系也越来越密切，因此代收货款服务需求显得尤为突出。收取代收款需要注意的问题是：

①提前电话核实客户信息。代收货款快件派送前，须先电话预约客户，确认客户身份、地址、派送时间，并请客户准备好相应货款。

②注意财务风险控制。快件派送时，如需代收货款金额较高或代收货款快件较多，管理人员应调配其他人员协助快件派送，确保快件和代收货款的安全。

③核实收件人身份。派送代收货款快件，必须查看收件人的有效证件，确认收件人的身份。

如由代收人签收快件，则须在运单上写明收人的有效证件号码。

④提醒收件人查验快件。收件人查验快件时发现，寄递物品质量不符合要求，或者寄递物品不是自己所需要的物品，收件人拒绝支付代收货款，快递员应在第一时间将异常情况上报给快递企业的相关负责人。

（四）指导客户正确签收快件

客户签收快件可采取手工签字、盖章签署、电子签收三种方式。目前主要使用电子签收。无论采取哪一种方式，客户都应在外包装检查完好的情况下签字，而不能在打开外包装后再签字。

1. 手工签字

快递员应该礼貌地请客户在收件人签署栏，用正楷字写上收件人的全名和收件日期。如客户的签名无法清晰辨认，快递员应该再次询问收件人的全名，并用正楷字在客户签名旁边注上收件人的全名。任何时候快递员都不得替代客户签字。填写收件日期时应当详细到具体的时分，填写格式为××月××日××时××分。

2. 盖章签署

如收件人选择用盖章替代签字，则请收件人在运单的收件人签收栏盖上代表收件人身份的印章，同时在日期栏写上具体的收件日期。

（1）盖章时注意。每一联运单都必须在收件人签署栏盖章，且是同一个章。如盖章不清晰，快递员应该询问收件人的全名，并用正楷字在盖章旁边注上收件人的全名。

（2）日期填写注意。如客户的印章带有日期，则不需重新填写，如印章上没有日期，则需要请客户填写日期，或在收件人的监督下，由快递员填写具体到时分的时间，××月××日××时××分。

3. 电子签收

电子签收是指在快件派送完毕后，请客户在手持终端上进行签名确认，并传输到系统服务器，客户可随时登录网站，并根据运单号查询到签收信息。

（1）快件电子签收完成后，签收信息会即时自动上传至快递企业的网络系统，客户可通过系统即时查询到签收信息。

（2）有利于保证快件派送的及时性、安全性，让客户监督快递企业的实际服务时效和承诺服务时效。

（3）对于快递企业来说，可提高自身服务质量，提升公司品牌服务形象，有利于客户资源的开发。

（4）公司绝对保证电子签收信息的安全性与保密性，仅用于客户对快件签收的确认和识别。

三、快件派送后续处理

（一）上传派送信息

快递企业的快件派送后续处理相当于快件产品的售后服务，也是快递服务非常重要的一个小环节。派送信息上传是指快件派送完毕后，将运单号码、派件时间、派件快递员名称、收件人签名等生成的信息按权限上传快递企业的信息系统。上传的信息必须与快递运单内容保持一致，使寄件人及收件人可以凭运单号码查询快件的派送情况。快递员在整理上传派送信息时，应体现真实性、完整性和及时性，不得捏造，不能简化漏报，不能无故延误，以便寄件人可准确查询快件派送的结果。

（二）无法派送的快件移交

无法派送的快件是指由于收件人地址欠详细、客户拒收、客户不在、客户搬迁、逾期不领、海关不准进出口等各种原因，快递员最终无法派送到客户的快件。

1. 快递员整理、复核无法派送快件的要求

（1）快递员将无法派送的快件带回营业网点。

（2）清点运单数量和无法派送成功的快件数量，复核两数相加的总数是否与快件派送清单上的总数相符。如数量不符，则将运单单号与派件清单上登记的单号核对，查找丢失的运单或快件。

（3）检查无法派送快件的外包装是否完好无损。如外包装破损，则在交接时需在派件清单上注明。

（4）把运单整理整齐，准备移交。

2. 处理人员复重、检查无法派送快件的要求

（1）对快递员交回的无法派送的快件进行重新称重，如快件重量与运单上相符，则属于无误。

（2）如快件重量与运单上的重量有明显的差距，则与快递员当面确认重新称重的重量，并检查外包装是否破损，或有物品露出。

3. 快递员登记无法派送信息的要求

（1）快递员在派件清单上登记每一票无法派送快件的信息，包括运单单号，单号对应的派送人员、派送时间、无法派送的原因。

（2）如有异常，还需在派件清单上登记异常情况。

4. 处理人员扫描快件的要求

（1）处理人员检查快递员填写的内容是否完整。

（2）处理人员对快递员交回的无法派送快件，使用移动扫描设备进行运单号码扫描。扫描数据上传到系统之后，客户可通过快递企业的查询网站查询快件状态。

5. 快递员、处理人员双方签字

快递员与处理人员在派件清单上签字确认无法派送快件的交接信息，交接完毕。

（三）移交到付款和其他代收款

移交到付款和其他代收款主要是指快递员将从买方客户处收取的到付款和代收款与快递企业指定的收款员之间进行交接。交接到付款和其他代收款与交接寄付营业款一样，需要遵循当天移交、交款签字确认等基本要求，或系统生成交款信息。

四、异常派送快件类型及处理方法

异常派送快件是指快递员因某种原因无法把快件派送到收件人手中，收件人拒绝签收的快件。

（一）破损快件的处理办法

1. 客户检查快件，发现外包装破损

（1）外包装破损但不影响托寄物的实际使用，客户愿意签收并且不追究责任，按正常派件处理。

微课：快递网点异
常件类型

（2）客户要追究责任，则应向客户道歉并征求客户解决问题的意见。客户未签收的，须在手持终端上备案，并将快件带回营业网点进行拍照登记并上报客服部。客户已签收的，须在手持终端上备案，并由营业网点负责人安排人至客户处对破损快件进行拍照登记，在一个工作日内核实快件破损的真实情况。拍照必须包括：外包装照片、填充物品照片、损坏物品照片。

2. 快件出仓交接过程中发现的破损件

快递员与仓管员双方核实破损情况。

（1）如快件包装轻微破损且重量无异常，仓管员对快件进行拍照登记，并在派件交接表上登记破损情况后，快递员对快件加固包装并试派送。

（2）如快件包装破损严重且质量与运单上的质量不符，须将快件滞留在营业网点，由仓管员根据情况进行处理，并在系统填报备注。

（二）收件人地址不详的处理办法

1. 电话可以联系收件人

快递员根据运单的收件人电话在派送前与收件人联系，并询问详细地址，约定上门派件时间。

2. 电话无法联系收件人

如因电话无人接、号码为传真号码、电话号码不全、电话号码错误等，导致快递员联系不到收件人，快递员须在第一时间将收件人地址不详的信息，报网点负责人。异常处理部门如在当班次内通知再派送，快递员需及时保障派送；若异常处理部门未在当班次内通知派送，快递员需粘贴"异常记录卡"并将快件带回网点，交仓管员处理。

（三）快件付款方式不明的处理办法

快件出仓交接时，快递员须检查确认快件付款方式是否明确。如果发现付款方式不明，快递员须将快件交仓管员核实上报，仓管员须在当班次派件出仓前上报客服部。

1. 出仓派送前能核实确认

仓管员须将核实后的付款方式在系统明确标注，快递员按核实后的付款方式及时派送。

2. 无法在出仓派送前核实确认

该票快件的付款方式可默认为寄付，快递员按正常派送流程进行派送，可能造成的运费损失由收取该票快件的寄件方快递员承担。

（四）运费计错或重量不符的处理办法

1. 快件出仓交接时发现重量或运费计错

（1）快递员第一时间向当班仓管员反馈，并上报客服部备案。

（2）经仓管员核实后，在系统对应运单注明更改后的重量和运费，安排快递员按照正常流程派送。如果是到付少计，按运单上寄件人填写的运费收取，少计的部分损失由收取该票快件的寄件方快递员承担；如是到付多计，按实际应收取的运费收取，运费差额由该地区财务执行相关流程处理；如为寄付快件，造成的运费差额损失由收取该票快件的寄件方快递员承担。

2. 派送至客户处发现重量或运费计错

（1）快递员在手持终端上备案同时致电客服部备案。

（2）对于快件须及时派送，如为到付少计，按运单上寄件人填写的运费收取，少计的部分损失由收取该票快件的寄件方快递员承担；如为到付多计，须按实际应收取的运费收取，在运单备注栏里注明实际重量与实收运费，并由客户签名确认。同时在手持终端备案。

（五）客户搬迁、客户离职的处理办法

1. 遇客户搬迁或客户离职

快递员须立刻在手持终端上备案并上报客服部，待客服人员确认后方可派送。

（1）若客服人员在当班次内通知可派送和具体的派送地址，快递员应及时完成该快件的派送。

（2）若客服人员未在当班次内确认，须将快件带回营业网点交仓管员处理。

2. 遇月结客户搬迁

快递员除完成上述"遇客户搬迁"的操作外，另需将月结客户搬迁的相关信息告知营业网点负责人及同一收派区域不同班次的同事。

（六）地址错误的处理办法

快递员在手持终端上备案，同时将信息上报客服部，待客服部跟进并将结果反馈给快递员。快递员当班次接到确认后的地址，如正确的地址在该快递员的服务区域，须按正常派送流程派送，并保证派送时效；如正确的地址不在该快递员的服务区域或当班次未接到客服部的反馈，须将快件带回营业网点交仓管员跟进。

（七）客户拒付、拒收的处理办法

快递员需询问客户拒收、拒付的原因，并在运单备注栏中写上拒收原因和日期，请客户在"备注栏"内签名。快递员在手持终端上备案并将信息上报客服部备案，将快件带回营业网点交仓管员跟进处理。

（八）派错件的处理办法

快递员将情况及时向营业网点负责人汇报，并及时赶至客户处向客户致歉并说明派错的原因，如果能取回快件，则尽快将快件再派送给正确的客户。如果无法取回快件，立即致电通知客服部并联系营业网点负责人，反馈处理情况。严禁私自隐瞒处理。

（九）客户抢件处理办法

快递员必须保持冷静，避免与客户发生冲突，不与客户争执，保证自身安全。情况严重的，可拨打110报警。如经协商无法取回快件，须及时致电营业网点负责人通报情况，并尽快向客服部备案并说明情况，同时在手持终端上备案。

（十）错分快件的处理办法（仓管员错分给快递员，快递员漏拿或错拿）

交接时发现仓管员错分立即与仓管员联系，确认错分快件的情况并将错分快件交仓管员处理。仓管员清仓时发现快递员漏拿快件，立即通知快递员。快递员回营业网点取漏拿快件，及时在手持终端上备案。快递员派件时发现错拿他人快件，须立即向营业网点负责人反馈情况，同时在手持终端上备案，配合营业网点负责人对错拿快件的调度安排。

（十一）至客户处，发现客户不在的处理办法

快递员根据运单的收件人电话与收方客户取得联系，如客户指定代收人，由代收人签收快

件，必须确认代收人的身份。如客户不指定代收人，则与客户约定再派时间并在备注栏内注明。如果约定时间在当班次内，按约定时间上门派送。约定时间超出当班次时间，将快件带回营业网点交仓管员跟进处理。快递员未能联系到收件客户，须留下"再派通知单"，在手持终端上备案并将快件带回营业网点交仓管员跟进处理。严禁在无人签收的情况下，把快件放在客户处或者门卫处。

(十二) 大件或多件货物派送处理办法

处理办法包括：①清点快件件数；②致电客户，约定派送时间；③如到付现结快件，须提醒客户准备运费并询问客户是否需要发票，做好派件前准备；④将快件装车，规划线路，进行派送；⑤签收时，须请客户清点快件的件数，确保件数无误。

(十三) 客户催派快件的处理办法

若快件未出仓或尚未到达营业网点，客服部通知相应的仓管员安排优先派送。若件已出仓，正在派送途中，客服部通知相应的快递员安排优先派送。快递员接到客服部通知后，对所催快件进行优先派送，告知客服部预计派送时间，如果快递员不能及时派送，须致电客户说明情况。

(十四) 件数不符的处理办法

与仓管员交接时发现件数不符，由仓管员上报客服部跟进，按照客服部与客户协商的处理意见安排派送。出仓后发现件数不符，及时通知仓管员通过查询系统确认快件是否已经到齐，如核实快件未到齐，快递员在手持终端上备案，由仓管员向客服部报备。如快件已到齐，须请仓管员协助查找快件单号，并及时上报营业网点负责人及客服部人员。

(十五) 快件滞留，再次派送的处理办法

滞留件派送前须清楚上一次快件滞留的原因及处理结果。将滞留件视作正常派件，按正常派件流程安排派送，严禁有意拖延。

(十六) 快件派送途中遗失的处理办法

立即上报营业网点负责人及客服部，如不知道遗失件单号，请营业网点负责人或者客服部人员协助查找遗失件单号。在不影响其他快件安全和派送时效的情况下，快递员应返回可能丢失快件的地方寻找快件。当班次内无法找回快件，须及时告知客户快件状况，并做好解释工作。

(十七) 收件地址为敏感部门的处理办法

快递员须第一时间在手持终端上备案，同时将快件带回营业网点交仓管员处理。仓管员将敏感件的信息上报客服部，根据客服部的沟通结果对快件进行跟进处理。

(十八) 派件途中遭遇政府部门查件或扣件的处理办法

须查看执法人员证件；核实对方人员身份后，配合政府部门检查；如有快件被扣，记录下被查扣快件单号、执法部门名称、执法人员姓名或编号；保管好相关快件查扣证明（如未开具，需主动索要）；立即致电营业网点负责人和客服部，报告被查扣的快件单号和查扣路段；整个过程中不得与执法人员发生争执和冲突。

微课：异常件 微课：异常件
处理方法-1 处理方法-2

社会担当 4-1

镇江邮政全力保供保通保畅

作为全市疫情防控保供体系的成员单位，镇江邮政分公司以最快的速度落实市委市政府疫情防控部署。在全力做好疫情防控各项工作的基础上，主动兜底防疫物资、食品药品、生活必需品等民生物资的配送，维护人民群众正常生产生活秩序，用实际行动践行行业"国家队"的担当。

为了保障邮政快递的正常运转，镇江邮政积极做好一线员工生产生活保障，严格落实测温等要求，对到岗员工加强防护，要求规范佩戴口罩，以最大能力确保所有环节邮件不积压，不留存，应投尽投。公司组织党、工、团突击队60余人，开展重点帮扶，提升投递能力；对因疫情无法正常生产作业的投递部，邮件转至相邻投递部或应急场地，确保投递环节运行通畅；尽可能通过"无接触方式"，加快快件投递；积极沟通补充投递人员，确保投递能力及时补充到位，保障老百姓生活需求。（资料来源：今天镇江，2022-12-16）

🐦 任务实施

第一步：根据项目四任务二的任务导入与分析的三种情况，分学习小组扮演快递员小李的角色，来完成此次任务，要求把整个过程的工作内容与要求描述出来。

第二步：模拟把无法派送的快件单独整理放好，防止丢失。详细记录无法派件的信息，特别是要记录清楚无法派件的原因。

第三步：模拟回到营业网点后，再次复核问题件信息。

第四步：快递员模拟把问题件移交给营业网点仓管员，做好双方的移交。

第五步：教师对各学习小组任务实施过程和结果进行点评，各小组完成表4-2-1处理异常派件任务实施评价表的填写。

表4-2-1　派送件异常处理任务实施评价

任务名称		派送件异常处理				
组别		组员				
考核内容		评价标准	参考值	考核得分		
				自评	互评	教师评
素质	1	培养保障民生的社会担当意识	10			
	2	培养快递派送作业的安全意识	10			
	3	培养快递派送作业的服务意识	10			
知识	1	掌握快件派送服务内容与方法	20			
	2	掌握异常件类型及处理方法	15			
能力	1	能独立完成快件派送	20			
	2	能正确处理异常派送快件	15			
小计			100			
合计＝自评20%＋互评30%＋教师50%				组长签字		

视野拓展

破解快递"最后一千米"难题

"手机一点，快递到家"，网上购物的快速发展，极大地推动了快递业务的发展。对于很多人来说，快递已经成为生活中不可或缺的一部分，但由于"快而不递"所引发的纠纷和困扰，也成为不少消费者"买买买"中的烦恼。

2022年1月7日，国家邮政局就《快递市场管理办法（修订草案）》公开征求意见，对快递行业的末端投递服务规范进行了明确："未经用户同意，不得代为确认收到快件，不得擅自将快件投递到智能快递箱、快递服务站等快递末端服务设施"，"情节严重的，最高可罚3万元"。

快递业的服务是"门到门"服务，快递人员的收入以计件为主，多劳多得。除此之外，快递公司还有庞大的运营管理成本。由此算来，将快递进站、进柜，无论从效率还是效益考虑，都要比逐一上门派送时间成本更低、效率更高，快递柜和快递站点，也着实为无法当面签收的消费者提供了便利。但这并不意味着，快递员可以"默认"将末端服务设施和送货上门等同起来。

政策：《快递市场管理办法（修订草案）》（征求意见稿）

2021年我国的快递量已达到日均3万件。面对如此巨大的快递投送业务量，解决"最后一千米"的配送问题十分紧迫。从这个意义上说，《快递市场管理办法（修订草案）》的出台及时而必要——既规范了快递人员与消费者之间"最后一千米"的投递标准，也倒逼着快递企业提升服务标准，优化商业模式以及对快递人员的激励机制。快递企业应借此严格服务标准，保证服务质量，同时改革和完善对快递人员的业务考核机制，提高"最后一千米"的投送完成度在业绩考核中的占比——这些不但关系着快递人员的切身利益，更决定着他们的服务质量。（资料来源：光明日报，2022-01-14）

思考与讨论：快件派送"最后一千米"难在哪里？应如何解决？

同步测试

一、单选题

1. 下列关于快件派送流程说法正确的是（　　）。
A. 不接受自取件客户的送货上门要求
B. 客户自取件时无需检视快件
C. 快递员派送路线选择只遵循"先重后轻"原则
D. 送派到付件时应向收件人收取运费

2. 派送路线的设计往往考虑以下几个原则，其中不包括的原则（　　）。
A. 保证派送时效原则
B. 优先派优先快件原则
C. 先重后轻，先小后大原则
D. 减少空白里程原则

3. 关于快件装卸搬运说法错误的是（　　）。
A. 搬运大件货物时，重物的高度可不超过视线范围
B. 搬运重物时，应特别小心工作台、斜坡、楼梯及一些极易滑倒的地方
C. 用小车运物时，物体可以在人的后方
D. 两人或两人以上一起搬运货物时，应由一人负责指挥，协调步伐

4. 根据快件的流向和流量等因素形成不同的网络结构，从其运输路线看，快件传递网络结构一般不包括哪些（　　　）。

　　A. 辐射型　　　　　　B. 直线型　　　　　　C. 环线型　　　　　　D. Z字型

5. 下面不属于影响派送时限因素的是（　　　）

　　A. 当班次派送件量过大

　　B. 在同一班次内，因客户不在而进行二次派送的件多

　　C. 天气、交通堵塞、交通管制等不可控因素

　　D. 减少空白里程

6. 客户签收快件可采取手工签字、盖章签署、电子签收三种方式。目前主要使用（　　　）。

　　A. 电子签收　　　　　B. 手工签字　　　　　C. 盖章签署　　　　　D. 机打式

7. 下列不属于快件安全内容的是（　　　）。

　　A. 防止损毁　　　　　B. 防止被盗　　　　　C. 防止辐射

　　D. 防止泄密　　　　　E. 防止丢失

8. 合理设计（　　　）可节约派送时间，提高派送效率。

　　A. 收寄路线　　　　　B. 派送路线　　　　　C. 运输路线　　　　　D. 搬运路线

9. 快递企业根据业务量及快递员人数，将每个派送处理点的服务范围划分为多个派送服务段，每一个段叫作（　　　）。

　　A. 工作段　　　　　　B. 服务段　　　　　　C. 派送段　　　　　　D. 运输段

10. 下列关于派送交接做法错误的是（　　　）。

　　A. 交接双方共同确认快件状态

　　B. 做好交接验收工作

　　C. 双方签字确认交接信息

　　D. 业务量多时，先派件，后补签字

二、多选题

1. 派件准备时需准备好个人证件，个人证件包括居民身份证、（　　　）。

　　A. 工作证　　　　　　B. 职业资格证　　　　C. 驾驶证　　　　　　D. 行驶证

2. 以下属于快件排序方法的是（　　　）。

　　A. 根据优先快件排序　　　　　　　　B. 根据快件时效排序

　　C. 根据由近而远的地址顺序排序　　　D. 根据收件人类别排序

3. 在进行派送路线设计时，应该考虑的原则是（　　　）。

　　A. 保证派送时限　　　　　　　　　　B. 先重后轻，先大后小

　　C. 派送车辆大小　　　　　　　　　　D. 减少空白里程

4. 快件按址派送时，在进行快件排序环节，应考虑的因素是（　　　）。

　　A. 地理位置　　　　　　　　　　　　B. 客户身份

　　C. 交通状况　　　　　　　　　　　　D. 时效要求

5. 属于代收货款的注意事项是（　　　）。

　　A. 提前电话核实客户信息　　　　　　B. 寄件人实时跟踪

　　C. 核实收件人身份　　　　　　　　　D. 提醒收件人查验快件

6. 在捆扎快件时，合理确定捆扎方式需考虑快件的（　　　）。

　　A. 数量　　　　　　　　　　　　　　B. 重量

　　C. 体积大小　　　　　　　　　　　　D. 包装材料

7. 快件安全保管的原则是（　　　）。

　　A. 小件不离身的原则　　　　　　　　B. 零散快件集装携带的原则

C. 大件不离视线的原则　　　　　　　　D. 专人跟踪保管

8. 在搬运重物前，应采取的个人防护措施有（　　）。

A. 穿戴工作服即可　　B. 戴防护手套　　　C. 穿防护鞋　　　　D. 穿护腰

9. 下列属于装车时应遵循的原则是（　　）。

A. 先装先派送的快件、后装后派送的快件　　B. 大不压小

C. 重不压轻　　　　　　　　　　　　　　　D. 易碎件单独摆放

10. 在常用捆扎材料中，属于绳子的特点是（　　）。

A. 弹力很强　　　　　B. 拉力强　　　　　C. 耐腐蚀　　　　　D. 重量轻

三、判断题

1. 在快件派送前，可以不必进行仪容仪表准备，但要做好用品用具准备。　　　（　　）

2. 当面交接、签字确认是进行快件交接的两个原则。　　　　　　　　　　　（　　）

3. 派送段的地域范围划分依据，是各路段内的业务量和快递员的工作时间。　（　　）

4. 如果派送地址超出了自身所负责的派送区域，收件员仍可以收件。　　　　（　　）

5. 在快件派送的两种方式中，网点自取是目前快递服务的主流形式。　　　　（　　）

6. 在派送代收货款业务的快件时，结算方式为现金结算且金额较大的，应该提前通知客户，告知客户应付金额，提请客户准备应付款项。（　　）

7. 客户拒绝签收快件时，快递员应尽力保护快递公司利益，与客户据理力争，想方设法让客户收。　　　　　　　　　　　　　　　　　　　　　　　　　　　　　　　　（　　）

8. 检查快件交接时，应该及时检查快件外包装是否完好、封口胶带纸是否正常、有无撕毁重新粘贴的痕迹。　　　　　　　　　　　　　　　　　　　　　　　　　　　　　（　　）

9. 在进行客户签收时，客户可以在扫描设备上签字，采用电子签收方式。　　（　　）

10. 派送路线的主要结构形式有三种：辐射形、环形和混合形。　　　　　　（　　）

✅ 调查研究与学思践悟

关于当地快递企业保民生的现状调查

1. 总体要求

专业学习不单是学习书本知识，更需要加强包含调查研究在内的实践训练，要在实践中检验学习的效果。大家围绕学习贯彻党的二十大"必须坚持在发展中保障和改善民生，鼓励共同奋斗创造美好生活，不断实现人民对美好生活的向往"精神，结合本项目的学习内容，实地走访当地快递企业，深入一线调查，了解当地快递企业服务民生保障的实施情况，形成一篇调研报告。

2. 具体要求

（1）准备要足。事先组建调查研究小组（每组4~5人），落实好调查对象、地点和时间，拟定好调查提纲和问卷，联系好调查出行的交通工具，牢记调查过程中的安全要求，注意个人仪表仪态和言谈举止。

（2）选题要准。围绕快递企业派送服务保民生的社会担当，聚焦当地某快递企业派送服务的具体政策和举措，从思路、措施、问题、经验、成效等方面着手，发现重点、热点、难点、痛点等问题，保持调研的方向性、超前性、倾向性和预见性。

（3）内容要实。凡事务求贯彻落实。调查研究材料与内容要真实，要深入当地快递企业营业网点实地去问、去看、去听，及时对当地快递企业保民生实践中创造的好做法进行挖掘总结，提炼出可复制推广的经验成果。

（4）立意要高。快递企业派送服务保民生调研工作是为相关部门和快递企业决策提供依据，能针对性地提出分析问题、解决问题的方法措施。

（5）感悟要深。针对快递企业派送服务的社会担当，坚持边看、边问、边学、边思，知行合一，真抓实干，在调研中把"增进民生福祉"的党的二十大精神学深悟透，提升综合素养和职业能力。

✓ 技能宝贵

校园快递驿站派件作业跟岗实训

1. 实训目的

通过跟岗实训的实际操作，使学生根据所学知识，掌握快件派送主要工作内容及其操作流程和作业规范，培养学生快件派送作业管理能力和综合职业素养提升能力。

2. 实训准备

（1）与校园快递驿站联系参加实训时间。

（2）与校园快递驿站商定实训岗位及内容。

（3）组建4~5人的实训小组，与校园快递驿站共同划定好各小组派送服务区域。

（4）准备好学生参加派件跟岗实训所需的工具及辅助材料。

3. 实训要求

（1）做好跟岗实训前的现场培训。

（2）跟岗完成快件派送全流程作业。

（3）作业规范，服务和安全意识强，工作协调充分，注意现场管理。

（4）跟岗实训结束后及时做好小组小结，并在全班展示分享。

4. 实训指导

（1）指导学生派送作业前的准备工作。

（2）指导学生合理设计派送路线，做好快件排序。

（3）指导学生正确处理异常件。

（4）指导学生遵循派件作业规范，树立安全意识。

（5）指导学生做好跟岗实训小结。

5. 实训评价

教师对每个学习小组的实训表现进行综合评价，填写表4-3-1。

表4-3-1 校园快递驿站派件跟岗实训评价

组别		组员	
考评内容	校园快递驿站派件跟岗实训		
考评标准	评价内容	分值	实际得分
	作业前准备	10	
	服务态度、安全意识	10	
	作业规范、标准意识	10	
	派件绩效	50	
	小组实训小结	10	
	分享展示效果	10	
	合计	100	

项目五　快件运输作业管理

✅ **学习目标**

知识目标

- 了解快件运输网络
- 掌握快件公路运输作业内容与方法
- 掌握快件航空运输作业内容与方法
- 掌握快件铁路运输作业内容与方法
- 掌握快件多式联运作业内容与方法

能力目标

- 能初步优化快件运输网络建设
- 能初步优化快件公路运输作业
- 能初步优化快件航空运输作业
- 能初步优化快件铁路运输作业

素质目标

- 培养精益求精的工匠精神
- 培养勇于开拓的创新精神

✅ **项目全境**

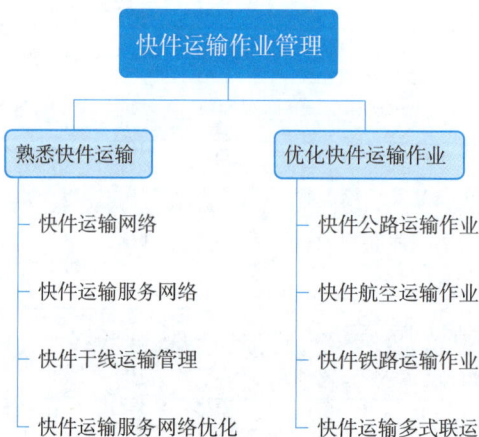

任务一　熟悉快件运输

引思明理

长春机场做好运输高峰保障　让快递"跑得更快"

每年的"6·18"大促，对于消费者来说都是一场购物盛宴，各大网络电商平台也是促销好时节。为有效应对"6·18"快递物流货邮运输压力，全力做好货邮运输高峰保障，长春机场未雨绸缪、提前部署，将2023年6月上旬数据与往年同期进行横向比较评估，在人员安排、环节衔接、保障方案等方面提前做好统筹安排。随着以出口鲜活类为主货物的持续增长，长春机场通过积极走访吉林省肉牛办和吉林皓月等本地企业，进一步深挖本地货物运输潜力，抢占市场开发货源，在持续做好服务产品销售推介工作的同时，促进长春机场出港货量持续提升，确保整个活动期间货物运输保障顺畅有序。

随着各大电商平台的多元化发展，各类电商网购节运输保障工作也在悄然发生变化。面对新形势，长春机场在每一次的快递运输高峰考核中，总结经验，提炼成果，继续做好各方协调沟通，掌握不同客户的差异化需求，预判业务量及货物主要流向，确保舱位、运力充足。长春机场针对鲜活货物运输，高效应对，让快递货物"快来快走"，一方面积极与航空公司、货运代理公司等相关单位进行沟通交流，优化保障特殊货物运输流程，利用航班舱位资源，提前做好航班运力规划及订舱服务，并通过提供"一站式"客户服务，进一步缩短鲜活类货物交付时间；另一方面采取适时延长仓库收运时间、梳理优势航线等办法，缓解进出港货邮激增压力，助力消费市场快速恢复。（资料来源：中国吉林网，2023-06-19）

党的二十大报告提出的"构建优质高效的服务业新体系"是快递产业链发展的根本遵循。为做好2023年"6·18"的快递运输保障，长春机场以服务经济高质量发展为宗旨，提前筹划、精准施策，进一步提升在运力、安全、服务等方面的品质和效率，全面助力快递货物运输"跑得更快"，构建"资源共享、优势互补、人民满意"的行业发展新局面。

任务导入与分析

小王于2023年8月16日新入职JM快递公司，成为调度运营中心的一名调度员。在正式上岗前，以适应岗位要求和必备职业素养为内容，小王接受了公司组织的为期三天的岗前培训。

第一天培训主要内容：快递行业职业道德与职业守则，调度员岗位职责及必备的职业素养。

第二天主要培训内容：JM快递公司的快件运输现状分析。

（1）JM快递公司的快件运输方式包括公路运输和铁路运输两种。其中，公路运输业务量的比重为78.9%，铁路运输业务量的比重为21.1%。

（2）JM快递公司的快件运输线路构成了细密的运输网络，基本覆盖了全国各大、中型城市。

（3）JM快递公司快件运输的组织形式以自营形式为主。

第三天主要培训内容：公司快件运输网络建设的相关知识学习，即快件公路运输、铁路运输、航空运输、水路运输，以及快件的多式联运。

如果你是小王，怎样能短时间内胜任调度员岗位？

一般来说，快递公司运输调度员岗位职责包括以下几种。

（1）负责公司车辆正常调度、管理，规范公司车辆的使用。

（2）负责公司车辆安全规范操作考核与执行。

（3）负责公司驾驶员安全考核与学习，以提高驾驶技术和业务服务水平。

（4）负责车辆管理制度拟订。

（5）负责车辆安全检查，经常性对车辆的安全性能进行检查。

（6）合理、灵活地调度车辆，保证运输活动正常运转。

（7）及时组织办理车辆的年检、牌证、保险等手续。

（8）建立台账，对车辆维修费用、油耗、里程等进行严格、公正的考核。

知识链接

一、快件运输网络

（一）快件运输含义

快件运输是指在统一组织和指挥调度下，按照运输计划，综合利用各种运输工具，将快件迅速、有效地运达目的地的过程。快件运输主要包括公路运输、航空运输和铁路运输三种方式。每种运输方式各具特点，经营方式、运输能力和速度也各不相同。

公路运输是运输量最大的快件运输方式，国内异地和同城快递基本使用这一方式，如图5-1-1所示。航空运输主要依托航空公司和机场，为客户提供个性化的航空运输延伸服务，如图5-1-2所示。由于运输速度快，航空运输成为远途快递最常用的方式，尤其是在国际快件运输方面发挥了主要作用。铁路运输通过行李车或专列快运，运量大、安全、准时，适用于大件物品和一些航空禁运物品的远距离运输，如图5-1-3所示。快递公司可根据快件的时效与批量等实际要求，选择合适的运输方式来保证快件快速、准确地送达客户。随着市场经济的飞速发展，航空运输在快件运输中日趋普遍，地位日益提高。事实上，航空运输、铁路运输都和公路运输密切相关，三种运输方式高效、流畅地结合，对于提高快件传递效率，提升快递服务质量具有十分重要的意义。

图5-1-1 快件公路运输

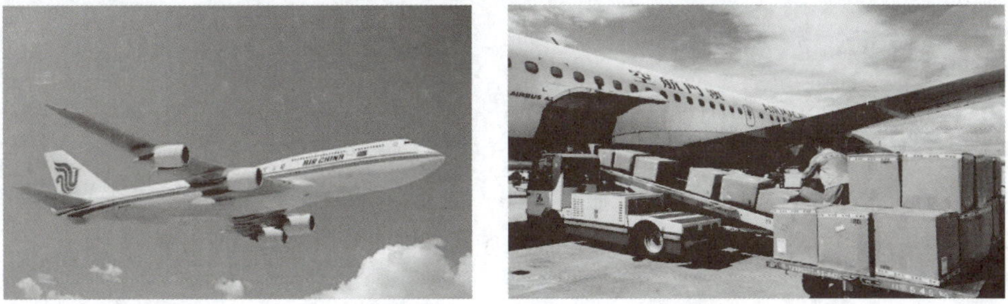

图 5-1-2　快件航空运输

图 5-1-3　快件铁路运输

（二）快件运输意义

快件运输服务是货物运输的重要组成部分，对社会生产和再生产组织具有重要意义。

1. 有助于增大社会效益

随着社会经济的发展，整个社会对于快件运输的业务需求逐年增大，快件运输所带来的经济收益在社会总收益中的比重也逐年增加。从社会效益角度来看，做好快件运输服务，对社会经济效益会产生积极影响。

2. 有助于提高快递及相关运输企业的经济效益

从运输成本的角度来看，做好快件运输服务，可以实现对社会运输资源的合理配置，减少不必要的资源浪费，减少快递及相关运输企业的时间成本和运输成本，提高快递及相关运输企业经济效益。

3. 有助于提高快递及相关交通运输企业的运输效率

从全局性的角度来看，统筹规划好快件运输服务，快件寄递速度加快，快件延迟问题就会大大减少，快件运输时间缩短，从而提高快件运输效率。

4. 有助于提高客户满意度

从客户的角度来看，对客户满意度产生直接影响的因素是快件运输的服务水平和服务质量，客户非常关注运输的时效性。如果快件运输网络优化好，就会减少或避免低效甚至无效的运输，保证快件投递的时效性，提高顾客的满意度。

（三）快件运输服务特点

快件运输贯穿了整个快递服务过程，具有全程性、网络性、联合性的特点，是实现快递服务快速、安全、及时送达的基本保障。

二、快件运输服务网络

（一）快件运输服务网络构成

快递公司通常会建立起自己的运输服务网络，依靠社会和企业自有的交通工具连接各个节点，实现货物的集散。快递公司国内快件运输服务网络构成可以分为以下几种。

1. 终端取派

在业务开始时，快递公司各地的网点（站点）派出车辆上门从发货客户处收取货物；在业务末端，快递公司需要派出车辆上门向收货客户派送货物。这两个层面的运输网络从根本上是一体的，虽然对一票货物在甲地表现为取件，在乙地表现为派件，但对于另外一票货物则可能恰好相反。这种取派件的需求和网络配置方式，整体上是按照区域来配置和划分车辆。

2. 支线运输

支线运输又称区内运输，是指区内转运中心（枢纽点）和区内各网点（站点）之间的快件运输。支线运输可以保证区内转运中心对于覆盖范围内的网点之间的快件量进行内部集散，并对进出区内转运中心区域的快件进行集散处理。这一层面的运输一般是由公路运输班车来实现。

3. 干线运输

干线运输又称区间运输，是指区间转运中心之间的快件跨区运输。干线运输可以保证快件的跨区快速分拨。快件干线运输可以由航空运输、铁路运输、公路运输，甚至水路运输来实现。

（二）快件运输服务网络类型

1. 直达式服务网络

很多的快递公司在刚开始发展时，通常都是一些简单无序的运输节点，业务处理能力比较低，服务范围也相对比较小，这些无序节点之间一般都是采用开行直达运输的方法来满足节点间的快递需求，并由此构成简单的快件运输服务网络，如图5-1-4所示。

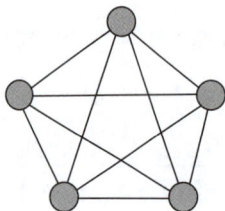

2. 单枢纽节点网络

随着经济的不断发展，快递服务需求也不断扩大，直达式运输服务网络无序的节点已经无法满足顾客的物流需求，快递公司需要对这些节点进行区域划分，并在每个区域中选择一个中心枢纽节点，中心枢纽节点的职责是对整个区域内节点的快件进行集散。因此，中心枢纽节点要求具备良好的节点处理能力以及一定的区位优势。此时，总体的物流网络就以中心枢纽节点作为运输集合点，呈现星型，如图5-1-5所示。

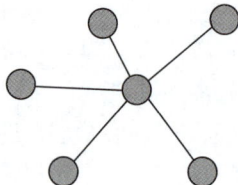

图5-1-4　快件直达式运输网络　　　　图5-1-5　快件单枢纽节点运输网络

3. 多枢纽节点网络

随着快递业务量的快速扩大，中心枢纽节点处会有大量的快件继续聚集，中心节点的快件处理量也在持续增加，当中心枢纽节点的服务能力无法满足快递发展需求时，企业就会增加中心枢纽节点的数量，逐渐形成多枢纽节点网络，如图5-1-6所示。此时，运输网络中节点间的连接方式也不再是单一的中心枢纽节点与快递网点的连线，还增加了中心枢纽节点之间的连线。

4. 轴辐式网络

当市场规模进一步扩大，随着业务量需求持续不断的增长，快递公司越来越重视其物流成本及客户的物流满意度。随着多中心的物流网络结构的物流中心数量逐渐增多时，物流企业则会按照区域对物流中心节点进行划分，最后通过管理区域网络来管理整个运输网络。一定区域范围内的物流中心枢纽点对该区域的物流节点进行统筹管理，并确定它们间的物流服务关系，由此形成了轴辐式运输网络，如图 5-1-7 所示。

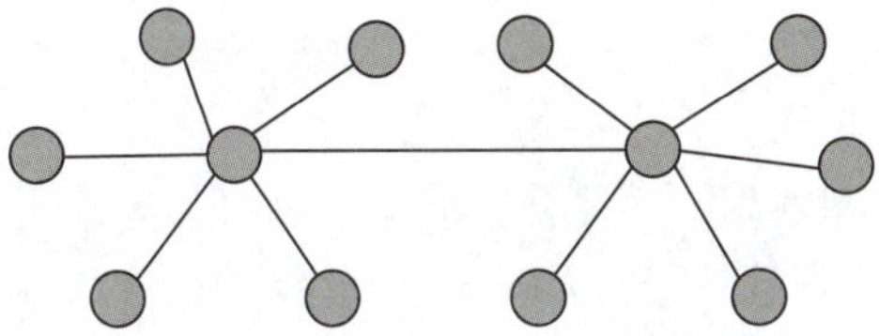

图 5-1-6　快件多枢纽节点运输网络 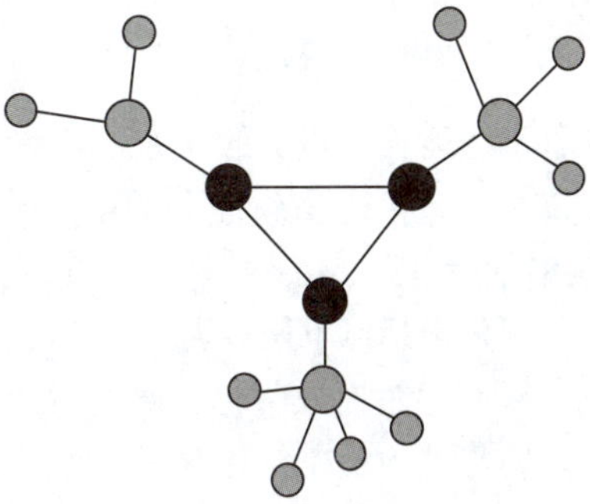　　图 5-1-7　快件轴辐式运输网络

三、快件干线运输管理

快件干线运输是连接两个快递区域间的线路，是实现快件快速空间位移的主要运输线路，在网络中起着骨干作用。

微课：快件运输服务网络

（一）快件干线运输特点

1. 运输距离占比大
快件干线运输的距离一般占快件总运输距离的 70% 以上。

2. 时效性要求高
快件干线运输要求在尽量短的时间内完成尽量长的运输距离，其时效性在很大程度上决定了快递服务的时效性。

3. 运输量大
快件分拨中心集聚了一个城市或一个省份某一时间段内的快件，导致干线运输承担的快件运输量通常比较大。

4. 运输成本高
以上三个特点决定了快件干线运输成本高，一般占快件运输总成本的 50% 以上，因此降低快递服务成本必须重视网络干线管理。

（二）快件干线运输方式

1. 航空运输
航空运输是快件干线运输的主要方式。航空运输具有安全可靠、速度快、时效高等优点，但也具有运输成本高、灵活性差、受天气影响大等缺点，一般适用于 1 000 千米以上的快件长距离运输。

2. 公路运输

公路运输是国内快件最常见的快件干线运输方式，具有灵活性高、衔接性好等优点，但也具有装载效率低等缺点。为了提高公路运输的时效性，一般采用专车直达的运输方式，特别适合 500 千米左右或以内的中短距离运输。

3. 铁路运输

随着高速列车的广泛运营，铁路运输的时效大幅提高，具有成本低、运输量大、一般不受气候影响等优点，但也具有灵活性低等缺点。铁路运输比较适合 1 000 千米左右的中长距离干线运输。

（三）快件干线运输管理的目标

快件干线运输所担负的任务以及它的特点决定了其在快递网络中的重要性，是决定快递服务时效以及快递营运成本的关键因素。

1. 时效优化

时效优化包括以下两方面。

（1）干线运输时效优化。通过对干线运输合理规划，选择合适的运输时间和运输线路，实现干线运输与其他快递各环节衔接时点的优化。既保证快件能及时通过网络干线进行快速运输，又充分发挥网络干线的高时效作用，保证快件及时集散，为其他环节创造充分的作业时间。

（2）干线运输时效稳定化。通过对干线运输网络的营运过程进行严格的监控和管理，保障快递服务质量稳定。

2. 成本优化

成本优化是指在确保干线运输时效的前提下，加强管理，通过各种优化方法，尽可能降低干线的运输和作业成本。

（1）选用合适的运输方式，有效控制运输成本。

（2）充分开发区域干线资源，选择优化的运输线路。

（3）集中运输，实现规模化效益，降低干线运输成本。

（4）合理配载，提高干线运输工具的装载能力。

（四）快件干线运输管理内容

1. 运输资源的整合

运输资源的整合，包括对各种运输资源的开发、采购以及优化配置，以提高运输时效性和安全性，降低运输成本。运输资源包括：企业自有的运输工具（如飞机、车辆等），社会上可供包租的运输工具，第三方的运输工具等。

2. 运输准点的监控及管理

运输准点是确保快件准时送达客户，保障快递服务质量的基础。运输准点的监控及管理是运输管理的最基本职责，包括对发运时间、在途时间、到达时间、运输路线的监控、监督及考核等。

3. 路由的制定及优化

路由是已确定标准的最佳运输路线。干线运输必须根据业务发展的需要制定新的路由，并对现有路由进行进一步优化，以达到时效最佳化、利润最大化。

4. 第三方承运商管理

第三方承运商管理包括对第三方承运商的资质评估，与其进行运价谈判，签订运输合同以及对其服务质量、安全保障等方面进行评价和考核。

5. 运输相关管理部门关系协调

运输相关管理部门包括航空、机场、铁路以及交通管理、车辆管理等部门。协调好这些部门的关系是确保运输合法、安全、顺畅的关键。

6. 运输质量保障及运输成本控制

运输质量是影响营运质量的关键，而运输成本是营运成本中所占比例最大的一项。因此，运输质量保障及运输成本控制是干线运输管理最重要的内容。这包括对运输各环节的监督、运输质量评价及考核、运输方式改进，以及对运输成本进行核算、控制、优化等工作。

（五）快件干线运输模式

按照快递公司对干线运输所能进行管理的范围大小，可将快递网络干线分为自营快件干线运输和第三方承运快件干线运输。

1. 自营快件干线运输模式

自营快件干线运输是指快递公司自主投资开发的拥有全部使用权和全过程管理权的运输线路。自营快件干线运输工具一般由快递公司投资购置或以长期固定租用方式取得专营使用权。它具有运输时效高、运输质量好、营运效率高等优点，有利于实现高质量快递服务。

2. 第三方承运快件干线运输模式

第三方承运快件干线运输是指快递公司使用第三方运输资源组织干线运输。快递公司对运输过程没有直接管理权，一般采用托运或包舱的方式。第三方承运快件干线运输具有运输资源丰富、运输能力强、运输费率低、不需前期大量投资等优点，是快件量小的中小快递公司普遍采用的一种模式，可作为自营方式的补充，但存在运输质量难控制、时效不稳定等缺点。

四、快件运输服务网络优化

（一）快件运输服务网络优化原则

快递运输服务网络的优化在整体上应该遵循协调适应性原则、经济合理性原则、长远战略性原则。

1. 适应性原则

所谓适应性原则是指需要适应所属地区乃至国家的方针政策、法律法规、经济环境、社会环境、市场环境、自然环境等，在宏观方向上与国家的战略发展布局相向而行。如贯彻落实国家低碳减排、绿色健康发展方针政策。快件运输服务网络要与国家和地区的整体交通运输网络规划布局、资源配置相协调。中心枢纽节点的布局、路线设置应以所在的地区发展相关背景和交通运输设施、通信设施等相适应，与地区的长远规划发展相协调，在满足地区规划建设格局和功能的同时，能更好地服务社会。

2. 经济合理性原则

所谓经济合理性原则，主要考虑运输服务网络的成本因素。通常来说，除了要考虑快件运输网络的中心枢纽点设置后的建设成本、运输成本，以及中心枢纽节点内部分拣等管理成本外，还要综合考虑影响快件运输网络中心枢纽节点选择的其他因素（如人力成本等），以选择最佳的布局地点位置，确定最佳规模以及服务覆盖关系，以保证企业能在整个网络运营期间获得更多的利益。此外，运输服务网络优化在一定程度上可以节省快件的运输时间、中转次数以及运输成本。

3. 长远战略性原则

对于快件运输服务网络的优化要有长远战略性眼光，要用发展的眼光看待问题。在网络的层面上，这不仅要综合考虑中心局枢纽点布局以及衔接线路的整体性、全局性，而且也要考虑中心枢纽网点布局投资建设、线路设置的长远性。既要权衡当前快件运输服务网络的发展，又要权衡未来快件运输服务网络的发展。

（二）快件运输服务网络优化影响因素

快递运输服务网络的优化主要受以下因素影响。

1. 运输需求

快件运输服务网络最基本的功能就是解决运输需求问题。快递运输需求主要包含五个方面的内容：快件包裹种类、快件包裹流量、快件运输方向、快件运输作业流程和快件运输时间。因为快件运输对时间的敏感性较高，所以要求快递公司提供更快速、便捷、安全的运输服务，在满足运输需求的同时，也要注重服务水平的提升。影响快件运输需求的因素主要有运输路径、经济发展水平以及运输产品。

2. 运输成本

快件运输服务网络优化的根本目的是为快递公司创造更大的经济效益，运输成本是影响快递公司经济效益最直接的因素。快递公司的运输成本不仅包括运输资源成本，还包括运输时间成本。随着运输需求的增加，人们对于运输的时效性也提出了更高的要求。因此，快递公司对运输成本的把控也越来越侧重于对运输 时间成本的优化。另外，快件运输中转中心枢纽点建设费用也属于快件运输服务 网络的运输成本。

3. 服务水平

快件运输服务水平是对快递公司运输能力的直观反映，服务水平的高低直接 决定了客户满意度。快件运输服务水平的评价标准包括运输的便捷性、运输的速度、运输的安全性、运输的资源利用率以及运输的环保性等。提高快件运输服务的水平，不仅可以提高企业的信誉，还可以提升快递公司的市场竞争力，获得更大的运输需求。

4. 中转费用

快件中转是指快递公司通过运输工具将快件从运输需求点送至目的地的过程。由于距离较远或者无法直达，需要经过一个或多个运输节点进行转运。在这个过程中就会有中转费用的发生。在快件运输过程中，中转费用成为快递公司不可忽视的运输成本之一。减少中转次数，控制中转费用是影响快件运输服务网络优化的一个重要因素。

企业创新 5-1

高铁快运创新服务，跑出便民"加速度"

高铁快运集大运量、全天候、快速、准时等优势于一身，成为"双11"快件运输的"劲旅"。2022年铁路部门新增31个办理高铁快运业务的车站，使全国铁路高铁快运车站达到280个，每日安排开行34列检测确认设备状态的不载客高铁列车、76列高铁列车的快件预留车厢、1 200列高铁列车的快运柜。作为国家重要的交通方式，铁路是国家经济发展的大动脉，与人民群众生产、生活息息相关。作为一扇窗口，"双11"不仅折射我国消费复苏脚步，也助推着电商经济的高质量发展。铁路部门以自身强大的运输服务能力助力"双11"物流运输，是网络购物重要闭环的补充和完善，也是提升民众生活品质、推动国内经济发展的一种完美融合。快递有了高铁速度，快件更快了，民生幸福感、获得感更浓了。（资料来源：中国经济网，2022-11-12）

🔆 任务实施

第一步：根据项目五任务一的任务导入与分析，组织和引导学生分组讨论，回顾、熟悉快件运输调度员职责、运输业务分析方法、运输网络建设内容。

第二步：在老师的指导下，收集某快递公司快件运输资料，各小组讨论形成比较一致意见。

第三步：结合调度员岗位职责和运输网络建设，完成某快递公司业务分析，填写表 5-1-1，并向其他小组展示分享。

表 5-1-1　某快递公司快件运输业务分析

概况分析	
快件运输优势分析	
快件运输劣势分析	
快件运输网络优化建议	
快件运输管理优化建议	

第四步：结合各小组的任务完成情况，教师进行点评和小结。

第五步：布置课后作业，各小组推演某快递公司快件运输网络优化方案，并完成表 5-1-2 的填写。

表 5-1-2　某快递公司快件运输业务分析任务实施评价

任务名称		某快递公司快件运输业务分析				
组别		组员				
考核维度		评价标准	参考值	考核得分		
				自评	互评	教师评
素质	1	培养精益求精的工匠精神	10			
	2	培养勇于开拓的创新精神	10			
知识	1	掌握快件运输调度员岗位职责	10			
	2	掌握快件运输网络构成	30			
能力	1	能正确分析快件运输业务	20			
	2	能提出合适的快件运输网络优化建议	20			
小计			100			
合计＝自评 20%＋互评 30%＋教师 50%				组长签字		

★ **视野拓展**

我国邮政速递物流与海航航空集团全面战略合作

在已有合作基础上，2022 年 12 月 5 日，我国邮政速递物流股份有限公司（以下简称中邮速递）与海航航空集团有限公司（以下简称海航集团）在北京举行战略合作签约仪式，标志着双方开展多方位、深层次合作，携手实现共赢，共同服务社会进入新的发展阶段。

双方将通过利用各自优势资源，联手推出跨境电商、跨境物流和国际专线产品，为我国制造业出海提供高效、稳定的国际供应链渠道，助力海外市场拓展。双方将在运力需求、产品体系建设、运能保障、数字化赋能、航力联动等方面，开展全方位、宽领域、多层次的战略合作。通过发挥海航集团近 800 架飞机、国内外近 1 800 条航线、业务覆盖国内外 300 余个城市和地区的优势，实现国内国际邮（快）件运输业务直接合作，实现境外回程舱位合作；制定境内干线、支线联程航班计划，打造国内国际高效空空中转模式，在相同的国际航线实现舱位互换互补，开展境外地面操作、清关、卡转、联程运输延伸服务，设计打造全链条产品。

在合作上，中邮速递将调整自有航空资源用于核心区域的网络服务，同时利用海航集团全货机资源及时补充"极速鲜"等项目季节性、临时性的航空运能需求，组开点对点直达全货机线路，扩充航空干线运输能力，为社会提供更安全、迅速、便捷的快递物流服务，满足人民美好生活中的快递需求。同时，中邮速递通过海航集团的客机腹舱资源，扩大邮政特快专递产品的次晨递、次日递覆盖范围，充分复用海航航空 222 个晚航班实现北京、海口、深圳等 29 个通航城市次晨递；复用海航航空 395 个早航班，实现武汉、海口、天津等 52 个通航城市稳定次日递。（资料来源：中国邮政报，2022-12-09）

思考与讨论：中邮速递与海航集团的战略合作对快件运输网络优化有什么启示？

任务二　优化快件运输作业

引思明理

中铁快运公司争创货物快运市场"火车头"

中铁快运公司聚焦提质增能创效，全面贯彻国家安全观，坚持"守底线、抓重点、控关键、防风险"，在加强安全基础管理、安全关键卡控、安全综合保障能力等方面持续发力，构建完善全方位、全覆盖的安全生产责任体系，以高水平安全保障高质量发展。公司深耕高铁快运、行包快运和货运物流三大主营业务，奋力健全谱系化铁路快运服务体系，打造差异化、特色化铁路快运产品。

公司通过丰富完善产品体系，精准匹配市场需求和运力资源，拓展自营业务市场，持续打造高铁快运品牌；高效使用行包运力，大力营销适运货源，拓展经营和配送网络，提升配送服务水平，不断优化行包快运组织；构建班列快运综合运输网络，健全高效集约、衔接融合、全网联动、稳定可靠的现代化联运物流服务体系。公司创新推出"高铁急送"产品，同步上线发货微信小程序，为有紧急运输需求的客户提供全程速度最快、时效最准、运行最稳、品质最优的"点对点"小件快运服务，实现跨城市"门到门"当日送达。（来源：人民铁道报，2023-01-30）

党的二十大报告指出：我国在建成世界最大的高速铁路网等基础设施建设取得重大成就。中铁快运公司本着人民铁路为人民的宗旨，主动适应市场与经济发展需要，创新开发"高铁急送"新服务，提高经营网络运营效率，加快推进货运物流升级，不仅弥补了铁路物流的短板、满足了大众需求，更是体现整个铁路行业努力增强服务意识、提高市场竞争力的一个缩影，争做铁路货物运输服务的"火车头"，为推动铁路行业高质量发展贡献力量。

任务导入与分析

小王是今年刚毕业的大学生，完成某快递公司岗前培训后正式到运输调度运营中心上班。有一天小王接到指令，云南昆明某客户早上 8 点提出需要从上海紧急调运一批贵重精密仪器当日 20 点前到昆明厂区。该批仪器单件最大重量不超过 50 千克。经理让小王尽快提供最优的快件运输解决方案。如果你是小王，你提供的方案是什么。

快件运输方式主要有公路运输、航空运输、铁路运输三种方式，每种运输方式都有自身的优点和缺点，以及适用范围。

知识学习

一、快件公路运输作业

（一）快件公路运输作业流程

快件公路运输的作业流程包括运输前准备、快件装运、快件发运、在途管理、快件交付五个环节。对快件公路运输各环节进行严格的管理是提高运输效率，保障运输质量的基本方法。

1. 运输前准备

（1）快件准备。包括待发运的快件必须按照规定时间操作完毕，统计出该批快件的总件数、总重量、总体积通报运输部门，将待发运快件整理整齐摆放于快件待发区。

（2）单据准备。单据包括交接单、快件清单以及其他随货资料，要求作业人员在发运前在系统制作好各类单证。

（3）车辆准备。要求车辆必须于指定时间到达装运区，并在装运前对车况进行检查。

2. 快件装运

快件装运是影响运输质量的主要因素之一，快件装运时必须做到以下四点。

（1）有计划、有组织地装运。在装运前必须根据待发快件的体积与车辆装载能力合理分配装载空间，根据快件的缓急程度及卸货的顺序安排装运顺序，根据发车时间要求安排装运进度，调配装卸人员，制订装运计划并按计划组织装运作业。

（2）合理装运。包括在装运时充分利用装载空间，根据快件形状合理码放快件。码放快件时必须严格遵循"大不压小、重不压轻、实不压泡"的原则。对于易碎品及外包装脆弱的快件，应合理予以保护或单独处理。严格按照先出后进的顺序装货，对于需途中卸货的，应摆放在靠近门口的位置，并尽量与其他快件隔离。合理使用装卸工具和集装用具，提高装运效率等。

（3）文明装运。装运时必须轻拿轻放，摆放整齐，不得有扔、抛、摔快件等不良行为。

（4）及时装运。在车辆到达装运区后，应及时实施装运作业，装运过程应把握时间进度，准时完成装运任务。

3. 快件发运

（1）发运前检查。包括检查待发快件是否已全部装运完毕、加封加锁是否牢固等。

（2）交接手续办理。快件仓管员与驾驶员双方在交接单上签字确认快件与随附资料的交接，或直接在系统确认。

（3）发运时间确认。发运时间是关系到快件能否准时到达的关键，是运输管理的重点内容。发运前的各项工作要以准时发运为目标，严格控制各项作业的时间进度，确保车辆准时发运。发运时一定要对发运时间进行确认。

4. 在途管理

在途管理包括对车辆行驶要求、行驶路线、途中追踪查询、途中停靠作业的管理。

（1）行驶要求。要求驾驶员在行驶过程中遵守交通规则，合理控制车速，不得随意停靠，及时汇报行驶状况等。

（2）行驶路线。要求严格按照既定的行驶路线行驶，不得私自更改行驶路线。对于有特殊情况需要绕道行驶的，应征得主管领导同意。

（3）途中追踪查询。要求驾驶员在行驶过程中手机必须处于开机状态，导航定位设备处于正常工作状态。车辆监控人员应定时追踪车辆行驶轨迹并了解行驶的状况和道路交通情况，对于途中发生的异常情况应及时处理，并通报相关部门准备应急措施，使行驶全程处于可控状态。

（4）途中停靠作业。对于需途中停靠作业的，驾驶员应及时与停靠站点联系，预报到达时间。作业站点应根据到达时间和快件量的预报，充分做好卸货准备，车辆到达时应优先处理，争取在最短的时间内完成作业。

5. 快件交付

车辆到达前，驾驶员应预报到达时间，通知作业站点做好卸货准备。车辆到达后，站点应登记到达时间，并及时引导车辆停靠站台进行卸货作业。卸货过程驾驶员必须在场监督作业，办理交接手续，对于发现的异常情况，应双方确认责任及原因，并及时反馈。

（二）公路快件运输车辆调度

1. 车辆配备

车辆配备是指在对运输需求以及影响运输的各种因素充分考虑的基础上，恰当地选择车型，合理地调配车辆，最大限度地减少装载空间及运力的浪费。

（1）影响车型选择的因素主要有以下几个因素。

①运输量。运输量决定了对车辆装载空间和载重的要求。

②运输距离。一般而言，长距离运输要求尽量一次装载所有的快件，所需的车型较大；短距离运输可以采用分批多次运输的方式，可以选择较小的车型。

③运输时效。对于对运输时效要求高的快件，快递公司应尽量选择机动、灵活、时速快的车型；对于对运输时效要求不高的快件，快递公司可以选择较大的车型，以降低单次运输的成本。

（2）车型选择。

一般按载质量对载货汽车进行分类，主要可分为四类，如表5-2-1所示。汽车总质量是指汽车装备齐全，并按规定装满货时的质量。

表5-2-1　公路快件运输车型选择表

汽车类型	微型车	轻型车	中型车	重型车
最大总质量/吨	质量<1.8	1.8≤质量<6	6≤质量<14	质量≥14
适用范围	运输距离短，运输频次高，时效要求高，如市内运输接驳、派送等	城市间运输、区域内集散等中距离运输	业务量较大的区域之间干线运输或地区间的长距离运输	

车型选择时应综合考虑适用范围，在保障时效的基础上，合理选择车型，最大限度地降低运输成本。

2. 车辆调度

（1）车辆调度作业流程。

车辆调度是指为保证快件及时到达，通过对快件预报的分析，了解快件作业各环节的运输需求，对车辆、驾驶员进行合理调配，下达运输任务，并对运输过程进行监控管理，确保运输准时、有序地进行。调度工作具有计划性、预防性、机动性，是实现快件运输合理化，提高运输效率，降低运输成本的关键。车辆调度由调度员围绕调度命令进行车辆的调度、组织及发运工作，具体流程如图5-2-1所示。

（2）车辆调度内容。

①编制车辆运行作业计划。包括编制运输方案、运输计划、车辆运行计划总表、分日运输计

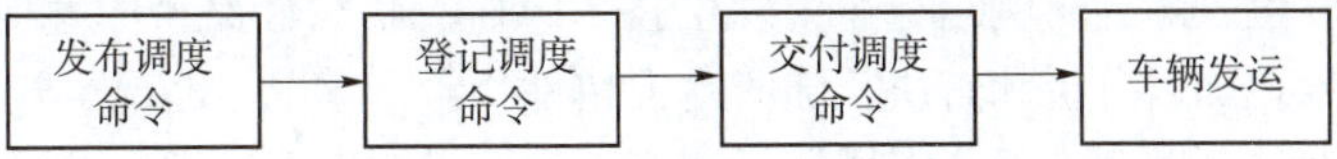

图 5-2-1　车辆调度作业流程图

划表、单车运行作业计划等。车辆运行计划总表如表 5-2-2 所示。

表 5-2-2　车辆运行计划总表

指标		上年度预计完成	本年度计划					本年度计划与上年度预计比例
			全年	第一季	第二季	第三季	第四季	
甲		1	2	3	4	5	6	7
汽车	平均营运车数							
	平均总吨数							
	平均吨数							
	车辆完好率							
	车辆工作率							
	工作车日数							
	营运速度							
	平均每日出车时间							
	平均车日行程							
	总行程							
	行程利用率							
	载重行程							
	载重行程吨位千米							
	吨位利用率							
	货物周转量							
挂车	拖运率							
	货物周转量							
汽挂车综合	货物周转量							
	平均运距							
	货运量							
	单车期产量							
	车吨期产量							

　　②现场调度。所谓现场调度就是根据快件分日运输计划、车辆运行作业计划和车辆动态分派运输任务，即按计划调派车辆，签发行车路单；勘察配载作业现场，做好装卸车准备；督促驾驶员按时出车；督促车辆按计划进行保养维修。

　　③实时车辆监督。实时车辆监督是指随时掌握车辆运行信息并对其进行有效监督。发现问题应采取积极措施，及时解决和消除，尽量减少运输过程的中断时间，使车辆按计划正常运行。

　　④检查计划执行情况。包括检查运输计划和车辆运行作业计划的执行情况。

　　（3）车辆调度原则。车辆运行计划在组织执行过程中常会遇到一些难以预料的问题，如航班延误、装卸机械发生故障、车辆运行途中发生技术障碍、临时性路桥阻塞等。针对以上情况，需要调度员有针对性地加以分析和解决，随时掌握快件货量、车况、路况、气候变化、驾驶员状况等，确保运行作业计划顺利进行。车辆运行调度工作应贯彻以下原则。

①全局性原则。坚持从全局出发，局部服从整体。在编制运输作业计划和实施运输作业计划过程中，运力安排要"先重点、后一般"，统筹兼顾。

②安全与时效并重原则。在运输过程中，要始终把安全工作和时效管理放在首要位置。

③计划性原则。调度工作要根据快件作业要求认真编制车辆运输作业计划，并以运输作业计划为依据，监督和检查其执行情况，按计划运送快件和维修保养车辆。

④合理性原则。要根据快件品质、体积、重量、车辆技术状况、道路桥梁通行条件、气候变化、驾驶员技术水平等因素合理调派车辆。在编制运输作业计划时，应科学合理地安排车辆的运行路线，有效地降低运输成本。

（4）车辆调度方法。车辆调度的方法有多种，可根据运输任务、运输线路、运输的快件量以及运输时效要求的不同采用恰当的方法。如当运输任务较简单时，可采用定向专车运行调度法、循环调度法、交叉调度法等；当运输任务较重，交通网络较复杂时，可运用运筹学中线性规划的方法，如最短路径法、表上作业法、图上作业法等。下面简单介绍几种常用的车辆调度方法。

①图上作业法。图上作业法是将快件运输业务量反映在交通图上，通过对交通图初始调运方案的调整，求出最优运输车辆运行调度方法。运用这种方法时，以运行路线最短、运费最低或行程利用率最高为优化目标。

②经验调度法和运输定额比法。在有多种车辆时，车辆使用的经验原则是尽可能使用能满载运输的车辆进行运输。如运输5吨的货物，安排一辆5吨载质量的车辆运输。在能够保证满载的情况下，应优先使用大型车辆，并且先载运大批量的货物。一般而言，大型车辆能够保证较高的运输效率和较低的运输成本。

③专车运行调度法。对超重件、超大件、金额较大的待收货款快件或者时限紧急快件，派专车专人进行运输，保证运输安全和运输有效时限。

④智能调度法。通过车辆智能调度系统可以自动向运输车辆、分拨中心、快递网点以及快递员等下达任务和发车指令，并对所有的车辆在电子地图上进行可视化监控，随时掌握车辆的位置状态、行驶速度等。目前快递企业主要采用智能调度法。

（5）公路快件运输异常处理。

①快件爆仓。快件爆仓是指快递公司因天气、快件突增等原因，无法及时分拣快件或发运已经分拣完毕的快件，导致大量快件滞留在快件分拨中心的现象。如果遇到快件爆仓的情况，快递公司应及时调派更多的运输车辆，或与第三方运输企业签订紧急运输协议，要求第三方运输企业提供足够的运输车辆。

②班车迟到。根据班车的运输路程，快递公司运输部门应对每辆班车的运输时间有一个初步的估定，若班车未准时到达快件分拨中心，快递公司应及时与驾驶员和押运员取得联系，问清其迟到原因，并让快件分拨中心提前做好应对准备。

③班车晚发。若班车无法按时发车，快递公司应及时告知班车将沿线停靠的快件分拨中心，通知其做好班车迟到的应对准备。

④班车事故。班车在行驶途中，难免会遇上意外事故，例如天气原因（大雪、洪水、台风）导致的交通瘫痪，或是交通事故、车辆故障等导致班车无法再行驶。根据事故情况、快件数量等调派车辆支援，或告知驾驶员和押运员具体的处理办法；联系班车将沿线停靠的快件分拨中心应急处理，并做好情况说明。

二、快件航空运输

微课：快件公路运输

（一）自营与非自营航空运输

快件航空运输是指快递公司利用航空运输，收取收件人的快件并按照向发件人承诺的时间将其送交指定地点或者收件人的门对门速递服务。航空运输有运送速度快、安全性能高、货物破损少、对货物包装要求低、不受地面条件限制等优势，是实现长距离快速送达的最主要运输方式，也是快件干线运输主要的运输方式之一。快件航空运输分为自营航空运输和非自营航空运输。

1. 自营快件航空运输

自营快件航空运输是指快递公司取得航空运输资格后，通过自有资源经营快件航空干线运输，如邮政、顺丰、圆通、京东等（图 5-2-2）。自营快件初期投入成本较高，但具有可靠性高、稳定性强的优势。2022 年 2 月，民航局印发《“十四五”航空物流发展专项规划》中提出，支持专业型航空货运企业规模化、集约化发展，打造高效便捷的货运网络，提高运力资源使用效率；支持快递、跨境电商、冷链企业特色化发展，提升专业化服务能力等。政策的加持以及市场需求的增长，航空货运发展迈进了高速发展阶段。顺丰速运、中国邮政、圆通速递、京东快递都已成立了自己的货运航空公司。顺丰集团主导的鄂州花湖机场已投入使用；圆通速递获批的浙江嘉兴全球航空物流枢纽项目正在如火如荼的建设中；京东物流已计划以南通兴东国际机场为主运营基地发展业务。

政策：《“十四五”航空物流发展专项规划》

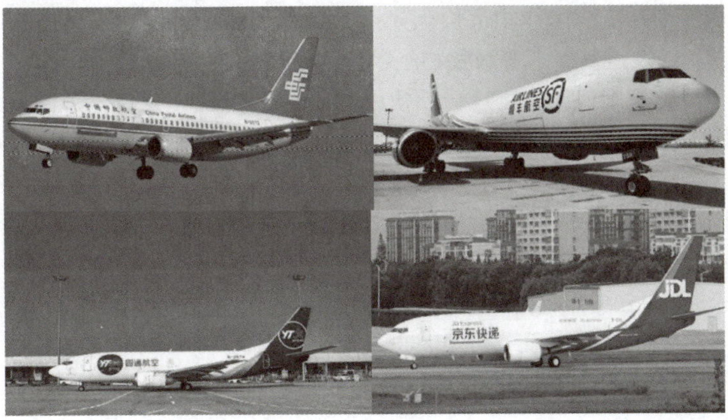

图 5-2-2　邮政、顺丰、圆通、京东等自营快件航空运输

2. 非自营快件航空运输

非自营快件航空运输包括包机（包租）和集中托运两种方式。

（1）包机。包机分为整包机和部分包机两种。

①整包机。指航空公司或代理公司与快递公司达成协议，将整架飞机租给快递公司使用的运输方式。这种方式的优势是快递公司对飞机的使用拥有一定的控制权和管理权（如航程起止、中途停靠点、起飞时间等），具有较强的灵活性与可控性。整包机的价格一般是由双方提前商量，以协议形式加以确定，往往与实际快件量无关。如果快件量不足可能导致舱位浪费，就会存在运输成本偏高的风险。

②部分包机。是指包含快递公司在内的多个承租方联合包租一架飞机，或者由航空公司、代理公司把一架飞机的舱位分别承包给多家企业用户使用的运输方式。这种方式适合航空资源较

紧张的线路，或者快件量不足以满载的情形。但是对快递公司来说，这种方式难以参与管理，可控性较差。

（2）集中托运。快递公司将快件委托给航空货运代理公司，由代理公司将不同企业发往同一方向的货物集中起来组成一票货物，采用一份总运单的方式向航空公司办理托运，并由代理公司在目的地指定的代理人收件、清关，然后分拨给各实际收件公司的运输方式。运输费用按照实际运量计算，故风险较小，实力不强的快递公司普遍采用这种方式。但是托运易受各种因素制约，舱位不能保证，时效性不稳定。

（二）快件航空运输费用标准

1. 快件运价类别

（1）普通货物运价。①基础运价（代号 N）。民航总局统一规定各航段货物基础运价，基础运价为 45 千克以下普通货物运价；②重量分界点运价（代号 Q）。国际航空货物运输建立 45 千克以上、100 千克以上、300 千克以上 3 级重量分界点及运价。

（2）等级货物运价（代号 S）。急件、生物制品、珍贵植物和植物制品、活体动物、骨灰、灵柩、鲜活易腐物品、贵重物品、枪械、弹药、押运货物等特种货物实行等级货物运价，按照基础运价的 150%计收。

（3）指定商品运价（代号 C）。对于一些批量大、季节性强、单位价值低的货物，航空公司可申请建立指定商品运价。

（4）最低运费（代号 M）。如每票国际航空货物最低运费为 30 元。

（5）集装货物运价。以集装箱、集装板作为一个运输单元运输货物可申请建立集装货物运价。

2. 快件运价使用与计费规则

（1）运价使用规则。①直达货物运价优先于分段相加组成的运价；②指定商品运价优先于等级货物运价和普通货物运价；③等级货物运价优先于普通货物运价。

（2）货物运价计费规则。①货物运费计费以"元"为单位，元以下就采用四舍五入；②最低运费，按重量计得的运费与最低费相比取其高者；③按实际重量计得的运费与按较高重量分界点运价计得的运费比较取其低者；④分段相加组成运价时，不考虑实际运输路线，不同运价组成点组成的运价相比取其低者。

（3）国际航空邮件运费。普通邮件运费按照普通货物基础运价计收；特快专递邮件运费按照普通货物基础运价的 150%计收。

（三）快件航空运输特点与要求

1. 快件航空运输特点

（1）运送速度快。由于航空货运所采用的运送工具是飞机，飞机的飞行时速都在每小时 600 千米到 800 千米，比其他的交通工具要快得多。航空货运的这个特点适应了一些特种货物的需求，例如海鲜、活动物等鲜活易腐的货物，由于货物本身的性质导致这一类货物对时间的要求特别高，只能采用航空运输。另外，信息化时代需要企业及时对市场的变化做出快速的反应，企业考虑的因素除生产成本之外，时间成本也是很重要的一项因素。

（2）破损率低、安全性好。由于航空货物的价格比较高，在地面上操作流程的环节较其他运输方式严格，破损的情况大大减少。货物装上飞机之后，在空中货物不容易损坏，因此在整个货物运输环节之中，货物的破损率低、安全性好。

（3）空间跨度大。在有限的时间内，飞机的空间跨度是最大的，现有的宽体飞机一次可以飞 7 000 千米左右，从我国飞到美国西海岸，只需 13 个小时左右，这对于某些货物的运输是非常大的优点。例如活体动物运输。

（4）可节省生产企业的相关费用。由于航空运输的快捷性，可加快生产企业商品的流通速度，从而节省产品的仓储费、保险费和利息支出等。另外，产品的流通速度加快，可以带来资金的周转速度，能大大地增加资金的利用率。

（5）运价比较高。由于航空货运存在以上的优点，使得它的运价相对来说比较高，例如从我国到美国西海岸，空运价格至少是海运价格的10倍以上。因此，对于货物价值比较低、时间要求不严格的货物，通常考虑运输成本问题，会采用非航空货运的运输方式。

（6）载量有限。由于飞机航空器本身的载重容积的限制，通常航空货运的量相对于海运来说少得多。例如，载重最大的民用飞机8747全货机，货物最大载重是9吨，与其他运输方式相差很大。

（7）易受天气影响。飞机本身受到天气的影响非常大，如遇到大雨、大风、雾等恶劣天气，航班就不能得到有效保证，这对航空货物造成的影响就比较大。

2. 快件航空运输一般要求

（1）托运人托运货物应遵守国家的法律法规及政府政策要求，以及承运人关于货物包装、运输的相关规定。必要时，托运人应提供与托运货物有关的文件，并对其提供文件的真实性和准确性负责。

（2）托运人托运货物，必须符合下列条件：①国家法律、政府政策非禁止运输的货物；②货物的包装应适合航空运输的要求；③托运政府限制运输以及需要向公安、检疫等政府部门办理手续的货物，应当随附有效证明；④货物不能危害飞机、人员、财产的安全，不能烦扰旅客。

（3）除另有约定外，航空公司不承运声明价值超过规定限额的货物。

（4）运输条件不同或性质相互抵触的货物，托运人应分别办理托运手续。

3. 托运人、收货人的责任要求

（1）托运人违反国家法律、政府政策要求以及承运人的有关规定托运货物，应承担由此而产生的后果。

（2）托运人托运的货物与航空货运单上所列品名不符，或者在货物中夹带危险物品、政府禁止运输或限制运输的物品，承运人按下列规定办理：①在始发站停止发运，运费不退，通知托运人；②在中转站停止运送，运费不退，通知托运人，并按照实际运送航段另核收运费；③在目的站，另核收全程运费；④必要时承运人可报请政府有关部门处理。

（3）由于收货人的过错，造成承运人或第三人的损失，收货人应承担赔偿责任。

（4）托运人使用承运人的集装设备装货时，应遵守承运人的规定。对不按规定装载造成的损失，托运人应承担赔偿责任。

4. 货物检查要求

（1）托运的货物都应当进行安全检查。对托运人要求24小时内运出的货物一律实行开箱检查或通过安检仪器检。

（2）承运人认为有必要时，可以开箱检查托运的货物及相关的文件资料，但不承担必须检查的义务。

（三）快件航空运输集中托运

快件航空运输是指由专门经营快件寄递业务的企业与航空公司合作，设立专人、专车，用最快的运送速度在货主、机场、收件人之间传递货物的特别服务项目。

1. 快件航空运输基本方式

（1）机场（车站）到机场（车站）服务。发货人在机场（车站）交付货物，然后发货人信息通知目的地的收货人到指定的机场（车站）取货。这种服务较为简单，收费较低，但发件人、收件人可能不方便。

（2）专人送货服务。即由快递公司安排专人随货机送件。这种方式服务周到，但费用较高。

（3）门到门服务。发件人在发件前通知快递公司，公司立即派人到发件人单位取件，直接送到机场，交给承运人（航空公司），然后通知目的地的快递公司（或代理公司），以便按时取件。快件到达目的地的机场后，在要求的时间内送到收件人手中。交件后，立即将收件人签收的信息反馈给发件人，或者将信息告知发件人快件交接时间和签收情况。

2. 快件集中托运流程

国内的快递公司大多采用集中托运，即将快件交付给代理公司，由代理公司统一向航空公司办理托运的形式来进行快件航空运输。其工作流程可分为以下几个步骤。

（1）收件网点收取航空快件后，在规定时间运转到各自区域的分拨中心。

（2）始发分拨中心对应目的地分拣快件，确定对应机场发件总量和外包装件数。

（3）始发分拨中心向航空运输代理商预订舱位，并将航空快件交给航空代理商。

（4）航空代理商接到始发分拨中心的订舱资料后，根据分拨中心的规定时效，向航空公司预订舱位。

（5）航空公司批舱后，航空代理商在对应的航班起飞前3小时内交机场主单，起飞前2小时内过完安检。

（6）航空代理商将对应的机场资料交给始发分拨中心，始发分拨中心向目的分拨中心发送相应的资料。

（7）快件到达目的地后，暂由航空代理商代为收取。

（8）分拨中心接收到预报后，在飞机落地后的2~3小时内派人提取快件。

（9）提件者提取快件后，首先核对货物快件信息是否与始发分拨中心所发送的资料相符，若有不符，应立即上报。

（10）快件核对正确后，由目的分拨中心进行分拣，再运到各派送点安排派送。

整个工作流程根据快件在发货地与收货地的状态不同，可分为出港（图5-2-3）和进港（图5-2-4）两种流程。

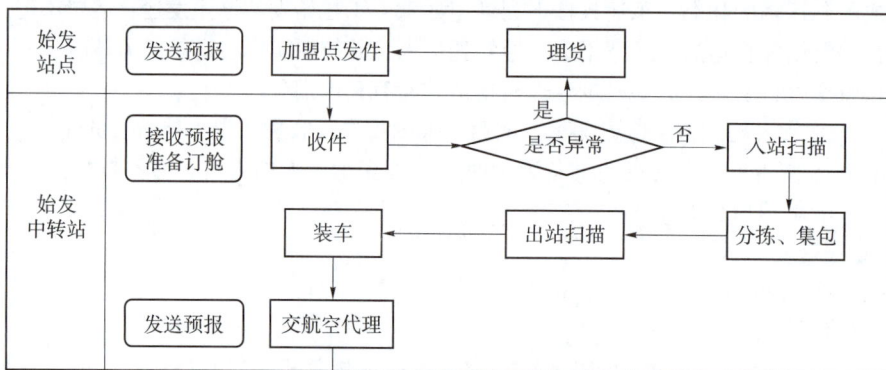

图5-2-3　航空快件出港流程

微课：快件航空运输出港作业　　微课：快件航空运输进港作业

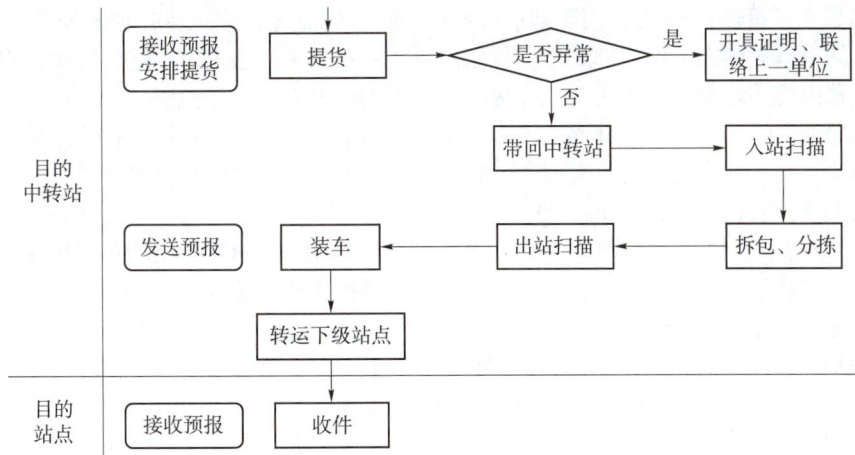

图 5-2-4　航空快件入港流程

3. 快件集中托运的优势

（1）集中托运可以争取到更为低廉的费用率。航空运费的费率随托运快件数量增加而降低。当集中托运人将若干个小批量快件组成一大批出运时，就能够形成一定数量规模而享受更低的价格。

（2）集中托运人的专业性服务为快递公司创造更多价值。集中托运人完善的地面服务网络，拓宽了快递公司的服务项目，为快递公司的客户提供了更高的服务质量。

（3）集中托运可以加快快递公司资金周转。因为航空公司的主运单与集中托运人的分运单效力相同，集中托运形式下托运人结汇的时间提前，使资金流转加快。

4. 集中托运的局限性

（1）贵重物品、活体动物、危险品、外交信袋等，根据航空公司的规定不得采用集中托运的形式。

（2）由于集中托运的情况下，快件的出运时间不能确定，所以不适合易腐烂变质的货物、紧急货物或其他对时间要求高的货物的运输。

（3）对于能够享受航空公司特种货物运价和等级货物运价的部分货物来说，采用集中托运的方式不仅不能够享受到运费的节省，而且有可能导致托运人负担加重。

（四）快件航空运输包装要求

1. 货物包装的一般规定

（1）货物包装应坚固、完好，在运输过程中能防止包装破裂、内物漏出、散失，防止因码放、摩擦、震荡或因气压、气温变化而引起货物损坏或变质。防止伤害操作人员或污染飞机、地面设备及其他物品。

（2）包装内的垫付材料（如木屑、纸屑）不能外漏。除纸袋包装的货物（如文件、资料等），托运货物都应使用包装带捆。严禁使用草袋包装或草绳捆扎货物。

（3）包装除应适合货物的性质、状态和重量外，还要便于搬运、装卸和码放，包装外表面不能有突出的钉、钩、刺等；包装要整洁、干燥、没有异味和油渍。

（4）捆扎货物所用的包装带应能承受该货物的全部重量，并保证提起货物时不致断开。

（5）托运人应当在每件货物的外包装上详细注明收货人和托运人的单位、姓名、详细地址和储运要求。

（6）托运人应当在每件货物的外包装上粘贴或者拴挂承运人的货物运输标签。

（7）托运人使用旧包装时，必须清除原包装上的残留标记和标签。

（8）如果货物的包装不符合航空运输的相关规定，应要求托运人改进或重新包装后方可收运。

2. 部分货物的特殊规定

（1）粉状货物。用袋盛装的，最外层应使用塑料涂膜编织袋作外包装，保证粉末不致漏出，单件货物毛重不得超过 50 千克。用硬纸桶、木桶、胶合板桶盛装的，要求桶身不破、接缝严密、桶盖密封、桶箍坚固结实。用玻璃装的，每瓶内装物的重量不得超过 1 千克，用铁制或木制材料作外包装，箱内要用衬垫材料填实，单件货物毛重以不超过 25 千克为宜。

（2）液体货物。容器内部必须留有 5%～10% 的空隙，封盖必须平密，不得溢漏。用玻璃容器盛装的液体，每一容器的容量不得超过 500 毫升，箱内应使用衬垫和吸附材料填实，防止晃动或液体渗出，单件货物毛重以不超过 25 千克为宜。

（3）不怕碰压的货物。可以不用包装，如轮胎等，不易清点件数、形状不规则、外形与运输设备相似或容易损坏飞机的货物，应使用绳、麻布包扎或外加包装。

（4）精密易损，质脆易碎货物。①单件货物毛重以不超过 25 千克为宜；②悬式包装应用几根弹簧或绳索，从箱内各个方向把货物悬置在箱子中间；③多层次包装应按"货物、衬垫材料、内包装、衬垫材料、运输包装（外包装）"的层次实施；④玻璃器皿的包装应使用足够厚度的泡沫塑料及其他衬垫材料围裹严实，外加坚固的瓦楞纸箱或木箱，箱内物品不得晃动。⑤底盘大、有手提把环或屋脊式箱盖的货物，以及不宜平放的玻璃板、挡风玻璃等必须使用防倒置包装。

（5）大型货物。体积或重量较大的货物底部应有便于叉车操作的枕木或底托。

3. 部分包装类型规定

（1）木箱。厚度及结构要适合货物安全运输的需要。盛装贵重物品、精密仪器、易碎物品的木箱，不得有腐蚀、虫蛀、裂缝等缺陷。

（2）纸箱。应能承受同类包装货物码放 3 米或 4 层的总重量。

（3）条筐、竹篓。编制紧密、整齐、牢固、不断条、不劈条，外型尺寸以不超过 50 厘米×50 厘米×60 厘米为宜，单件毛重以不超过 40 千克为宜，内装货物及衬垫材料不得漏出。应能承受同类货物码放 3 层高的总重量。

（4）铁桶。铁皮的厚度应与内装货物重量相对应。单件毛重 25～100 千克的中小型铁桶，应使用 0.6～1.0 毫米的铁皮制作，单件毛重在 101～180 千克的大型铁桶，应使用 1.25～1.5 毫米的铁皮制作。

总之，选择航空运输，托运人必须要清楚快件如何包装才能通过空运的规定。

4. 货物计重要求

（1）货物的重量按毛重计算，计量单位为千克。贵重物品计量单位为 0.1 千克，其他货物重量不足 1 千克的尾数四舍五入。

（2）每张航空货运单的货物重量不足 1 千克时，按 1 千克计算。

（3）轻泡货物以每 6 000 立方厘米折合 1 千克计算。

5. 货物重量、尺寸要求

（1）非宽体客机腹舱载运的货物，每件货物的重量一般不超过 80 千克，包装尺寸一般不超过 40 厘米×60 厘米×100 厘米。

（2）宽体客机腹舱和全货机载运的货物，每件货物重量一般不超过 250 千克，体积一般不超过 100 厘米×100 厘米×140 厘米。

（3）超过（1）、（2）条规定重量和尺寸的货物，航空公司可依据航线机型及始发站、中转站和目的站机场的装卸设备条件，确定可收运货物的最大重量和尺寸。

（4）每件货物包装的长、宽、高之和不得小于 40 厘米，长、宽、高之和低于 40 厘米的货物，托运人需更改货物包装，达到长、宽、高之和不小于 40 厘米的标准后方可交运。

（五）快件航空运输产品及收运提取流程

1. 快件航空运输产品类别

（1）当日达（最快 5 小时门到门送达）。即今天寄件今天送达到目的地客户手中。承诺时间一般是以寄件时间（北京时间）为准，最晚在 24 小时内递送到目的地客户手中。如果收件地为偏远地区（国家划分的二级及二级以下行政区域），由于需要额外的中转时间，时效需增加 0.5~1 个工作日。

（2）次日达（最快 16 小时门到门送达）。即今天寄件次日送达到目的地客户手中，承诺时间一般是以寄件时间（北京时间）为准，最晚在 48 小时内递送到目的地客户手中。对于收件地为偏远地区（国家划分的二级及二级以下行政区域），由于需要额外的中转时间，时效需增加 0.5~1 个工作日。

（3）隔日达（最快 36 小时门到门送达）。即今发后至，也就是说今天寄件隔日送达到目的地客户手中。承诺时间一般是以寄件时间（北京时间）为准，最晚在 72 小时内递送到目的地客户手中。对于收件地为偏远地区（国家划分的二级及二级以下行政区域），由于需要额外的中转时间，时效需增加 0.5~1 个工作日。

2. 快件国内航空运输收运、提取流程

（1）国内航空货物收运流程（图 5-2-5）包括：①库区查验包装、货物称重；②填制托运书及货邮安检申报清单；③核查信息，柜台收运，制作标签；④贴标签，一份安检申报清单交称重人员；⑤通过安检，货物入库；⑥柜台制单，货主校对，信息签字确认；⑦交款。

（2）航空货物提取流程（图 5-2-6）包括：①进港柜台提供货运单号；②出示有效证件；③办理提货手续；④交款；⑤进港仓库；⑥查验提货手续、提货；⑦双方清点件数、交接、签字。

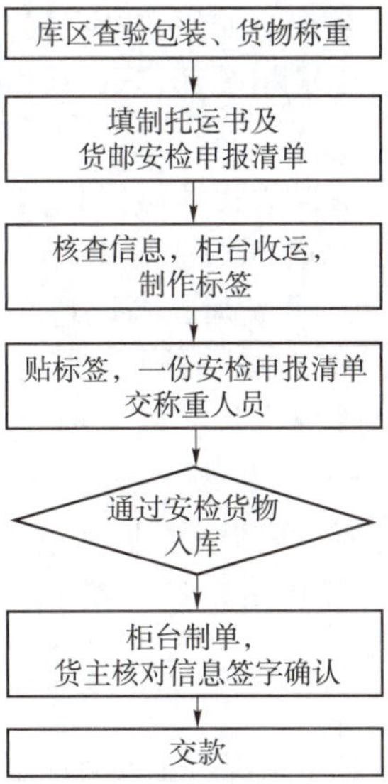

图 5-2-5　国内航空货物收运流程 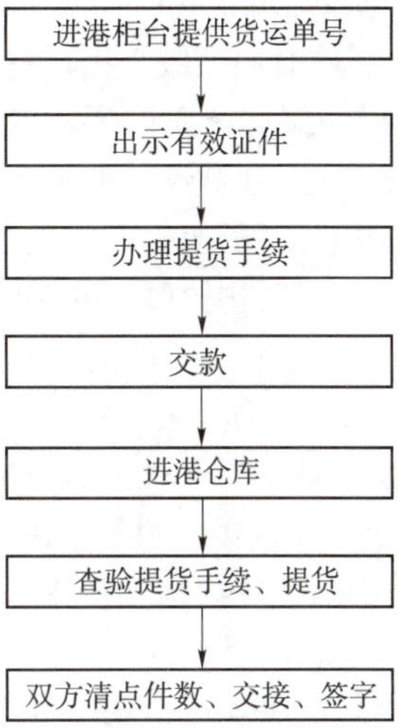　　　　图 5-2-6　航空货物提取流程

（六）快件航空运输异常处理

快件航空运输的异常情况主要分为航班提货异常情况和航班交货异常情况。

1. 航班提货异常情况

航班提货异常情况主要是指提货员在提货时发生的一些异常情况，主要有以下几种。

（1）航班"拉货"。所谓的拉货是指航空货运代理商顺利地把快件交运给某个航班，但在上飞机时因飞机舱位问题或者时间问题被临时取消装载上飞机的现象。航班被拉货的主要原因如下：①飞机故障或者其他雷雨天气原因导致航班临时取消；②飞机临时改机型，大飞机改小飞机执飞，所以导致舱位变更、限载；③由于旅客行李过多，造成货运舱位不够，导致已经排载的货

物被临时拉下；④由于海关调查部门对某票货物有质疑，而造成货物不能运输；⑤由于气候原因，飞机需要临时增加油料的载量，而导致飞机起飞以及落地重量超载使货物拉下；⑥由于商业原因或者其他原因造成的航空公司或者货代以及货主要求停运而造成拉货；⑦飞机临时限载；⑧轻泡货多等导致货物无法装机。

进出港联络员及时跟进后续航班配载情况，积极协调配载下一个航班。加强同航空公司地面部门沟通，优先提取先到的货物，避免整批货物延误。

（2）无单无货。提货员立即转告进出港联络员，由进出港联络员联系上一环节的操作单位，确定新的航班信息。

（3）有单无货。提货员立即转告进出港联络员，由进出港联络员联系上一环节的操作单位，确定新的航班信息。

（4）有货无单。提货员立即转告进出港联络员，进出港联络员即刻与上一环节的操作单位确认货物和单据情况。上一环节的操作单位须马上协调航空公司，把沟通情况转告进出港联络员，以便及时提取货物。

（5）到货件数多于运单显示件数。实际到达货物多于航空运单上显示的件数时，航空公司不允许提货。此时，提货员应立即转告进出港联络员，联络员即刻通过上一环节的操作单位，请其通过航空公司系统更改航空运单件数，并通知集散中心进出港联络员，以便及时提取货物。

（6）到货件数少于运单显示件数。实际到达货物少于航空运单上显示的件数时，提货员需与航空公司的地面服务人员积极配合，仔细寻找各库区及异常货物堆放区域有无本公司的货物。同时通过进出港联络员，请其向上一操作单位确认应到货数量。如果数量有误，而又搜寻无果，则先将已到货物全部提取，在提货时再针对缺少的货物要求相关部门开立"异常情况货物证明"，并加盖公章，同时向上级汇报该情况。

（7）货物破损。提货员立即要求提货处开具"异常情况货物证明"或"航空货物破损证明"，内容须详细描述货物状况，并加盖公章。对已破损的货物合理安排装车，轻拿轻放，避免再次受到挤压或碰撞；对疑似丢失货物要清点其内装件数，回站后将情况通知上级和内场操作员，在上级的监督下对实物拍照，并对包装进行修补或加固。

（8）货物受潮。提货员立即要求提货处填写"异常情况货物证明"或"航空货物受潮证明"，内容须详细描述货物状况，并加盖公章。对于受潮严重的货物，回站后要将情况通知上级和内场操作员，在上级监督下对实物拍照，然后将货物晾干或擦干并更换外包装。

（9）货物丢失。提货员立即要求提货处填写"异常情况货物证明"或"航空货物运输异常证明"，内容须详细描述货物状况，并加盖公章。

2. 航班交货异常情况

航班交货异常情况主要是指发货员发货时发生的一些异常情况，主要有以下几方面。

（1）预订航班出现异常。

（2）无法准时交运。

（3）未能通过安检。

（4）危险品被没收。

三、快件铁路运输作业

（一）快件铁路运输优缺点

快件铁路运输是指依托全国火车站，通过高铁快运、铁路行李车、货运专列、行邮专列、特货专列等到达全国铁路物流运输网络，实现次日达、三日达、四日达或时限快运门到门服务。

1. 快件铁路运输优点

（1）受天气影响小，稳定、安全。

（2）具有定时性，准时性好。

（3）中长距离运货运费低廉。铁路单位运输成本低于航空与公路运输，有的甚至低于内河运输。

（4）可以大批量运输。一列火车可运 2 千～3 千吨，单线单方向全年运量可达 1 千万吨以上，双线可达 2 千万～4 千万吨。

（5）可以高速运输。在实际运行中一般铁路时速为 80～150 千米，高速铁路运行时速可达 220～275 千米，甚至超过 300 千米。

（6）可以按计划运行，全程可视。

（7）运输网络遍布全国，可以运往全国各地，还可以借助国际班列到达中亚、西亚、东欧、西欧、东南亚等地区。

（8）节能环保，环境污染程度小。单位功率所能牵引的货物重量大约比汽车高 10 倍。铁路货运对空气和地面的污染低于公路及航空运输。

2. 快件铁路运输缺点

（1）不适于短距离快件运输。

（2）中途等待时间比较长，因为货车编组、转轨需要时间，快件滞留时间相对比较长。

（3）运费收取费率缺乏弹性，因为铁路运输企业收费标准比较固定。

（4）机动性差，不能采取门对门服务，因为铁路运输只能在固定线路上运行，车站固定，不能随处停车。

（5）不适宜紧急运输。

（二）铁路快运的主要产品（服务）

1. 高铁快运

利用高铁运力资源，为生产制造企业、电商快递企业及个人客户提供商务函件、试剂样本、温控药品、生鲜食品、精密仪器、贵重物品、急用物品等高端物流需求的小件物品全程运送服务，具有时效性强、准点率高、安全稳定、绿色环保等优势，如图 5-2-7 所示。这些物品包括：

（1）时限产品。①当日达，即当日收取，装运当日列车，承诺当日到站自提或到站后最快 2～3 小时送达；②次日达，即当日收取，承诺次日下午 18：00 前到站自提或送达；③3 日达，即当日收取，承诺第 3 日下午 18：00 前到站自提或送达。

（2）定制产品。①批量达，即针对批量货物，根据客户需求，采取灵活定价，定制个性化运输方案；②特需达，即针对贵重金属、保密货物等，两端采取自有人员或安保公司押运。

图 5-2-7　高铁快运

2. 行包快运

行包快运是以铁路旅客列车行李车为主要运输工具（图5-2-8），辅以公路和航空，在国内主要大中城市间提供的"门到门"快运服务。主要面向中高端快运快递市场，运送汽车配件、电子产品、鞋、服饰品、快消品等货物。

图 5-2-8　行包快运

（1）普通快运产品。采用标准定价、标准操作流程，提供从承运当日起4日内送达"门到门"快运服务。运输距离3 500千米以上或无法直达的城市间，从承运当日起4~6日送达。

（2）时限快运产品。提供承诺交付日期（时间）的"门到门"快运服务，分为次日达、3日达、4日达。超出所承诺的运到时限，经确认不属于免责条款范围内的，退还全部运费。

（3）包量直达产品。单批货量在100千克以上，运价按照重量给予优惠。

（4）批量特惠产品。单批货量在1吨以上，签订固定重量、固定运费服务合同后，提供固定车次、固定发到站、运价按照重量给予优惠的"门到门"快运服务。

3. 冷链快运

利用高铁动车组、旅客列车行李车等铁路运力资源，使用主动制冷设施、设备及被动蓄冷包装，进行医药、生物样本、食品控温运输。

（1）医药定温达。按照国家GSP标准，采用中铁快运自有知识产权蓄冷箱进行包装，对药品从受理、运输到交付全流程进行零下25 ℃至零下15 ℃冷冻、2 ℃至8 ℃冷藏及15 ℃至25 ℃恒温等多温区精准控温，通过定时记录、远程监控、自动预警，实现全程全面信息化操作、可视化监控、智能化管理。

（2）食品冷鲜达。以高铁动车组为主，利用绿色环保、可循环使用的食品专用蓄冷箱，针对高端海鲜水产、果蔬鲜花、肉禽蛋奶等食品，提供冷藏、冷冻保温48小时的"产地到餐桌"运输服务。

4. 班列快运

在国内主要城市之间，如北京和上海、北京和广州、上海和深圳、杭州和广州之间，利用中铁快运每日对开时速160千米的特快班列，实现精准、快速、高效的库到库全程快递服务，如图5-2-9所示。

5. 国际快运

依托国际铁路整车和集装箱、中欧班列、中老货运列车、国际旅客列车行李车及高铁列车，辅以汽运、空运和海运，针对从全国各地至中亚、西亚、欧洲、俄罗斯、蒙古国、东南亚各国的进出口及过境货物，提供国际货物整车或集装箱国际联运、仓储、拆拼箱、集疏港、报关转关等国际快运服务，如图5-2-10所示。

图 5-2-9　班列快运

图 5-2-10　铁路国际快运

6. 其他服务

（1）货运物流。以铁路零散、批量、整车、集装箱运输为核心，采取铁路运输代理、多种物流功能集成、运仓配一体化物流总包、供应链集成管理、产供销一条龙服务等方式，为生产制造企业及大型商贸、物流企业提供铁公、铁海、铁水、铁空联运服务，如图 5-2-11 所示。

图 5-2-11　中铁货运物流服务

（2）接取送达业务。作为铁路货运接取送达的主要力量，负责铁路零散、批量、整车、集装箱"最后一千米"短驳服务，如图 5-2-12 所示。

图 5-2-12　中铁快运接取送达服务

（3）仓储业务。整合全国铁路货运站、集装箱办理中心、铁路物流基地等仓储资源和社会优质仓储资源，构建全国性网络仓库，也被称为"火车轮上的仓储"。为企业大客户提供仓储租赁、"仓运配"一体化及货物进出库、分拣、包装等多样化仓储服务，如图5-2-13所示。

图 5-2-13　中铁快运仓储业务

（三）快件铁路运输交接操作要求

1. 快件铁路运输交接条件

（1）基本要求。

①快递企业与铁路运输企业应订立合同，约定班列车次、车厢节数、车厢号、交接频次、停靠站台等；

②快递企业与铁路运输企业应根据约定，按照交接频次和作业时限完成快件交接；

③快递企业与铁路运输企业宜固定交发、装卸和接收快件；

④快递企业与铁路运输企业宜通过信息系统传输数据信息，信息系统安全应符合标准要求。

（2）快件总包。

①快递企业交发的快件总包应符合铁路运输部门的运输要求；

②快递企业交发的快件总包应符合铁路运输安全相关规定，不得含有铁路运输规定的危险品、违禁品；

③快递企业交发的快件总包的包装、重量和体积应符合铁路运输要求。

（3）交接场地。

①应在快递企业和铁路运输企业指定的快件处理场所或铁路货运场站进行交接，交接场地应具备快件交接的场地环境、设施设备和安全防范；

②应为全封闭式作业场地，并具有物理安全隔离；

③应安装监控设备，监控范围实现对交接作业区域全覆盖；

④应保持清洁，通风良好。各类设备、工具、物料等应定置定位摆放；

⑤应设置符合国家标准要求的消防安全标志。

（4）设施设备。

①应具备装卸、搬运、堆码、捆扎、称重，以及信息采集和传输等必要的交接设施设备；

②应采用集装袋、集装笼等快件集装容器存放快件；

③应符合相关技术标准，有明确的设备使用操作规程；

④应有专人负责，按照规定定期保养与维护，确保设施设备处于良好状态；

⑤宜使用自动化设备进行快件交接、装卸。

（5）交接凭证。

①在办理快件铁路运输交接手续时，应使用交接凭证；

微课：快件
铁路运输

②交接凭证应包括：收发快件路单、取货通知等。

③各类交接凭证应注明快件铁路运输的各项必备信息。收发快件路单信息主要包括：收发日戳印、车次、始发地场站、目的地场站、总包数量、总包重量、内件信息、寄发接收人员签章等。取货通知信息主要包括：企业名称、车次、车站、日期。

2. 始发地场站交接操作

（1）交接流程。快件铁路运输交发流程如图5-2-14所示。

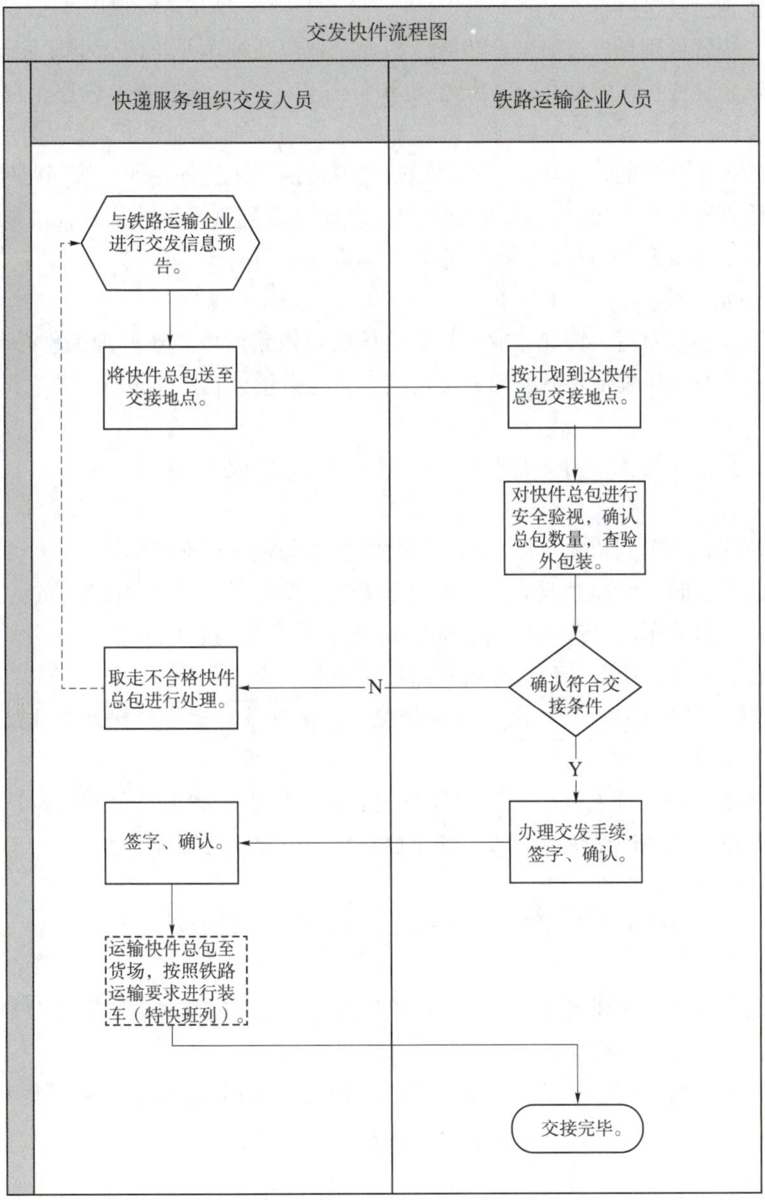

图 5-2-14　快件铁路运输交发流程

（2）交发信息预告。

①快递企业应向铁路运输企业预告交发快件总包信息，铁路运输企业收到信息后及时返回信息接收结果；

②铁路运输企业应在发车前1小时向快递企业预告列车出库时刻、停靠站台和车厢节数等

信息。

（3）交发快件总包。

①快递企业应按照运输流向、车次、交发频次等建包；

②快递企业应按约定时间将快件总包运至交接场地；

③铁路运输企业应核对快件总包数量、查验外包装，采集通过验收的快件总包信息；

④铁路运输企业前往快递企业揽收快件总包的，运输至交接场地后，应再次清点总包数量。

（4）安全检查。

①快件应在快件处理场所进行安全检查，快递企业应在列车开车前2小时完成安全检查；

②铁路运输企业应按规定使用安检设备对快件总包进行安全检查；快递企业交发人员应协助完成快件总包安全检查；

③对安全检查不合格的快件总包，铁路运输企业应退回至快递企业，按问题件处理；

④对安全检查不合格的快件，铁路运输企业监督快递企业将快件从总包中取出，并记录快件总包内件、数量和重量等信息，其他合格快件应重新施封交运。

（5）办理交发手续。

①快件总包安检结束后，快递企业根据安检情况与铁路运输企业办理快件总包的交发手续，核对车次、车厢节数、始发地场站、目的地场站、总包数量、总包重量等信息，双方批注、签字并确认；

②如需办理其他交接凭证的交发手续，双方可按约定完成。

（6）快件装车。

①快递企业应在列车到达前，按照规定时间将快件总包运至交接场地；

②装载快件总包时，快递企业应按码放顺序将快件总包码放至场地指定位置；

③特快班列总包装车时，铁路运输企业和快递企业应共同确认装车数量、车厢号和快件总包数量，并进行施封。行李车总包装车由铁路运输企业负责。

（7）信息报备。快递企业交发人员应将交发总包信息及时上传至快递企业信息系统，以便企业核查和用户跟踪。

（8）异常情况处理。交发环节出现快件总包丢失、短少、破损及落货时，铁路运输企业应当场复查总包数量，通知快递企业确认交发总包实数，按异常约定处理。

3. 目的地场站交接操作

（1）接收流程。快件铁路运输接收流程如图5-2-15所示。

（2）接收准备。

①铁路运输企业应在班列到达前1小时将预计到达时刻、停靠站台、车厢节数、晚点信息等告知快递企业，以便进行交接准备；

②快递企业应根据班列预计到达时间或约定时间，提前到达约定交接场地进行交接准备，接收准备包括：取货凭证、车辆、人员、设施设备等。

（3）总包卸车。

①特快班列到达后，铁路运输企业和快递企业应按照规定时间进行总包卸车作业，包括确认车厢号、解封、卸车、核对等。行李车的总包卸车由铁路运输企业负责；

②铁路运输企业卸车时，应对不同车厢的快件总包进行归集，按车厢分装快递企业运输车辆。

（4）接收总包。快递企业应与铁路运输企业核对快件总包数量，查验外包装，记录总包短少和破损信息。

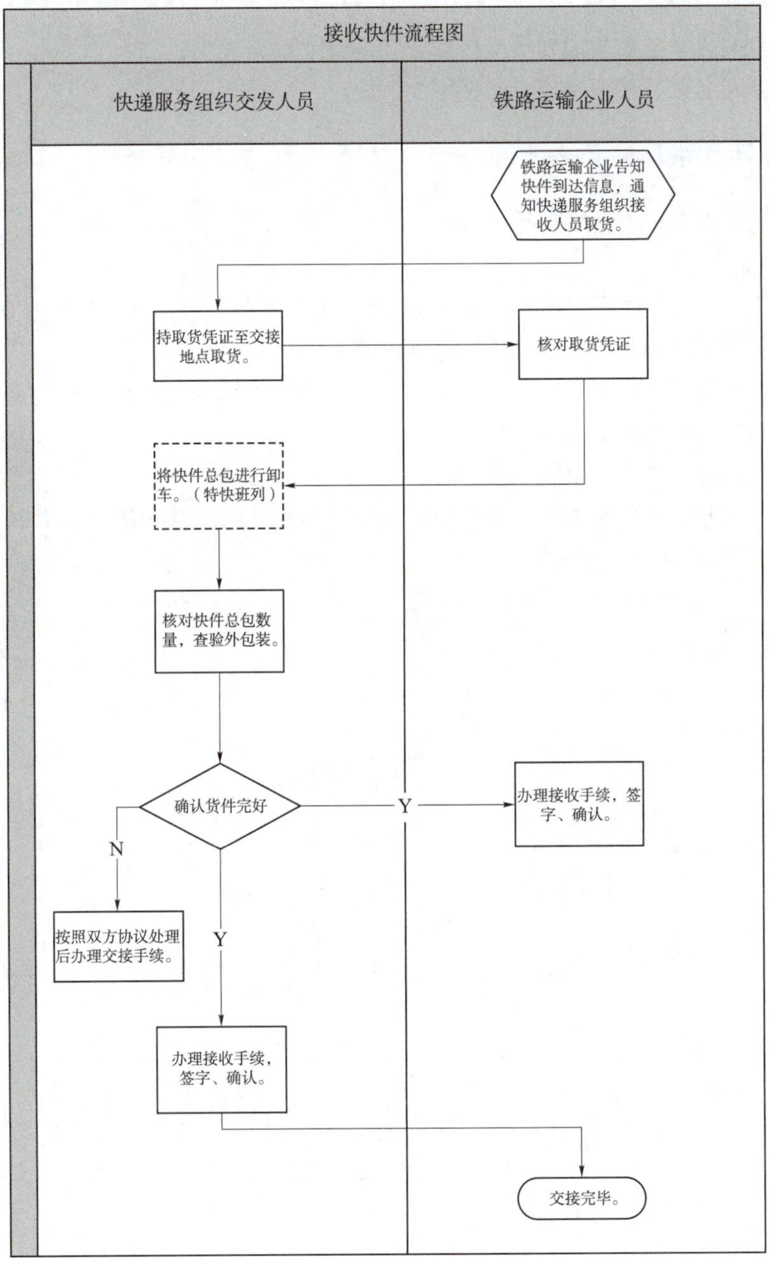

图 5-2-15　快件铁路运输接收流程

（5）接收手续处理。

①快件总包接收完成后，快递企业与铁路运输企业应在取货凭证上批注、签字并确认；

②如需办理其他交接凭证的接收手续，双方可按照约定完成。

（6）信息报备。快递企业接收人员应将接收总包信息及时上传至快递企业信息系统，以便企业核查和用户跟踪。

（7）异常情况处理。

①接收环节出现快件总包丢失、短少、破损、错发时，铁路运输企业应采取有效手段积极查找，按异常约定办理后续手续并进行记录；

②铁路运输企业需承担运输赔偿责任的，赔偿标准应按双方约定执行。

4. 交接管理

（1）收发快件路单、取货通知等交接凭证应存档保留 24 个月；

（2）交接场地监控视频资料应自然保留 3 个月。

（四）快件铁路运输作业环节

快件铁路运输作业流程如图 5-2-16 所示。

1. 发送作业

在发货站所进行的各项货物作业，统称为快件的发送作业。包括以下几个方面。

（1）托运。托运人向承运人提出货物运单和运输要求。

（2）受理。托运人在正确填写货物运单后，交由承运人审查，若符合运输条件，则在货物运单上签注货物搬入日期或装车作业日期。

（3）制票。根据货物运单填制货票。

（4）承运。零担和集装箱货物在发站验收完毕，整车货物在装车完毕，并核收运费后，发站在货物运单上加盖承运日期戳记。

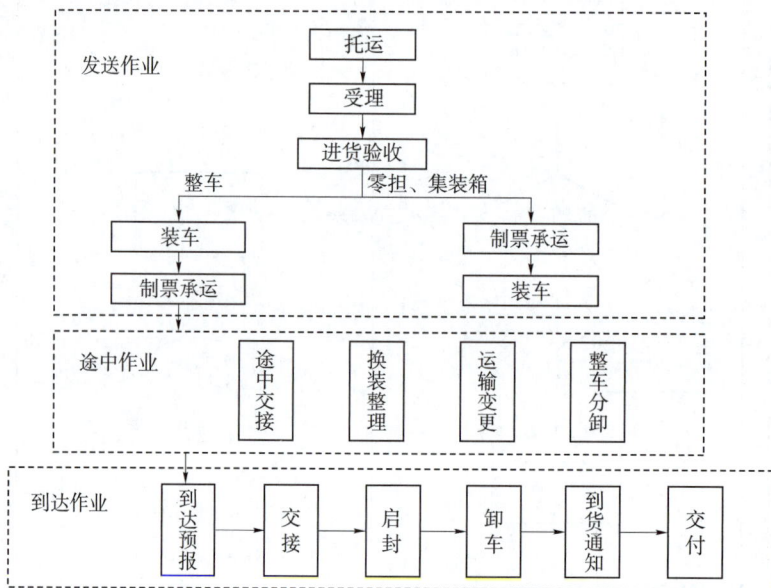

图 5-2-16　快件铁路运输作业流程图

2. 途中作业

货物在运输途中需要进行的各项货运作业，统称为途中作业。货物在运输途中作业包括整车运行及途中货物常规交接与检查、特殊作业及异常情况的处理。特殊作业包括零担中转作业、整车分卸作业、加冰加盐作业、货物运输变更等。异常情况的处理包括货物的整理换装及运输障碍的处理等。

（1）交接检查。①施封的货车，凭封印交接；②不施封的货车，凭货车（或篷布）现状、货物装载状态或规定的标记交接。

（2）换装整理。货车在运输过程中，发现可能危及行车安全或货物完整时，所进行的更换货车或对货物的整理作业。

①换装。将不宜继续运行货车中的货物卸下，装入适宜安全运输的货车内的作业。

②整理。就原车货物的装载位置、高度进行整理，或卸下超载部分的货物及捡拾撒漏货物，

以便货车能继续安全进行的作业。

（3）运输合同变更。

①变更到站。货物已经装车挂运，托运人或收货人可按批向货物所在的中途或到站提出变更到站；

②变更收货。货物已经装车挂运，托运人或收货人可按批向货物所在的中途站或到站提出变更收货人；

③承运后发送前取消托运、人为解除货物运输合同。

（4）整车分卸。在途中分卸站要进行货物的分卸作业。

（5）运输故障的处理。

①绕路运输。由于不可抗力（如风灾、水灾、地震等）的原因致使行车中断，货物运输发生阻碍时；

②择机再装。在必要时先将货物卸下，妥为保管，待恢复运输时再行装车继续运输。

3. 到达作业

货物在到站后所进行的各项货运作业，统称为货物的到达作业。到站作业主要包括收货人向承运人进行到站查询、缴费、验货、接受货物托运单等；承运人向收货人发出货物催领通知，接受到货查询、收费、交货、交单等。

（五）快件铁路运输异常处理

1. 编制记录异常处理

货物在运输过程中发生需要证明铁路同托运人或收货人间责任的情况都应在当日按批编制记录。

（1）发生货损、货差、有货无票、有票无货、误运到站或误交付、未能在规定时间内交付等情况而需要证明责任的，应编制货运记录。

（2）整车货物途中需要换装或整理，而货物本身未发生损失以及其他情况，需要证明责任的，应编制普通记录。

（3）按件数和质量承运的货物，包装完好。件数相符而重量不足或多出时，不编货运记录，只在货物运单内注明。

2. 事故检查或鉴定处理

货物发生损坏或部分灭失，不能判明发生原因和损坏程度时，承运人应在交付前主动联系收货人进行检查或邀请鉴定人进行鉴定。鉴定时按每一货运记录分别编制鉴定书。因鉴定所支出的费用应在鉴定书内记明，事后由事故责任人负责。

3. 违法或危及运输安全事故的处理

货运过程中发现违反政府法令或危及运输安全的情况，承运人应分别按下列规定处理：

（1）货物品名与运单记载不符时，若属危险货物以其他品名托运的，应立即报告当地政府的主管铁路分局，按其指示处理。

（2）货物重量超过使用的货车容许载重量的应进行换装或将部分卸下，对卸下的货物，处理站应编制货运记录，凭记录将货物补送到站；到站应按规定核收运输费用和违约金。但对卸下的不易计件的货物，按零担运输有困难时，应电告发站转告托运人提出处理办法。如从发站发出通知之日起10日内未接到答复，就按无法交货物处理。

（3）发现装载的货物有坠落、倒塌危险或货物偏重、窜出、渗漏，危及运输安全时，除通知有关单位外，应立即进行整理和换装。属于托运人责任的，换装、整理或修补包装的费用，由处理站填发垫款通知书，随同运输票据递送到站，向收货人核收。

（4）凡承运人无法处理的情况，应立即通知托运人或收货人处理。

四、快件运输多式联运

（一）快递常用运输方式比较

在快递行业中，运输是快件寄递流程中的重要组成部分，也是核心环节。不论是快件的揽收、中转还是派送，都要依靠运输来实现。当前国内快递企业常用的运输方式有三种：公路运输、航空运输、铁路运输。通达系快递企业是以陆运为主，而顺丰大部分则是采用空运方式。常用的运输方式及特点如表5-2-3所示。

1. 公路运输

由于公路的密度大，分布广，所以相较于铁路、空运而言，公路运输更加机动灵活，在时间方面的机动性也比较大，车辆可随时调度、装运，各环节之间的衔接时间较短。同时，公路建设周期短，投资较低，易于因地制宜，对收到站设施要求不高，可以采取"门到门"的运输，无需转运或反复装卸搬运。一般快递企业常用的组织形式有自有车辆运输和契约车辆两种。

表 5-2-3　快件运输方式及特点

运输方式	优点	缺点	使用运输对象
公路运输	灵活性强，建设周期短，投资较低，易于因地制宜，成本低	载重量小，易受自然环境和天气的影响	短途运输，零担运输
铁路运输	速度快，成本低，适合远距离大批量货物运输	灵活性差	大宗货物、大件杂货
航空运输	速度快，适合远距离小件货物运输	成本高、灵活性差	中长途小件、贵重物品、保险货物

2. 铁路运输

铁路运输的特点就是运送量大，速度快，成本较低，一般又不受气候条件限制，适合大宗、笨重货物的长途运输。但是它的灵活性差，只能在固定线路上实现运输，需要其他运输手段配合和衔接。在近几年铁路推出的多种新型快运物流产品中，高铁快运是新型快递运营的一种新方式。高铁频次高、速度快、停站多、运输条件稳定、安全系数高等特点使高铁快运在运输条件和时效等方面具有先天优势。

3. 航空运输

航空运输的主要优点是速度快，机动性强，不受地形的限制，主要适合鲜活物品或载运价值较高、追求时效的快件。但航空运输的缺点也很明显，就是成本高，运输能力小，对货物的要求较高，而且受天气因素和空域管制的影响较大。

（二）空公联运

空公联运是指航空运输公司与公路运输公司直接或间接合作，使得货物的前段或后段通过汽车等地面工具衔接，完成航空货物运输的一种方式。空公联运将航空运输的快速与公路运输灵活性结合起来，依靠航空公司辐射全国的高密度客机航线网络，通过全国主要的航空枢纽中转点和公路运输的接驳，为客户提供航空、公路联运的时限达物流产品，如图 5-2-17 所示为"航空干线+落地配"及空中货运专线服务。

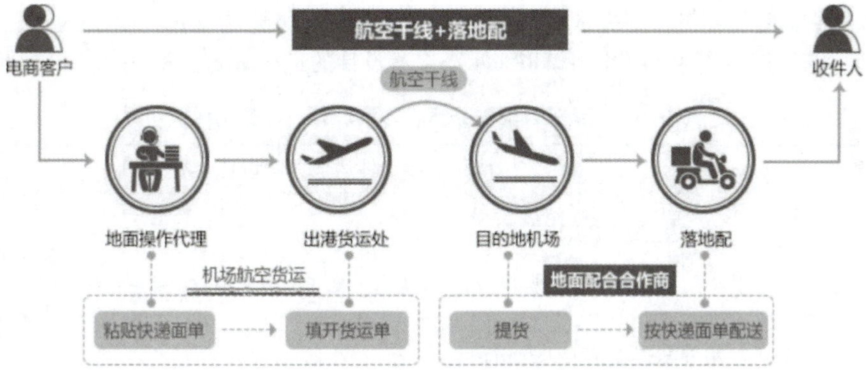

图 5-2-17 "航空干线+落地配"示意

（三）空铁公联运

航空运输、铁路运输、公路运输等多家物流企业共同推出"空铁公联运"，如图 5-2-18 所示，实现"门到门"服务。如顺丰速运，以互联网思维和技术为载体，与航空、铁路开展合作，提供门到门、门到机场、机场到门、机场到机场运输服务，以及起运机场和目的地机场当地的接取送达服务，使客户享受到稳定、高效、便捷的综合服务。

图 5-2-18 空铁公联运示意　　微课：快件多式联运

任务实施

第一步：根据项目五任务二的任务导入与分析，组织和引导学生分组讨论，回顾、熟悉快件运输的各种运输方式、作业要领及异常处理。

第二步：在教师的指导下，学生收集相关运输资料，各小组讨论编写精密仪器的快件运输各种方案。

第三步：面对客户需求，确定最优解决方案，完成表5-2-4的填写，并向其他小组展示分享。

表5-2-4 精密仪器快件运输方案选择

运输方案	主要内容	主要问题
公路运输		
航空运输		
铁路运输		
多式联运		
最优运输		

第四步：结合各小组的任务完成情况，教师进行点评和小结。

第五步：布置课后作业，各小组模拟演示小组所设计的最终方案，并完成表5-2-5填写。

表5-2-5 精品仪器快件运输方案设计任务实施评价

任务名称		精品仪器快件运输方案设计				
组别		组员				
考核维度		评价标准	参考值	考核得分		
				自评	互评	教师评
素质	1	培养精益求精的工匠精神	10			
	2	培养勇于开拓的创新精神	10			
知识	1	掌握快件公路运输的特点	10			
	2	掌握快件航空运输的特点	10			
	3	掌握快件铁路运输的特点	10			
	4	掌握快件多式联运的特点	10			
能力	1	能优化快件运输方案设计	20			
	2	能模拟实施快件运输方案	20			
小计			100			
合计＝自评20%+互评30%+教师50%				组长签字		

视野拓展

航空运输助力"快递出海"工程，服务跨境经贸发展

近几年，我国快递企业在累积东南亚市场开拓经验基础上，积极发展中东、拉丁美洲、欧美市场。据相关咨询机构预计，70%~80%的跨境电商件主要由航空运输完成。因此，航空运输是"快递出海"工程的重要支撑。2022年8月底，京东航空正式投入运营，打开了京东快递在国内高端市场和国际物流市场的想象空间。圆通航空主要以国际航线为主，覆盖东南亚、"一带一路"等重点贸易区域，最新引进的货机被投入南亚航线。顺丰控股参与投建的湖北鄂州花湖机场货运航线已开通运行，预计到2025年，花湖机场将新开国际货运航线10余条，货邮吞吐量达

245 万吨，将进一步扩大顺丰供应链及国际业务规模。2022 年 8 月，极兔与海航货运正式签署了战略合作框架协议，双方将在全球范围内开展航空物流领域的合作。2022 年 12 月，中国邮政速递物流与海航航空集团签约，双方将联手推出跨境电商、跨境物流和国际专线产品。随着菜鸟2018 年在比利时列日机场建立欧洲的物流枢纽，使该机场中欧货运航频次陆续增加到每周五班，随后国内各大城市机场也陆续与列日机场签订货运直航协议。这使列日机场包裹量由 2017 年的30 万件增加到 2021 年的 6.5 亿件，增加了 2 000 多倍。（资料来源：现代物流报 2023-02-01）

　　思考与讨论： 航空运输在实施我国"快递出海"工程方面有什么作用？

☑ 同步测试

一、单选题

1. （　　）方式可以及时地提供"门到门"的快递服务。

A. 公路运输　　　　B. 铁路运输　　　　C. 水路运输　　　　D. 航空运输

2. 铁路运输中，必须按整车托运的货物是（　　）。

A. 电视机　　　　B. 服装　　　　C. 汽车　　　　D. 煤炭

3. 航空货物运输中的集中托运，一般只适合办理（　　）运输。

A. 危险品　　　　B. 普通货物　　　　C. 贵重物品　　　　D. 活动物及文物

4. 下列关于公路运输的特点不正确的是（　　）。

A. 具有破损率低　　　　　　　　B. 具有机动灵活、简洁方便的优点

C. 运送上具有优越性　　　　　　D. 具有载重量小

5、国际航空运输协会（IATA）危险货物等级"2"是属于（　　）类。

A. 爆炸物　　　　B. 气体　　　　C. 可燃液体　　　　D. 腐蚀品

6. 干线运输主要承担的货运是（　　）。

A. 远距离、大批量　　　　　　　B. 近距离、大批量

C. 近距离、小批　　　　　　　　D. 远距离、小批量

7. 多式联运经营人对货物承担的责任期限是（　　）。

A. 自己运输区段　　　　　　　　B. 全程运输

C. 实际承运人运输区段　　　　　D. 第三方运输区段

8. 选择供货单位时，不就近获取物资、舍近求远或者从远处运来同种物资。这种不合理的运输现象属于（　　）。

A. 迂回运输　　　　B. 对流运输　　　　C. 重复运输　　　　D. 过远运输

9. 派送路线的设计原则包括（　　）。

①保证派送时限

②优先派送优先快件

③先重后轻、先大后小

④减少空白里程

⑤考虑道路情况

⑥考虑自身下班时间

A. ①②③④⑤⑥　　B. ①②③④⑤　　C. ②③④⑤　　D. ①③④⑤

10. 空公联运将航空运输的快速与公路运输灵活性结合起来，依靠航空公司辐射全国的高密度客机航线网络，通过全国主要的航空枢纽中转点和公路运输的（　　），为客户提供航空、公路联运的时限达物流产品。

A. 接驳　　　　B. 合作　　　　C. 结合　　　　D. 联运

二、多选题

1. 快递运输贯穿了整个快递服务过程，具有（　　）的特点，是实现快递服务快速、安全、及时送达的基本保障。

A. 全程性　　　　　　　B. 网络性　　　　　　　C. 联合性　　　　　　　D. 便捷性

2. 快递干线运输的管理目标是（　　）。

A. 时效优化　　　　　　B. 成本优化　　　　　　C. 人员优化　　　　　　D. 流程优化

3. 铁路快运的主要产品包括（　　）。

A. 高铁快运　　　　　　B. 行包快运　　　　　　C. 冷链快运　　　　　　D. 班列快运

4. 无论是铁路、公路、水路还是航空运输，尽管运作和管理的方法不一样，但都必须遵守（　　）的基本原则。

A. 及时　　　　　　　　B. 准确　　　　　　　　C. 经济　　　　　　　　D. 安全

5. 航空运输的主要经营方式有（　　）。

A. 班机运输　　　　　　B. 包机运输　　　　　　C. 集中托运　　　　　　D. 国际快递

6. 集中托运的特点包括（　　）。

A. 节省运费　　　　　　　　　　　　　　B. 提早结汇

C. 解决海鲜、活动物的运输问题　　　　　D. 提供方便

7. 联合运输的方式有（　　）。

A. 公铁联运　　　　　　B. 公水联运　　　　　　C. 空公联运

D. 空公铁联运　　　　　E. 水路运输

8. 行包快运主要面向中高端快运快递市场，运送（　　）等货物。

A. 汽车配件　　　　　　B. 电子产品　　　　　　C. 鞋服饰品　　　　　　D. 快消品

9. 在公路运输方式下，当货物发生毁损或灭失时，承运人、站场经营人可不负赔偿责任的情况有（　　）。

A. 发生不可抗力事故

B. 押运人责任造成的货物毁损或灭失

C. 包装体外表面完好而内包装毁损或灭失

D. 托运人在货物中夹带禁运物品

10. 快件铁路运输途中作业包括（　　）。

A. 途中交接　　　　　　B. 换装整理　　　　　　C. 运输变更　　　　　　D. 整车分卸

三、判断题

1. 快递运输路线可以分为干线运输、支线运输和终点取派。　　　　　　　　　　（　　）

2. 快递服务业务种类，按照运输方式划分包括航空、公路、铁路、水路。　　　　（　　）

3. 集中托运方式可争取较低的运价，在航空运输中使用较为普遍，是航空货运代理公司的主要运输方式之一。　　　　　　　　　　　　　　　　　　　　　　　　　　　（　　）

4. 中转是指快件的运输线路不能直接到达目的地，需通过中转环节再次处理后转发至目的地的过程。　　　　　　　　　　　　　　　　　　　　　　　　　　　　　　　　（　　）

5. 运单是快递企业为寄件人准备的，由寄件人或其代理人签发的重要运输单据，是一种格式合同。　　　　　　　　　　　　　　　　　　　　　　　　　　　　　　　　　　（　　）

6. 收派服务点和车辆构成了快递传递网络。　　　　　　　　　　　　　　　　　（　　）

7. 快件装车后要查看车辆是否平稳，是否符合交通运输的规范要求。　　　　　　（　　）

8. 航空运输投资大、运量小、费用高、易受天气影响。　　　　　　　　　　　　（　　）

9. 快递网络是各快递企业传递各类快件的收派集散点、分拣处理场所及设备、运输线路、派送段道等支撑力量的总称。（　　）

10. 快递干线运输的组织形式有自营和第三方承运两种。　　　　　　　　　　（　　）

✓ 调查研究与学思践悟

关于当地快递企业智能化运输应用现状调查

1. 总体要求

专业学习不单是学习书本知识，更需要加强包含调查研究在内的实践训练，要在实践中检验学习的效果。大家围绕学习贯彻党的二十大作出"构建新一代信息技术、人工智能等一批新的增长引擎"战略部署，结合本项目的学习内容，实地走访当地快递公司，深入一线调查，了解当地快件运输智能化实施情况，形成一篇调研报告。

2. 具体要求

（1）准备要足。事先组建调查研究小组（每组 4~5 人），落实好调查对象、地点和时间，拟定好调查提纲和问卷，联系好调查出行的交通工具，牢记调查过程中的安全要求，注意个人仪表仪态和言谈举止。

（2）选题要准。围绕当前智能化发展背景，聚焦当地快递公司智能化运输发展的政策和举措，从思路、措施、问题、经验、成效等方面着手，发现重点、热点、难点、痛点等问题，保持调研的方向性、超前性、倾向性和预见性。

（3）内容要实。凡事务求贯彻落实。调查研究材料与内容要真实，要深入当地快递公司经营现场，实地去问、去看、去听，及时对当地在智能化运输发展实践中创造的好做法进行挖掘总结，提炼出可复制推广的经验成果。

（4）立意要高。快递公司智能化运输调研工作是为相关部门和快递企业决策提供依据，能针对性地提出分析问题、解决问题的方法措施。

（5）感悟要深。针对快递行业智能化运输发展，坚持边看、边问、边学、边思，知行合一，真抓实干，在调研中把党的二十大报告"构建优质高效的服务业新体系"精神学深悟透，提升学生的综合素养和职业能力。

✓ 技能宝贵

快递实训室收件运输作业优化沙盘推演

1. 实训目标

通过沙盘推演，使学生熟悉快递公司运输网络建设，快件公路运输、航空运输、铁路运输及快件联运作业规范，培养学生劳动精神、快件运输作业优化等专业技能，以及实训总结能力。

2. 实训准备

（1）编写快递公司快件运输作业模拟场景。

（2）做好快件运输作业调度员、驾驶员、客户、代理商等角色扮演分工。

（3）准备好实景沙盘或电子沙盘及运输工具道具。

（4）组建 5 人工作团队（小组）。

3. 实训要求

（1）按规范完成快件运输全程推演作业。

（2）实训结束后每小组形成实训报告，全班展示分享。

4. 实训指导

（1）指导学生做好快件运输推演准备。

（2）指导学生快件公路运输推演作业。

（3）指导学生快件航空运输推演作业。

（4）指导学生快件铁路运输推演作业。

（5）指导学生快件多式联运推演作业。

5. 实训评价

教师对每组的实训表现进行综合评价，完成表5-3-1。

表 5-3-1　收件运输作业优化沙盘推演实训评分表

组别			组员	
考评内容	××快递公司快件运输作业沙盘推演			
考评标准	具体内容	分值	实际得分	
	快件运输劳动与工匠精神	10		
	快件运输创新精神	10		
	快件公路运输作业	15		
	快件航空运输作业	15		
	快件铁路运输作业	15		
	快件多式联运作业	15		
	实训报告完成质量	20		
合计		100		

项目六　快递客户服务与管理

学习目标

知识目标

- 掌握快递企业客户类型与需求
- 掌握快递企业客户营销推广方法
- 掌握快递企业客户满意度影响因素
- 掌握快递企业客户维护原则
- 掌握快递企业客户投诉的主要方法
- 掌握快件索赔条件

能力目标

- 能向客户做有效的营销推广
- 能与客户确立合规的快递服务合同关系
- 能正确调查客户的满意度
- 能准确计算快递保价费用
- 能有效做好客户回访
- 能正确处理客户投诉

素质目标

- 培养客户至上的服务理念
- 培养诚实守信的经营理念

项目全境

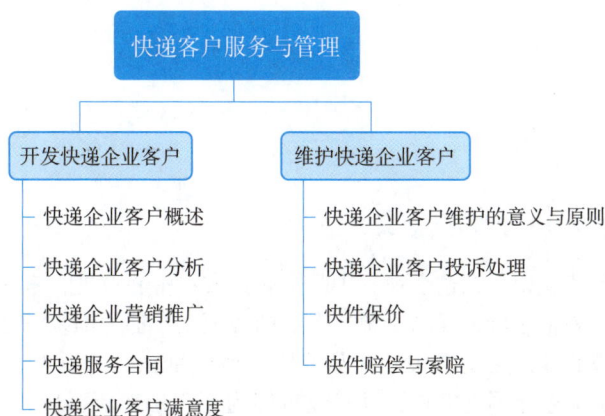

任务一　开发快递企业客户

引思明理

定制化寄递服务，开创客户管理新局面，助力城乡融合发展

2022 年，我国邮政快递行业和多个产业协同深化发展，积极推动服务分层与产品分类，满足企业和消费者的个性需求。面对我国线上食品、生鲜类产品的旺盛需求，尤其对于柳州螺蛳粉、吕梁杂粮、山东日照海鲜等地理标志产品的需求增长明显，涌现出大批快递服务现代农业金牌项目。

针对农产品寄递尤其是应季水果，邮政和快递企业定制化开展产地直发、冷鲜直寄、专线运输等寄递服务，通过定制包装、立体运输、优先中转、营销赋能、特征码追溯等方式，满足不同群体服务需求。此外，邮政快递业还与直播电商联手推出送货上门、末端优先派送、同城急送＋快递物流等服务产品，打造直播电商综合物流解决方案。（资料来源：光明网，2022-07-13）

快递业可以提高农产品流通效率，促进农村电商的发展，为现代农业提供更加便捷、高效的物流支持。同时，快递业还可以改善农村物流基础设施，提高物流效率，降低物流成本，促进农村电商的发展，带动当地经济的发展，提高农民的收入水平。邮政快递企业开展定制化寄递服务，推进快递业与农村电商、现代农业的协同发展，既在壮大邮政快递企业的客户群体，也在落实"坚持城乡融合发展，畅通城乡要素流动"这一党的二十大报告精神贡献邮政快递力量。

任务导入与分析

王先生在 BZ 市中药材批发市场负责经营一家某快递品牌的网点。主要的收件业务来自药材市场的电商卖家，目前有近 100 家固定的电商客户，每天有 1 000 件左右的收件。在药材市场现有 10 个品牌的快递网点，各自的快件收费标准、送达时效方面差异不大。王先生很希望通过服务创新为自己争取更多的电商客户，扩大收件业务规模，增加利润收入。

目前快递行业的整体业务来源中，主要收件都来自电商平台卖家。开发更多客户的关键是做好服务创新，精准把握客户需求，把标准化服务和个性化定制服务结合起来，为不同类别的客户提供合适的快递服务。

知识学习

一、快递企业客户概述

（一）快递企业客户开发的意义

客户服务是一种价值观念，在这个观念中是把客户放在中心位置，考虑客户的需要，向客户提供满意的服务。客户是企业最重要的资源，企业的各项工作都是围绕满足客户需求展开的。客户购买的不仅是产品或服务，更是购买了产品或服务所能带来的满意度。客户购买了产品或服务后如果很满意就会成为企业的老客户，并且还可能为企业带来新客户。反之，客户就会流失，

成为竞争对手的客户。因此，快递公司开发客户有重要的现实意义。

1. 更了解市场竞争和客户需求

主动开发客户，一般要经历"从寻找客户到分析客户再到与客户沟通"的过程。在这个过程中，快递公司和快递员会对整个市场有更深的了解、对客户需求有更多的认识。有了这些知识和经验，快递公司和快递员能够正确地确定自己的目标客户是谁、产品或服务适合在哪些地方销售、客户对产品或服务有什么要求。

2. 更能提升产品或服务销售的竞争力

目前快递公司的产品或服务的同质化竞争非常严重，客户难以分辨快递公司的产品或服务的差别。只有创新营销手段，积极主动联系客户，才能超越竞争对手，使公司和快递员自己在众多同质化的产品或服务中脱颖而出，从而获得更多与客户合作的机会。

3. 更能扩大客户和市场规模

随着市场的变化，随时都可能产生新的客户，或者形成新的市场。开发新客户可以使快递企业随时把握市场需求的变化，获得新的商机。同时补充流失的客户：无论快递企业的服务做得多么周到，销售额的波动和客户的流失都不可避免。因此，更新客户结构是快递企业经营的常态，拥有更多的优质客户，寻求新客户带来新的市场增长空间是快递企业的追求。

（二）快递企业客户的特点

1. 需求差异大

快递企业服务不仅面临制造企业，同时也面向服务类企业、农副产品生产者和政府机关和事业单位。快递企业客户，从数量上看有大型企事业单位，也有中小型企业和庞大的消费者家庭及个人；从种类上看涵盖了第一、第二、第三产业；从空间上看有国际也有国内，有城市也有乡村。这就决定了快递企业客户数量众多，种类宽泛，分布广阔，客户的具体需求差异大，客户的忠诚度和满意度标准也大不相同。

2. 注重品牌选择

品牌简单地讲是指客户对产品及产品系列的认知程度。品牌的本质是品牌拥有者的产品、服务或其他优于竞争对手的优势能为目标受众带去同等或高于竞争对手的价值。品牌一般能表达出六层含义（图6-1-1），即从产品（或服务）本身具有的属性，到带给客户的利益，再到品牌所呈现出来的价值观、文化，以及它所代表的某个消费群体的个性特质。相关统计显示，80%的客户在使用快递服务时会根据快递企业的知名度选择相应品牌。大多数客户会利用品牌来区分不同快递企业的产品和服务。

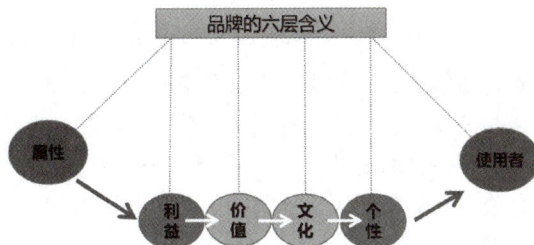

图6-1-1　品牌要能表达出六层含义

3. 注重服务时效

快递服务国家标准规定，国内同城快递服务时限为24小时，国内异地城市为72小时。特殊快递客户对时限的要求可能会更高。如快递公司推出"当日达""次日达"服务。快递服务按照承诺的时间限制派送快件，连接着收件和寄件两端的客户，不管是收件，还是寄件人，都非常注重快递服务的时效性。

4. 注重服务安全性

客户在选择快递服务时，需要提供如地址、电话、所寄文件或包裹的性质等信息，同时要求交寄的物品在寄递过程中保持完好。这就要求快递企业工作人员要恪守职责、保守秘密、规范服务。

5. 首轮效应明显

所谓首轮效应，就是第一印象。客户对快递企业和快递员所产生的第一印象至关重要。第一印象的好坏，不仅决定着客户对快递企业和快递员的评价，而且直接决定着后续交往能否顺利再进行。如果客户第一印象好，对快递企业和快递员的忠诚度和满意度就高。反之，如果客户第一印象差，就可能对快递企业和快递员心存芥蒂，甚至将差感传给周边的人。

二、快递企业客户分析

（一）快递企业客户分类

1. 按客户大小分

按客户大小分，通常把快递企业客户分为个人消费者、中小型企事业单位、大型企事业单位。

（1）个人消费者。这类客户通常会通过网络购物平台或者直接在商家处购买商品，然后通过快递企业的服务将商品送到家中，其特点是购买频率较高，以年轻消费群体为主。

（2）中小型企事业单位。这类客户通常会使用快递企业的服务来进行商品的配送或者寄送文件包裹，其特点是订单规模较小，定期寄递的物品较多。

（3）大型企事业单位。这类客户通常会使用快递企业的服务大规模寄递商品和文件包裹，其特点是订单规模大，对快递服务需求大。

2. 按与客户关系分

按快递企业与客户关系分，通常把快递企业客户分为非客户、潜在客户、现实客户、流失客户。

（1）非客户。这部分群体对快递业务没有任何需求，不能为企业提供任何价值，企业不必为此类客户花费太多精力。

（2）潜在客户。这部分客户暂时没有快递业务需求，但随着时间推移，会逐渐产生快递服务需求。快递企业应根据自身特点向这类客户进行宣传，筛选出目标客户，再进一步加大宣传，促使目标客户变为现实客户。

（3）现实客户。这类客户是客户管理中的重点客户，快递企业要针对不同客户需求提供不同的产品或服务，让客户感受到超值服务，使重复购买的客户转化为忠诚客户。

（4）流失客户。客户流失不仅仅失去的是这部分客户，损失由此带来的收益，还可能失去与新客户交易的机会。快递企业一方面要让客户感受到企业的关心，缓解消除客户的不满情绪，尽可能减少流失客户散布有关企业的负面评价；另一方面要获取客户流失的原因，及时改进，避免更多客户流失。

3. 按客户价值分

按快递企业客户价值分，通常可以把快递企业客户分为中高端客户、普通客户。

（1）中高端客户。这是客户管理的重点对象。快递企业应花费更多的成本来维持与此类客户的关系，建立详细的客户资料，提供高质量、高效率的快递服务，不断满足这类客户需求。

（2）普通客户。即中小客户和散户。快递企业通过高质量的服务培养这类客户忠诚度，并利用数量优势进行口碑营销，吸引更多潜在客户使用企业的快递产品和服务。

4. 按寄递物品种类分

按快递企业收寄物品的种类分，通常可以把快递企业客户分为皮革市场客户、易碎品市场客户、电子产品市场客户、工业品市场客户、农产品市场客户等众多专业市场客户。

（二）快递企业客户需求分析

1. 共性需求与个性需求

（1）共性需求。即快递客户的普遍性需求。共性需求是指一般快递企业客户都具有的需求，主要体现在快递服务的迅速、准确、安全、方便等方面。

（2）个性需求。即快递客户的特殊性需求。随着经济社会发展和人民群众生活消费水平的提高，客户的消费观念不断变化，往往会根据自己的职业、个人爱好、经济承受能力等自身情况选择合适的快递产品或服务，呈现出不同的个性化需求。如有些客户要求快递价格尽可能低，有些客户希望快递企业提供免费的上门服务，有些客户极其在意快件的安全性等。

微课：快递企业
客户分析

2. 快递企业客户需求特点

快递企业客户需求反映了快递客户的需求量与快递服务的价格、服务质量之间的关系，主要特点体现在以下几方面。

（1）需求具有可扩展性。随着道路交通、运输设备和信息技术水平的不断发展，快递客户的需求也在不断提高。快递企业要适应新形势的发展需求，优化网络组织和产品结构，扩大服务内容，才能适应客户不断提升的服务需求。

（2）需求具有多层次性。快递企业客户需求有明显差异，有的注重服务，有的在意价格，有的更关注时效，还有的看中企业口碑。快递企业要结合自身条件，树立多层次服务理念，加强与客户的沟通，分清客户需求的层次和轻重缓急，开展多层次快递服务，满足不同客户的需求。

（3）需求具有可引导性。快递企业客户需求会因内外部环境变化而发生变动，如国家经济政策的变动、企业营销活动的调整、媒体宣传的引导等都能使客户的需求发生变化，使潜在的需求转变成现实的需求。快递企业可通过各种营销手段，正确引导客户需求和消费。

（4）需求具有分散性。快递服务面向千家万户、各行各业，具备明显的普通消费属性，在空间地域上分布非常广泛。终端服务对快递企业至关重要，是取得市场地位和品牌优势的必要手段之一。

3. 快递企业客户需求的主要内容

客户在使用快递服务中，通常需求内容主要集中在：收发件速度、快件安全、快递收费、快件价格、个性化增值服务等方面。另外，客户对快递从业人员素质、信息化服务水平、快递人员服务形象等，以及快递行业监管水平也非常看重。

4. 快递企业客户需求差异

快递企业客户类别不同，具体需求也不同。

（1）中高端客户需求。这类客户在选择快递服务时，通常会考虑快递品牌、快递企业网络覆盖范围、增值服务、批量寄递快递价格、快递运输安全等因素。例如：①在快递品牌方面，客户往往更注重所选快递企业是否与自身形象相匹配；②在网络覆盖方面，客户通常选择能覆盖自己业务范围的快递企业作为合作伙伴；③在增值服务方面，客户希望快递企业能提供打印运单、保价运输、代收货款、短信服务、增设服务网点等增值服务的选择；④在批量寄递快递价格方面，客户要求快递企业在同等服务基础上提供更优惠的价格。

（2）专业市场客户需求。不同专业市场客户寄递物品不同，考虑因素和产品特点也不同。例如：①皮革市场客户看重皮革制品的安全、运送时限和运输安全，通常会要求快递企业做保价处理；②玻璃制品、陶瓷制品、家用电器等易碎品市场客户，在寄递时会要求快递企业确保证寄递物品的完整；③电子产品市场客户通常会对寄递时限和运输安全提出较高要求；④工业产品市场客户生产规模大，发货持续稳定，生产集中度高，通常要求快递企业提供更优惠的价格；⑤生鲜市场客户因生鲜类产品保质期短，易腐烂变质，通常对快递企业的服务时限有较高要求。

（3）普通客户需求。这类客户在快递服务需求上更看重价格、寄递速度和便利性，对品牌的选择相对不敏感。

> **企业担当6-1**
>
> **快递企业用心对待每一位客户**
>
> 快递物流的平稳有序运行对于保障民生物资运输、支撑产业供应链、畅通微循环均有不可替代的重要作用。如何保质保量地完成派送任务，更快更好地服务客户成为当前各家快递物流公司发力的重要方向之一。快递服务连接着千家万户，顺丰速运在抗击疫情的关键时期，快递小哥充当最美逆行者，为人们送去急需的生活物资，对患病人群急需按时服用的药物优先处理，用实际行动传递着温暖和希望。（资料来源：科技快报，2022-11-30）

三、快递企业营销推广

随着市场升级发展，特别是电商的快速发展，快递行业得到了前所未有的迅猛增长，但随之而来的是激烈的市场竞争。面对竞争激烈的市场环境，快递企业需要通过各种渠道来营销推广自己，提高品牌知名度和商业价值。

（一）快递企业营销推广目标

1. 提高品牌知名度

快递企业需要通过各种渠道来提高品牌知名度，让更多的人知道并记住自己的品牌。在品牌推广的过程中，可以采用有效的品牌形象设计和有吸引力的传播语言来吸引潜在客户的关注。

2. 增加订单量

快递企业的目标是为客户提供快捷、安全、可靠的服务。在品牌推广的过程中，快递企业需要加强与顾客之间的沟通，以此发展新客户，提高现有客户的忠诚度，增加订单量。

3. 提高服务品质

快递公司需要保证服务质量始终如一，提供最佳的服务，以此吸引更多的客户。在品牌推广的过程中，需要通过不断改善和优化服务流程和服务质量，提高客户满意度和品牌的竞争力。

（二）快递企业营销推广策略

1. 做精核心服务

产品或服务是开发客户的基础。快递企业核心服务的内涵包括：时效承诺、安全保障、网络覆盖、包装（封装）标准、服务内容、价格标准及支付方式、投诉处理等体现快递服务的基本价值。快递企业在向客户提供核心服务时，往往伴随着一些有形或无形的附加活动，比如员工服务形象等。只有在确保产品核心服务质量的前提下，附加价值才真正有意义。

2. 提供差异化服务

在业务推广中，快递企业核心产品无所差异时，起决定作用的就是附加价值。快递企业需要不断优化经营网络，提供更优质的服务，提高品牌形象和品牌价值，吸引更多的客户。比如，提供保险理赔、代收货款、即时配送等差异化服务，满足不同客户的需求，提高品牌差异性。

3. 塑造企业形象

快递企业需要塑造好企业的整体形象，通过包装、标志等手段来让更多的客户了解并认可自己。此外，快递员的着装、言谈举止也需要符合公司形象，在客户的感官上给予良好的印象。

4. 利用网络媒体

快递企业利用互联网技术，通过建立网站，利用在线广告、移动广告、电子邮件广告等方式，以及各种社交平台来推广自己的品牌、产品或服务。如网站论坛、专业行业网站、搜索引擎推广、QQ群、微信群、朋友圈等网络渠道；微信公众号、微博、短视频平台、软文平台等新媒体渠道。

5. 利用传统媒体

尽管现在网络媒体宣传已经成为主流，但传统媒体仍然是品牌推广的重要渠道之一。快递企业可以通过各种形式的传统宣传媒体来加强品牌推广，例如平面广告、电视广告等。

6. 与电商平台合作

电商企业是快递公司的主要客户。与头部电商企业的平台建立长期合作关系是提高订单量和快递公司品牌价值的最佳途径之一。与头部电商企业的平台合作不仅有助于拓展业务范围，同时也有助于提高品牌知名度和商业价值。

7. 口碑营销

快递服务的质量和客户的满意度是影响品牌形象和价值的关键因素。通过积极地引导客户发表自己的想法和分享服务体验，如在短视频平台直播等，积极开展口碑营销，来提高品牌口碑和客户忠诚度。

四、快递服务合同

（一）快递服务合同的形式与条款

1. 快递服务合同核心内容

经营快递业务的企业提供快递服务，应当与寄件人订立包含一定内容的服务合同，明确双方的权利和义务，保证寄件人、邮政管理部门能够通过快递运单编号查询。

（1）订立、履行快递服务合同所必需的用户信息以及信息的处理方式。

（2）快递服务承诺事项以及履行方式和完成标准。

（3）快递物品的名称、类别、数量、重量。

（4）服务纠纷的解决方式。

快递服务合同的约定不得违背法律、法规的规定，不得设定不公平、不合理的合同交易条件。经营快递业务的企业对免除或者限制其责任的条款，应当在快递服务合同上以醒目的方式列出，并予以特别说明；免除或者限制其责任条款可能影响用户重大利益的，应当采取合理的方式向用户进行提示。

快递运单是快递服务合同的主要形式。传统的快递运单由快递企业在收取快件时向寄件人签发，正面反映的是快递服务的基本信息，背面列明的是快递服务条款，如表6-1-1所示。这些构成了快递服务合同的核心内容。

表6-1-1　快递运单包含的快递服务合同核心内容

运单项目	具体内容
寄件人信息	名称、地址、单位、联系电话
收件人信息	名称、地址、单位、联系电话
快递企业信息	名称、标识、联系电话
快件信息	品名、数量和重量、价值、封装形式

续表

运单项目	具体内容
费用信息	计费项目及金额、付款方式、是否保价（保险）及保价（保险）金额
时限信息	收寄时间、投递时间
约定信息	双方约定事项，包括产生争议后处理途径，寄件人对快递运单信息的确认
背书信息	查询方式与期限，寄件人和快递企业双方的权利与责任，包括寄件人和快递企业产生争议后的解决途径、赔偿的有关规定

2. 订立快递服务合同注意事项

格式条款是当事人为了重复使用而预先所拟定，并在订立合同时未与对方协商的条款。快递公司采用格式条款订立快递服务合同的注意事项。

（1）快递企业应遵循公平原则确定双方当事人的权利义务，合理设置合同内容。

（2）快递企业应采用合理方式提请寄件人注意免除其责任或限制其权利的条款。

（3）按照寄件人的要求对格式条款进行说明。

（4）免除快递企业责任、加重寄件人或收件人责任、排除寄件人或收件人主要权利的格式条款无效。

（5）对格式条款的理解发生争议的，应当按照通常理解予以解释。

（6）就以下事项进行免责的格式条款无效：①造成对方人身伤害的；②因故意或重大过失造成对方财产损失的。

（二）快递服务合同主体的权利和义务

1. 寄件人的权利与义务

（1）寄件人的权利。

①对快递企业的给付请求权。给付请求权是指请求债务人按照合同的约定或法律的规定履行义务的权利，是债权人实现权利、取得利益的基本方式。在快递服务合同中，寄件人与快递企业签订快递服务合同的目的是通过快递企业将快件快速完好地递送至收件人处，从而清偿自己在基础合同中对收件人承担的交付义务。快递服务合同生效后，寄件人有权请求快递企业及时将快件送到收件人手上。

②对快递企业的损害赔偿请求权。如果快递企业不履行义务，寄件人有向快递企业请求向收件人赔偿损失的权利。寄件人参与诉讼的方式有两种：一是以原告身份独立提起对快递企业的诉讼；二是在收件人对快递企业提起的诉讼中作为有独立请求权的第三人参与诉讼。

③合同解除权。在因快递企业违约引起法定或约定的合同解除条件出现时，寄件人可以行使合同解除权，但是由于收件人是利益第三人，此时寄件人行使合同解除权不能随意而为，应该取得收件人的同意。例如，由于暴雨引发洪灾，导致道路桥梁冲毁，原定在3日内到达的快件可能要10日才能送达，此时寄件人需征得收件人同意后才能取消快件运输，解除快递服务合同。因为不排除收件人并不着急收取快件，愿意等待到10日后取件而不是非要解除该合同。

④查询权。客户交寄快件后，有权向快递企业查询所寄快件的寄递状况。

（2）寄件人的义务。

①告知义务。寄件人应向快递企业准确、如实地告知收件人和所需寄送物品的基本情况（如收件人的姓名、地址、联系方式，快件内物的名称、数量等内容），否则所产生的法律后果由寄件人自行承担。

②合理包装义务。寄件人应按照国家相关规定对所需寄递的物品进行合理包装。

③向快递企业交付快件并接受验视。寄件人不得寄递快递行业主管部门及其他行政管理部门规定的禁、限寄物品，否则快递企业有权拒绝收寄。

④在寄付快递服务合同中，寄件人还负有支付快递服务费用的义务。

⑤在将快件交寄后应及时通知收件人，并将快递企业名称和运单编号告知收件人，以便收件人行使权利。

⑥在快递企业履行完毕递送交付义务之前，有协助收件人查询、督促的义务。

2. 快递企业的权利与义务

（1）快递企业的权利。

①收取快递服务费的权利。快递企业提供了快递服务，有权按照相关规定收取合理的快递服务费。这也是快递企业订立快递服务合同、提供快递服务的最终目的。

②拒绝返还快递服务费的权利。当收件人无故拒绝受领快件而快递企业提供快递服务没有任何过错时，快递企业有权拒绝返还快递服务费。

③留置权。快递企业当未收到快递服务费，或快递服务合同无效或被撤销时，对快件享有留置权。

（2）快递企业的义务。

在快递服务合同中，快递企业在不同环节中具有不同的义务。

①在收寄环节的义务。快递企业收寄快件时有对快件和寄件人身份进行验视的义务。实际上，验视寄件人身份和交寄的快件也是快递企业的一种权利。

②在运输环节的义务。运输环节中快件会被分拣、封发、装载和运输，不管处于何种处理进度中，快递企业均有对快件谨慎规范处理、妥善恰当保管的义务。如果在运输环节中发生了快件毁损、灭失等情形，快递企业应承担相应的赔偿责任。同时，在快件未经收件人签收、快递服务合同未履行完毕时，快递企业还有遵从寄件人指示的义务，但寄件人应承担快递企业由于遵从该指示受到的损失。

③在投递环节的义务。快件的递送与交付是快递企业履行快递服务合同的主要环节，在投递环节快递企业，一是按照约定安全、快捷、及时地将快件递送给收件人并获得签收；二是及时通知收件人收取快件，并允许收件人当面验收快件内物；三是收件人未能及时收取快件的，免费为其再次递送。根据我国快递服务国家标准的相关规定，收件人第一次因故未能及时收取快件的，快递企业应该免费至少为其再递送一次。收件人两次仍未收取的，快递企业可以代为保管或要求其到业务网点自行领取。收件人仍需要快递企业上门投递的，快递企业可以向其收取额外费用，但应事先告知符合国家规定的收费标准。

3. 收件人的权利与义务

（1）收件人的权利。主要包括：①请求及时投递快件的权利；②签收快件的权利。

（2）收件人的义务。在快递服务合同中，收件人有在快递企业与其联系时给予配合、及时受领给付、告知寄件人快递企业履约情况、验收快件后签字确认等附随义务。在到付快递服务合同中收件人应在签收快件时或者约定时间内支付快递服务费用。

五、快递企业客户满意度

在快递行业快速发展的过程中，客户满意一直是快递企业的追求。提高客户满意度，对减少客户流失率非常重要。

（一）客户流失率与客户满意度

客户流失率是指客户的流失数量与公司全部客户数量的比例。它是客户流失的定量表述，是判断客户流失的主要指标，直接反映了企业经营与管理的现状。客户满意度也称客户满意指数，是一个相对的概念，是客户期望值与客户体验的匹配程度。也就是客户通过对一种产品或服务可感知的效果与其期望值相比较后得出的指数。

快递企业的客户满意度调查和快递企业的客户流失率分析往往是紧密联系在一起的。流失率是快递企业的日常监测指标，发现异常时，应着手进行满意度调查。针对个别客户的满意度调查，可以为制定个别客户的服务方案提供依据。针对大量客户的满意度调查所形成的分析结论构成了市场满意度，可以为制定整体服务优化方案提供依据。

定期地进行客户流失率监测，有助于快递企业及时发现问题。查找出问题的原因，可以采取满意度调查的方式。通过满意度调查，要获取客户对本企业所提供服务的评价，了解客户最关心的服务要素，还要考虑客户给竞争对手的评价。这样可以帮助快递企业找到客户流失的原因，从而制定有针对性的解决方案。

（二）客户流失率计算

客户流失率有两种计算方法：

绝对客户流失率＝报告期流失的客户数量÷期初全部客户数量×100%

相对客户流失率＝流失客户的购买数量÷全部客户的购买数量×100%

在快递企业中，往往以固定发货的客户作为这一指标的考察对象。如果一家快递网点的5月初客户数量为500位，到月末时500位客户中有25位客户流失，25÷500×100%＝5%，即为其绝对客户流失率。绝对客户流失率把每位流失的客户同等看待。相对客户流失率则以客户的相对购买额为权数来考虑客户流失率。如果流失的25位客户的单位购买额是所有固定客户（含流失客户）平均购买额的3倍，那么相对客户流失率即为25÷500×3×100%＝15%。

（三）满意度的状态界定

顾客满意度是一种心理状态，是种自我体验。对这种心理状态需要进行界定，否则就无法对顾客满意度进行评价。情感体验可以按梯级理论划分成若干层次，相应地可以把顾客满意程度分成五个层级：很不满意、不满意、一般、满意和很满意，如表6-1-2所示。梯级理论对各个层级给出了相应参考指标。

表6-1-2 快递服务满意度调查表

受访客户		联系人		联系方式	
1. 请您对我公司提供的快递服务进行评价					
服务项目	很满意	满意	一般	不满意	很不满意
收件时效					
整体时效					
价格					
订单查询					
快件破损					
服务态度					
投诉处理					
赔偿					

受访客户		联系人		联系方式	
2. 除了上述服务项目，您还需要我公司提供什么快递服务					
3. 同××快递公司相比，您觉得我公司的快递服务好在哪里，差在哪里					
调查人			调查时间		

1. 很不满意

指征：愤慨、恼怒、投诉、反宣传。描述：很不满意状态是指客户在消费了某快递公司服务之后感到愤慨、恼羞成怒、难以容忍，不仅找机会投诉，而且还会利用一切机会对快递企业进行反面宣传以发泄心中的不快。

2. 不满意

指征：气愤、烦恼。描述：不满意状态是指顾客在购买或消费某快递公司服务后所产生的气愤、烦恼状态。在这种状态下，顾客尚可勉强忍受，希望通过一定方式得到弥补，在适当的时候，也会对快递企业进行反面宣传，提醒自己的亲朋不要去购买同样的服务。

3. 一般

指征：无明显正面、负面情绪。描述：一般状态是指顾客在消费某快递公司服务过程中所形成的没有明显情绪的状态。既说不上好，也说不上差，还算过得去。

4. 满意

指征：称心、赞扬、愉快。描述：满意状态是指顾客在消费了某快递公司服务时产生的称心、赞扬和愉快状态。在这种状态下，顾客不仅对自己的选择予以肯定，还会乐于向亲朋推荐，自己的期望与现实基本相符，找不出大的遗憾所在。

5. 很满意

指征：激动、满足、感谢。描述：很满意状态是指顾客在消费某快递公司服务之后形成的激动、满足、感谢状态。在这种状态下，顾客的期望不仅完全达到，没有任何遗憾，而且可能还大大超出了自己的期望。这时顾客不仅为自己的选择而自豪，还会利用一切机会向亲朋宣传、介绍、推荐，希望他人都来消费。

为了实现定量观察，还可以通过对每一个梯级赋分和每一个项目进行加权，得出客户的综合满意度的数量值。

（四）满意度四分图分析模型

四分图分析模型以象限形式表示，是一个主要用于定性诊断的模型，如图6-1-2所示。通过访谈和调查，从重要度和满意度两方面收集客户对每个绩效指标的评价，分析绩效指标如何影响顾客满意度。

（1）第Ⅰ象限是重要度和满意度两个维度都高的区域。当指标分布在第Ⅰ象限时，表示这些因素是客户认为重要的，是决定满意度的关键性因素。因此，相应地，顾客对这些因素指标的打分也很高，是顾客认可快递企业的优势，快递企业客户服务策略上须继续保持。

（2）第Ⅱ象限是低重要度，但高满意度的区域。当指标分布在这一区域时，代表这个因素对客户没那么重要，但是带来的满意度评价较高，因此可以看成是快递企业需要维持的次要优

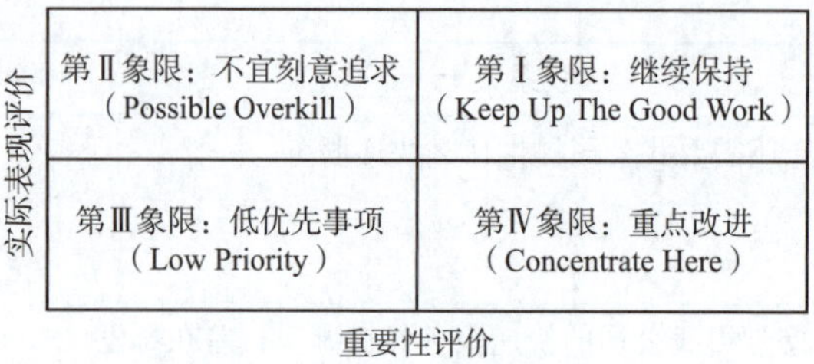

第Ⅱ象限：不宜刻意追求 （Possible Overkill）	第Ⅰ象限：继续保持 （Keep Up The Good Work）
第Ⅲ象限：低优先事项 （Low Priority）	第Ⅳ象限：重点改进 （Concentrate Here）

重要性评价

（实际表现评价）

图 6-1-2　四分图分析模型

势。虽然这类因素对客户没有多大作用，但它在有效合理配置企业资源方面具有作用，是快递企业需要维持的因素。

（3）第Ⅲ象限是重要度和满意度都低的区域。当指标分布在第Ⅲ象限时，说明客户不认为这些因素特别重要，对满意度的评价也不高。这些因素对物流企业来说，不是最紧急的，可以放缓处理这些因素带来的问题。

（4）第Ⅳ象限是高重要度低满意度的区域。当指标分布在第Ⅳ象限时，说明客户认为这些因素对他们来说重要，但是快递企业在这些方面做得不够好，客户不满意，企业需要着力改进。

（五）提高客户满意度方法

1. 树立以客户为中心的思想

对具体客户而言，其核心需求在深度上是有差异的，关注的重点不一样：有些客户对包装的要求更高，有些客户对服务态度特别关注，有些客户对信息要做到实时追踪。要提高客户满意度，就要认真对待每一个客户的核心需求。

2. 增强客户体验

快递服务是无形的，不能以长期留存的方式保留体验。客户体验到的快递服务有两种情况：一是被动体验，即无论客户是否关心，都会感受到的体验，比如收寄、派送、服务跟踪等。二是主动体验，即体验需求是由客户主动发起，对自身关心的服务部分有意识地获取相关服务信息，形成主动式的体验结果。增强客户体验，就是要在客户最关心的部分以及业务流程中与客户有直接接触的部分下功夫。

3. 制定合理有效的服务质量标准

客户对快递服务的满意度评价，往往建立在最低感受的部分。收寄、处理环节所付出的努力，可能由于派送环节的不良态度致使整体服务的努力全部归于无效。通过确立统一的服务质量标准，可有效提高客户满意度的最低感受，保证客户在对满意度进行评价时维持一个相对高的水准。

4. 把提高客户满意度纳入企业战略范畴

战略是企业持续、长久发展的保证。把提高客户满意度作为一种战略，意义在于在建立社会层面的对于快递企业整体服务水平的高度评价。这种战略形象一旦形成，对业务量、产品的利润能力都会产生深远的影响。所以，快递企业应把客户满意度作为企业的一项战略工作，并从组织、制度和程序上予以保证。

5. 建立客户档案，实行客户数据管理

客户档案的建立有助于快递企业工作质量的持续改进和提升。快递企业可以对某客户的历史满意度调查基础资料进行对比，分析不足的地方是否有显著的提高，还可以借助基础数据的积累帮助分析客户的需求。

6. 经常性客户的满意度调查

快递市场竞争比较充分，快递企业出于市场竞争的考虑，经常会随市场环境不断发生变化

而调整服务策略。经常性客户满意度调查有助于企业及时发现问题并采取相应对策，从而避免客户满意度大幅度下滑。一般每季度开展一次客户满意度调查比较合适，可以交叉开发全面调查与有重点、分主题调查。

7. 控制客户期望值

快递企业为争夺客户，特别容易夸大自身快递服务的品质。当客户的期望值被抬高后，若实际提供的服务水平无法达到客户的期望时，会引发客户极大的不满。所以，快递企业必须根据自己的实际能力，有效地控制客户对快递服务水平的期望值。相反，如果是客户以较低的期望值享受到高于其期望值的快递服务，那客户的满意度就会得到大幅度提升。顾客满意指数模型如图 6-1-3 所示。

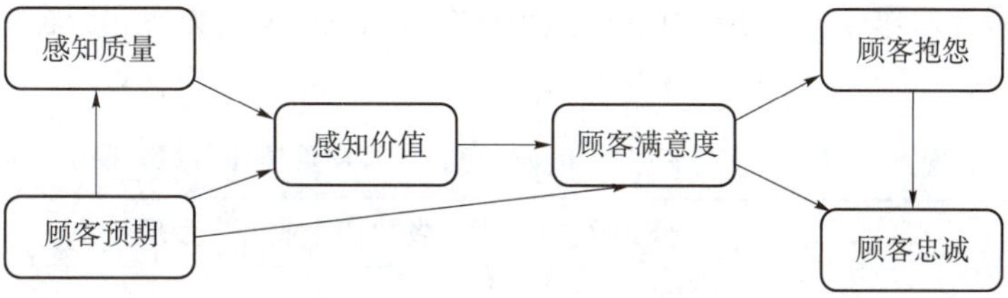

图 6-1-3　顾客满意指数模型

8. 积极解决客户投诉

快递企业客户投诉渠道主要有电话热线投诉、在线留言投诉、电子邮箱投诉、客服中心投诉、网点投诉、信函投诉等。客户投诉的处理应该由专业的部门和人员负责，应该有便利的投诉路径，有标准的处理流程，有持续的跟踪反馈。这种对客户负责任的态度，往往会变不利为有利，反过来促进客户满意度的提高。某快递公司客户投诉反馈渠道如图 6-1-4 所示。

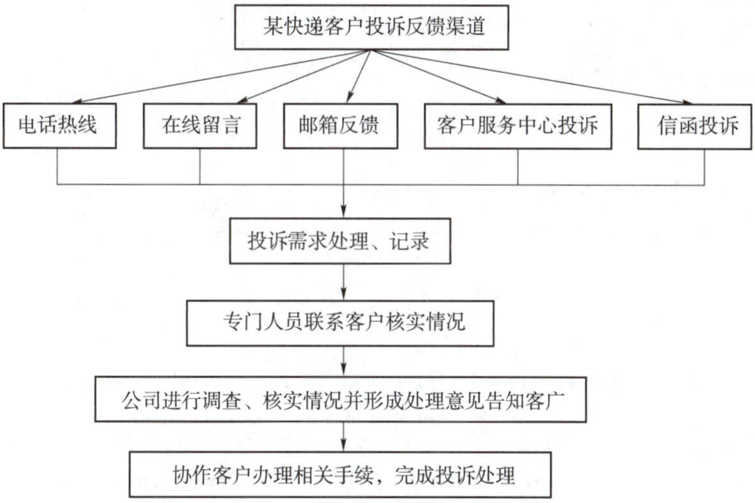

图 6-1-4　某快递公司客户投诉反馈渠道

微课：提高客户满意度

任务实施

第一步：根据项目六任务一的任务导入与分析，组织和引导学生分组讨论，回顾、熟悉快递企业客户开发和维护的方法。

第二步：在老师的指导下，通过网络收集某中药材批发市场资料，分析该市场快递需求与竞争情况。

第三步：提出中药材批发市场里的快递企业客户满意度调查方案和开发新客户的具体措施，填写表6-1-3，并向其他小组展示分享。

表6-1-3　某中药材批发市场快递企业客户管理措施

市场概况分析	
客户满意度调查	
新客户开发措施	

第四步：结合各小组的任务完成情况，教师进行点评和小结。

第五步：布置课后作业，各小组优化快递企业客户满意度调查方案和新客户开发策略，并完成表6-1-4填写。

表6-1-4　某中药材批发市场快递企业客户管理任务实施评价

任务名称		某中药材批发市场快递企业客户管理				
组别		组员				
考核维度		评价标准	参考值	考核得分		
				自评	互评	教师评
素质	1	培养客户至上的服务理念	10			
	2	培养诚实守信的经营理念	10			
知识	1	掌握快递企业客户分析的内容与方法	20			
	2	掌握快递企业客户满意度提高方法	20			
能力	1	能正确分析客户流失率	20			
	2	能正确实施客户满意度调查	20			
小计			100			
合计=自评20%+互评30%+教师50%				组长签字		

视野拓展

2023年第一季度快递服务满意度调查和时限准时率测试结果

为加强快递服务质量监测，客观反映企业服务水平，促进快递业提升发展质效，国家邮政局组织第三方机构分别对2023年第一季度快递服务满意度、全国重点地区时限准时率进行了调查和测试。有关情况如下：

1. 基本情况

2023年监测对象包括邮政速递、顺丰速运、中通快递、圆通速递、韵达速递、申通快递、京东快递、德邦快递和极兔速递等9家快递服务品牌。

调查范围覆盖50个城市，包括各直辖市、省会城市和19个快递业务量较大的城市。

满意度调查采用在线调查方式，由2023年使用快递服务的用户对受理、揽收、投递、售后和信息5个方面进行满意度评价，共获得有效样本约1万个。时限测试采用系统数据抽样方式，业务范围为国内异地快件，共获得有效样本214万个。

· 216 ·

2. 调查结果

（1）快递服务满意度。

①调查显示，2023 年第一季度用户快递服务公众满意度得分为 81.6 分，同比上升 1.6 分。

②在品牌公众满意度方面，得分较高的品牌为顺丰速运、京东快递、邮政速递。

③在区域公众满意度得分方面，青海、北京、天津、海南、新疆得分高于 84.5 分，满意度较高；贵州、浙江、陕西、四川得分低于 79 分，有进一步提升空间。

④调查显示，2023 年第一季度，在投递服务方面，快件安全、送达范围感知、投递知情、快递服务站投递、智能快件箱投递的用户满意度得分为 85.4 分、84.2 分、80.7 分、80.6 分、84.9 分，同比分别上升 5.1 分、0.1 分、5.4 分、2.9 分、6.1 分。

（2）重点地区快递服务时限。

①测试发现，2023 年第一季度快递服务全程时限为 60.48 小时，同比缩短 4.09 小时。72 小时准时率为 75.39%，同比提升 6.02 个百分点。

②从分环节看，寄出地处理环节平均时限为 8.61 小时，同比缩短 0.37 小时；运输环节平均时限为 36.80 小时，同比缩短 2.92 小时；寄达地处理环节平均时限为 11.53 小时，同比缩短 0.67 小时；投递环节平均时限为 3.54 小时，同比缩短 0.13 小时。

③从 72 小时准时率看，准时率较高的品牌为顺丰速运、中通快递、极兔速递。

（资料来源：国家邮政局，2023-05-19）

思考与讨论：国家邮政局通告的以上信息说明我国快递企业客户管理方面有哪些进步？

任务二　维护快递企业客户

引思明理

告知客户三件事，使快递消费更放心

1. 先验视再签收

《快递市场管理办法》规定：快递企业投递快件，应当告知收件人当面验收。快件外包装完好，由收件人签字确认。快件注明为易碎品及外包装出现明显破损的，企业应当告知收件人先验收内件再签收。企业与寄件人另有约定的除外。对于网络购物、代收货款以及与用户有特殊约定的其他快件，快递企业应当与寄件人在合同中明确投递验收的权利义务，并提供符合约定的验收服务，验收无异议后，由收件人签字确认。

政策：《快递市场管理办法》

2. 贵重物品要保价

《快递市场管理办法》规定：企业应当遵循公平原则，以书面合同确定企业与用户双方的权利和义务。用户填写快递运单前，企业应当提醒寄件人阅读快递运单的服务合同条款，并建议寄件人对贵重物品保价。对免除或者限制企业责任及涉及快件损失赔偿的条款，应当在快递运单上以醒目的方式列出，并予以特别说明。建议用户在使用快递服务交寄物品时注意阅读运单上的内容，知道如果发生延误、丢失、损毁等问题，企业如何赔偿。贵重物品进行保价，企业则会按照保价金额赔偿。如果没有保价，企业按照运单上约定的赔偿条款进行赔偿。

3. 服务问题可申诉

消费者邮件快件出现延误、损毁、丢失、违规收费等情况，可向企业投诉，与企业协商和

解。如果企业的投诉渠道不畅通，或者向企业投诉7天后还没有得到答复，或对企业的处理结果不满意，可向邮政管理部门进行申诉。国家邮政局和各省邮政管理局网站都设有消费者申诉窗口，消费者可以登录官方网站或"邮政业消费者申诉"官方微信公众号、小程序进行申诉。如果不方便在网上申诉，可以在工作时间拨打"区号-12305"电话进行申诉。申诉人申诉时应提供与申诉事件有关的有效信息，并填写企业对投诉处理的结果等，以便于邮政管理部门进行处理。（资料来源：快递市场管理办法，2013-01-11）

随着快递行业的迅速发展，消费者对快递服务的需求也日益增长。保护快递消费者权益既是提高快递公司的服务质量和水平，营造口碑，扩大客户规模，推动公司高质量发展的需要，也是减少消费者与快递公司之间的矛盾，促进社会和谐稳定发展的需要，更是贯彻落实"不断实现人民对美好生活的向往"党的二十大报告战略部署的需要。

任务导入与分析

刘女士通过电商平台从卖家董先生处购买了两个金手镯，共计3万元。董先生将饰品委托某快递公司寄递，保价3万元，保价费、快递费合计179元，运单载明请当面验货后签收。快递公司快递员在未经过刘女士当面验收和授权的情况下，私自将快件放在了快递超市，同时在快递服务平台上做了签收处理。刘女士取件验货时发现少了一个手镯，她立即联系快递员表示快件缺件拒收，快递员将快件取回。随后刘女士以买卖合同纠纷为由，将卖家董先生和快递公司诉至法院，要求赔偿货物损失3万元以及快递费。请问刘女士的主张是否合理，诉求能否成功？如果你是刘女士，会如何索赔？作为快递公司，应如何避免这样的纠纷再次发生？

本案例涉及两个法律关系，分别是：刘女士与董先生之间的买卖合同法律关系；董先生作为寄件人与快递公司的快递服务合同关系。

知识学习

一、快递企业客户维护的意义与原则

（一）快递企业客户维护的意义

1. 快递客户维护的含义

快递企业客户维护是指快递企业通过不同角度与客户进行深层次接触，分析客户需求，改善客户关系，创造客户价值的沟通联系行为。快递企业客户维护的目的在于给客户提供优质的快递服务，提高客户的满意度，提升企业服务质量和品牌形象。

2. 快递企业客户维护的意义

（1）有利于降低经营风险。客户关系主要是指企业和客户之间以相互信任、相互诚信为基础而进行的商业行为，企业和客户之间互相以价值服务和价值追求为回报。快递企业通过加强客户维护，能够使企业的产品或服务及时引起客户特别是大客户群的关注，增加扩大业务规模和提高经济效益的机会，从而降低亏损风险。

（2）有利于降低运营成本。加强对现有客户的维护管理，有利于进一步了解客户需求，并根据客户个性化需求提供专业化、个性化的服务，从而吸引更多中高端客户。同时实现快递企业

客户资源的集中管理和统一规划，实现内部客户信息共享，从而降低企业和客户成本，实现客户和企业价值最大化。

（3）有利于建立商业进入壁垒。如果能够拥有一定量的客户群，并且这些客户对快递企业产品或服务有相对较高的忠诚度，就可以促进客户重复购买快递企业产品或服务。快递企业通过加强客户维护，提高客户的忠诚度，使竞争对手不易模仿，进而建立起商业进入壁垒，减少客户流失。

（4）有利于提高市场竞争力。随着消费升级，客户在购买产品或服务时并不单纯的追求价格上的实惠，还有精神上追求。加强对客户的维护，提供主动的客户关怀，有利于扩大客户群，提高市场竞争力。

（二）快递企业客户维护原则

1. 信守承诺原则

一个信守原则的人必然会赢得客户的尊重和信任。因为客户也知道，一种需要和满足并不是无条件的，而必须是在坚持一定原则下的满足。在维护客户的过程中，快递企业要根据能力向客户作出可实施的承诺。只有这样，快递企业才能一诺千金，客户才有理由更相信快递企业的产品或服务。

2. 互惠互利原则

在与客户进行沟通的过程中，快递企业要不断地说服客户认可公司产品或服务的品质，接受产品或服务的价格等。本着对双方有利，快递企业在与客户沟通过程中要恰当运用让步策略，对客户利益诉求提出折中解决办法，实现企业与客户双赢，以期让客户满意。

3. 刚柔并济原则

在客户维护过程中，不论是什么类型的客户，快递企业工作人员一定要认真耐心听取客户反馈，并且能准确地判断客户想表达的意思，不急不躁，淡然待之。对于客户正当合理诉求，与客户立即共同研究探讨，找出补救和解决的方案。对于客户不合理不现实的诉求，在明确表示拒绝的同时做好客户安抚工作，取得客户理解。

4. 相辅相成原则

客户维护过程就是一个及时解决客户与快递企业矛盾利益的过程。只要用心为客户服务，真心想客户所想，急客户所急，对客户提出的任何特殊要求或者隐性的需求都认真对待，就一定能感动客户，拉近与客户的距离，赢得客户的口碑，留住老客户，扩大新客户群。

（三）加强客户维护的举措

1. 做好承诺并切实履行承诺

快递企业在对确定的客户关系进行管理和维护时，有必要对客户作出某种产品或者服务上的承诺，以增强客户对企业有信心。一旦对客户作出了承诺，就要切实履行并尽全力去满足客户的需求，提高企业的信誉度和诚信水平。因为承诺不兑现，容易造成客户的预期效果和实际体验之间的落差，导致客户对企业失望，从而影响到客户对企业的忠诚度，造成客户流失，甚至影响企业的形象和行业信誉。

2. 加强客户信息化管理

客户关系维护在企业中涉及的部门较多，离不开员工的理解和支持。快递企业要提高员工对客户关系维护重要性的认识，通过客户关系管理系统在内部实施客户信息共享，为各部门和员工积极参与客户关系维护提供可能。

3. 加强对老客户的维护

忠诚的客户群体对于企业的发展非常关键。一般来说，发展一位新客户的成本比挽留一个老客户的成本更高，而且很多新客户来自老客户的推荐。当企业拥有一批老客户后，一定要采取有效的方法，与老客户维持良好的关系，提升老客户对企业的忠诚度。

4. 准确采集客户信息

准确收集和利用客户资料是企业在竞争中的制胜法宝。资料收集是企业进行做好客户服务的起点。客户信息采集内容包括：客户的习惯发件时间、包装要求、发件的主要目的地；客户的业务量、所寄快件的重量范围、每月的快递费用；客户选用快递企业标准的主导因素，如价格、时效性、安全性。

5. 建立客户回访机制

快递企业客户回访是快递企业用来进行产品或服务满意度调查、客户消费行为调查以及客户关系维系的常用方法，客户回访是客户服务的重要内容，做好客户回访是了解客户需求、增强客户忠诚、留住老客户、吸引新客户、提升客户满意度的重要方法。

（1）回访客户范围一般是快件已经正常签收的客户。

（2）客户回访形式包括电话回访、电子邮件回访及当面回访等。

（3）回访内容包括快件是否及时、快递信息是否准确、是否本人签收、送货上门前是否有电话通知、快件包装是否有损坏、快递员态度是否良好。

（4）回访结束后及时填写客户回访记录表（表6-2-1），并存入客户档案。对于客户反馈的问题要及时解决，不能解决的问题按照公司规定流程进行反馈。同时根据客户回访记录表对客户的回访过程和回访结果进行汇总和评价，形成"客户回访报告"。

表 6-2-1　客户回访记录表

客户名称：				
联系人：		职务：		联系电话：
回访内容	1. 客户信息方面			
	何时起与公司进行合作：			
	经营产品类型：			
	主要发货线路：			
	2. 总体服务方面			
	时效：			
	回访内容：			
	价格：			
	对公司快递员的服务是否满意：□满意　□一般　□不满意			
	有何意见或建议：			
	对公司客服人员的服务是否满意：□满意　□一般　□不满意			
	有何意见或建议：			
	对公司取件员的服务是否满意：□满意　□一般　□不满意			
	有何意见或建议：			
	3. 其他的意见或建议：			

韵达快递努力让客户满意，传递正能量

作为一家走过 23 个年头的快递上市公司，韵达快递在不断做好自身快递服务工作的同时，也在积极回馈社会，践行企业社会责任。多年来韵达人积极投身公益，在灾害救助、疫情防控、捐资助学等多方面积极与社会各界一道奉献企业的力量。2021 年，受持续性降雨影响，山西等地遭遇严重洪涝灾害，当地居民生产生活受到严重影响。灾情发生后，韵达快递山西省公司协同省内网点迅速行动，全力应对。与灾区群众站在一起，全力支持抗洪救灾及灾后恢复重建工作。在疫情防控方面，韵达全网行动，助力抗疫。如安徽黄山网点在接到相关需求后，及时协调运力资源，动员公司员工加班加点打包、装车。克服困难，分 2 个批次，连续一个多月共发 120 车次，为上海闵行、青浦、浦东、奉贤等地区送达近 700 吨果蔬等特色物资。在捐资助学方面，韵达快递也多次支持爱心物资公益运输，助力社会各界人士将爱心物资安全运输到偏远山区。如通过韵达上海公司"沪滇爱心公益基地"，助力云南陆良县图书馆建立"爱心图书室"。(资料来源：搜狐网，2023-03-15)

二、快递企业客户投诉处理

(一) 客户投诉

客户投诉是指客户对企业产品质量或服务上的不满意，而提出的书面或口头上的异议、抗议、索赔和要求解决问题等行为。客户投诉是常见的现象，一般企业都可能遇到。投诉能体现企业在经营运作中所存在的问题和客户的潜在需求。因此，快递企业不可小视投诉问题，必须认真、迅速以专业方式处理客户的投诉，以更好地满足客户的需求。客户投诉的原因有可能来自快递公司提供的服务，也可能来自服务态度，投诉一旦出现，快递企业不论是一线的快递员、管理人员，还是专职客户服务人员，都应该积极应对，尊重客户，情绪上安抚客户，提出妥善处理措施。

(二) 客户投诉的价值

有效的客户投诉反映了快递企业经营管理上的缺陷和漏洞。积极正确地面对和处理客户投诉，通过处理投诉，改善客户对企业的感知，扭转企业的形象，甚至可以在以下方面增加企业的价值。

1. 可以帮助企业发现问题

客户投诉能让企业看到自身的不足，及时发现问题以便寻找相应的解决方法，并从中积累经验，确保在今后的经营活动中不会让这些问题再次发生。投诉往往是客户对企业经营活动评价的反馈，不是说客户投诉越少，企业的问题就越少。真正不满意的客户往往不会投诉，而是直接转向企业的竞争对手。因此，快递企业不能被动地等待客户的投诉，而要积极地发现客户的问题和不满，及时采取行动改进服务，更好地满足客户的需求。

2. 可以提供企业信息和机会

客户投诉信息中所包含的想法和意见最真实，往往比企业专门做产品或服务需求调查所收集的信息资料更可靠。因此，投诉可以间接地向企业提供客户在产品或服务中的一些真实有价值的需求信息，促进快递企业完善经营管理。

3. 可以提升企业形象

客户投诉给快递企业带来的不只是麻烦和美誉度的降低，如果处理得好，快递企业也可以化不利为有利，把客户不满转化为企业发展机会。客户投诉间接地给了企业提升客户认可度的好机会，客户投诉如果被及时、满意地解决了，客户将会比投诉发生前更加认可企业。

（三）客户投诉处理方法

1. 快递客户投诉处理原则

（1）预防原则。快递企业要加强管理，提高员工的整体素质和业务能力，杜绝可能产生的投诉问题，减少客户不满意，从而减少投诉。

（2）及时原则。客户投诉处理越慢就越会激发客户的不满，越使投诉不易解决。因此，投诉问题的处理必须及时、快速，缩短客户不满意的时间，使客户尽早得到满意的答复。

（3）责任原则。客户投诉问题要求快递企业上下高度重视，把投诉问题责任落实到部门，责任到人，使投诉问题得到最妥善的处理，令客户满意，避免类似问题重复发生。

（4）记录原则。快递企业要加强客户管理，要求在客户管理系统记录填报每一起客户投诉的投诉内容、处理过程、投诉处理结果、客户反馈等信息，以建立有效的客户管理资料库，做好客户回访，消除客户误会，树立良好的企业形象。

2. 快递企业客户投诉处理流程

快递企业客户投诉处理具体流程可能会因公司规模、行业特点等因素而有所不同。快递企业客户投诉处理流程的基本步骤通常包括以下五步。

（1）了解投诉内容。快递企业工作人员在接到客户投诉电话或邮件、短信、语音留言、视频时，需要详细了解投诉的内容，包括投诉的原因、时间、地点、快件情况等信息，以便更好地解决问题。

（2）确认投诉问题。快递企业工作人员需要对投诉的问题进行确认，判断投诉是否属于公司责任，是否需要采取进一步的措施。

（3）提出解决方案。快递企业工作人员需要针对客户投诉问题提供解决方案，包括退款、赔偿、再次派送等方式，同时与客户协商并达成一致。

（4）跟进投诉处理情况。工作人员需要跟踪投诉处理情况，确保问题得到有效解决，并向上级领导和客户反馈投诉处理结果。

（5）总结投诉原因。工作人员需要总结投诉原因，提出改进措施，以提高客户满意度和避免类似投诉再次发生。

3. 快递企业客户投诉处理技巧

快递企业工作人员在处理客户投诉时，要始终保持冷静和专业，并积极解决问题。快递客户投诉处理技巧如下：

（1）倾听客户投诉。首先要耐心倾听客户的投诉，不要打断或中断他们的讲话。客户投诉是因为他们感到不满意，他们需要得到关注和解决方案。

（2）表达歉意。在倾听客户投诉后，要表达歉意，承认公司的错误，并询问客户是否有什么解决方案可以提供。

（3）保持冷静。在处理客户投诉时，要始终保持冷静，不要情绪化或激动，尊重客户的感受和观点。这样可以更好地理解客户的需求和问题，并提供更好的解决方案。

（4）重点突出。在处理客户投诉时，要着重强调客户最关心的事情，并根据客户的要求提供解决方案。

（5）提供解决方案。在处理客户投诉时，要尽快提供解决方案，并与客户确认是否满意。如果客户对解决方案不满意，需要再次尝试解决问题。

（6）跟进解决方案。在提供解决方案后，需要跟进客户是否满意，并确认客户的问题是否已经解决。如果问题没有解决，需要再次尝试解决。

（7）提高客户体验。客户投诉是一种机会，可以通过改进公司的服务来提供更好的客户体验。在处理客户投诉时，要收集客户的反馈，改进公司服务，提高客户满意度。

（8）总结投诉处理结果。每一次的客户投诉，都要做好书面记录。对于经常性发生的投诉应追查问题根源，以改进现有作业或制定处理办法；偶发性投诉事件也应制定相应规定，作为将来处理类似问题的依据。

微课：快递网点客户
投诉处理流程

（四）消费者投诉典型案例

1. 快件不送货上门

杭州某消费者通过快递公司由北京快递所购物品，收件地址清晰，写的是家里，快件却送到了小区的一个驿站，且没有收到任何电话通知，快件在驿站滞留了十多天，接到投诉后快递公司的一名客服人员加了该消费者的微信，并承诺以后送件上门，但第二次还是没有主动送件上门。

2. 虚假签收

云南省昆明市官渡区某消费者通过某快递公司由河南郑州快递所购路由器，运费 10 元，没有保价。该件 2 月 27 日发出，3 月 1 日物流显示签收，3 月 2 日未经同意放驿站。消费者投诉要求企业按原购买价的两倍进行赔付，却被快递员威胁。

3. 投递延误

一名客户于 7 月 24 日在某快递公司发了 3 单快件，其中有 2 单快件都按时顺利到达收件人手中，但是其中 1 单由北京发往福州的快件按照预定时间应该是 7 月 26 日就到收件人那里，但这单快件 8 月 16 日被快递公司快递员退回，原因是找不到投递地址和电话无人接听。这单快件生产现场机器更换应急的产品，按照合同金额及其延长时间计算，客户要求快递公司赔偿 858 元。但目前快递公司客服只答应赔付 100 元。

4. 快件丢失

某消费者于 8 月 16 日从宁波通过某快递公司邮寄的一快件到广州，该件内件为：2 件衣服共价值 166.9 元，运费：12 元，未保价。快件丢失。8 月 26 日该消费者联系快递公司，快递公司承诺予以处理，但至今未联系消费者答复。

5. 企业未按照规定赔偿

消费者×××通过某快递公司自拉萨寄往澳门一个快件。在预定时间收件人未收到快件。经查该快件在成都中转丢失。消费者投诉后被告知可以要求收寄的快递公司按程序理赔，但拉萨的这家快递公司至今无人按规定履行赔偿。

三、快件保价

（一）快件保价的内涵与效力

1. 快件保价与保价条款

快件保价是指在邮寄快件时，由寄件人声明货物价值，并支付相应比例的保价费用，以确保快件在寄递过程中的安全。保价条款是指约定快递服务合同中寄件人在缴纳运费之外，根据声明价值按照一定比例缴纳保价费，从而在货物出现毁损、灭失时，在所保价值范围内获得足额赔偿的有关条款。

微课：快递网点
客户投诉率高的
原因分析

2. 快件保价条款效力

根据《中华人民共和国合同法》的规定，快件保价条款属于合同的组成部分，应当遵循公平、合理、诚信的原则签订。如果客户与快递公司之间就快件保价条款达成了一致意见，且没有违反法律法规的强制性规定，则该条款应当被视为有效。

保价条款一般约定为：保价货物发生损失的，快递企业按照损失与保价金额的比例承担赔偿责任。如果发生快件被盗、遗失或损坏，根据保价条款，客户可以获得相应的赔偿。如果快递公司未能按照约定提供快件保价服务，或者未能对客户的损失提供合理的赔偿，客户可以通过法律途径维护自己的合法权益。快件保价的具体赔偿标准根据不同的快递公司和保价条款而有所不同。在选择快件保价时，客户应仔细阅读保价条款，了解赔偿标准、申请赔偿的流程等信息，以便在需要时能够及时申请赔偿。

（二）快件保价的特殊规定

1. 坚持自愿原则

办理快件保价应该充分尊重当事人的自由意志，贯彻自愿原则。是否办理快件保价由寄件人自主决定，自由选择是否接受快递公司的保价服务。

2. 尽到合理提醒、说明义务

保价条款属于典型的格式条款，快递公司在与客户确立合同关系时应尽到合理的提醒、说明义务。快递企业须提醒寄件人仔细阅读快递详情单上有关快件保价的相关内容，让寄件人自主选择是否保价，提示寄件人在选择栏勾选"是"或"否"。如果客户选择"是"，应在"声明价值"栏内注明寄递物品的实际价值。

3. 寄件人如实申报货物价值的义务

寄件人应以不超过货物的实际价值或货物在目的地交付时的实际利益填写声明价值。

4. 寄件人应及时支付保价费

不同快递企业的保价费率差距较大，如顺丰速运规定，国内快递产品声明价值在 1 000 元以上的保价快件，其保价费是声明价值乘以 5‰；中通快递则规定，国内快递产品保价快件的实际价值在 2 000～10 000 元（含），其保价费是声明价值乘以 3‰。

5. 保价赔偿例外

如寄件人或者收件人在要求赔偿的过程中，有确切证据证明快件的损失、灭失是因为快递企业故意或重大过失（包括明知可能造成损失而轻率地作为或者不作为）造成的，赔偿范围不受保价条款的约束，而应按照货物损失的实际价值赔偿。

（三）快递保价的作用

1. 快件保价对快递企业的作用

（1）快件保价有利于开发和满足客户中高端服务需求。保价服务属于快递企业的增值服务项目。一般来说，客户越高端对快件的安全高效要求就越高。提供快件保价服务，且费率合理，可以提高中高端客户对快递企业的满意度，是快递企业争取优质客户资源、应对竞争的一项重要举措。

（2）快件保价是快递企业收入增加的渠道。快递企业开展保价业务，在快件全程处理中给予特殊的保护操作，降低快件发生损失、丢失的概率，提高了快件的安全性，降低了赔付概率。

（3）增强客户信任度。快件保价服务能够增强客户信任度，让客户更加放心地选择快件企业的寄递服务。

（4）提高企业形象。快件保价服务能够提高企业形象，让客户感受到快递企业对客户的关心和保护，增加客户对快递企业的信任度和忠诚度。

2. 快件保价对消费者的作用

（1）提高快件安全性。通过保价，快件物品可以得到更好的保护，降低在寄递过程中发生损伤、毁坏、丢失的风险。

（2）享有更好的服务体验。快件保价为客户提供优质便捷的寄递服务，为寄件人和收件人带来更贴心、安全的快递消费体验。

（3）增加理赔金额。如果快件物品在寄递过程中发生损失，通过保价，可以得到更高的理赔金额，提高理赔效率。

（四）快件保价的范围与保价费用计算

1. 不属于保价范围内的寄递物品

（1）国家法律明令禁止流通或寄递的物品，如军火武器、烟草、货币、古董、金银珠宝、贵重金属等。

（2）公司规定不能在快递网络流通的物品，如有爆炸性、易燃性、腐蚀性、有毒性等物品。

（3）易腐烂的物品，如鲜肉、鲜鱼等，各类活体动物、液体及动物尸体标本。

（4）显示器半成品，如显示屏、显像管等，玻璃制品以及各类票据。

（5）各类盆景、植物，如花卉、草木等。

（6）工艺品及艺术品，如玉器类、石雕、石膏雕塑、模型等。

（7）文件、印刷品以及使用文件袋、防水袋包装的快件不得使用保价运单寄递。

（8）所有木制品，以及古筝、古琴、吉他等乐器，因音色、音质方面无法鉴定其是否损坏，故不予作保。

2. 快件保价费用的计算

保价费计算公式为：某快件保价费用=该快件申报价值×保价费率。有些快递企业规定，如果保价价值低于1 000（含）元，采用固定收费，如顺丰规定国内快递产品金额500（含）元，保价费1元/票，501～1 000（含）元，保价费2元/票。

四、快件赔偿与索赔

（一）快件赔偿

1. 快件赔偿法律依据

（1）《中华人民共和国邮政法》第四十七条规定，邮政企业对给据邮件的损失依照下列规定赔偿：

①保价的给据邮件丢失或者全部损毁的，按照保价额赔偿；部分损毁或者内件短少的，按照保价额与邮件全部价值的比例对邮件的实际损失予以赔偿。

②未保价的给据邮件丢失、损毁或者内件短少的，按照实际损失赔偿，但最高赔偿额不超过所收取运费的三倍；挂号信件丢失、损毁的，按照所收取运费的三倍予以赔偿。

（2）《快递暂行条例》第二十七条规定，快件延误、丢失、损毁或者内件短少的，对保价的快件，应当按照经营快递业务的企业与寄件人约定的保价规则确定赔偿责任；对未保价的快件，依照民事法律的有关规定确定赔偿责任。

政策：《快递暂行条例》

（3）《快递服务》系列国家标准（GB/T 27917）包括三部分内容：GB/T 27917.1—2011《快递服务 第1部分：基本术语》、GB/T 27917.2—2011《快递服务 第2部分：组织要求》和GB/T 27917.3—2011《快递服务 第3部分：服务环节》。

政策：《快递服务》
（GBT 27917）
国家标准

2. 赔偿对象与赔偿条件

（1）赔付对象。快递服务纠纷赔付对象应为寄件人或寄件人指定的收件人、受益人。

（2）赔偿条件。在寄递过程中，发生延误、丢失、损毁、内件不符时，快递企业应予以赔偿。属于下列情况的，快递企业可不负赔偿责任：

①所寄物品本身的自然性质或者合理损耗造成快件损失的；

②由于不可抗力的原因造成损失的（保价快件除外）；

③寄件人、收件人的过错造成损失的赔偿因素主要包括快件延误、丢失、损毁和内件不符。

3. 赔偿原则

快递企业与用户之间有约定的应从约定，没有约定的可按以下原则执行。

（1）快件延误。延误的赔偿应为免除本次服务费用（不含保价等附加费用）。由于延误导致内件直接价值丧失，应按照快件丢失或损毁进行赔偿。

（2）快件丢失。快件发生丢失时，应免除本次服务费用（不含保价等附加费用），此外还应：

①对于购买保价的快件，快递企业应按照被保价金额进行赔偿；

②对于没有购买保价的快件，按照《中华人民共和国邮政法》《中华人民共和国合同法》等相关法律规定赔偿；

③造成用户其他损失的，按照相关民事法律法规赔偿。

（3）快件损毁。快件损毁赔偿应主要包括：

①完全损毁。指快件价值完全丧失，参照快件丢失赔偿的规定执行；

②部分损毁。指快件价值部分丧失，依据快件丧失价值占总价值的比例，按照快件丢失赔偿额度的相同比例进行赔偿。

（4）内件不符。内件不符赔偿应主要包括：

①内件品名与寄件人填写品名不符，按照完全损毁赔偿；

②内件品名相同，数量和重量不符，按照部分损毁赔偿。

4. 受理赔偿期限

快递企业受理赔偿期限应为收寄快件之日起一年内。

5. 责任主体的认定

近年来快递业发展迅速，特许加盟已经成为民营快递企业网络扩张的重要运营模式。快递特许加盟关系中包括特许总部、被特许加盟公司等主体。就法律关系而言，快递特许总部与被特许经营者是相互独立的民事主体，双方订立的加盟合作协议是取得法律联系的基础，共同对寄件人提供寄递服务。在发生寄递物品丢失时，应当区分两种情形来分析快递特许总部和被特许经营者的外部责任。

（1）寄件人付款时没有向快递被特许经营者索要发票，快递运单上也没有快递被特许经营者的签章，依据交易过程，寄件人与快递被特许经营者签订了快递服务合同，但法律上是寄件人与快递特许总部签订了快递服务合同。快递特许总部应对寄件人负全责，在承担责任后，可根据其与快递被特许经营者签订的加盟合作协议行使追偿权。

（2）寄件人付款时被特许经营者出具了发票，且快递运单上有快递被特许经营者的签章，这样等于寄件人和两个主体都签订了快递服务合同。寄件人可以把快递特许总部和快递被特许经营者作为共同被告，由双方承担连带责任。

6. 赔偿纠纷的解决方式

赔偿纠纷的解决方式主要有投诉、仲裁和诉讼。快递赔偿要素如图 6-2-1 所示。

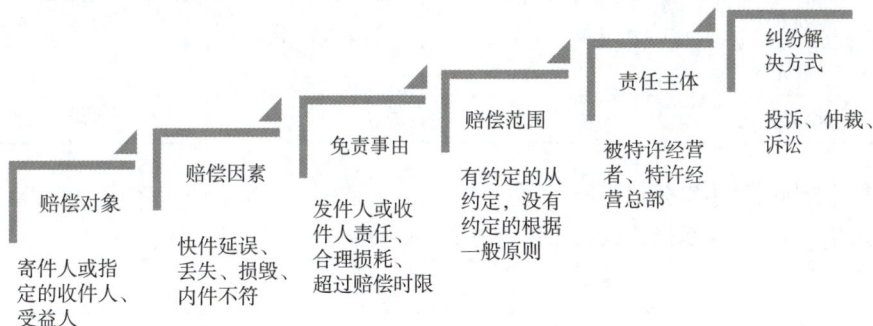

图 6-2-1　快递赔偿要素

（二）快件索赔

1. 快件索赔

快件索赔是指在寄递过程中，发生延误、丢失、损毁、内件不符时，寄件人对快件服务组织提出的赔偿。

2. 快递赔偿程序

（1）索赔申告。寄件人在超出快递企业承诺的服务时限、并且不超出快件受理索赔期限内，可以依据索赔因素向快递企业提出索赔申告。快递企业应提供索赔申告单（客户申请快件赔偿时所填写的单据）给寄件人，寄件人填写后递交给快递企业。

（2）索赔受理。快递企业应在收到寄件人的索赔申告单 24 小时内答复寄件人，并告知寄件人索赔处理时限。

（3）索赔处理时限。索赔处理时限指从快递企业就索赔申告答复寄件人开始，到快递企业提出赔偿方案的时间间隔。快递企业除了与寄件人有特殊约定外，索赔处理时限应不超过：

①同城和国内异地快件为 30 个日历天；

②港澳台快件为 30 个日历天；

③国际快件为 60 个日历天。

（4）赔金支付。快递企业与寄件人就赔偿数额达成一致后，应在 7 个日历天内向寄件人或寄件人指定的受益人支付赔金。

（5）索赔争议的解决。寄件人与快递企业就是否赔偿、赔偿金额或赔金支付等问题可先行协商，协商不一致的，可依法选择投诉、申诉、仲裁、起诉等方式，如选择仲裁，应在收寄时约定仲裁地点和仲裁机构。

3. 快件理赔

快件理赔是指快件服务组织根据寄件人提出的索赔，确定理赔金额和理赔方式。

任务实施

第一步：根据项目六任务二的任务导入与分析，组织和引导学生分组讨论、回顾、熟悉快递企业客户投诉处理、快件保价、快件索赔的方法。

第二步：老师指导学生针对本案例查询相关买卖合同、快递服务合同法律法规，分析刘女士、董先生和快递公司这三方在本案例描述中的权利和义务，填写表 6-2-2。

表 6-2-2　各主体的权利义务

序号	合同当事人	合同权利	合同义务
1	刘女士		
2	董先生		
3	物流公司		

第三步：老师引导小组分别讨论刘女士与董先生、董先生和快递公司之间的法律事实，分析是否构成违约，违约方应承担什么责任，填写表 6-2-3。

表 6-2-3　各主体需要承担的责任

序号	合同当事人	是否违约	承担责任
1	刘女士		
2	董先生		
3	快递公司		

第四步：结合各小组的任务完成情况，教师进行点评和小结。

第五步：布置课后作业，各小组结合本案例刘女士情况，收集一家快递公司在快件保价方面的规定，分析该公司的规定是否合理，填写表 6-2-4。

表 6-2-4　快件保价与赔偿任务实施评价

任务名称		快件保价与赔偿				
组别		组员				
考核维度		评价标准	参考值	考核得分		
				自评	互评	教师评
素质	1	培养客户至上的服务理念	10			
	2	培养诚信经营的经营理念	10			
知识	1	掌握快递企业客户投诉处理内容	20			
	2	掌握快递企业快件保价服务内容	20			
能力	1	能正确处理快递企业客户投诉	20			
	2	能正确向快递企业客户提供理赔	20			
小计			100			
合计 = 自评 20%+互评 30%+教师 50%				组长签字		

视野拓展

快递"虚假签收"现象

曾有媒体报道，在北京、上海、黑龙江佳木斯、河北沧州等多地发现，一些缺乏职业素养的快递员以"打电话无人接听""敲门无人应答"为由，未经收件人允许就将快递存放在门口、快递驿站、快递超市或其他存放点，有的甚至直接点了"签收"。

微课：快递企业快件赔偿

快递末端配送问题存在已久。虽然《中华人民共和国邮政法》明确规定了快递必须递送给特定个人，但这一规定在现实中并未得到有效执行。有快递员不愿送货上门而将快递存放在快递柜，也有快递员要求收件人下楼自取。这与一些现实困难有关，如快递员工作日派件会遇到收件人不在家的情况；在一些小区，快递员因门禁系统无法进入单元楼；有一些小区，不允许快递员进入或要求徒步进入等，都会大量增加快递员工作量。这也与快递公司采取降低快递末端配送费的策略有关。随着快递行业竞争压力增大，快递公司之间打起了价格战，为了节省成本，快递公司压缩快递员的收入空间，迫使快递员去"提高"派件效率，未经收件人同意直接将快递存放在门口、驿站等地方，形成虚假签收。同时，虚假签收又会带来快递包裹遭损毁、丢失等情形发生时的责任划分问题。（资料来源：经济网 2021-08-28）

思考与讨论： 出现快递"虚假签收"现象的主客观原因是什么？面对这种现象，客户、快递员、快递公司、职能部门各应该怎么办？

☑ 同步测试

一、单选题

1. 下列属于无效合同的是（　　）。

A. 快递公司在运单背书条款约定：易碎件货物破损，快递公司不承担任何风险责任

B. 合同背书条款标明：因客户责任（违禁品等）导致货物被扣押，公司不承担责任

C. 货物因不可抗力因素导致快件延误、破损，快递公司不承担责任

D. 合同背书条款约定：未采取报价，因快递公司原因导致快件破损赔偿不超过 4 倍运费

2. 客户与快递公司产生争议，解决途径表述不正确的是（　　）。

A. 客户可直接找快递企业投诉，也可同时向消协投诉，请求调节处理

B. 客户对于纠纷向国家邮政总局 12305 投诉

C. 客户提请仲裁机构进行仲裁的，其仲裁产生法律效力，不履行者可申请强制执行

D. 客户对仲裁不满意或不服，直接可向人民法院提起诉讼

3. 关于保价与保险的不同点说法不正确的是（　　）。

A. 风险责任不同，保险风险由保险公司承担，快件保价往往由快递企业承担

B. 保险条件下支付的是"保险费"而保价属于"保价附加服务费"

C. 保险产生的赔偿金大于保价的赔偿金

D. 保险的理赔程序相对比较烦琐，保价手续相对简易

4. 运单背书条款是确定快递企业与客户之间权利、义务的主要内容包括（　　）。

A. 查询方式，客户和快递企业双方的权利与责任，客户和快递企业产生争议后的解决途径。

B. 查询方式与期限，客户和快递企业双方的权利与责任，客户和快递企业产生争议后的解决途径，赔偿的有关规定

C. 客户和快递企业双方的权利与责任，客户和快递企业产生争议后的解决途径，赔偿的有关规定

D. 查询方式与期限，客户和快递企业双方的权利与责任，客户和快递企业产生争议后的解决途径

5. 客户流失率是指客户的流失数量与（　　）或服务客户数量的比例。它是客户流失的定量表述，是判断客户流失的主要指标，直接反映了企业经营与管理的现状。

A. 全部消费产品　　　　　　　　B. 期初全部客户

C. 报告期流失的客户　　　　　　D. 流失客户的购买

6. 快递公司开发客户有重要的现实意义，其中不包括（　　　）。

A. 更了解市场竞争和客户需求

B. 更能提升产品或服务销售的竞争力

C. 更能扩大客户和市场规模

D. 更能注重服务安全性

7. 通常快递按客户大小分把快递企业客户分为几类，其中不属于此类的是（　　　）。

A. 个人消费者　　　　　　　　　　　　B. 中小型企事业单位

C. 大型企事业单位　　　　　　　　　　D. 专业市场客户

8. 快递企业受理赔偿期限应为收寄快件之日起（　　　）内。

A. 半年　　　　　　　B. 一月　　　　　　C. 一年　　　　　　D. 一周

9. 快递赔偿程序，不包括（　　　）。

A. 索赔申告　　　　　B. 索赔受理　　　　C. 确定理赔方式　　D. 赔金支付

10. 快件保价是指在邮寄快件时，由（　　　）声明货物价值，并支付相应比例的保价费用，以确保快件在寄递过程中的安全。

A. 收件人　　　　　　B. 快递企业　　　　C. 寄件人　　　　　D. 保险公司

二、多选题

1. 快递企业客户投诉渠道主要有（　　　）、网点投诉、信函投诉等。

A. 电话热线投诉　　　　　　　　　　　B. 在线留言投诉

C. 客服中心投诉　　　　　　　　　　　D. 电子邮箱投诉

2. 快递企业客户的特点之一是注重品牌选择，品牌一般能表达出六层含义，即从产品（或服务）本身具有的属性，到带给消费者的（　　　），再到品牌所呈现出来的（　　　）、（　　　），以及它所代表的某个消费者群体的个性特质。

A. 利益　　　　　　　B. 价值观　　　　　C. 文化　　　　　　D. 时效

3. 快递企业的长期稳定发展，不可避免地要与客户建立长久的合作关系，维护客户关系，客户维护原则包括（　　　）。

A. 信守承诺原则　　　B. 互惠互利原则　　C. 刚柔并济原则　　D. 相辅相成原则

4. 快递企业客户按与客户关系分，通常把快递企业客户分为（　　　）。

A. 非客户　　　　　　B. 潜在客户　　　　C. 现实客户　　　　D. 流失客户

5. 下列不属于保价范围内的寄递物品是（　　　）。

A. 军火武器、烟草、货币　　　　　　　B. 各类盆景、植物

C. 所有木制品　　　　　　　　　　　　D. 易腐烂的物品

6. 快递企业客户需求特点，主要体现在（　　　）。

A. 需求具有可扩展性　　　　　　　　　B. 需求具有多层次性

C. 需求具有可引导性　　　　　　　　　D. 需求具有分散性

7. 快递企业营销推广目标包括（　　　）。

A. 提高品牌知名度　　　　　　　　　　B. 增加订单量

C. 提高品质服务水平　　　　　　　　　D. 提高竞争力

8. 快递企业营销推广策略，包括（　　　）。

A. 做精核心服务　　　　　　　　　　　B. 提供差异化服务

C. 打造企业形象　　　　　　　　　　　D. 利用传统媒体、网络平台

E. 与电商平台合作　　　　　　　　　　F. 口碑营销

9. 快递服务合同一般具有以下法律特征（　　　）。

A. 属于无名合同　　　　　　　　　　　B. 既是实践性合同也是双务、有偿性合同

C. 典型的格式合同　　　　　　　　　　D. 第三人利益合同

10. 快递企业的权利，包括（　　　　）。

A. 收取快递服务费的权利　　　　　　　B. 拒绝返还快递服务费的权利

C. 留置权　　　　　　　　　　　　　　D. 履行快递服务合同的权利

二、判断题

1. 由于快件本身的自然属性或合理损耗造成的损失，快递企业可以免责。　（　　　）

2. 由于发件人或收件人的责任造成的损失，快递企业不能免责。　（　　　）

3. 快件保价是指客户向保险公司申明快件价值，保险公司与客户之间协商约定由寄件人承担基础运费之外的保价费用。　（　　　）

4. 快递运单是快递服务合同的主要形式。　（　　　）

5. 《中华人民共和国邮政法》规定如果用户自交寄给据邮件或交汇汇款之日起满一年未查询又未提出赔偿要求的，则丧失求偿权。　（　　　）

6. 国内快递产品声明价值在1 000元以上的保价快件，其保价费是商品价值乘以5‰。　（　　　）

7. 客户一般会主动提供对服务质量的评定。　（　　　）

8. 客户对从业人员素质、信息化服务、行业监管、快递人员服务形象等一般不怎么看重。　（　　　）

9. 快递服务纠纷赔付对象应为寄件人或收件人。　（　　　）

10. 赔偿纠纷的解决方式主要有投诉、仲裁和诉讼。　（　　　）

✓ 调查研究与学思践悟

关于当地邮政快递企业客户满意度调查

1. 总体要求

专业学习不单是学习书本知识，更需要加强包含调查研究在内的实践训练，要在实践中检验学习的效果。大家围绕学习贯彻党的二十大作出"健全基本公共服务体系，提高公共服务水平"战略部署，结合本项目的学习内容，实地走访当地快递消费群体和快递公司，深入一线调查，了解当地消费者对邮政快递业作为民生服务一部分的满意程度，形成一篇调研报告。

2. 具体要求

（1）准备要足。事先组建调查研究小组（每组4~5人），落实好调查对象、地点和时间，拟定好调查提纲和问卷，联系好调查出行的交通工具，牢记调查过程中的安全要求，注意个人仪表仪态和言谈举止。

（2）选题要准。围绕当前快递业大发展背景，聚焦当地邮政快递业服务民生的政策和举措，从思路、措施、问题、经验、成效等方面着手，发现重点、热点、难点、痛点等问题，保持调研的方向性、超前性、倾向性和预见性。

（3）内容要实。凡事务求贯彻落实。调查研究材料与内容要真实，要深入当地快递公司经营现场，实地去问、去看、去听，及时对当地邮政快递企业在提高客户满意度实践中创造的好做法进行挖掘总结，提炼出可复制推广的经验成果。

（4）立意要高。当地邮政快递企业客户满意度调研工作是为相关职能部门和快递企业决策提供依据，能针对性地提出分析问题、解决问题的方法措施。

（5）感悟要深。针对当地邮政快递企业客户满意度，坚持边看、边问、边学、边思，知行合一，真抓实干，在调研中把党的二十大报告"构建优质高效的服务业新体系"精神学深悟透，提升综合素养和职业能力。

✓ **技能宝贵**

快递实训室模拟快递企业客户投诉处理作业

1. 实训目标

通过角色扮演和模拟实训，使学生熟悉快递企业客户投诉的常见问题及处理后的影响，培养学生劳动精神和客户至上、诚信经营的理念，具有正确处理客户投诉的专业技能，以及实训总结能力。

2. 实训准备

（1）编写快递企业客户投诉问题及处理作业的模拟场景。

（2）做好快递企业客户投诉处理作业客服员、快递员、寄件人、收件人、相关职能部门工作人员等角色扮演分工。

（3）准备好快递企业客户投诉处理作业所需的网络、电话、破损件等道具。

（4）组建4~5人工作团队（小组）。

3. 实训要求

（1）按要求完成快递企业客户投诉处理模拟作业。

（2）实训结束后每小组形成实训报告，全班展示分享。

4. 实训指导

（1）指导学生做好快递企业客户投诉处理模拟作业前准备。

（2）指导学生做好客服员角色扮演。

（3）指导学生做好快递员角色扮演。

（4）指导学生做好寄件人角色扮演。

（5）指导学生做好收件人角色扮演。

（6）指导学生做好职能部门工作人员角色扮演。

5. 实训评价

教师对每组的实训表现进行综合评价，完成表6-3-1。

表6-3-1　××快递公司客户投诉处理模拟实训评价

组别		组员	
考评内容	××快递公司客户投诉处理模拟		
考评标准	具体内容	分值	实际得分
	劳动精神	10	
	客户至上、诚信经营理念	10	
	投诉申告模拟作业	30	
	投诉处理模拟作业	30	
	实训报告完成质量	20	
	合计	100	

项目七　快递智能与信息化管理

学习目标

知识目标
- 智能运输应用场景
- 智能分拣应用场景
- 智能取件派件应用场景
- 快递大数据管理
- 快递信息管理系统
- 快递信息技术应用
- 快递信息安全管理

能力目标
- 能正确操作智能运输设备
- 能正确操作智能分拣设备
- 能正确操作智能取派件设备
- 能应用大数据分析快递运营
- 能应用信息管理系统收寄快递
- 能应用快递信息技术提高工作效率
- 能正确保护快递信息安全

素质目标
- 培养信息化和数字化素养
- 培养信息安全意识

项目全境

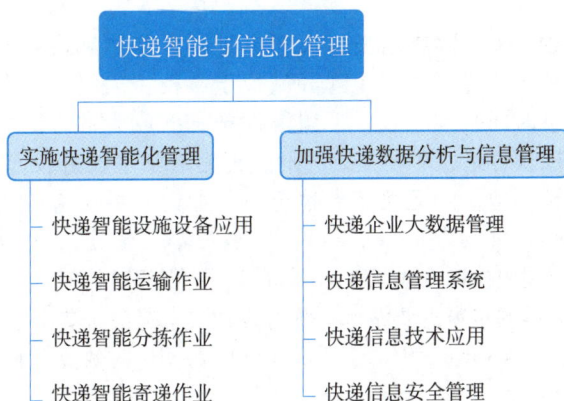

任务一　实施快递智能化管理

引思明理

中国邮政率先试点全国"机器人+"AI寄递解决方案

2023年6月16日，中国邮政推出的"室外无人车+室内机器人"纵横结合的智能化寄递解决方案试点，依托室外无人车的"超级底盘+超级大脑"，连接不同室内机器人进行集约共享、规模协作和实时调度，构建室内外一体化无人配送模式，打造"1+×"末端AI共享运力物流网络，应用于商业楼宇、大型园区等物流到家、到户服务，大幅提高无人车、机器人等智能设备的利用率。

中国邮政投入试点的室外无人车具备L4级无人驾驶能力，采用目前行业领先的车柜分离模块化设计，货柜可根据服务场景需求进行个性化定制。同时，基于时空对准的多源传感器深度融合感知技术，实现室内外高精度定位无缝切换，并具有基于激光雷达、超声波传感器、目标识别相机、急停按钮、柔性防撞条的"五重防护监测"以及自主驾驶、现场遥控驾驶、远程平行驾驶"三种运行模式"。室内机器人有完整的感知、认知功能组件及成熟的定位导航功能组件，在室内电梯智能物联的应用中，机器人内部集成电梯逻辑，实现了高效自主的一键呼梯及电子门、闸机物联，到达目标附近无感智能开关门，并能在楼宇内实现自主避障、窄距通过、跨沟越坎。在揽件、派送过程中，机器人可以通过短信、电话等方式与客户互动，让客户体验更佳的寄递服务。
(资料来源：中国邮政报，2023-06-20)

随着人工智能技术的不断发展，快递智能化设备的应用将会越来越广泛，为快递行业带来革命性的变革。"机器人+"室内外一体化AI寄递解决方案试点启动，是中国邮政加快数字化转型、打造数智化新优势的一次尝试，标志着中国邮政在"机器人+"智能化寄递解决方案上实现全新升级，在满足人民群众美好生活用邮需要方面践行"人民邮政为人民"服务宗旨，是落实"构建新一代信息技术、人工智能、生物技术、新能源、新材料、高端装备、绿色环保等一批新的增长引擎"党的二十大精神的一次生动实践。

动画：中国快递
高效中的"黑科技"

任务导入与分析

近年来，校园快递数量呈指数级增长，大学生是网上购物和快递消费的主力军。周先生在某大学负责打理该学校的快递驿站。快递驿站位于学校主大门，距离学生宿舍区和教学区比较远。由于学生的作息时间基本一致，下课取件排长队成为常态，学生群体中有相当一部分人比较宅，总感觉到取快件远，不便捷。为此，经常有学生投诉校园快递驿站取件体验差。如果你是周先生，在学校场地空间无法拓展情况下，如何利用快递智能设备提高校园取件效率和消费者的满意度？

与社会快递相比，校园内快递派送具有以下特点：路程相对较短，派送范围就在校园里；派送业务量集中，每天有大量的包裹需要派送；派送方式要求灵活，要求根据学生的上课时间、寝室时间等情况进行派送，避免影响学生的学习和生活；对派送时效要求高，学生对快递到达的时间和准确性更在意。

知识学习

一、快递智能设施设备应用

（一）快递智能设备应用领域

1. 快递智能设施设备

快递智能设施设备是指利用现代先进科学技术手段和智能化的算法，提高快递分拣、运输、投递的效率和准确性的设备。快递智能设备主要用于物品的拆/码垛、输送、搬运、存储、拣选、包装等作业，具有节约用地、减少劳动需求、减轻劳动强度、提高物流效率、减少货物损坏或遗失、降低货物拣选差错率、提高仓储管理水平、减少流动资金积压等多种优势。快递设备经历了人工手动设备、机械化设备、自动化设备、智能化设备发展阶段。

2. 快递行业与智能设备需求

对于快递企业来说，智能化快递设施设备的应用是衡量其综合实力和现代化程度的重要指标。快递设施设备是快递行业运行的物质基础，伴随着快递行业的迅速发展，快递设施设备不断更新升级，新的设备不断涌现，极大减轻了劳动强度，提高了快递运作效率和服务质量，促进了快递行业快速发展。近年来快递行业的快速发展对快递设施设备提出了更高的要求。随着快递业务的日益多样化，快递设施设备的品种越来越多且不断更新。快递业务活动的系统性、一致性、经济性、机动性和快速化，要求快递设施设备向通用化、标准化、模块化、智能化方向发展。

（二）快递智能设备发展趋势

1. 数据处理智能化

智能化是快递自动化、信息化的一种高层次应用。通过对大量快递数据的分析，智能处理技术应用可以提高快递企业内部决策水平，赋能智能快递。快递作业过程中存在大量的运筹和决策，如运输（搬运）路线的选择、自动导向车的运行轨迹和作业控制、自动分拣机的运行、分拨中心经营管理等问题。快递数据处理智能化将极大提高快件寄递过程的高效性、方便性、快捷性、精准性和安全性。

2. 系统集成化

智能化处理不仅需要自动化的设备，同时也需要对系统操作进行优化的智能化软件。在智能快递设备领域，解决方案包含多种技术的应用，要将原本多个独立的系统和设备进行集成和融合。随着人工智能、视觉识别、红外通信、激光定位、大数据、物联网、云计算、5G 通信等前沿技术均在智能快递领域中逐步得到广泛应用，未来的系统产品集硬件设备、电子技术、信息处理、软件算法等为一体，从而更好地提升快递作业水平效率和降低成本。

3. 客户应用定制化

由于智能快递物流的输送系统、分拣系统、仓储系统和智能工厂系统的应用场景不同，客户对智能化系统的需求存在较大差异。为了能够更加贴近客户的使用需求，工程师需要在项目建设初期根据客户的行业特点、行业规范、货品类型、功能需求、相关配套工程、预算规模等众多因素进行方案设计，并针对客户的需求进行定制化的软硬件产品研发，以便更好地服务客户。

二、快递智能运输作业

（一）无人机运输作业

1. 快递无人机运输

快递物流无人机运输是指一种利用无人机进行快件派送的方式。随着无人机技术的不断发展和普及，快递物流无人机运输逐渐成为一种备受关注的新兴物流方式。无人机运输具有高效、精准、便捷等优点，在国内，顺丰、圆通、韵达、京东、美团等多家快递公司和物流公司都已经开始应用无人机进行快递配送。图7-1-1为京东无人机运输。这些快递物流公司通过自主研发的无人机和智能化配送终端，实现对偏远地区的快件派送，提高了快件派送的效率和准确性。

图 7-1-1　京东快递无人机运输

2. 无人机运输操作规范

无人机运输操作需要谨慎对待，遵循一系列安全措施和操作步骤，以确保无人机的安全和正常运行。

（1）阅读和使用说明书。在使用无人机之前，务必阅读并理解无人机的使用说明书，特别是安全提示和操作步骤。

（2）空旷场地练习。在开始无人机运输之前，建议在空旷的场地上进行练习，以确保无人机能够在开阔的环境中运行。

（3）确认导航信号。在起飞前，确保无人机的导航系统良好，以确保无人机能够准确定位和传输物品。

（4）确定运输快件。在选择运输快件时，务必考虑快件的大小、重量和形状，以确保无人机能够承载并安全运输。

（5）遵循安全规则。在无人机运输过程中，务必遵循当地的无人机飞行规则和安全指南，以确保无人机不会对他人造成伤害。

（6）确认无人机状态。在运输过程中，务必定期检查无人机的状态，包括无人机的电量、导航信号和飞行高度等，以确保无人机能够正常运行。

（7）安全着陆。在完成运输后，务必安全地着陆无人机，并将其放置在合适的位置，以便下一次使用。

（二）无人车运输作业

1. 快递无人车运输

快递无人车运输是指一种利用无人驾驶车辆运送货物的方式。快递无人车运输依靠强大的人工智能技术和精确的地图数据，通过预先编程的路线和行为习惯来进行自主驾驶，实现无人车的智能导航和自主避障等功能，并能够在紧急情况下自主应对，可以大大提高快递配送的效率、准确性和安全性，尽管快递无人车运输还面临着许多挑战，例如道路安全、法律和道德问题等，但应用前景非常广阔，国内多家品牌快递公司正在推广快递无人车运输范围，如图 7-1-2 所示。

图 7-1-2　快递无人车

2. 快递无人车派送操作

（1）运单处理。在无人车派送前，快递员或收件人需要对运单进行及时处理，包括确认订单信息、打包快递、设置配送路线等。

（2）无人车启动。在运单处理完成后，无人车需要启动，并导航至派送目的地。

（3）快递装载。无人车到达配送目的地后，快递员将快递取出并将其装载到无人车上。

（4）无人车派送。无人车根据事先设置好的派送路线，前往下一个派送目的地。在行驶过程中，无人车自主避开障碍物、识别交通信号等。

（5）快递交付。无人车到达派送目的地后，快递员将快递交付给收件人或收件人自助取件，收件人确认快递无误后，无人车再进行下一个派送任务。

（6）无人车回库。在无人车派送任务完成后，快递员需要将无人车回收，并对无人车进行充电和维护保养等操作。

（三）快递智能运输调度作业

1. 快递智能运输调度

快递智能运输调度是指利用人工智能和大数据技术，对快递运输过程中的车辆、路线、时间等进行优化调度，以提高运输效率和用户体验。在传统的快递运输中，调度主要依赖人工经验和直觉，难以达到高效、精准和全局最优的调度效果。而智能运输调度系统可以通过建立算法模型，综合考虑多种因素，如载重、工作量均衡、路线、配送优先级、时间窗等，给出最优的运输计划和路线规划。智能运输调度系统可以应用于多种快递运输场景，如干线运输、城配、城际运输等，可以根据不同的业务目标和约束条件，提供不同的调度建议和优化方案，如图 7-1-3 所示。同时，智能运输调度系统还可以与物流要素进行重新组合、高效匹配，降低企业的运费成本，提高车辆使用率，实现企业的数字化转型和高质量发展。

2. 快递智能运输调度操作

（1）数据采集和处理。通过数据采集和处理技术，收集快递公司内部的运输数据、网点数据、货物数据等信息，并进行数据分析和处理，以便进行后续的调度决策。

（2）智能调度算法设计。基于运输效率、货物安全等因素，设计相应的智能调度算法，例如最优路径算法、负载均衡算法、优先级算法等，以实现最佳的运输效率和用户体验。

（3）智能终端部署。在快递运输过程中，利用智能终端设备，如货车导航定位系统、快递

微课：快递智能运输作业

员手持终端等，实时监测货物与车辆的位置和状态，以便及时调整运输路线和策略。

（4）远程控制和管理。通过智能化技术，对快递公司的运输过程进行远程控制和管理，例如通过云平台远程控制货车的启动和停止、快递员的配送路线等，以提高运输效率和安全性。

（5）数据分析和可视化。通过对运输数据进行分析和可视化，快递公司可以更好地了解运输状况和用户需求，以便进行更加精准的调度和决策。

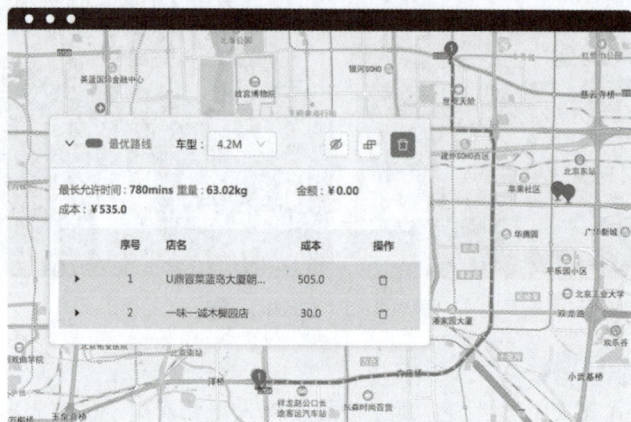

图 7-1-3　智能运输调度作业

（四）快递智能运输平台作业

1. 快递智能运输平台

快递智能运输平台是指利用信息技术和智能化手段，提高快递运输效率和安全性的快递运输管理系统。它通常包括运输管理、车辆管理、订单管理、货物跟踪等功能，可以帮助快递公司实现更高效、更安全的货物运输，如图 7-1-4 所示。快递智能运输平台的优点包括以下几个方面。

微课：快递智能运输作业

图 7-1-4　快递运输智能管理平台示例

（1）提高运输效率。通过智能化平台，快递公司可以更高效地安排货物运输，减少运输环节之间的重复劳动和时间浪费。

（2）提高安全性。通过智能化平台，快递公司可以更好地监控货物和车辆，减少货物被盗或损坏的情况。

（3）降低成本。通过智能化平台，快递公司可以更好地管理货物运输，减少人工操作和重复劳动，降低成本。

（4）提高客户满意度。通过智能化平台，快递公司可以更好地跟踪货物状态，及时告知客户货物的运输进展，提高客户满意度。

2. 快递智能运输平台操作

快递智能运输平台是一种基于互联网技术的快递管理系统，它可以帮助快递公司实现货物运输的智能化、自动化管理。快递智能运输平台包括以下基本操作。

（1）信息采集。快递员可以通过平台使快件、运输车辆、驾驶员有效对接匹配，实时掌握快件装车卸车信息。

（2）快件跟踪。快递员可以通过平台实时跟踪货物的位置和状态，以便及时掌握货物的运输情况。管理员也可以通过平台查看货物的运输状态和历史记录。

（3）运费结算。快递公司可以通过平台自动计算货物的运费，并根据管理员设置的运费标准进行结算。

（4）数据分析。平台可以帮助快递公司收集、整理和分析各种物流数据，例如货物吞吐量、运输效率、运费成本等，以便快递公司更好地制定经营策略和调整运费标准。

（5）智能提醒。平台可以根据不同的提醒条件，向快递员和管理员发送提醒通知，例如货物到达时间、货物重量、运费标准等。

三、快递智能分拣作业

电子商务的快速发展推动了快递服务业的转型升级，在新业态、新模式的驱使下，消费者需求从单一化、标准化向个性化、差异化转变，对快递系统运行效率要求更高。电商快递包裹派送的多品种、小批量、高频次特征，是推动自动、智能分拣系统市场需求快速增长的基础。由于一级分拨中心属于干线物流，中转量大，对速度和精度要求比较高，目前快递公司的自动分拣或智能分拣设备使用比较普遍。

（一）快递智能分拣设备

快递智能分拣设备通常包括自动化分拣机、分类机器人、AGV 机器人、交叉带直线分拣机等。快递智能分拣设备的使用，能够有效提高快递分拣的效率和准确性，降低人工劳动强度，提高快递行业的生产效率和服务质量。

（二）智能分拣设备操作

1. 自动化分拣机操作

自动化分拣机是最常用的设备，是一种能够通过自动识别技术、激光扫描技术等手段，对快递进行自动化分拣的设备。自动化分拣机通常由多个组件构成，包括传感器、执行器、控制系统等。其工作原理是通过传感器对包裹进行识别和定位，然后由执行器根据控制系统的指令对包裹进行分拣。自动化分拣机操作简单，通常只需要将包裹放置在分拣机上，机器会自动进行分拣，如图 7-1-5 所示。可以大大提高分拣效率和准确性，降低人工成本和分拣错误率，是现代快递分拣中不可或缺的一部分。在使用自动化分拣机时，需要注意各项安全事项，定期维护和保养设备。

2. 分类机器人操作

快件分类机器人是通过激光扫描技术，将快件按照不同类别进行自动分类的自动化设备，

图 7-1-5 　自动分拣机

如图 7-1-6 所示。使用快件分类机器人可以大大提高收件的效率和准确性，同时减少人工操作和错误率。使用快件分类机器人包括以下基本操作。

（1）安装。在安装快件分类机器人之前，需要对机器人进行编程和配置。机器人需要能够识别不同类型的快件，并按照指定的分类标准进行分类。

（2）收件。当业务员将快件送到收件点时，可以将快件放入快件分类机器人的收件箱内。机器人会自动识别快件的类型并将其放入相应的分类栏中。

（3）分类。快件分类机器人可以根据快件的类型将其放入相应的分类栏中，例如：发件人姓名、地址、电话号码等。机器人会自动扫描快件的二维码以获取相关信息并将其放入相应的分类栏中。

（4）通知。当机器人成功分类快件时，系统会自动向相关人员发送通知，告知其快件已被分类并放置在指定的封装区域内。

图 7-1-6 　分类机器人

3. AGV 机器人操作

AGV 机器人操作需要高度的自动化和智能化，通过自主移动，高效安全地将快递送到指定的区域，如图 7-1-7 所示。AGV 机器人操作通常需要经过以下步骤。

（1）规划路径。机器人需要根据任务需求和环境条件进行路径规划，以确保安全和高效完成任务。

（2）启动机器人。在规划好路径后，启动机器人执行任务。

（3）输入指令。启动机器人后通过自控制器或其他设备输入指令，指导机器人完成特定任务。

图 7-1-7 AGV 机器人

（4）监控机器人。在机器人执行任务期间，控制器实时监测机器人的状态。

（5）完成任务。当机器人完成任务后，返回起点或等待进一步指示。

4. 无人叉车操作

无人叉车是一种智能化的物流设备，通过自动化技术和机器人技术实现无人化搬运，具有高精度导航、高效能搬运、安全保障等特点，如图 7-1-8 所示。无人叉车的操作需要结合具体的应用场景和需求进行定制化设计开发，以确保设备能够高效稳定地运行，并为用户提供更好的服务体验。下面是无人叉车的一些操作要点。

图 7-1-8 无人叉车

（1）部署无人叉车。首先需要对仓库或场地进行测量和规划，然后根据需求选择合适的无人叉车型号并进行部署。

（2）安装传感器。无人叉车需要安装各种传感器，如激光雷达、摄像头、超声波传感器等，以实现对自身和环境的感知与识别。

（3）编写程序。针对具体应用场景，需要编写无人叉车的程序，包括导航、定位、搬运等算法，以实现无人叉车的自动化操作。

（4）调试测试。完成安装和编程后，需要对无人叉车进行调试测试，确保设备能够正常运行，并满足用户需求。

（5）常规维护。无人叉车需要进行常规维护，包括检查电池、机械部件、传感器等，以确保设备能够长期稳定运行。

（6）无人叉车的安全性。无人叉车的安全性是非常重要的，需要安装各种安全装置，如急停按钮、安全气囊等，以确保用户和货物的安全。

（7）数据分析和优化。通过对无人叉车的数据分析和优化，可以提高设备的搬运效率和用户体验。

5. 智能包装设备操作

快递智能包装设备（图7-1-9）可以提高快递包装的效率和质量，减少人工操作和误差，实现快递包装的自动化、智能化和高效化，同时也有助于保护环境。快递智能包装设备包括自动化封装、智能识别、数据集成等。其中，自动化封装是通过封装机、封箱机等自动化设备，对快递进行自动化封装；智能识别是通过传感器、摄像头等智能设备，利用视觉识别技术对快递进行重量、尺寸、形状识别和检测；数据集成是通过智能化的设备和系统，将快递包装的数据集成起来，实现对快递的运输状态、重量、尺寸等信息实时监控和管理。快递智能包装设备基本的操作步骤如下。

图7-1-9 快递智能包装设备

（1）物品的装盘。将需要包装的物品放入装盘中，确保物品的位置和方向正确。

（2）输入包装信息。输入包装物品的信息，例如重量、尺寸、收件人信息等，以便设备能够准确地进行包装。

（3）启动设备。按下启动按钮，设备开始运转。

（4）封装袋口。设备会吐出封装袋，将物品包装好，同时使用自动封袋机进行封装。

（5）完成包装。设备完成包装后，会自动将包裹送入快递传送带上，准备送出。

（6）检查包装。设备可以设置检查程序，对包装进行检查，确保包装完好无损。

（7）输出包裹。包装完成后，设备会将包裹输出到指定的区域，以便分拣装运。

四、快递智能寄递作业

（一）智能快递寄递

智能快递寄递是指通过智能化的快递柜或快递箱等设备，提供自助寄件和收件服务的一种新兴快递方式。这种快递方式可以让用户更加便捷地完成快递寄递，同时也可以提高快递服务的效率和准确性。

微课：快递网点
设备安全

使用智能快递寄递服务，用户可以通过微信公众号、App等渠道进行下单，填写收件人和发件人信息，选择快递公司和快递方式，并进行付款。然后，用户可以前往附近的智能快递柜或快递箱进行寄件或收件，整个过程都是自助式的，无需快递员上门取件。

智能快递寄递服务的优点在于，可以让用户更加灵活地安排寄递时间，方便收件，同时也可以减少快递员的工作量，提高快递服务的效率和准确性。此外，智能快递寄递服务也可以降低快递公司的成本和提高效率，是一种非常有前途的快递方式。

（二）快递智能寄递操作

1. 快递智能寄件操作

快递智能寄件操作，不同平台或应用可能略有差异。为了更好地保障寄件安全，消费者宜选择正规、有信誉的快递公司，并注意保护个人隐私和寄件物品的安全。快递智能寄件操作的基本步骤如下：

（1）打开快递智能寄件平台或应用，选择"寄件"，如图7-1-10所示。

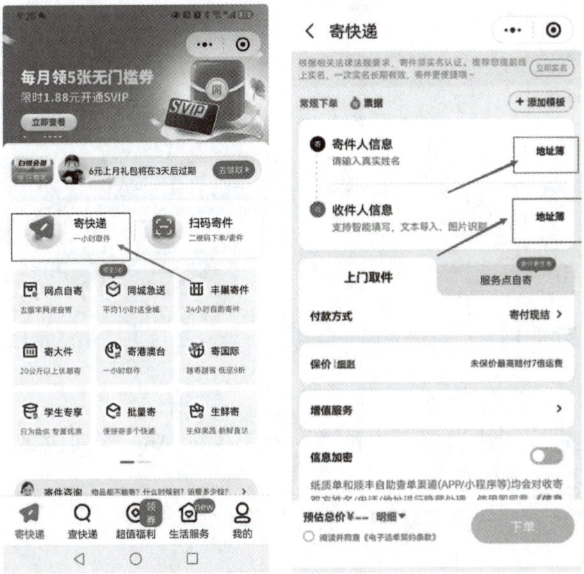

图 7-1-10　快递智能寄件操作：选择寄件示意

（2）输入寄件人信息，包括寄件人姓名、手机号码、地址等信息（图7-1-10）。

（3）选择收件人信息，包括收件人姓名、手机号码、地址等信息（图7-1-10）。

（4）选择快递方式，包括顺丰、圆通、申通、韵达等常见快递公司，也可以选择其他快递公司。

（5）选择寄件费用，输入寄件金额，系统会自动计算邮费。

（6）选择寄件物品，填写寄件物品信息，包括物品名称、数量、重量等信息（图7-1-11）。

（7）检查填写信息无误后，单击"提交"按钮。

（8）等待快递员接单，收到快递员联系时，确认收件地址、时间等信息。

（9）收件后，确认收件信息，完成寄件过程。

2. 智能快递柜投递操作

智能快递柜的使用提高了快递员的投递效率和收件人的收件体验，同时也方便了快递公司对包裹的管理和监控。智能快递柜投递操作（图7-1-12）包括以下步骤。

（1）快递员将包裹投递到智能快递柜中，通过快递柜自带的摄像头进行人脸识别或者扫描二维码进行开箱操作。

（2）快递员通过快递公司的系统发送短信或者电话通知收件人，告知包裹已经投递到智能快递柜中，收件人前往智能快递柜领取包裹。

（3）收件人通过智能快递柜上的触摸屏或者手机App进行开箱操作，输入收件人手机号码或者扫描二维码进行开箱操作。

（4）如果收件人需要在智能快递柜中寄存包裹，可以通过触摸屏或者手机App进行寄存操

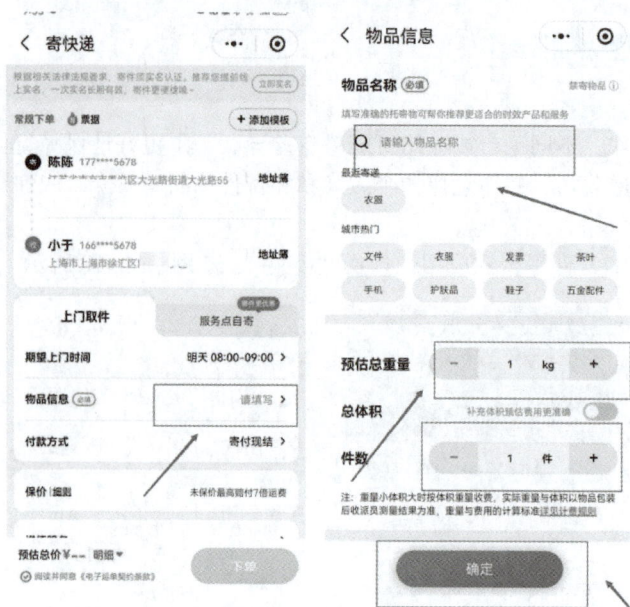

图 7-1-11　快递智能寄件操作：填写寄件物品信息示意

作，快递员通过系统接单后进行投递。

（5）收件人可以通过智能快递柜上的触摸屏或者手机 App 查询包裹状态，包括包裹在快递柜中的存放位置、寄存时间等信息。

（6）收件人领取包裹后，快递员结束本次投递操作。

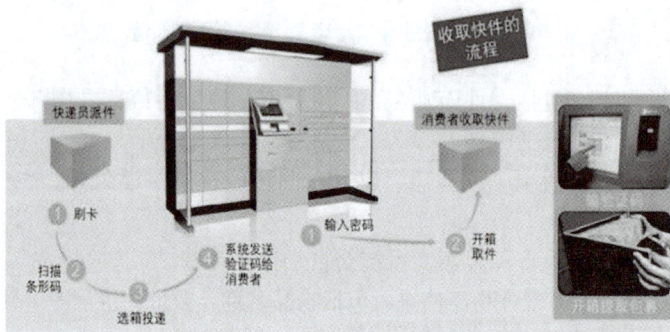

图 7-1-12　智能快递柜投递操作示意

企业创新 7-1

顺丰发力智能配送

2023 年 6 月，顺丰将 4 台智能楼宇配送机器人投放到深圳南山区 CBD 写字大楼，通过智能方式为楼内用户进行快递配送，是顺丰速运在国内投放的首批写字楼配送机器人（图 7-1-13）。此次顺丰投入的末端机器人不仅为顺丰开创了以快递服务中心为依托的机器人+楼宇智能化揽派业务的新模式，还为顺丰正式打开了 CBD 智能快递服务配送的大门。接下来，顺丰将在高端写字楼、商业综合体、校园、医院、高端住宅等不同场景，投入顺丰智能楼宇配送机器人，打通"最后一米"快递服务，加速优化写字楼内快递业务的配送效率和用户体验，让用户进一步感受到科技的力量。（资料来源：电商报，2023-06-06）

图 7-1-13　顺丰写字楼配送机器人

任务实施

第一步：根据项目七任务一的任务导入与分析，组织和引导学生分组讨论，回顾、熟悉快递智能化设备的应用。

第二步：老师指导学生针对本任务收集相关智能化快递设备应用场景，分析本任务中校园快递驿站应用智能化设备的必要性和可行性，填写表 7-1-1。

表 7-1-1　校园快递驿站智能化建设投资的必要性和可行性分析

项目名称	设备名称	建设必要性	建设可行性
××大学校园快递驿站智能化设备建设投资分析	1.		
	2.		
	3.		
	…		

第三步：各小组展示分享本小组分析结果。

第四步：结合各小组的任务完成情况，教师进行点评和小结。

第五步：布置课后作业，各小组结合本案例中的经营问题，收集自己学校快递驿站智能化设备建设情况，并分析其合理性，填写表 7-1-2。

表 7-1-2　校园快递驿站智能化设备建设投资分析任务实施评价

任务名称		校园快递驿站智能化设备建设投资分析				
组别		组员				
考核维度		评价标准	参考值	考核得分		
				自评	互评	教师评
素质	1	培养信息化、数字化素养	5			
	2	培养创新意识	5			
知识	1	掌握智能运输应用场景	15			
	2	掌握智能分拣应用场景	15			
	3	掌握智能取件派件应用场景	15			

续表

任务名称		校园快递驿站智能化设备建设投资分析			
能力	1	能模拟操作智能运输设备	15		
	2	能模拟操作智能分拣设备	15		
	3	能模拟操作智能快递柜设备	15		
小计			100		
合计=自评20%+互评30%+教师50%				组长签字	

视野拓展

智能化使快递物流更便捷

随着人工智能、大数据、云计算、物联网等技术发展，邮政快递业在多个环节逐步实现智能化，智能快递已成为行业发展的主流趋势之一，使快递更快了。京东"北斗新仓"将人工静态的拣货任务分配变为全自动动态任务分配，借助新开发的深度融合机器学习、大数据、运筹学、视觉识别等前沿技术的智能"大脑"，可以在0.2秒内计算出300多个机器人运行的680亿条可行路径，并做出最佳选择，从而极大提升拣选效率。随着以智能分拣装备为核心的技术装备广泛应用，困扰行业多年的"爆仓"问题得到有效解决。（资料来源：人民日报海外版，2022-12-05）

思考与讨论：智能设备的应用给快递行业会带来了哪些变化？

任务二　加强快递数据分析与信息管理

引思明理

筑起邮政快递用户个人信息安全"防护罩"

为推动解决隐私运单"上下游数据共享"等难点问题，2022年9月初，国家邮政局、公安部网络安全保卫局、国家网信办网络数据管理局组成联合工作组，联合组建专案打击、专项检查、隐私运单推进3个工作专班，建立部际、快递企业总部、电商快递上下游3个专项工作群。开展行动以来，发挥专项行动领导小组的协调作用，构建了跨行业、跨企业的协调机制，各电商平台、快递企业按照"不影响寄递服务畅通、寄递服务成本增量最小化、确保国家安全和疫情防控溯源等数据使用需求"三项原则，推进隐私运单应用工作。

在各方努力下，成效显著。破获窃取贩卖快递信息案件206起，打掉犯罪团伙65个，抓获犯罪嫌疑人844名，查获泄露信息2.2亿余条，涉案金额9 600余万元。这些数字的背后，是维护个人信息合法权益的坚定决心和有效举措。全行业隐私运单日均使用量超1.5亿单，主要寄递企业自有渠道收件已基本实现全覆盖，快递电商信息安全协同治理机制有效确立，寄递企业信息安全管理水平明显提升。（资料来源：工人日报，2022-12-01）

快递信息安全是指保护快递运单中的个人信息和快件信息不被非法获取、泄露、篡改和损坏的一系列措施和方法。邮政快递领域用户个人快递信息保护事关国家安全、公共安全和人民群众生命财产安全。加强快递信息安全管理，既是贯彻落实党中央、国务院有关决策部署的实际举措，也是应对当前邮政快递领域信息安全面临严峻形势的必然要求。

任务导入与分析

　　收寄过快递的人都知道，为了便于快递员派送，寄快件时必须填写收件人和寄件人的地址、姓名、电话等信息，所有这些信息都呈现在一张小小的运单上。近年来，快递行业迅猛发展，但是快递运单泄露个人隐私信息的问题却一直困扰着消费者。因为运单上的个人信息保护不到位，"快递单" 俨然成了 "泄密单"。据国家邮政局统计，2022 年 9 月全国日均快递业务量已超过 3 亿件。而这数亿件快递产生和积累的大量寄递数据信息，也给个人信息保护带来了新挑战。在此背景下，怎样才能更好地保护用户的快递信息安全呢？

　　保护寄递用户信息安全，需要有关职能部门、电商物流企业齐抓共管，协同治理。一方面，要健全机制，加强邮政、公安、网信跨部门协调联动，依法依规严厉打击各种泄露个人信息的行为，做到发现一起、严惩一起，真正起到震慑作用；另一方面，寄递企业要突出责任意识，不断升级技术手段，持续完善用户个人信息安全保障措施，提高使用隐私运单和虚拟号码等安全防范技术的覆盖率。要加强对从业人员的教育培训，提升从业人员保护用户信息的能力，并严格按照标准流程进行揽收，从而强化保护用户信息的意识。

知识学习

一、快递企业大数据管理

（一）快递企业大数据管理

1. 快递企业大数据管理内涵

　　快递企业大数据管理是指通过运用大数据技术，对快递企业的运营数据进行分析和挖掘，以提高企业的效率、降低成本、提升服务质量的行为。在快递行业中，大数据的应用已经得到了广泛的应用，例如通过大数据分析用户需求和习惯，优化快递配送路线和频率，提高快递效率；通过大数据分析快递服务质量，优化快递服务质量，提高客户满意度等。快递企业大数据管理需要具备一定的技术和工具支持。其中，技术和工具包括数据采集、存储、处理和分析等，例如数据挖掘、人工智能、云计算。

　　快递企业大数据管理的实施需要具备一定的条件和流程。首先，需要建立相应的数据管理和分析团队，具备数据采集、存储、处理和分析等方面的技能和知识。其次，需要制定相应的数据管理和分析策略，明确数据的来源、存储、处理和分析等方面的要求。此外，还需要制定相应的数据安全和隐私保护策略，确保数据的安全性和可靠性。最后，需要对数据进行清洗、处理、分析和挖掘，得出有用的结论和预测，为企业的决策提供支持和参考。

2. 快递企业大数据管理内容

　　（1）数据采集和管理。收集来自快递企业各个渠道的数据，包括内部系统和外部应用编程接口等，并对数据进行清洗、去重、处理等操作，以便于后续的数据分析和应用。

　　（2）数据分析和应用。通过对采集到的数据进行分析，提取出有用的信息，用于指导快递企业的决策、优化业务流程、提高服务质量等。

　　（3）数据可视化。将分析结果以可视化的方式展示出来，以便于快递企业管理层和员工查看和理解。

3. 快递企业大数据管理方法

快递企业大数据管理方法需要从数据采集和整合、数据分析和挖掘、信息系统建设、大数据应用场景等多个方面入手，以便实现对数据的高效、精准和管理。

（1）数据采集和整合。快递企业需要收集并整合来自各个渠道的数据，例如客户运单、快递员派送记录、运输线路等。这些数据需要进行清洗、处理和整合，以便于后续的分析和挖掘。

（2）数据分析和挖掘。通过对采集到的数据进行分析和挖掘，快递企业可以了解客户消费习惯、快件物品类型、派送路线等相关信息。这些数据可以为快递企业提供决策支持，例如制定营销策略、优化配送路线、提高客户满意度等。

（3）信息系统建设。快递企业需要建立强大的信息系统，以便于对数据进行管理、传输和分析。例如，建设客户订单管理系统、快递员配送管理系统、运输管理系统等，以便于对数据进行实时监控和管理。

（4）大数据应用场景。快递企业可以将大数据技术应用于多个领域，例如客户满意度调查、派送路线优化、快件安全检测等。通过应用大数据技术，快递企业可以进一步提高服务质量和效率，提升客户满意度和忠诚度。

4. 快递企业大数据管理技术

（1）数据采集技术。快递企业可以通过采集各个快递物流环节的数据，例如发件地、收件地、快件类型、运送时间等，来对数据进行收集和分析。

（2）数据清洗和预处理技术。对于采集到的数据，快递企业需要进行清洗和预处理，去除重复数据、缺失值填充、数据格式转换等数据，以保证数据的质量和准确性。

（3）数据挖掘和分析技术。快递企业可以通过数据挖掘和分析技术，对收集到客户消费偏好、快件时效、服务投诉率、物流人效等数据进行分析，帮助快递企业优化快递流程。

（4）数据可视化技术。快递企业可以通过数据可视化技术，将分析后的数据可视化为图表、地图等形式，以便业务决策者能够更直观地了解数据，并做出决策。

（5）数据安全和隐私保护技术。快递企业需要对收集到的数据进行数据加密、身份认证、访问控制等安全和隐私保护，以确保数据的安全性和隐私性。

（二）快递企业数据化管理

1. 快递企业数据化管理

快递企业数据化管理是指通过运用数据分析等技术工具，对快递企业经营过程中的数据进行收集、整理、分析和利用，以提高企业经营决策效率、降低运营成本、提高服务质量和客户满意度的管理活动。快递企业数据化管理是实现企业智能化管理、提高经营效率和管理水平的重要手段，需要企业进行全面规划和建设，注重细节和实效。快递企业数据化管理的关键包括以下方面。

（1）建立有效的数据化管理机制。快递企业需要建立完整的数据化管理体系，包括数据采集、存储、处理、分析和利用等环节，同时需要制定相关的数据化管理流程和制度，确保数据的准确性、完整性和安全性。

（2）配备数据化管理人才。数据化管理是快递企业实现智能化管理的关键，需要培养有责任、有经验、有能力的数据化管理人才，负责数据化管理体系的建立、维护和优化等工作。

（3）建立以数据为依据的决策机制。快递企业需要建立以数据为基础的决策支持体系，提高决策的科学性和准确性。

（4）加强数据分析和应用。快递企业需要加强对数据的分析和利用，挖掘数据背后的规律和趋势，为企业决策提供有力的支持。

（5）构建智能化的运营管理系统。快递企业需要借助大数据、人工智能等技术，构建智能化的分拣、运输、派送系统,提高快件派送的效率和准确性。

(6) 优化客户服务体验。快递企业需要通过对客户数据的分析和利用,优化客户服务体验,提高客户满意度和忠诚度。

2. 快递企业数据化管理方法

(1) 数据收集。包括快递企业经营过程中的各种数据,如业务量、收入、成本、利润率、服务质量等。

(2) 数据整理。对收集到的数据进行清洗、整理和归档,以便于后续的数据分析和应用。

(3) 数据分析。通过对收集到的数据进行统计、分析和挖掘,得出快递企业经营的规律和趋势,并对潜在的问题和风险进行预测和预警。

(4) 数据应用。将数据分析得出的结果应用于企业经营决策、服务质量提升、成本控制等方面,以提高企业经营效率和客户满意度。

(5) 数据监控。对企业数据化管理的效果进行监控和评估,及时发现和解决问题,以保证企业数据化管理的有效性和可持续性。

二、快递信息管理系统

(一) 快递信息管理

1. 快递信息

快递信息是指快递公司收集、处理和传输的关于快递包裹的信息,包括收件、发件、运输、派送等环节中的信息更新和记录。快递公司通过内部的信息系统和网络,实时更新快递信息,以便客户和快递员能够及时了解快递的最新动态。

2. 快递信息管理

快递信息管理是指通过某种方式收集、存储、管理和分析快递信息,以便更好地管理和优化快递流程和提高快递服务质量的过程。快递信息管理是提高快递服务质量和效率的重要手段。通过收集、存储、管理和分析快递信息,可以更好地了解用户需求和偏好,制定更好的快递策略,提供更高效和优质的快递服务。快递信息管理的内容包括:

(1) 收集快递信息。收集快递信息是快递信息管理的第一步。可以通过快递公司网站、快递公司客服、快递员等方式收集包括快递单号、收发件人信息、快递重量、快递费用、快递时间等信息。

(2) 存储快递信息。将收集到的快递信息存储在数据库、电脑、文件中,以便更好地管理和分析利用。

(3) 管理和分析快递信息。通过管理和分析快递信息,可以计算出每个快递的运输时间、费用、重量等信息,制定快递策略,更好地了解快递流程、优化快递服务和提高快递效率。

(4) 提供快递查询服务。可以通过网站、App、短信、电话等方式提供快递查询服务,让用户随时查询快递信息,使快递消费更放心。

(5) 提高快递服务质量。通过快递信息管理,根据不同的用户需求和偏好,提供个性化的快递服务,提高用户满意度。

(二) 快递信息管理系统

快递管理信息系统是快递企业提高效率、降低成本、提升服务质量的重要工具,可以帮助企业实现信息化、自动化、智能化管理。

1. 快递信息管理系统构成

快递信息管理系统是快递企业信息管理系统的重要组成部分，一般包括：

（1）运单管理系统。主要处理快递运单信息，包括运单生成、运单确认、地址解析、快件跟踪、快件分拣等，如图7-2-1所示。

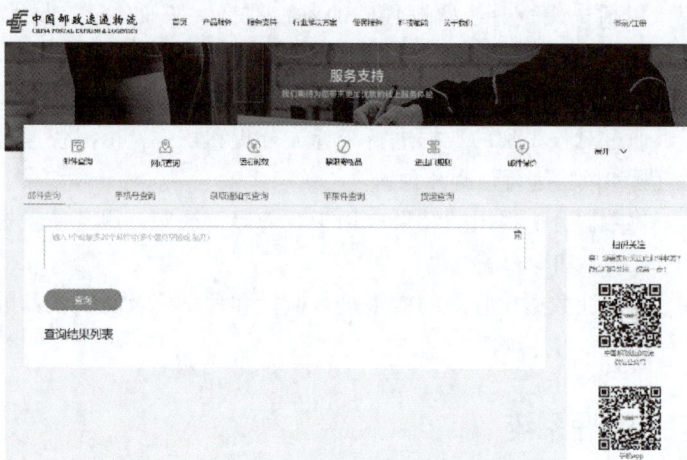

图7-2-1 邮政速递快件运单管理系统示意

（2）运输管理系统。主要支持快件运输管理，包括车辆管理、车辆调度、运输跟踪、驾驶员管理等。

（3）物料管理系统。主要支持快递公司物料管理，包括包装等物料入库、存储、盘点、领用等作业。

（4）快递员管理系统。主要支持快递员管理，包括快递员信息管理、快件运单分配、快件收递跟踪等。

（5）客户管理系统。主要支持客户管理，包括客户订单、投诉、服务评价等。

（6）数据分析系统。主要支持对快递数据进行分析，包括订单分析、运输分析、财务分析、客户分析等，为企业决策提供数据支持。

（7）系统集成系统。主要与其他系统集成，包括支付系统、快递柜系统等。

2. 快递信息管理系统功能

（1）快递运单管理。系统可以记录快递运单的详细信息，如图7-2-2所示，包括运单号、收件人信息、发件人信息、快递类型、快递重量、运费等。

（2）快递员管理。系统可以记录快递员的个人信息、联系方式、收派件范围、收派件时间、收派件结果等。

（3）快件跟踪管理。系统可以查询跟踪快件的实时位置、状态、预计到达时间等，以便用户及时了解快件在途状况。

（4）快递计费管理。系统可以根据快递订单的信息计算快件寄递费用，包括运费、续重运费、首重运费、保价费等。

（5）数据统计管理。系统可以对快递信息进行统计，包括快递订单数量、快递员数量、快递跟踪数量等。

（6）用户管理。系统可以记录用户的登录信息、权限信息、操作提示等，以便用户登录后可以进行相应的操作。

（7）系统管理。系统可以进行防火墙管理，以及对操作员进行权限管理等，保证系统运行安全。

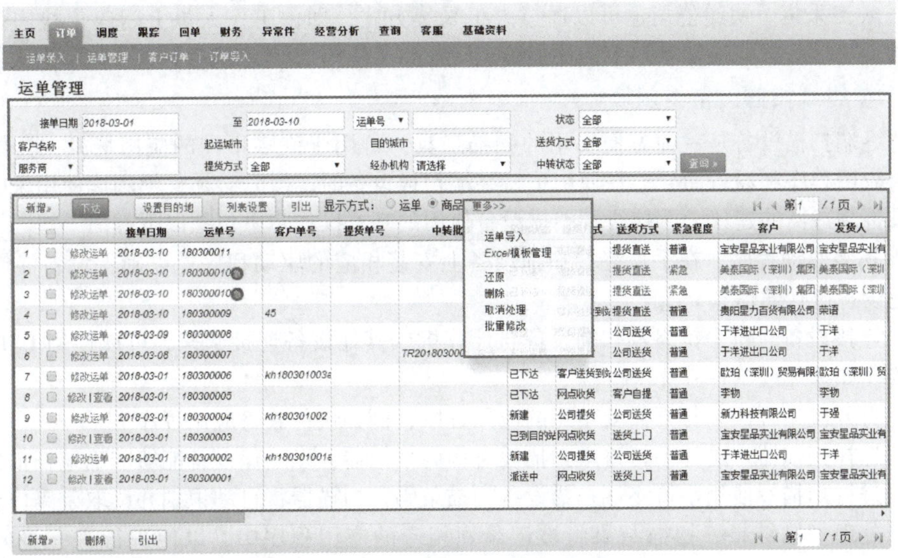

图 7-2-2　快递运单管理界面示意

（8）数据分析管理。系统可以对快递数据进行分析，包括快递订单数量增长趋势、客户投诉率趋势、营业收入增长趋势等。

三、快递信息技术应用

（一）快递信息采集技术应用

1. 快递信息采集技术手段

快递公司采集快递信息的手段包括但不限于以下几种。

（1）手持终端扫描。快递员在收寄派送快递时，使用手持终端扫描快递单号，将快递信息实时采集到系统中，以便后续查询和管理，如图 7-2-3 所示。

（2）自动扫描。快递公司通过数据自动采集设备实现对快递包裹数据的自动化采集和处理，从而提高数据的质量和效率，如图 7-2-4 所示。

图 7-2-3　手持终端扫描设备示意

图 7-2-4　自动扫描设备示意

（3）人工采集。快递公司也可以通过人工采集方式，即由工作人员上门收集快递信息，或通过电话、短信等方式通知客户上传快递信息。

2. 手持终端扫描设备使用操作

手持终端扫描设备是一种方便实用的扫描工具，可用于许多不同的应用场景，具体使用方法可能因应用程序和设备而异，在使用手持终端扫描设备时，事先必须仔细阅读使用说明，并严格遵循设备制造商的建议。手持终端扫描设备使用的基本操作步骤包括以下方面

（1）安装驱动程序。在手持终端扫描设备上安装相应的驱动程序，以确保设备能够与计算机或其他设备进行通信。

（2）连接设备。将手持终端扫描设备与计算机或其他设备连接起来，可以使用 USB 接口或无线连接（如蓝牙或 Wi-Fi）。

（3）打开应用程序。打开需要使用的应用程序，例如快件收寄应用程序。

（4）选择扫描器。选择手持终端扫描设备作为扫描器，以确保设备能够准确地扫描条码。

（5）进行扫描。使用手持终端扫描设备扫描条码。扫描器将自动识别并读取条码信息。

（6）处理扫描结果。扫描结果将被记录到相应的应用程序中，以便进行进一步的处理和分析。

（7）保存扫描结果。如果需要保存扫描结果，可以在应用程序中设置相应的选项，以便将扫描结果保存到计算机或其他设备中。

（8）重复使用。手持终端扫描设备可以多次使用，无需担心条码被弄脏或损坏。

3. 数据自动采集设备使用操作

（1）选择合适的设备。根据企业的需求和实际情况，选择合适的快递数据自动采集设备，例如自动分拣设备、数据采集器等。

（2）安装驱动程序。设备在购买后安装驱动程序，以便与计算机或其他设备进行连接。

（3）连接设备。将设备连接到计算机或其他设备上，并确保设备已连接。

（4）启动采集程序。启动采集程序，实施定时采集数据，或者在特定条件下自动采集数据。

（5）传输数据。设备将自动采集数据发送到计算机或其他指定设备。

（6）数据处理和分析。及时处理和分析采集到的数据，以便为企业提供有价值的信息。

（7）数据可视化。通过报告和可视化工具，可以将采集到的数据呈现出来，以便阅读。

（二）快递物联网技术应用

1. 快递物联网技术

快递物联网技术是指通过使用传感器和物联网技术，将快递过程中的各种数据实时采集、传输、分析和处理，从而实现对快递过程的实时监控和跟踪，提高快递服务的效率和准确性，如图 7-2-5 所示。快递物联网技术应用主要包括以下几个方面。

（1）快递员身份识别。通过使用智能设备对快递员进行身份识别和登记，确保快递员的身份信息得到及时登记和更新，避免快递员身份泄露和误认。

（2）快递包裹追踪。通过在快递包裹上安装传感器和定位设备，可以实现对快递包裹的实时追踪和定位，及时发现和处理快递过程中出现的问题。

（3）快递员派送管理。通过使用智能设备对快递员进行派送管理，实现对快递员派送任务的实时调度和分配，提高派送效率和准确性。

（4）快递服务监测。通过使用物联网技术对快递服务进行监测和分析，及时发现和处理快递服务中存在的问题，提高快递服务的质量和效率。

2. 快递物联网技术主要应用设备

快递物联网技术主要设备包括以下几个方面。

图 7-2-5　快递物联网技术示意

（1）传感器。包括温度传感器、湿度传感器、振动传感器、压力传感器等，用于监测快件运输过程中的环境变化和破损情况。

（2）通信设备。包括车联网设备、卫星定位设备、无线通信技术等，用于实时传输快递的位置信息和运输过程视频等信息。

（3）智能终端。包括智能手机、平板电脑、手持终端等，用于快递员与收件人之间的信息沟通和包裹状态的实时查询。

（4）物联网云平台。用于存储和处理快递物联网设备收集的数据，并提供数据分析和智能决策支持。

3. 快递物联网技术设备使用操作

快递物联网技术设备使用操作相对简单，通常操作步骤包括以下几个方面。

（1）设备连接。将物联网设备连接到网络中，通常是通过 WiFi 或蓝牙连接。

（2）设备初始化。连接设备后，需要对设备进行初始化，以便为其分配一个唯一的 ID 和密码，并进行相关配置。

（3）设备配置。根据需求对设备进行配置，例如设置设备采集数据的时间间隔、采集参数等。

（4）数据采集。设备开始采集数据，并将数据上传到云端或指定的服务器。

（5）数据分析。云端或服务器对上传的数据进行分析和处理，以便获取快递过程中的相关信息。

（6）数据应用。把数据分析结果用于优化快递流程、提高快递效率等方面。

（三）快件定位技术应用

1. 快件定位技术

快件定位技术是一种利用卫星定位技术和无线通信技术来实时追踪快件位置和状态的技术。它可以帮助企业更好地管理快件，提高派送效率，同时也可以为用户提供更加便捷的配送服务，如图 7-2-6 所示。快件定位技术主要应用于以下几个方面

（1）快件实时追踪。通过快件定位技术，用户可以实时查询快件的位置和状态，了解快件

图 7-2-6　查看快件实时位置示意

的派送进程，增强消费体验。

（2）快件智能调度。通过快件定位技术，企业可以更好地了解快件的寄送情况，根据实际情况进行运输车辆调度和快递员调度，提高派送效率。

（3）快件安全管理。通过快件定位技术，企业可以实时监测快件的位置和状态，及时发现和处理快件寄递过程中的安全问题。

（4）快件信息推送。通过快件定位技术，企业可以及时向用户推送快件的位置和状态信息，提供更加便捷的派送服务。

2. 快件定位技术使用操作

（1）安装定位设备。在快件上安装定位设备，如北斗卫星定位器或无线传感器等，记录快件的位置和状态，并将数据传输到监控中心。

（2）登录监控中心。实时追踪快件的位置和状态，快递员、客服人员、客户根据权限可以通过监控中心来查询快件的位置和状态。

（3）发送通知。当快件到达某个位置时，监控中心可以发送通知给快递员或客服人员，快递员或客服人员可以据此安排下一步工作。

（4）数据分析。监控中心可以将快件的定位数据进行分析，帮助快递员或客服人员更好地规划派送路线。

（5）安全提醒。当快件受到盗窃或其他威胁时，监控中心可以及时发出警报，提醒快递员或客服人员采取相应的措施。

（四）快递大数据分析技术应用

1. 快递大数据技术

快递行业是一个高度数据化的行业，每天有大量的数据产生，包括快递单号、收发件人信息、快递重量、运输路线、快递员等信息。快递大数据技术主要包括数据采集、存储、处理和分析四个方面。快递大数据技术的应用包括实时监测、快件搜索、快件跟踪、需求预测、快递员管理、客户分析等方面。

2. 快递大数据技术使用操作

快递大数据技术的使用需要具备一定的数据分析和挖掘技能，同时需要考虑到数据的安全性和隐私性，以确保数据的安全和应用的合规性。

（1）数据采集。通过快递公司官方网站、快递第三方平台、手持终端、手机 App 等各种途径收集快递数据。

（2）数据清洗（处理）。对采集到的数据进行清洗，去除重复数据、缺失值数据、异常值数据等。

（3）数据存储。将清洗后的数据存储到数据库，以便于后续的数据分析和应用。

（4）数据分析。通过数据挖掘、机器学习、人工智能等技术，对快递数据进行分析，得出一些有用的结论和预测。

（5）应用输出。将分析结果和应用输出，例如快递发展趋势分析、客户画像等，以便于决策者和工作人员应用。

（五）快递人工智能技术应用

1. 快递人工智能技术应用

快递人工智能技术是指利用机器学习、深度学习、计算机视觉、自然语言处理等技术，针对快递业务中的难点和痛点提供智能化解决方案，如图 7-2-8 所示。这些技术可以应用于包裹跟踪、快件安检、车辆调度、运输配载、线路规划、客户服务等多个方面。例如，通过机器学习和计算机视觉技术，可以实现对包裹的自动分类和识别，提高安检效率和准确性，减少误检和漏检的情况。通过自然语言处理技术，可以实现对快递信息的智能语音交互，提高客户服务满意度，如图 7-2-7 所示。随着快递行业的迅速发展，人工智能技术也被广泛应用。

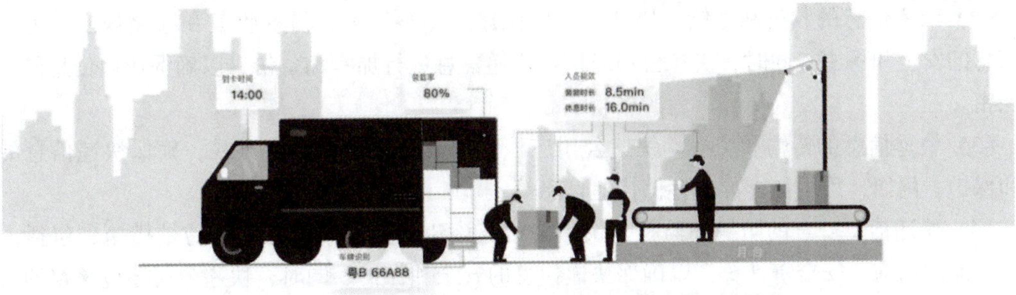

图 7-2-7　顺丰科技的"慧眼神瞳"人工智能系统业务场景示意

（1）自动化处理。人工智能技术被应用于自动化处理快递包裹，实现自动化分拣和机器人搬运等。

（2）智能识别和跟踪。利用人工智能图像识别技术来识别快递包裹，并利用卫星导航等技术来跟踪快递包裹的位置和状态。

（3）智能推荐。利用人工智能技术分析用户的历史订单和消费偏好，智能推荐最适合用户的快递服务，优化快递派送服务。

（4）智能客服。利用人工智能自然语言处理技术来自动化处理客户问题，并利用机器学习技术来优化客服响应时间。

2. 快递人工智能技术应用操作

（1）数据采集。快递公司可以通过智能采集设备，如 RFID 读写器、人脸识别系统等，实时获取快递包裹的信息，包括寄件人、收件人、包裹重量、体积、运输路线等。

（2）数据清洗。将采集到的数据进行清洗和处理，去除重复数据和错误数据，确保数据的准确性和完整性。

（3）数据分析。通过人工智能算法，对清洗后的数据进行分析和挖掘，提取出有用的信息和特征，用于指导快递公司的决策和优化。

（4）智能匹配。根据快递员的派送路线和包裹的特征，利用机器学习算法进行智能匹配，提高派送效率和准确性。

（5）智能决策。根据数据分析和预测结果，快递公司可以制定相应的决策，如优化派送路线、调整派送时间、增加防护措施等。

（6）智能服务。通过人工智能技术，快递公司可以提供更加智能化的服务，如自动回复、智能推荐、智能催件等，提高用户的体验和满意度。

四、快递信息安全管理

（一）快递信息安全管理的内涵与重要性

1. 快递信息安全管理的内涵

快递信息安全管理是指为确保快递信息的安全和保密，快递公司对快递信息保护实施的计划、组织、协调、控制的过程。快递信息安全管理涉及如下多个方面。

（1）快递运单的设计和打印。快递运单是快递信息的载体，设计和打印质量直接影响快递信息的安全和保密。快递公司应该采用高质量的运单材料，并在运单上隐藏一些个人信息，防止个人信息泄露。

（2）快递信息的收集和存储。快递公司应该建立完善的个人信息收集和存储规定，确保快递信息的安全和保密。同时，快递公司应该对快递信息进行加密和备份，以确保快递信息的安全和保密。

（3）快递信息的传输和交换。快递公司应该采用安全传输和交换方式，确保快递信息的安全和保护。例如，采用加密方式存储快递信息等。

（4）快递信息安全的防护和监控。快递公司应该建立完善的信息安全防护措施，包括入侵检测、漏洞扫描、安全审计等，以确保快递信息的安全和保护。同时，快递公司还应该定期对快递信息安全进行监控和评估，及时发现和解决信息安全问题。

2. 快递信息安全管理重要性

快递信息安全管理对于国家安全、快递企业和消费者个人都非常重要。随着信息化建设的不断深入，国民经济和社会发展对信息化的依存度越来越高，信息安全已成为国家安全、城市安全、公共安全的关键环节。寄递服务已覆盖社会生产生活各个领域，产生积累了大量寄递数据信息，容易被不法分子窃取、利用，为电信网络诈骗等违法犯罪活动提供可乘之机。快递信息包括寄件人、收件人、快递物品等信息，如果这些信息泄露，可能会对个人和家庭造成严重的安全隐患。同时，快递信息也是企业重要的商业机密，如果这些信息泄露，可能会对企业的市场竞争能力和声誉造成重大影响。因此，快递信息安全管理对全社会都非常重要，需要政府相关职能部门和企业共同努力。

（二）快递个人信息安全管理要求

快递个人信息安全管理要求是基于国家邮政局发布的《寄递服务用户个人信息安全管理规定》和《邮政行业安全信息报告和处理规定》制定的。该规定要求快递企业必须保护用户个人信息安全，防止信息泄露、丢失。在快递电子运单的使用中，必须遵循《快递电子运单》新标准，如图7-2-8所示。

政策：《寄递服务用户个人信息安全管理规定》	政策：《邮政行业安全信息报告和处理规定》	政策：《快递电子运单》新标准

图7-2-8　新国标《快递电子运单》示意

1. 禁止显示完整的个人信息

快递企业、电子商务经营主体等应采取措施，避免在电子运单上显示完整的收寄件人个人信息。收寄件人姓名应隐藏1个汉字以上，联系电话应隐藏6位以上，地址应隐藏单元户室号。

2. 推荐对个人信息进行全加密处理

快递企业、电子商务经营主体等宜采用射频识别、手机虚拟安全号、电子纸等技术手段，对快递电子运单上的个人信息进行全加密处理。

3. 规范个人信息相关内容的读取权限

快递电子运单上隐藏的、加密的信息内容，仅限于快递企业及其授权的第三方、相关管理部门，使用相关设备合法读取。

4. 要求建立健全用户信息安全保障机制

微课：快递信息安全管理

快递公司应采取一系列措施来保障用户的个人信息安全，并定期向邮政管理部门报告安全情况。

（三）快递信息安全管理各主体应发挥的作用

1. 政府职能管理部门应发挥的作用

（1）强化制度引领，完善顶层设计。对照相关法律、法规、规章的规定，制定保障快递信息安全的政策、制度和相关标准，并监督实施。

（2）强化制度落实，压实主体责任。按照"谁采集谁负责、谁运营谁负责、谁使用谁负责、谁的品牌谁负责"原则，指导与监督快递企业落实安全责任制，督促企业加强内部安全管理。

（3）强化监管执法，抓好源头治理。对快递信息行业运行安全进行监测、预警和应急管理，指导、监督快递企业开展安全运营的宣传教育和培训；依法对快递企业实施安全监督检查，查处违反快递信息安全监管规定的行为。

2. 快递企业应发挥的作用

（1）提高思想认识，履行主体责任。各快递企业要充分认识邮政快递领域信息安全的重要性，以及所面临的形势和任务要求，积极履行信息安全和数据安全保护主体责任。

（2）健全完善制度，开展合规性管理。各快递企业要建立健全信息安全保障制度和措施，落实信息安全保护责任制，对快件信息安全管理工作进行合规性管理，明确安全保护责任，合理确定操作权限，定期开展安全教育和培训，建立应急处置机制，确保符合相关的法律法规和标准的要求。

（3）提高技术水平，建立监控机制。快递企业需要加强信息安全技术手段防护，如采用隐私运单、虚拟号码等技术，对快递信息进行去标识化处理，从源头上阻断不法分子实施犯罪的可能性。同时要建立完善的信息安全投诉和监督机制，及时发现和处理信息安全事件，保障快递信息安全。

3. 消费者个人应发挥的作用

消费者个人在快递信息安全管理中也扮演着重要角色。

（1）选择可信赖的快递公司。选择信誉好、服务质量高的快递公司，可以降低个人信息泄露的风险。

（2）避免使用公共场所的电脑或网络。公共场所的电脑或网络可能会存在恶意软件或键盘记录器等，使用它们可能会导致你的个人信息泄露。用户可以通过快递公司的网站或客服电话查询快递信息。

（3）投诉举报。如果用户发现快递公司存在泄露个人信息的行为，可以向快递公司投诉举报，或者向邮政管理部门举报，以保护自身权益。

任务实施

第一步：根据项目七任务二的任务导入与分析，组织和引导学生分组讨论，回顾、熟悉快递信息管理内容与要求。

第二步：教师指导学生针对本任务收集快递信息管理的法律法规和政策标准，分析本任务中快递公司、快递员、客户个人应采取的保护快递信息措施，同时给出校园快递驿站快递信息保护建议，填写表7-2-1。

表7-2-1　快递信息安全保护措施分析

主体	保护措施
1. 快递公司	
2. 快递员	
3. 客户个人	
4. 校园快递驿站快递信息保护建议	

第三步：各小组展示分享本小组分析结果。

第四步：结合各小组的任务完成情况，教师进行点评和小结。

第五步：布置课后作业，各小组结合本任务中的快递信息安全保护问题，根据新国标准《快递电子运单》模拟填写并生成正确的电子运单，完成表7-2-2的填写。

表7-2-2　快递信息安全保护措施分析任务实施评价

任务名称		快递信息安全保护措施分析				
组别		组员				
考核内容		评价标准	参考值	自评	互评	教师评
素质	1	培养信息化、数字化素养	10			
	2	培养信息安全意识	10			
知识	1	掌握快递大数据分析方法	15			
	2	掌握快递信息技术应用场景	15			
	3	掌握快递信息安全管理内容	10			
能力	1	能正确分析快递大数据	10			
	2	能正确使用快递信息管理系统	15			
	3	能正确保护快递信息安全	15			
		小计	100			
合计＝自评20%＋互评30%＋教师50%				组长签字		

实现编码体系统一，顺应数字化转型需求

为了顺应我国邮政业数字化转型发展需要，2023 年 4 月中国市场监管总局发布《通用寄递地址编码规则》国家标准，提出了通用寄递地址编码的编码原则、编码规则和编码维护要求。标准中给出的通用寄递地址编码 **政策：《通用寄递地址编码规则》国家标准** 由国家（地区）码、卫星导航定位系统码、寄递位置码等基础编码，以及企业码、物品属性码等扩展编码两大部分组成。

寄递地址是邮件快件收寄、分拣、运输、投递的基本依据，它的数字化是实现自动分拣、智能投递的重要保障。《通用寄递地址编码规则》国家标准不仅将寄递地址代码化，替代文本地址，以此提高寄递地址的精准度，方便寄递企业和广大用户，有利于方便用户下单、提升用户体验，对于帮助快递员实现路径优化和位置导航具有辅助作用，从而助推快递进村、进厂、出海；更重要的是，该标准将引导全行业的邮政快递企业使用统一的寄递地址编码，促进开放共享，加速邮政业数字化、网络化、智能化转型升级。（资料来源：中国物流与采购杂志，2023-04-08）

思考与讨论：《通用寄递地址编码规则》国家标准的发布实施，对我国邮政快递业信息化管理和智能化发展有什么意义？

同步测试

一、单选题

1. 快递智能设备发展趋势，不包括（　　）。
A. 数据处理智能化　　　　　　B. 系统集成化
C. 客户应用定制化　　　　　　D. 硬件资源虚拟化

2. 以下属于快递信息采集与处理设备的是（　　）。
A. PDA 手持终端设备　B. 封箱机　　C. 裹包机　　D. 贴标机

3. 自动分拣系统的核心是（　　）。
A. 供件系统　　　B. 分拣系统　　C. 下件系统　　D. 控制系统

4. 下列不属于装卸搬运设备的是（　　）。
A. 分拣设备　　　B. 托盘　　　C. 起重堆垛设备　　D. 带式输送机

5. 按（　　）分，通常把快递企业客户分为非客户、潜在客户、现实客户、流失客户。
A. 与客户关系　　B. 客户大小　　C. 客户价值　　D. 寄递物品种类

6. 快递信息管理系统的主要构成要素不包括（　　）。
A. 业务流　　　B. 资金流　　　C. 信息流　　　D. 物流

7. 快递企业大数据管理内容，不包括（　　）。
A. 数据采集和管理　　　　　B. 数据分析和应用
C. 数据可视化　　　　　　　D. 数据分析和挖掘

8. 快递个人信息安全管理要求是基于国家邮政局发布的（　　）和《邮政行业安全信息报告和处理规定》制定的。
A.《寄递服务用户个人信息安全管理规定》
B.《快递电子运单》国家标准

C.《国家邮政局快递服务》

D.《邮政业寄递安全监督管理办法》

9. 快递信息安全管理的主体，不包括（　　）。

A. 政府职能管理部门　B. 快递企业　　　　C. 消费者个人　　　　D. 快递行业协会

10. 相关统计显示，80% 的客户在使用快递服务时会根据快递企业的（　　）选择相应品牌。

A. 属性　　　　　　　B. 价值　　　　　　C. 文化　　　　　　　D. 知名度

二、多选题

1. 快件定位技术主要应用于（　　）。

A. 快件实时追踪　　　　　　　　　B. 快件智能调度

C. 快件安全管理　　　　　　　　　D. 快件信息推送

2. 快递智能运输平台的优点包括（　　）。

A. 提高运输效率　　　　　　　　　B. 提高安全性

C. 降低成本　　　　　　　　　　　D. 提高客户满意度

3. 快递智能分拣设备是指采用现代科技手段和自动化技术，以提高快递分拣效率和准确性的设备，这些设备通常包括（　　）等。

A. 自动化分拣机　　B. 分类机器人　　C. AGV 机器人　　D. 交叉带直线分拣机

4. 自动化分拣机工作原理是通过（　　）对包裹进行识别和定位，然后由（　　）根据（　　）的指令对包裹进行分拣。

A. 执行器　　　　　B. 控制系统　　　　C. 传感器　　　　D. 输送装置

5. 无人叉车是一种智能化的物流设备，通过自动化技术和机器人技术实现无人化搬运，具有（　　）等特点。

A. 高精度导航　　　B. 高效能搬运　　　C. 安全保障　　　D. 成本更低

6. 快递智能包装包括自动化封装、智能识别、数据集成等，优点有（　　）。

A. 提高快递包装的效率和质量

B. 减少人工操作和误差

C. 实现快递包装的自动化、智能化和高效化

D. 助于保护环境和可持续发展

7. 智能快递寄递服务的优点在于（　　）。

A. 用户更加灵活地安排寄递时间，方便收件

B. 减少快递员的工作量

C. 降低快递公司的成本和提高效率

D. 提高快递服务的效率和准确性

8. 在快递行业中，大数据的应用已经得到了广泛的应用，可以通过大数据（　　）。

A. 分析用户需求和习惯

B. 优化快递配送路线和频率，提高快递效率

C. 分析快递服务质量，优化快递服务质量，提高客户满意度

D. 降低快递公司的成本

9. 快递物联网技术主要应用设备有（　　）。

A. 传感器　　　　　B. 通信设备　　　　C. 智能终端　　　　D. 物联网云平台

10. 快递信息管理的内容包括（　　　）。

A. 收集快递信息

B. 存储快递信息

C. 管理和分析快递信息

D. 提供快递查询服务

E. 提高快递服务质量

三、判断题

1. 快递设备大概经历了人工手动设备、机械化设备、自动化设备、智能化设备发展阶段。

（　　　）

2. 对于快递企业来说，智能化快递设施设备的应用是衡量其综合实力和现代化程度的重要指标。（　　　）

3. 快递智能分拣设备的使用，能够有效提高快递分拣的效率和准确性，降低人工劳动强度，提高快递行业的生产效率和服务质量。（　　　）

4. 快递智能运输平台是一种基于互联网技术的快递管理系统，它可以帮助快递公司实现货物运输的智能化、自动化管理。（　　　）

5. 快递信息通常包括快递包裹的编号、收件人姓名、地址、电话、发件人姓名、地址、电话等信息。（　　　）

6. 快递大数据技术主要包括数据采集、存储、处理和分析四个方面。（　　　）

7. 快递信息安全管理对于国家安全、快递企业和消费者个人都非常重要。（　　　）

8. 快递公司应该采用普通的运单材料，并在运单上隐藏一些个人信息，防止个人信息泄露。（　　　）

9. 快递人工智能技术是指利用机器学习、深度学习、计算机视觉、自然语言处理等技术，针对快递业务中的难点和痛点进行的智能解决方案。（　　　）

10. 使用智能快递寄递服务，用户可以通过微信公众号、App 等渠道进行下单，填写收件人和发件人信息，选择快递公司和快递方式，并付款。（　　　）

☑ 调查研究与学思践悟

关于当地数字快递、智能快递发展情况调查

1. 总体要求

专业学习不单是学习书本知识，更需要加强包含调查研究在内的实践训练，要在实践中检验学习的效果。大家围绕学习贯彻党的二十大报告作出"构建新一代信息技术、人工智能等一批新的增长引擎"战略部署，结合本项目的学习内容，实地走访当地快递企业，深入一线调查，了解当地数字快递、智能快递发展情况，形成一篇调研报告。

2. 具体要求

（1）准备要足。事先组建调查研究小组（每组 4～5 人），落实好调查对象、地点和时间，拟定好调查提纲和问卷，联系好调查出行的交通工具，牢记调查过程中的安全要求，注意个人仪表仪态和言谈举止。

（2）选题要准。围绕当前数字中国建设、智能化发展背景，聚焦当地快递业现代信息技术开发应用的政策和举措，从思路、措施、问题、经验、成效等方面着手，发现重点、热点、难

点、痛点等问题，保持调研的方向性、超前性、倾向性和预见性。

（3）内容要实。凡事务求贯彻落实。调查研究材料与内容要真实，要深入当地快递企业，实地去问、去看、去听，及时对当地数字快递、智能快递发展实践中创造的好做法进行挖掘总结，提炼出可复制推广的经验成果。

（4）立意要高。当地数字快递、智能快递发展调研工作是为相关职能部门和快递企业决策提供依据，能针对性地提出分析问题、解决问题的方法措施。

（5）感悟要深。针对当地数字快递、智能快递发展，坚持边看、边问、边学、边思，知行合一，真抓实干，在调研中把党的二十大报告"加快发展数字经济和加强个人信息保护"精神学深悟透，提高信息化素养和数字化管理能力。

✓ 技能宝贵

校园智能快递柜模拟作业

1. 实训目标

通过角色扮演和模拟实训，使学生熟悉校园快递驿站智能快递柜应用场景和快递信息安全措施，培养学生劳动精神、安全意识和信息化素养，具有正确操作智能快递柜和客户个人信息保护的专业技能，以及实训总结能力。

2. 实训准备

（1）编写智能快递柜使用和客户个人信息保护的模拟场景。

（2）做好智能快递柜使用和客户个人信息保护的快递员、寄件人、收件人等角色扮演分工。

（3）事先做好校园快递驿站的沟通，准备好模拟作业所需的智能快递柜及操作系统和快件道具。

（4）组建4人工作团队（小组）。

3. 实训要求

（1）快递员按要求完成智能快递柜模拟取件作业。

（2）快递员按要求完成智能快递柜模拟派件作业。

（3）寄件人按要求完成智能快递柜模拟寄件作业。

（4）收件人按要求完成智能快递柜模拟收件作业。

（5）所有人具有客户个人信息保护的意识和措施。

（6）实训结束后每小组合作形成实训报告，全班展示分享。

4. 实训指导

（1）指导学生做好模拟作业前准备。

（2）指导学生按要求完成智能快递柜模拟取件作业。

（3）指导学生按要求完成智能快递柜模拟派件作业。

（4）指导学生按要求完成智能快递柜模拟寄件作业。

（5）指导学生按要求完成智能快递柜模拟收件作业。

（6）指导学生按要求做好客户个人信息保护。

（7）指导学生合作完成实训报告撰写。

5. 实训评价

教师对每组的实训表现进行综合评价，完成表7-3-1。

表 7-3-1　校园智能快递柜模拟作业评价

组别		组员	
考评内容	校园智能快递柜模拟作业		
考评标准	具体内容	分值	实际得分
	劳动精神	10	
	信息安全意识	10	
	信息化、数字化素养	10	
	业务操作模拟	50	
	实训报告与展示质量	20	
合计		100	

参考文献

［1］国家邮政局职业技能鉴定指导中心. 快递员职业技能等级认定培训教材（中级）［M］. 北京：人民交通出版社股份有限公司. 2021.

［2］国家邮政局职业技能鉴定指导中心. 快递员职业技能等级认定培训教材（初级）［M］. 北京：人民交通出版社股份有限公司. 2021.

［3］国家邮政局职业技能鉴定指导中心. 快件处理员职业技能等级认定培训教材（中级）［M］. 北京：人民交通出版社股份有限公司. 2021.

［4］国家邮政局职业技能鉴定指导中心. 快件处理员职业技能等级认定培训教材（初级）［M］. 北京：人民交通出版社股份有限公司. 2021.

［5］国邮创展（北京）人力资源服务有限公司. 快递运营职业技能等级认定培训教材［M］. 江苏凤凰教育出版社. 2020.

［6］国家邮政局职业技能鉴定指导中心. 快递员（初级）快件收派（第二版）［M］. 北京：人民交通出版社. 2013.

［7］中华人民共和国国家标准. GB/T 27917. 1-2011，快递服务第 1 部分：基本术语［S］. 北京：中国标准出版社，2012.

［8］中华人民共和国国家标准. GB/T 27917. 2-2011，快递服务第 2 部分：组织要求［S］. 北京：中国标准出版社，2012.

［9］中华人民共和国国家标准. GB/T 27917. 3-2011，快递服务第 3 部分：服务环节［S］. 北京：中国标准出版社，2012.

［10］中华人民共和国人力资源和社会保障部，中华人民共和国邮政局. 国家职业技能标准——快递员（2019 年版）［M］. 北京：中国劳动社会保障出版社，2020.

［11］国家邮政局职业技能鉴定中心. 快递操作实务［M］. 北京：人民交通出版社，2016.

［12］罗俊，黄毅. 跨境客户关系管理［M］. 北京：电子工业出版社，2018.

［13］陈雄寅、贾铁刚. 快递实务［M］. 高等教育出版社有限公司. 2019.

［14］何雄明. 快递客户服务与营销［M］. 人民邮电出版社有限公司. 2017.

［15］刘建新. 快递行业定位［J］. 经济研究参考. 2006，（34）：30-36.

［16］张孙明烁，张家振. 中国快递业发展"简史"：从大到强的"邮政强国"之路［N］. 中国经营报，2021-07-05（B23）.

［17］蔡燕琦，石懿. "十四五"时期我国快递业高质量发展影响因素评价及对策研究［J］. 经济研究参考. 2021，（21）：27-49.

［18］李自红，刘绵君. 我国快递业"十三五"期间运行情况和发展趋势分析［J］. 物流技术与应用. 2022（02）：104-109.

［19］白振成. 智能分拣系统的种类及发展趋势［J］. 物流技术与应用. 2020，25（09）：

114-116.

　　[20] 何晓飞. 考虑尾量最小的快递运输服务网络优化研究 [D]. 北京交通大学, 2019.

　　[21] 栾静. 快递服务合同的法律关系研究 [D]. 天津: 天津商业大学, 2013.

　　[22] 陈新华. 关于顾客满意度问题的探讨 [J]. 机械工业标准化与质量. 2001, (01): 25-30.

　　[23] 何婵, 徐旭. 基于四分图模型的中通快递物流服务客户满意度影响因素分析 [J]. 上海电机学院学报. 2022, 25 (05): 292-298.